Várias Notícias

Os editoriais do Jornal do Commercio do Rio de Janeiro entre 25 de março de 1957 e 2 de abril de 1959

Volume 1 — Temas Econômicos e Sociais

San Tiago Dantas

Introdução

Meu tio, Francisco Clementino de San Tiago Dantas, foi um brasileiro ilustre. Ministro das Relações Exteriores e da Fazenda, nos governos parlamentarista e presidencialista de João Goulart, candidato a Primeiro Ministro, duas vezes Deputado Federal por Minas Gerais, professor catedrático em diversas universidades, foi proprietário e editor do Jornal do Commercio do Rio de Janeiro entre 1957 e 1959. Nasceu em 30 de outubro de 1911 e morreu em 6 de setembro de 1964, aos 53 anos incompletos.

Em fevereiro de 2017, 53 anos depois de sua morte, colocamos na Internet, meus irmãos e eu, um site com seu nome ("www.santiagodantas.com.br"), com o objetivo expresso de homenageá-lo e de colocar à disposição de quem o quisesse, de forma gratuita, a integralidade de suas obras: livros, conferências, discursos, artigos, cartas, além de fotos e videos. No curso da preparação do site, foi para mim inevitável voltar aos tempos entre 25 de março de 1957 e 2 de abril de 1959, e reviver, em toda a sua intensidade, a experiência única de trabalhar com meu tio no "Jornal do Commercio", primeiro na redação, sob o comando cordial de Luís Paulistano, depois na administração.

Meu tio San Tiago Dantas, com José Vieira Coelho e Octávio Thyrso Lucio Cabral de Andrade, no Jornal do Commercio, em 1957.

Durante esses dois anos acompanhei, dia a dia, a publicação do editorial do jornal – a primeira das "Várias Notícias", que eram publicadas na página 4. O jornal era dirigido, a quatro mãos, por meu tio e por Octávio Thyrso Lucio Cabral de Andrade. As "Várias", como as chamávamos, eram escritas quase sempre por San Tiago – sempre quando o assunto era predominantemente político, ou envolvia questões de política internacional, e ocasionalmente por Roberto Campos, quando o assunto era o orçamento da República, ou por Octávio, quando se tratava de café, então a nossa maior pauta de exportação.

Ao me decidir a recuperar as "Várias", deparei-me desde logo com essa questão, que deveria decidir: a quem atribuir cada um dos editoriais, já que os seus autores não eram identificados em cada texto. Decidi, não sem uma certa hesitação, deixar de lado essa questão, ou seja, considerar que as "Várias" eram do jornal, e, portanto, estavam sob a responsabilidade de meu tio.

 Quando iniciei esse trabalho não tinha ideia da complexidade e do tamanho da tarefa. A complexidade — logo verifiquei que a reprodução do texto do jornal, a partir da hemeroteca digital da Biblioteca Nacional, era não só muito trabalhosa, como dependia, em grande parte, de um esforço de interpretação, devido à má qualidade da impressão que saía da obsoleta oficina gráfica do "Jornal do Commercio", ao mínimo tamanho dos tipos usados, à precária digitalização do jornal pela Biblioteca Nacional, e finalmente ao próprio trabalho de escaneamento do texto das "Várias", sua leitura por um software de reconhecimento de texto, quando possível, ou sua digitação, quando o texto não se prestava ao reconhecimento automático.

Mesmo quando o OCR apresentava um resultado satisfatório era preciso revisar cuidadosamente o texto, atualizar a ortografia e as regras de gramática. Depois de parcialmente concluída a tarefa foi necessário pesquisar na Biblioteca Nacional a versão microfilmada do jornal, um pouco mais nítida que a digitalizada, para deslindar alguns textos e especialmente as datas, os valores e as quantias em moeda referidas, que não se podiam deduzir, como os trechos truncados do texto, do sentido das sentenças ou do contexto. O tamanho da tarefa — só então me dei conta de que o tempo em que o jornal pertenceu a meu tio cobriu 738 dias, e, embora o "Jornal do Commercio" não circulasse às segundas-feiras (a edição de terça era datada de segunda e terça), em muitos dos outros 633 dias a primeira "Várias" foi publicada, e em alguns dias havia uma segunda e terceira "Várias". Ao final verifiquei que foram 320 "Várias" por ele publicadas. O ritmo da publicação diminuiu a partir de maio de 1958, quando meu tio iniciou a campanha para deputado federal por Minas Gerais, e não se recompôs depois da eleição, por força do incêndio que destruiu as oficinas gráficas do jornal, e forçou a aceleração do projeto de renovação das máquinas, assim como da busca de recursos para sustenta-lo. Minha primeira ideia foi a de publicar os textos na seção

"Artigos" do site "www.santiagodantas.com.br" que eu então editava, referindo cada "Várias" à sua data de publicação. Contudo, logo verifiquei que esse formato era muito pouco prático, porque implicava em manter no site um longuíssimo índice das publicações, que extrapolava de muito a altura da tela de um computador, obrigando o leitor a "rolar" várias vezes a página até encontrar a data procurada. Pensei, então, em publicar os editoriais em formato livro, e depois colocar o livro no site, na seção "Livros", com uma foto da capa e um hyperlink, permitindo que o interessado baixasse o texto completo.

Quando completei o primeiro mês de transcrição da publicação verifiquei que teria, para o total do prazo, umas 1.000 páginas. Pensei, então, em partir a tarefa em dois volumes de cerca de 500 páginas cada um, o que permitiria publicar as "Várias" à medida que as fosse transcrevendo. Finalmente, acabei por concluir a tarefa em prazo mais curto do que supunha, e os dois volumes ficaram prontos quase simultaneamente. Decidi então seguir uma sugestão de meu amigo Marcílio Marques Moreira, e alterar a ordem dos artigos, reunindo-os não mais por ordem de data, mas por temas, divididos em 4 grandes categorias: temas econômicos e sociais externos e internos, e temas políticos e culturais externos e internos. Assim o leitor poderá escolher no sumário os temas de seu interesse, sem gastar tempo e esforço na procura

Espero que a leitura desses textos seja compensadora para o leitor de hoje, que a um tempo poderá reconstruir, na variedade dos assuntos e no tratamento de cada um deles, a realidade da época em que foram escritos – o Governo Juscelino Kubitschek – bem como verificar a sua indiscutível e surpreendente atualidade.

Agradeço à minha mulher Vera, por suportar com imensa paciência as longas horas que passei enfurnado no escritório para transcrever as "Várias"; a meu irmão Francisco pelo estímulo e auxílio nas questões técnicas e na formatação do trabalho; e à minha irmã Violeta pela revisão e comentários.

Rio, 12 de abril de 2020

Felippe de San Tiago Dantas Barbosa Quental

Várias Notícias

SUMÁRIO

San Tiago Dantas

Temas econômicos e sociais externos

Café - Quinta-feira, 23 de maio de 1957

Anuncia-se que alguns lavradores, sob o patrocínio de entidades de classe, estão planejando o que se vem denominando "marcha da produção", com o propósito da obter do Governo a abolição do confisco cambial. Com esse propósito se reuniram os manifestantes em Marilia, e dentro de alguns dias se reunirão novamente em Guaxupé e Franca, seguindo depois para esta capital.

O "Jornal do Commercio" em editoriais sucessivos tem tomado posição ao lado dos que consideram inadiável a reforma cambial, especialmente visando ao incentivo das exportações e à melhor remuneração dos produtores. Isso confere maior autoridade a este jornal para desaprovar formalmente manifestações desse gênero, e lamentar a atitude das pessoas ou associações que as encorajam.

O primeiro aspecto sob que se torna censurável um pronunciamento como a "marcha dos produtores" é o cunho de agitação social e de pânico que ele procura incutir no tratamento de um problema, para cujo exame se requer um estado de espirito de serenidade e isenção. Os promotores dessas marchas querem criar movimentos coercitivos, com o objetivo, consciente para uns e inconsciente para outros, de alarmar o país e impor soluções às autoridades. É uma espécie de greve de produtores o que procuram criar, na expectativa de que o Governo se renda a um pronunciamento constrangedor, perdendo em face dele a liberdade de escolha das soluções.

O segundo aspecto, que torna inoportunas essas manifestações previamente concertadas, é a deturpação inevitável das soluções, pois já não se procura com objetividade o corretivo de uma situação inconveniente, ou a solução de um problema, mas a satisfação, tão extensa quanto possível, dos interesses de uma classe ou de um grupo econômico.

O Governo não pode intimidar-se com manifestações desse gênero, nem as encarar com displicência ou brandura. O sinal supremo da decomposição da autoridade, num país, é o regime das decisões extorquidas por pronunciamentos coletivos dos interessados, sejam estes os trabalhadores ou os produtores, os empregados ou os patrões. Sob a ameaça dos interesses concentrados em greves, passeatas e marchas, não há autoridade que possa governar com acerto. Toda ação administrativa assume a forma de capitulação total ou parcial, e o método, vitorioso uma vez, tende a enraizar-se, repetindo-se em iniciativas cada vez mais audaciosas.

No caso da "marcha" em articulação, o objetivo visado é, segundo declarações dos seus promotores, a abolição do confisco cambial. Quer isto dizer que lavradores estão sendo instigados a exigir do Governo que lhes entregue o valor integral das divisas produzidas pela exportação, inclusive e principalmente pela exportação de café, o que se alcançará através da permissão para que as cambiais dos exportadores sejam negociadas no mercado livre de câmbio.

O problema tem origens conhecidas, que hoje não escapam à compreensão mesmo do público menos familiarizado com o comércio exterior. Trata-se do seguinte. O Governo brasileiro, por força de disposições legais em vigor, adquire dos exportadores a moeda estrangeira a que eles fazem jus com a exportação do café, algodão, cacau e outras mercadorias. Essa moeda não é, porém, adquirida à taxa do mercado livre (Cr$ 70 por dólar, em média), mas à taxa oficial (Cr$ 18,73) acrescida de uma bonificação, que varia conforme a espécie da mercadoria exportada.

O que faz variar essa bonificação é o maior ou menor custo interno de produção dos artigos que exportamos. O café faz jus à bonificação menor (Cr$ 18,74 por dólar), por ser talvez o único artigo que produzimos a preços realmente compensadores, deixando, com esse nível de remuneração, um lucro razoável ao produtor.

No estado atual da nossa economia o país aspira à abolição desse sistema de bonificações deficientes e desestimulantes, e à adoção de um regime de livre negociação das cambiais, mas onde uma exceção é indispensável, é no tocante às engendradas justamente pelas vendas de café.

A abolição de quaisquer entraves traria consequências perigosas, pois os compradores no exterior, conhecendo as margens de lucro exageradas do vendedor brasileiro, teriam tendência a deprimir os preços do café em dólares, fazendo cair a cotação do produto, e diminuindo, não só o lucro inicial das firmas vendedoras, como a própria receita cambial do país.

Daí a chamada pauta mínima, que hoje reúne os sufrágios do comércio mais acreditado do Rio e de Santos e a preferência dos economistas. A pauta mínima importa na aquisição pelo Governo, à taxa oficial, de uma parte das cambiais oriundas do café, ficando o resto nas mãos dos exportadores para livre negociação.

Esse sistema é um artifício, mas não há porque nos insurgirmos contra ele, em nome de um princípio mais emocional do que técnico, como é o horror ao "confisco". Na verdade estes expedientes nascem da impossibilidade, em que se vê o Governo, de aplicar ao café o corretivo adequado que seria um imposto de exportação. Se procurarmos a solução correta em tese, chegaremos à necessidade de lançar sobre o café um imposto federal de exportação, com finalidades monetárias, para o fim especial de capturar uma parte da margem exagerada do benefício, deixada pela exportação do produto às taxas do câmbio livre.

E, por que não cria o Governo esse imposto?

Porque a Constituição de 1946, pouco sensível a essas realidades econômicas, colocou o imposto de exportação na competência tributária dos Estados, e fixou-lhe o teto de 5 ou 10% ad valorem. Sem reforma constitucional não há como conferir à União o direito de tributar com finalidades anti-inflacionárias a exportação.

Enquanto isso, o meio de atingir a igual resultado é a pauta mínima, ou seja, um corretivo monetário da margem deixada pelo café.

Problemas dessa natureza exigem reflexão e objetividade por parte dos que são chamados a resolvê-los. Nada pode ser, pois, menos oportuno e mais condenável, do que manifestações coercitivas como esta que se prepara em alguns municípios de São Paulo, sob a influência pouco benéfica de grupos de interessados.

Café - Domingo, 7 de julho de 1957

A política do café não pode ser, em nosso país, um tema de gabinete reservado à compreensão de alguns iniciados.

Mesmo os brasileiros que vivem da indústria, de outras lavouras, do comércio interno, ou de profissões liberais e empregos públicos, dependem do café, e conhecem a depressão ou prosperidade muito mais em função do que sucede a esse produto, do que em razão de variações havidas no campo de suas diversas atividades. É que o Brasil está longe de ser um país de mercado interno bastante desenvolvido para absorver o principal de sua produção e prover a maior parte de suas necessidades. O nosso padrão econômico ainda é o do país exportador de produtos primários — agrícolas ou extrativos – e importador de manufaturas. Apenas, como resultado do esforço para diversificar a produção interna e implantar Indústrias, em vez de importadores de manufaturas de consumo, como sempre fomos, estamos passando a ser, cada vez mais, importadores de combustíveis e de matérias primas para a indústria, além de trigo e equipamentos.

No tocante à exportação, com cujo produto pagamos essas importações, não logramos, entretanto, alcançar um nível mais elevado de diversificações. É lamentável verificar que todo esforço de desenvolvimento econômico havido desde a II Guerra Mundial não conseguiu tornar-nos exportadores de novos artigos, em quantidade e variedade suficientes para repartir os ônus (e os riscos) da manutenção de uma economia inteiramente dependente de importações. Pelo contrário, nossa situação tem sempre piorado, a ponto de hoje estarmos baseados quase que unicamente no café para custeio de nosso volume de compras no exterior. Os outros produtos que poderíamos pensar em exportar pela nossa incontestável aptidão natural para produzi-los, ou se tornaram gravosos, isto é, passaram a ser produzidos a um custo superior às cotações internacionais, ou — o que é a mesma coisa — foram suplantados por culturas semelhantes feitas em outros países em melhores condições econômicas, e com as quais não podemos competir.

É verdade que para a conceituação de um produto como gravoso, e, portanto, inexportável, contribui, além da baixa produtividade do país, a política de câmbio, sempre que esta teima em valorizar externamente a moeda, mantendo a taxa cambial acima do valor que se estabeleceria espontaneamente no mercado livre. Essa vem sendo a política brasileira, que sustenta uma taxa irreal de câmbio para a exportação, tornando inexportável a maioria dos artigos que produzimos. Não há dificuldade alguma na compreensão desse mecanismo.

Se um produtor, suponhamos, de açúcar, produz a 300 cruzeiros o saco e não pode vender, portanto, a menos de 300 mais um lucro razoável, e se a cotação internacional desse produto é de cinco dólares, é claro que o açúcar será inexportável se o câmbio imposto ao exportador for de menos de sessenta cruzeiros por dólar. Se, porém, o câmbio for de sessenta ou sessenta e cinco, já esse produto brasileiro poderá escoar-se para o exterior.

A política brasileira do câmbio na base de taxa única oficial (dólar a Cr$ 18,78), a que pôs termo, em boa hora, a Instrução 70 do Ministério Oswaldo Aranha, tornava gravosos muitos produtos, que a uma taxa realista seriam exportáveis. A atual política, caracterizada pelas bonificações desiguais, pagas aos exportadores como compensação da insuficiência da taxa, expõe-nos a dois riscos opostos: o de ser a bonificação insuficiente, continuando o produto a ser gravoso; o de ser a bonificação excessiva, passando agora o produto a ser exportável apenas porque se lhe concede, à custa de outras atividades, uma subvenção oficial.

A solução correta, a ser adotada em tese, ainda que sujeita, em certos casos, a corretivos especiais, é a abertura do mercado de câmbio às operações de exportação. Se a taxa é a que resulta da oferta e procura de divisas, na qual tende a espelhar-se o valor comparativo das moedas, gravoso é o produto que a essa taxa não logre colocar- se na concorrência mundial.

Um dos casos, porém, que justificam a introdução de um fator especial de correção e equilíbrio, é o de um produto, que o país logre exportar em condições tão favoráveis, que a conversão da moeda estrangeira em moeda nacional deixa nas mãos do exportador um lucro exagerado. Para o país passa a ser interessante capturar parte desse lucro, não só para não deixar exacerbar-se a rentabilidade de um setor da produção, como também para evitar que os importadores estrangeiros, conhecendo a latitude da margem, comecem a exercer uma pressão baixista no mercado, contando com a compressibilidade do lucro de quem exporta.

É esse, entre nós, o caso do café. Se concedêssemos aos exportadores a faculdade de vender no câmbio livre as suas letras de exportação, o lucro obtido pela exportação de café seria desproporcionalmente maior que o alcançado pelas outras exportações. O efeito na nossa economia interna seria a dilatação imoderada da rentabilidade desse setor, num primeiro momento. Num segundo instante já esse efeito se atenuaria pela provável repercussão da medida no mercado internacional, onde as cotações cairiam, comprimindo a margem interna de lucro do Brasil. O resultado final seria, como se vê, indesejável, pois consistiria numa queda provável dos preços em divisas e num desequilíbrio da remuneração alcançada no interior.

Qual o corretivo dessa anomalia?

A arma com que o Governo legitimamente interfere nas importações, corrigindo situações individuais e provendo a proteção da produção doméstica, não é o câmbio, mas a tarifa. No tocante às exportações, a arma adequada devia ser, paralelamente, a cobrança de direitos de exportações "ad valorem", com as quais se subtrairia ao exportador uma parte do lucro, tributando-o, segundo o princípio superior de justiça fiscal, de acordo com a sua capacidade. Teríamos, então, como que uma tarifa de exportação, refletindo a multiplicidade de posições observada no mercado, e integrando-as num resultado harmônico comum.

Infelizmente, porém, a Constituição de 1948, num dos seus pontos mais criticáveis, reservou à competência dos Estados o imposto de exportação, tirando ao Governo Federal esse importante arma de controle comercial e monetário.

O que nos resta, enquanto não reformamos a Constituição, é procurar obter o mesmo efeito através de um meio impróprio, que é o câmbio. Para isso a melhor técnica até agora imaginada é a chamada "pauta mínima", que o Conselho Nacional de Economia recomendou há tempos em consciencioso estudo.

A pauta mínima consiste na fixação de um limite de dólares por saca de café, que o exportador deve repassar ao Banco do Brasil a uma taxa especial, ficando o que exceder desse limite suscetível de colocação no mercado livre. Esse sistema substitui com vantagem a condescendência com o subfaturamento e estimula, mais do que qualquer outro, o aprimoramento do produto, pois quanto mais dólares se obtiver por saca, maior será a soma negociável no livre.

Esses traços panorâmicos da economia do café são indispensáveis à análise da política que o Governo acaba de adotar no regulamento da safra de 57-58. A essa análise voltaremos em nosso próximo editorial.

Café - Quinta-feira, 11 de julho de 1957

A regulamentação da safra de café de 57/58, e as medidas administrativas que a complementam, atestam muito mais a transação a que chegou o Governo com os produtores e exportadores paulistas, do que uma política econômica a longo prazo, consciente dos problemas que afetam o futuro desse produto.

Em 1958 o Governo não interveio no mercado do café, senão fazendo-se omisso na repressão do subfaturamento. Isso permitia que os exportadores usassem esse condenável expediente para executarem por conta própria uma espécie de "pauta mínima". Disfarçavam, mediante uma falsa declaração de qualidade, parte do preço, que lhes ia ser pago na praça de destino, e que seria depois negociado no mercado livre de câmbio.

Apesar de fraudulento, e inadmissível pelos aspectos éticos que encerrava, o sistema coincidia, na sua essência econômica, com o que deve ser o melhor regime de câmbio para o café, e por isso produziu efeitos benéficos, contribuindo para reativar as exportações brasileiras, que ultrapassaram de modo significativo, os níveis de 1954 e 55. As leis naturais têm isto de divino: escrevem direito por linhas tortas; nas linhas tortas do subfaturamento escreveram a doutrina correta da pauta mínima.

A política adotada pelo Sr. José Maria Alkmin em 1957 é radicalmente diversa. Volta ele ao sistema da valorização interna do produto, fixando preços pelos quais o Governo não só financiará, como comprará os cafés da nova safra, e acrescenta a esses preços uma bonificação de um por cento por dólar, a partir de US$ 43, para com ela premiar os preços mais altos conseguidos pelo exportador.

O que desde logo exige reparos é o fato de serem os preços fixados pelo Governo superiores aos que hoje alcança o café nas praças de exportação. Por conseguinte, para que o exportador possa vender a sua mercadoria a preços correspondentes ao financiamento obtido, é necessário que a soma do prêmio próprio da categoria à bonificação progressiva perfaça aquele valor, o que só acontecerá enquanto o mercado internacional se mantiver ao nível das cotações de hoje.

Se estas cotações caírem, entretanto, se o preço do café em dólares sofrer uma flutuação para menos, que acontecerá à exportação brasileira?

Não encontrando no mercado externo um preço em dólares que atinja os padrões fixados pelo Governo federal, e tendo deste a garantia de compra do produto, os exportadores colocarão a mercadoria nas mãos do Governo, que assim se verá dono de um estoque cujas proporções podem ser consideráveis. Não é licito assegurar que isto aconteça, pois os movimentos de mercado são imprevisíveis. Mas já está claro que o Governo resolveu tomar a si o risco da baixa, ficando com a produção se os preços internacionais sofrerem mesmo um pequeno declínio.

Estamos, pois, repetindo a experiência simplista, que mais de uma vez o Governo brasileiro realizou com resultados negativos, de tornar os cofres públicos responsáveis pela má liquidação eventual da nossa maior safra de exportação.

Em 1955 o Sr. José Maria Whitaker corajosamente cessou o regime de compras governamentais, graças ao qual havíamos acumulado no exterior um pesado estoque e sofrido queda em nossa participação no mercado norte-americano. Bastou a suspensão da intervenção durante dois anos para que o exportador brasileiro se tornasse mais agressivo em face do mercado, e somando-se a isso a política colombiana de manutenção de preços altos e a flexibilidade do subfaturamento, obtivemos uma apreciável regularização do mercado, inclusive com certa estabilidade de cotações.

A nova política oficial retoma a linha pouco realista de valorização e das compras governamentais, voltando as costas a diversas verdades.

A primeira é a perda, em algarismos globais, que fazemos como país, quando o preço do café sobe, mas as quantidades físicas exportadas diminuem. Os partidários da alta e da valorização sistemática representam, entre nós, a ultrapassada escola comercial de vender pouca e caro, em vez de vender muito e barato. O que o Governo deve fazer é o cálculo do resultado final, para medir os ingressos em dólares verificados no país, embora se compreenda que um exportador isolado, ou um especulador, possa chegar ao requinte de ver com satisfação uma geada sacrificar parte de uma safra, já que isso melhora os preços para um negócio isolado, de seu interesse privado, enquanto não lhe afetam o patrimônio os gastos com que a nação tem de subvencionar os prejuízos da região flagelada.

Um estudo realista mostra que a participação do Brasil no abastecimento norte-americano caiu em 1953, quando os preços do café atingiram aos maiores níveis. Se a participação tivesse sido a mesma, preços menores poderiam ter sido, para o país, mais compensadores.

A segunda verdade é a posição senão crítica, pelo menos tensa, da produção brasileira em face do consumo norte-americano e mundial. Entre os cafés finos da Colômbia e da América Central e os cafés francamente inferiores da África, estão situados os cafés médios do Brasil. O consumidor americano, que forma misturas de cafés, pode utilizar finos e inferiores, ou finos e médios, variando as proporções, e a elasticidade das soluções aumenta com a difusão do uso do café solúvel, que diminui as diferenças de paladar.

Que fará o Governo brasileiro se a safra de 57/58 lhe for parar nos braços?

Tendo comprado acima do mercado, o Governo terá diante de si dois caminhos: vender com prejuízo em cruzeiros, ou desvalorizar a moeda para não acusar este prejuízo. No primeiro caso, parte do preço pago pela safra ficará sendo uma massa inflacionária de lenta reabsorção. No segundo caso, estará o Governo fazendo, em pior momento e já para salvar prejuízos, aquilo que poderia ter feito agora, através da adoção da pauta mínima, sem retirar das mãos dos comerciantes a responsabilidade da exportação.

Café - Quarta-feira, 4 de setembro de 1957

A política adotada pelo Governo em relação ao café, e consubstanciada em Resolução do I.B.C. aplicável à safra 57/58. conduziu o mercado do nosso principal produto, em prazo mais curto do que se esperava, a uma situação crítica, vizinha do desastre. Não foi sem apreensão, e mesmo sem alarme, que se assistiu. há dois meses, o Governo adotar. em prazo excessivamente curto para que pudesse ter havido um exame circunspecto da matéria, medidas que reeditavam, sob aparência nova, velhos erros da política de valorização, era que tantas vezes, e sempre tão desastradamente, temos incidido. E o que acrescentava àquela apreensão uma indisfarçável nota de mal-estar era o fato de assumir a Resolução o caráter de uma capitulação ante o "bluff" jornalístico de uma "marcha de produtores", montada por interessados em algum recanto do território de S. Paulo.

O que poucos, entretanto, imaginavam, era que as consequências do erro amadurecessem tão depressa. Em poucas semanas, o fluxo das exportações, que vinha sendo satisfatório, se deteve. De 1.275.000 sacas em julho de 56, caíram as exportações, no primeiro mês da safra deste ano, a pouco mais de 900.000. O retraimento crescente nos negócios é acompanhado de uma proliferação suspeita de expedientes para escapar às condições desfavoráveis, criadas pela regulamentação, e a taxa do câmbio começa a atestar o efeito depreciativo, em que ameaça resolver-se o esforço irrealístico de valorização.

Quais os traços fundamentais da política cafeeira em vigor?

Em primeiro lugar a discriminação de preços entre os cafés da safra de 56/57, ainda existentes no país em quantidade apreciável, a ponto de existir cerca de um milhão de sacas financiadas no Banco do Brasil, e os cafés da safra de 57/58, aos quais se assegura um nível de preços e um sistema de prêmios progressivo, de que os primeiros são privados.

Em segundo lugar, a fixação dos preços e prêmios de acordo com as melhores cotações alcançadas, no momento da regulamentação, pelo produto, o que traduz o propósito evidente (e ingênuo) de sustentar o preço externo, garantindo ao exportador um preço interno que o habilite a "resistir".

Em terceiro lugar, o compromisso assumido pelo Governo, não só de financiar o café aos níveis indicados, mas de adquiri-lo, expediente de que o exportador não deixará de beneficiar-se se os preços externos caírem, e não lhe assegurarem, em cruzeiros, compensação idêntica ou superior à que o Governo lhe proporcione.

Essa política não podia deixar de ter consectários naturais.

O primeiro deles seria a constituição de dois mercados, um dos cafés da safra velha, outro dos cafés da safra nova, os primeiros inexportáveis a não ser ao preço de pesado subfaturamento, e os segundos, uma vez verificada a menor queda de preços, exportáveis somente se o exportador brasileiro devolver ao importador americano, através do mercado livre, a diferença entre os preços reais de venda e os preços de registro no I B. C.

O segundo será, se a queda de preços se acentuar, o risco de que os exportadores se vejam na contingência de entregar ao Governo, pelos preços garantidos, uma parte verdadeiramente substancial da safra, a qual o Governo terá de exportar com prejuízo, embora possa desfigurar contabilmente esse prejuízo convertendo o dólar em cruzeiro a uma taxa mais favorável, vale dizer, fazendo uma desvalorização.

Desde já os efeitos, que se estão fazendo sentir, são ruinosos. O mercado entrou em retração drástica, e os comerciantes, com suas linhas de crédito integralmente utilizadas com cafés da safra velha, não têm meios de incentivar operações novas. Por outro lado, compreendendo que a execução do seu próprio plano exige a mobilização de recursos vultosos, e não querendo, como é óbvio, ir buscá-lo na emissão, o Governo prefere simplesmente submeter os preços cafeeiros a um regime de resistências e tergiversações, tornando exequível com grande dificuldade aquilo que prometeu com grande facilidade.

O resultado é uma atmosfera de decepção e desconfiança, que se vai generalizando, e que está influindo também, como fator psicológico, no mercado livre de câmbio.

Está, pois, o Sr. Presidente da República a braços com sérias dificuldades. O café — fonte única, a bem dizer, das nossas divisas — estagnado, e em risco de se tornar um problema comercial para o Banco que o financiou. As disponibilidades de dólares caídas a nível ínfimo, obrigando o Banco do Brasil a recorrer ao perigoso expediente dos "swaps", que consistem em tomar empréstimos a longo prazo em moeda estrangeira, contrabalançados por empréstimos concedidos por ele próprio em moeda nacional.

O ano de 58 é, ao mesmo tempo, um ano de pesados encargos cambiais para o Brasil, com serviços de empréstimos onerosos e compromissos de vulto para a importação de combustíveis.

Não há como esperar que a atual política cafeeira desloque de maneira favorável esse quadro sombrio. Um erro cometeu-se, não um erro novo e escusável, mas um erro antigo, de que o país já se achava escarmentado, e que parecia-nos ter o direito de não ver repetido.

Perseverar nesse erro não é apenas uma desmedida imprudência econômica, é a aceitação de um perigo político, pois ninguém ignora que as grandes crises políticas do país foram deflagradas ou alimentadas pelos desastres do café.

Está o Sr. Presidente da República com o seu barco lançado nas águas mais perigosas da política brasileira. E entre escolhos sobejamente conhecidos, entre os quais nenhum piloto parecia mais capaz de aventurar-se, mas que nem por serem conhecidos deixam de ser fatais.

Café - Sexta-feira, 20 de setembro de 1957

Os últimos meses têm registrado considerável perda de divisas, devido, em grande parte, ao decréscimo nas exportações de café. Como manifestação de crise cambial temos, além de um "déficit" de pagamento estimado em 130 milhões de dólares para o primeiro semestre, a violenta alta na taxa do mercado livre de câmbio. Essa taxa, refletindo um mercado bastante estreito, sujeito a manipulações especulativas, tem sentido econômico muito menos importante do que poderia parecer.

No ano passado, a melhoria da taxa livre de câmbio provocou infundado otimismo. No entanto, bastaria observar que o poder aquisitivo interno do cruzeiro sofria os efeitos de uma inflação de cerca de 20%, como ocorreu em 1956, para compreender que a taxa momentaneamente favorável do cruzeiro no mercado livre, refletia fatores transitórios, fadados a desaparecer em curto prazo. Da mesma maneira que a melhoria do cruzeiro no mercado livre não justificava o otimismo com que foi acolhida, a baixa ora registrada não deveria provocar pessimismo excessivo, não fosse generalizar-se a convicção de que o mercado está refletindo os erros da política do café. É sabido que a grande procura de dólar no mercado livre deriva, em parte considerável, de compras efetuadas pelos exportadores para suprir os saques das diferenças existentes entre o valor real das vendas e os preços-mínimos fixados arbitrária e ineptamente pelo Instituto Brasileiro do Café. Obrigados a exportar a tais preços, hoje superiores às cotações internacionais, os exportadores passaram a pagar aos importadores as margens existentes entre os preços reais de venda e os "mínimos" irreais, suportando o ônus do "over-draw" com os recursos obtidos do próprio IBC, através dos prêmios pagos proporcionalmente, em escala ascendente, aos preços externos do produto.

O curioso é que, ao mesmo tempo em que impõe tais preços-mínimos, por um lado, o IBC concorre para atacá-los por outro, ao outorgar concessões de margens enormes de subfaturamento aos exportadores de lotes da safra-velha, assim permitindo ao importador lançar uma safra contra a outra, forçando reajustamento de preço que tende a se processar inevitavelmente no sentido da baixa, isto é, de modo a tornar cada vez mais irreal o "preço-mínimo" que se apregoa a intenção de manter.

Tais escamoteamentos da realidade econômica não se processam impunemente, como vemos pelo mal-estar que a errônea política do café está propagando aos demais setores do comércio exterior. É oportuno,

portanto, examinar os dois principais argumentos mais comumente utilizados pelos que se opõem à racionalização dos negócios do café.

O interessante é que tais argumentos são mutuamente exclusivos, mas
frequentemente usados como se fossem aditivos e compatíveis um com
o outro. O primeiro consiste na afirmativa de que, ao liberar-se a taxa
cambial para o café, ou ao adotar-se a pauta mínima, ocorreria o agravamento da inflação. Como anteriormente se fez notar, nestas colunas, a
existência ou não de inflação depende de fatores mais amplos que os
referentes ao comércio exterior. Em regime de vendas de cambiais no
mercado livre comercial, o aumento da receita do setor cafeeiro corres-
ponderia à perda de renda por algum outro setor da economia, perma-
necendo constante a procura monetária global. Nesse caso, se inflação
houvesse, adviria de outros fatores, como a expansão do crédito, os "déficits" orçamentários, reivindicações salariais excessivas, etc. O segundo
argumento é o de que qualquer modificação da taxa cambial do café re-
dundaria necessariamente numa queda dos preços-ouro. Trata-se, no
caso, de uma grosseira confusão entre ocorrências paralelas e causali-
dade. A queda dos preços externos só pode advir de um decréscimo da
procura ou de um aumento da oferta mundial de café. Não é provável
que uma liberação total ou parcial da taxa cambial do café provocasse
uma queda na procura. Pelo contrário, na medida em que desse aos importadores confiança de não mais ser o mercado manipulado por decisões administrativas, é possível que se reavivasse um pouco a procura,
pelo menos a procura para estocagem. Quanto à oferta, só pode ser ela
afetada ou pelo aumento da produção corrente ou pela liquidação de
estoques. Dado que o ciclo de produção do café é de 4 a 6 anos, nenhum
resultado se produziria a curto prazo, em termos de produção corrente.
Obviamente, haveria maior incentivo à exportação dos estoques disponíveis, e na medida em que se incrementasse a oferta, os preços externos
tenderiam a baixar. Mas baixariam não por causa da taxa cambial, e sim
por causa da existência de estoques excessivos em relação à procura.

Jamais chegaremos a uma boa compreensão do problema cambial do
café, se não nos compenetrarmos de que a fixação de taxas de câmbio
artificiais, ou de preços mínimos rígidos, só faz reduzir a nossa participação no mercado mundial, mas não é instrumento hábil para sustentar
preços de café. Se existir superprodução, os preços mundiais cairão com
ou sem liberação cambial, com ou sem pauta mínima, e essa queda somente se deterá quando se modificarem as condições básicas da procura
e oferta. Alguma coisa se pode fazer do lado da procura, através de um

esforço sistemático de propaganda e busca de novos mercados. Existe, além disso, possibilidade, maior do que geralmente se crê, de recapturarmos alguns dos mercados perdidos; basta para isso darmos o máximo de flexibilidade e liberdade ao nosso exportador, para que concorra, no exterior, aos preços que puder obter e na moeda em que puder vender. O que estamos fazendo é precisamente o oposto. Numa situação de mercado em que as cotações futuras já acusam superprodução à vista, impomos preços mínimos que, sem significarem qualquer continência da oferta, apenas entorpecem a atividade do exportador. A última instrução do IBC ilustra bem o fato. Os preços internacionais, que se vinham mantendo constantes desde 1956, entraram a declinar precisamente quando o IBC se dispôs a sustentá-los através da promessa de compras governamentais e da fixação de preços mínimos. E caíram pelo simples fato de que, removida a ameaça de geadas, tornou-se inapelável a formação de excedentes. O mercado passou a ser de compradores, em que lucrarão os vendedores que competirem livre e agressivamente, como está fazendo a África, que aumentou suas vendas ao mercado norte-americano, este ano, em cerca de 3.690, quando todos os países da América Latina nele tiveram participação declinante.

A médio e longo prazo, a queda dos preços de café é inevitável, a não ser que se modifiquem as condições da oferta. Isso só pode ocorrer de duas maneiras: ou mediante uma cota de sacrifício, imposta pelo Brasil isoladamente, o que não se deve admitir no momento, ou mediante um convênio internacional para disciplina do mercado.

Mas, antes de mais nada, temos primeiro, de fazer um esforço vigoroso para vender, mesmo à custa de um certo reajustamento de preços externos. Um convênio internacional só se tornará possível quando os nossos concorrentes se convencerem da nossa disposição de recapturar uma parcela de mercado, embora vendendo por menores preços. O problema é cruelmente simples. Em princípio, um convênio internacional não interessa aos nossos concorrentes enquanto lhes restar a esperança de verem o Brasil carregar sozinho o ônus da estocagem. Ao Brasil, por sua vez, só interessa um convênio na medida em que possa dividir esse encargo com os demais concorrentes. Enquanto restar a estes últimos a esperança de aceitarmos passivamente carregar o excesso entre a produção e o consumo mundiais, não se criarão as condições psicológicas necessárias para um acordo internacional adequado aos interesses do Brasil.

No momento, o problema é exportar tão agressivamente quanto possível, dando-se ao café um tratamento cambial menos favorável que aos demais produtos, por certo, mas tão simples e flexível quanto possível, e isento de manipulações administrativas.

Café - Quinta-feira, 3 de outubro de 1957

A política do Governo no setor do café está chegando a fracasso muito antes do esperado. Improvisada em poucas horas, sob a pressão demagógica de grupos da lavoura, caracterizou-se desde logo como enorme esforço de valorização artificial, repetindo erros causadores de tantas crises do passado. No momento em que temos para exportar uma safra consideravelmente maior do que a anterior e quando a produção mundial supera o consumo, os grupos da especulação valorizadora lograram obter do Governo a compra indiscriminada da produção.

Transcorridos pouco mais de dois meses sobre a data em que teve início a grande investida dos valorizadores "a outrance", veem-se já, nitidamente, os perigos que a mesma comporta para o país.

Não obstante a abundante e suspeita campanha publicitária que visa esclarecer, menos à opinião pública do que ao próprio Governo, da conveniência da aventura, os números representativos do comércio exterior do café atestam expressivamente o seu fracasso. Veja-se, por exemplo, esta comparação: o volume médio da exportação do café, nos três primeiros meses da safra do ano passado, atingia a cerca de um milhão e quatrocentas mil sacas mensais. Este ano, com o Governo ocupando as praças cafeeiras pela intervenção de compras agora tornadas maciças, a média mensal de exportação caiu para um milhão e cem mil sacas, aproximadamente. O importador estrangeiro, como vemos, não só deixou de se impressionar com a intervenção oficial, como ainda pôde ditar preços menores para os cafés que comprou. A exportação caiu em preço e quantidade, comprovando a derrocada prematura da manobra.

Para este resultado, tão expressivamente negativo, concorreram fatores diversos. Em primeiro lugar, a constituição, pala inépcia do IBC, de dois mercados para o café brasileiro: o primeiro, dos cafés da safra passada e o segundo, dos cafés novos. Uns, financiados a níveis inferiores e exportáveis somente à custa de pesado subfaturamento; outros, vendidos à custa da devolução ao importador, pelo exportador, da diferença entre os preços reais de venda e os preços de registro do IBC.

Em segundo lugar, não é possível apoucar a importância da posição estatística ao iniciar-se a safra. Era esta, efetivamente, de molde a permitir ao importador furtar-se ao ônus da acumulação de estoques em seu próprio país, por sabê-los abundantes nas áreas produtoras e contar com a perspectiva de suprimentos ainda maiores. O país iniciou, assim, o novo ano cafeeiro com um excedente, não vendido e ainda em mãos particulares — mas financiado através do Banco do Brasil ou da rede bancária particular — no total de 3 milhões e 173 mil sacas de café. Nos armazéns do Governo, por sua vez, jaz o saldo de outra malograda valorização, representado por 3 milhões e 700 mil sacas compradas em 1954 para servir aos interesses dos mesmos grupos. A esse total, de mais de 7 milhões e 300 mil sacas, estão se adicionando, inexoravelmente, as entradas de uma safra muito maior do que a anterior.

Diante deste panorama, o importador pôde comodamente cruzar os braços, e não se alvoroçou com a intervenção do IBC. Afinal de contas, o café continuaria aqui mesmo e terá de ser vendido um dia, se não pretendem queimá-lo. De resto, não estão presentes na memória de todas as praças cafeeiras os sucessivos fracassos das valorizações brasileiras? Além do mais, havendo excesso da produção mundial sobre a procura, os demais produtores, protegidos pela incompetência dos nossos dirigentes cafeeiros, procuram livrar-se de seus estoques, contribuindo, assim, para tornar maior a pressão da oferta.

Tais fatores, como vemos, foram a causa determinante da redução de cerca de 3OO mil sacas no volume mensal da presente safra exportável. Ao mesmo tempo, caíram os preços, sendo atualmente de mais de 8 dólares, por saca, a diferença em relação aos da safra anterior. O prejuízo da receita cambial já vai além de 10 milhões de dólares mensais.

Não ficam aí, porém, os erros e perigos de tal política. O quadro tem outro aspecto negativo, talvez ainda mais grave. Já estão compradas pela autarquia cafeeira, neste limiar de safra, mais de 700 mil sacas de café. Atribuindo-se o valor médio de 3 mil cruzeiros por saca, uma vez que é lícito admitir terem sido comprados inicialmente os melhores tipos, temos 2 bilhões e 100 milhões de cruzeiros já transferidos diretamente do Tesoure para a lavoura, sem que o país houvesse podido obter a correspondente receita cambial.

Consideremos agora a estimativa, quanto a volume, da presente safra. Segundo o IBC, computando-se apenas a parte suscetível de exportação, teremos 17 milhões e 700 mil sacas. Já houve, porém, uma revisão nesses cálculos, procedida pela Secretaria da Agricultura do Estado de São Paulo, que revelou um aumento de 10% na safra local. Essa emenda traduz um acréscimo de 300 mil sacas no cômputo geral. Teremos, por conseguinte, de acordo com as primeiras estimativas, uma safra exportável de 18 milhões e 500 mil sacas, no ano cafeeiro presente, 57/58. Se a exportação se mantiver no ritmo atual, isto é, se, ao contrário do que tudo indica, não se acentuar o decréscimo das vendas ao exterior, o Brasil chegará ao fim do presente ano cafeeiro com mais 6 milhões e 500 mil sacas não comercializadas e para cuja retenção terá o Governo despendido alguns bilhões de cruzeiros. Somando-se estes 6,5 milhões de sacas aos excedentes já armazenados, em total superior a 7 milhões de sacas, somos obrigados a admitir que o país deverá enfrentar a safra futura, 58/59 — indiscutivelmente de grandes proporções — com um estoque imobilizado superior a 13 milhões de sacas.

Diante deste quadro, é inútil forçar-se a nota de otimismo. Um grande acréscimo da produção, somado a grande estoque retido, não poderá fortalecer as cotações extremas do café. Os importadores ditarão, então, os preços da mercadoria, com um prejuízo inevitável para a receita cambial do país. Ocorrerá com a aventura de agora o que já se produziu em outras ocasiões. Alguns terão obtido lucros, à custa da coletividade. Os prejuízos da empreitada não se limitarão, porém, a um outro setor da economia nacional. Em vista da perspectiva do ressurgimento dos "déficits" nos balanços de pagamento de diversos países, em moeda conversível e, ainda, considerando-se o vulto do "déficit" orçamentário do país, já superior a 23 bilhões da cruzeiros, a política desastrada no setor cafeeiro acarretará graves perigos ao país. O Sr. Presidente da República, ao consentir que os grupos de pressão da lavoura perseverem nessa enorme imprudência, estará aceitando um risco político de proporções que ninguém pode avaliar.

Café - Quinta-feira, 10 de outubro de 1957

Os últimos dias assinalaram violentas oscilações nas cotações externas do café, circunstância insuscetível de estimular o fluxo das exportações. O movimento do mercado legítimo permanece insatisfatório, no que diz respeito às necessidades cambiais do país e quanto ao volume da safra, caracterizando-se as transações, principalmente, pelo acréscimo de vendas efetuadas diretamente ao Instituto Brasileiro do Café.

Os prognósticos pessimistas formulados quando alguns dos grupos de pressão da lavoura impuseram ao Governo suas descabidas reivindicações, em matéria de valorização dos preços do café, vêm obtendo, como estamos vendo, lamentável confirmação. O café aflui do interior aos armazéns do Governo, enquanto os importadores e os centros financeiros do exterior, considerando provável o depauperamento da moeda, em consequência das compras maciças do produto, e a perspectiva de suprimentos futuros abundantes, dispensam-se de acorrer a constituir estoques.

Quando surgem situações desta ordem, o fluxo exportador geralmente é restabelecido a níveis de preços impostos pela ruptura da linha de defesa, ocorrendo, nesse momento, consideráveis prejuízos à receita cambial do país.

O saldo negativo de um destes episódios — negativo para o Tesouro, bem entendido, mas feliz para a especulação valorizadora que o promoveu — ainda está, até hoje, para ser liquidado, e congestiona os armazéns com mais de 3 milhões e 700 mil sacas de café. A sombra depressiva desse estoque retido lança-se sobre a presente e a safra futura, além de prestar-se a justificar súbitas ofensivas de venda dos nossos concorrentes. Ainda há pouco, por exemplo, os países da América Central, considerando as peculiaridades da situação brasileira, apressaram-se a negociar as respectivas safras, vendendo o produto para entrega presente e futura. Este fato, por sua vez, contribuiu para acelerar o acréscimo das ofertas da Colômbia, resultando daí uma reação em cadeia que deu causa a considerável baixa de preços nos principais mercados consumidores.

Os nossos concorrentes colombianos acham-se, aliás, perfeitamente a par das dificuldades brasileiras. O Sr. Manuel Mejia, gerente da Federação de Cafeicultores da Colômbia e embaixador nomeado em nosso país, esteve recentemente em Buenos Aires, por ocasião da última

Conferência de Ministros da Fazenda ali realizada, detendo-se por um ou dois dias no Rio de Janeiro, ao empreender a viagem de regresso a Bogotá. Acreditamos, por esta razão, que não tenha levado uma impressão favorável dos planos dos nossos dirigentes cafeeiros, pois, logo após seu retorno, a grande organização que dirige reduziu os preços de compra nas zonas produtoras, a fim de sustentá-los "em bases reais", segundo declarações de seu porta-voz autorizado, transmitidas pelas agências telegráficas. Ao eminente especialista em assuntos cafeeiros não deve ter passado desapercebida a fatal contradição de nossa política valorizadora, cedendo, por um lado, aos grupos de pressão da lavoura e admitindo a compra da safra a preços superiores às cotações internacionais e, por outro, concorrendo para derrotar essa mesma política ao permitir que fossem exportados os remanescentes do ano anterior à custa de vultosas margens de sub- faturamento. Hoje, o café da Colômbia está sendo vendido a preços pouco superiores aos do produto brasileiro, quando, até há pouco tempo, essa margem de diferença era considerável.

Em face de tal conjuntura, quando a perspectiva da presente e da próxima safra não é de molde a prognosticar uma intensificação das compras pelos importadores, tanto mais que a política valorizadora acrescenta muitos outros óbices ao fluxo normal do produto, não será impertinente indagar até que ponto pretende o Governo perseverar nos erros cometidos.

É preciso não esquecer que o café não é o único produto em crise, no comércio exterior. Também decresceram substancialmente, por motivos que seria longo enumerar, as exportações de cacau e algodão, havendo estacionado as de madeira e minérios. Nessa conjuntura, o vulto dos recursos necessários à compra dos produtos não exportados, no montante de muitos bilhões de cruzeiros, poderá constituir pressão intolerável sobre a moeda, de modo a eventualmente forçar a sua desvalorização em condições extremamente desfavoráveis para o país.

O "déficit" cambial nos primeiros seis meses deste ano ultrapassou 180 milhões de dólares, computando-se além das trocas comerciais o pagamento de serviços. Para atendê-lo, o Brasil viu-se compelido a reduzir seus haveres no exterior e a contrair novos empréstimos a médio e a curto prazo. A fim de que se tenha ideia de quanto veio a deteriorar-se a situação cambial do país, basta referir que, em igual período do ano passado, o Brasil obtinha em suas transações com o exterior o saldo de 96 e meio milhões de dólares.

Até junho deste ano, o total de obrigações contraídas por nosso país no exterior, a médio e a longo prazo, havia atingido cifra superior a 2 bilhões e 290 milhões de dólares. Temos, assim, paralelamente ao decréscimo das exportações e, por conseguinte, à deterioração de nossa capacidade de pagar os compromissos assumidos, um acréscimo de mais de 203 milhões de dólares nesses mesmos compromissos externos. Diante deste panorama, a persistência na aventura valorizadora em matéria de café e a manutenção dos obstáculos, cambiais e administrativos, às demais exportações, poderão concorrer para levar o país a uma crise de extrema gravidade.

Café - Sábado, 22 de março de 1958

O clima polêmico, que envolve, neste instante, a política do café e do câmbio não está servindo aos interesses nacionais.

Uma das atitudes mais primárias que podem ser tomadas em face de uma crise, é a personificação de suas dificuldades num indivíduo, e a substituição do esforço de lhes encontrar soluções pela condenação simplista do ocupante do cargo, em cuja competência funcional se inscreve o problema.

Ao calor desse movimento condenatório animam-se imediatamente as ambições e o personalismo. O problema deixa de ser a normalização do comércio, a reanimação das exportações, a defesa da taxa de câmbio ou da receita cambial, e passa a ser a demolição de um ministro, para o qual cada grupo político ou econômico tem seu substituto.

A situação é, porém, demasiado séria para que a possamos enquadrar nos limites de tão estreito personalismo. Suas causas transcendem a política de um só ministro, e vão deitar raízes em época bastante anterior ao início do atual governo, que em muitos pontos já encontrou as opções feitas e em outros retornou a erros, nos quais temos reincidido intermitentemente.

Se não nos dispusermos a olhar a crise do café desapaixonadamente, com objetividade e espirito de cooperação, correremos o risco, não só de lhe não encontrar solução adequada, como o de impedir que o Governo a encontre, pois a atmosfera polêmica impede a revisão de julgamentos, a experimentação de novas fórmulas e a procura de soluções.

As causas da crise não são, aliás, brasileiras, mas mundiais. Todas elas derivam, em última análise, de que o aumento da produção, encorajado por dez anos consecutivos de alta de preços, não foi acompanhado por um aumento proporcional do consumo mundial. Consumo que se expande lentamente, produção que cresce rapidamente, conduziriam, de maneira inevitável, a uma concorrência a preços baixos, se o café não fosse um produto de custo de produção elevado e pouco compressível, e além do mais responsável pela receita cambial não apenas do Brasil, mas de quatorze países latino-americanos.

Se as condições estatísticas se deterioram, rompendo progressivamente, em detrimento do produtor, o equilíbrio entre a oferta e a procura, e se os países exportadores temem ver cair a receita em moeda forte, de que necessitam para cobertura de suas importações, é inevitável que repontem, aqui e ali, sob formas ora mais ora menos felizes, as medidas de valorização. Pois não é, de fato, concebível que os países produtores se empenhem conscientemente numa política de desvalorização, a qual não pode exprimir o interesse nacional de nenhum deles, representando, quando muito, interesses parciais e passageiros de grupos de especulação.

A inclinação do Brasil para a política de valorização artificial do produto vem de longe, de governos anteriores mesmo ao período de sacrifício que atravessamos durante a última guerra, com o congelamento dos preços no mercado americano. Não parece difícil, nesta altura, condenar a imprevidência e os exageros dessa política, que nos levou a animar desmedidamente a plantação de café em outras áreas tropicais.

O historiador do café por certo não deixará de lançar sobre os brasileiros a grave responsabilidade de haverem abdicado da posição preferencial, em que se achavam, de competir a preços difíceis de serem acompanhados, para abrirem sobre os concorrentes o famoso guarda-chuva, erguendo os preços a um nível de estimulo para todos. As razões dessa atitude, a bem dizer permanente, dos nossos governos e produtores, residiu talvez na preocupação de manterem o dólar — produzido quase que exclusivamente pelo café — a uma taxa de câmbio que barateasse as importações. Graças a isso desequilibrou-se a nossa economia, num período de vinte anos, criando-se com a industrialização, crescentes compromissos de importação de combustíveis, matérias primas e equipamentos, ao mesmo tempo que se debilitava, pela taxa de câmbio pouco compensadora, a nossa capacidade de exportar artigos diversos do café.

Quando essas heranças somadas de muitos governos, e essa política originada não apenas entre nós mas em todos os países produtores do hemisfério, conduzem o mercado do café à crise que assistimos, nada pode ser menos objetivo e menos exato do que lançar a débito de um só governo, o que nenhum logrou impedir que sucedesse.

Estão, por isso, dando ao país uma lição de prudência e de equilíbrio as entidades de classe que se têm pronunciado nos últimos dias: em primeiro lugar o Centro do Comércio do Café do Rio de Janeiro, e logo depois, em notas e manifestos expressivos, a Associação Comercial de Santos e a Associação Comercial de Minas Gerais.

O que a palavra dos exportadores exprime é o desejo de uma cooperação sincera, desapaixonada e construtiva, à altura das dificuldades que estamos atravessando, para que o Governo logre encontrar o caminho da normalização do mercado, em que se baseia o funcionamento da nossa economia.

Numa hora difícil, originada por fatos que nos transcendem, a serenidade é a primeira virtude, de que povo e governo necessitam para encontrarem juntos, diante de circunstâncias novas que sem cessar se vão apresentando, os rumos a seguir.

Café - Domingo, 23 de março de 1958

A primeira condição para que possamos superar a crise em que se acha a exportação do café é a despersonalização do problema, cujas raízes não se acham na política do atual governo, mas na evolução do mercado mundial.

O Sr. José Maria Alkmin tem condições pessoais para enfrentar com êxito a crise: sua probidade reconhecida o põe a salvo de suspeitas, e sua combatividade protege do assédio dos adversários a política que entender seguir. Em matéria de comércio, a volubilidade excessiva é mais perigosa que a própria perseverança no erro, pois desorienta o mercado, impede a criação da confiança, e acaba por desacreditar as boas medidas com que se pretende fazer face às dificuldades.

Escolhida uma linha de conduta, depois de bem ponderadas as razões que militam em seu favor e desfavor, o primeiro dever do governo é sustentá-la, e nesse sentido a pertinácia com que o Ministro da Fazenda vem afirmando o propósito de não alterar a que adotou, constitui um elemento positivo da sua política, cujos frutos no exterior começam a aparecer. Ainda há, no caso, a considerar que essa política traduz, em grande parte, acordos internacionais firmados pelo país, e nada seria mais leviano, nem teria consequências mais desastrosas, do que darmos aos demais países produtores, de que devemos ser os líderes, a impressão fundada de instabilidade nos compromissos assumidos.

Esse entendimento com os países produtores, em escala não apenas regional, mas mundial, era uma das mais antigas aspirações da nossa política do café. Mesmo os que preconizam, como tem sempre feito o "Jornal do Commercio", uma exportação competitiva de preferência ao que se poderia chamar um "cartel" de produtores, reconhecem que estes não se devem isolar, mas unir, na defesa de um mínimo de interesses comuns. De outro modo, o café será governado exclusivamente pelo consumidor, e como este é representado em proporção arrasadora pelo público norte-americano, seria o comércio, e nem sequer o governo dos Estados Unidos o árbitro final dos interesses supremos dos países produtores.

Destruir o acordo a que estes países puderam enfim chegar, e destruí-lo extinguindo a base de confiança em que assenta a liderança do Brasil, seria um ato de irreflexão, de consequências irreparáveis. Só esta consideração já bastaria para justificar plenamente a reafirmação da política oficial, que vem sendo feita pelo Ministro da Fazenda aos exportadores e produtores.

Manutenção da política oficial não significa, entretanto, imobilidade diante de uma crise em marcha, que depara ao governo, cada dia, aspectos novos e fatos imprevistos. Quando o Sr. José Maria Alkmin definiu, no Regulamento da safra de 57/58, a sua política de preços, e de compra de cafés pelo I.B.C., a situação do mercado mundial não se apresentava com as características de hoje, e não faltavam técnicos, nos meios cafeeiros, firmemente convencidos de que aqueles preços não seriam obstáculo ao escoamento normal da produção.

Foi posteriormente à Reunião do Café do Rio de Janeiro, que um panorama diverso começou a revelar-se. E o que lhe veio dar o sentido, não de uma retração transitória, mas de uma situação durável, foi a perspectiva da safra mundial de 58/59, cuja abundância transpõe os limites da capacidade de consumo em velhos e novos mercados. Basta pensarmos que o Brasil, exportador, nos últimos anos, de treze a quinze milhões de sacas, fará descer do interior para os portos uma safra de cerca de vinte e cinco milhões.

A mola da administração econômica é a imaginação. O Ministro da Fazenda está no momento de fazer apelo à sua e à de seus assessores para enfrentar, dentro da linha da política que traçou, os aspectos novos desse problema em marcha.

A parte da população brasileira que vive mais de perto o problema do café (já que toda ela o vive de longe) não está, de modo algum, contagiada pelo derrotismo e pelo pânico, mas sim ao lado do Governo, que vive, neste instante, o seu mais crítico episódio.

É cerrando fileiras em torno da autoridade, impedindo que ela se abata ante os golpes de um simples oposicionismo, ou ante as intrigas de simples grupos de interessados, que poderemos contribuir para um esforço intenso e sincero de adoção de providências à luz dos fatos novos, que nos são apresentados.

Café - Domingo, 11 de maio de 1958

Não pode escapar à atenção do Sr. Presidente da República a deterioração, que se está observando, na atmosfera política e social do país.

Depois da impressão favorável causada, nos primeiros dias do ano, pela divulgação do estado de adiantamento das metas governamentais, a opinião pública entrou a ser deprimida por fatores, cuja ação não se conseguiu, até agora, atenuar ou interromper.

O primeiro desses fatores — e sem dúvida o mais importante — tem sido o complexo câmbio-café, que veio para o primeiro plano das preocupações, não só do comerciante e do administrador, mas também do homem da rua, que julga os fatos econômicos pelas suas repercussões de caráter mais geral.

Ninguém ignora que o volume de vendas do nosso produto básico, no início do ano, foi insuficiente para assegurar o mínimo de divisas de que precisamos para pagar, no mesmo período, nossos compromissos e importações. Enquanto em 1956, bom ano, vendemos, de janeiro a abril, 5.623.374 sacas, e em 1957, ano médio, 4.829.063, não conseguimos, em igual período do corrente ano, passar de 3.670.000, o que representa uma diminuição de receita, entre 57 e 58, de 26%.

Por esse e outros motivos utilizamos no máximo as linhas de crédito, que nos permitem igualar os desníveis de caixa entre os meses do ano, e estamos dependendo de acordos especiais com os Estados Unidos para enfrentar os problemas financeiros do resto do exercício.

Ao mesmo tempo, o Governo tem diante de si a safra de 58/59, no montante de vinte e cinco milhões de sacas de café, quando a nossa participação no consumo mundial tem orçado em quinze milhões. O excedente terá de ser retirado da circulação, mediante um mecanismo que provavelmente será a compra pelo IBC mas dessa medida inevitável decorrem duas consequências altamente negativas: a primeira é a inversão, num estoque morto, de soma não inferior a vinte bilhões de cruzeiros, à qual se somará o correspondente aos excessos já comprados da atual safra, em montante pouco inferior; a segunda é o pesado armazenamento, com o efeito depreciativo inevitável sobre o mercado, e a impopularidade natural, num país devastado por tanta miséria, de qualquer medida retentora de artigos de alimentação.

Compreende-se o esforço do Governo em manter sua política de defesa dos preços, tanto mais que a queda do valor internacional do café representa, para nós e para todos os países produtores, a deterioração dos "termos de troca", já que o valor das máquinas, combustíveis e matérias primas, importados da Europa e sobretudo dos Estados Unidos, não diminui e sim aumenta, pelo encarecimento de sua produção nos países onde os compram.

Se é, porém, compreensível o esforço dos governos de países cafeeiros para defender preços, não parece que tenham sido encontradas as medidas que lhe assegurem sucesso.

O nosso país, por exemplo, não tem conseguido colocar no estrangeiro o seu café senão tolerando o subfaturamento ou sofrendo o retorno de uma parte do preço ao comprador através do mercado livre, expediente a que o comércio deu a denominação jocosa de "câmbio negro português". Tanto num caso, como no outro, o que há é barateamento do produto para assegurar sua exportação. E quando conseguimos manter níveis altos de preço, como sucedeu em 1953 e 1954, o benefício imediato da maior receita cambial tem sido anulado em face do estimulo imoderado aos concorrentes, sobretudo aos produtores de cafés de pior qualidade, os quais já não sairão facilmente do mercado, depois que os cafeeiros, atingidos à idade de frutificação, passarem a lhes proporcionar colheitas anuais regulares.

É extremamente difícil, portanto, a situação em que se encontra o Governo, notadamente o Sr. Ministro da Fazenda, no que respeita ao café. Em conjuntura de superprodução mundial, e sobretudo nacional, com que medidas pode ele sustentar os preços externos?

A primeira resposta seria: comprando, com cruzeiros, o excedente da produção; e nenhum ministro, no estado atual de coisas, poderá fugir a essa solução imperativa. Mas a verdade é que a compra de excedentes, quando chega a representar um empate de trinta a quarenta bilhões de cruzeiros, lançados na circulação sem contrapartida, começa a constituir para a economia do país uma ameaça não menor do que a queda dos preços externos, embora de outra natureza.

A esse problema do café está diretamente relacionado o do câmbio, ou antes, o da queda do cruzeiro no mercado livre. O público se alarma, com razão, ao ver a nossa moeda declinar constantemente e não faltam explicações para o fato, umas tendentes a agravar e outras a atenuar seu significado. Embora concorram para essa queda muitos fatores, um parece decisivo: a insuficiência de dólares para as necessidades mínimas do mercado oficial, pelo qual se processam as importações. Onde há dois mercados de câmbio, um livre e um oficial, é inevitável que se evadam, do mercado menos favorecido para o mais favorecido muitas operações que legalmente se deviam processar no primeiro. Não é possível evitar, assim, que uma importação seja coberta, ainda que em pequena parte, pelas remessas complementares, feitas através do mercado livre.

No momento atual, exportando pouco, temos dificuldade em abastecer o mercado oficial, onde os ágios sobem inevitavelmente, e também inevitavelmente aumenta a taxa de evasão das operações comerciais para o mercado livre, onde sobe a cotação da moeda estrangeira procurada.

Sem corrigirmos o que se verifica nas exportações, não conseguiremos, por conseguinte, corrigir o que se passa no câmbio, e o Governo irá enfrentando índices que a opinião pública não pode deixar de considerar assustadores.

Dessa situação que se eterniza, e que o ambiente polêmico, em que temos vivido, não contribui para modificar, nascem dificuldades de outra natureza, no campo político e social.

Um inventário dessas dificuldades e uma análise de suas causas visíveis, são hoje as melhores contribuições que uma imprensa isenta e imparcial, animada do desejo de servir ao país, pode prestar, tanto ao Governo, cujos bons propósitos são incontestáveis, quanto ao povo, cujas apreensões são legitimas.

Café - Sexta-feira, 11 de julho de 1958

Os últimos pronunciamentos do Sr. Jânio Quadros sobre questões do café têm-se revestido de indiscutível sentido político. Foram relegados a segundo plano os aspectos financeiros e econômicos, preocupando-se o governador em acentuar o que lhe parece susceptível de proporcionar rendimento eleitoral.

O hábil demagogo que tem sido o governador paulista já vinha nessa trilha há algum tempo. As atitudes que assumiu, pouco antes do Sr. José Maria Alkmin retirar-se do Ministério da Fazenda, não deixavam dúvida quanto a seus objetivos de agitação e propaganda, como se comprovou, perfeitamente, pela malograda tentativa de promover, em sua capital, uma conferência de governadores dos Estados cafeeiros.

Havendo uma representação permanente dos cafeicultores na Junta Administrativa do IBC, espécie de parlamento do café eleito pelos lavradores, a conferência de que cogitava o governador só poderia servir a propósitos de propaganda pessoal, metamorfoseando o seu promotor em porta-voz das reivindicações da mais numerosa classe rural do país, vale dizer, também, da mais rica e da mais poderosa.

As intenções meramente políticas do Sr. Jânio Quadros tornaram-se tão claras, nesse momento, que os governadores convidados a ir a São Paulo vieram, afinal, a reunir-se no Rio, tangidos de seus respectivos Estados pelo desejo de se mostrarem indiferentes ou mesmo contrários à iniciativa.

Anteriormente, isto é, há um ano, o Governador que tanto veio a condenar a orientação cafeeira do ex-Ministro da Fazenda, colocara-se em posição favorável aos que exigiam a valorização artificial do café, situando-se, por conseguinte, entre os que de alguma forma concorreram para o advento das dificuldades que são do conhecimento geral.

No entanto, enquanto o Sr. Alkmin se apegava às diretrizes que lhe foram impostas, em grande parte, pelas circunstâncias da época — a que não faltaram inclusive as ameaças de marchas de lavradores e outras do mesmo gênero — o Sr. Jânio Quadros divergia da orientação que concorrera para aplicar, pondo-se em atitude de oposição tanto mais enérgica quanto maiores se tornavam as dificuldades com que se defrontava o ex-Ministro.

Os ventos da demagogia não sopram sempre, porém, na mesma direção. Passados apenas alguns dias sobre as últimas críticas proferidas pelo Sr. Quadros ao Sr. Alkmin, vemo-lo novamente propugnar a reiteração da política que tanto condenou. Que é, como dito, senão reclamar o fortalecimento da valorização artificial, dizer, como tem dito o governador paulista "que a lavoura ficou decepcionada" por não se ter comprometido o Governo Federal a comprar a totalidade da safra, a preços elevados, sem preocupar-se com as consequências de tal política para o país? Não é, por acaso, sugerir marchas de lavradores, mencionar em nota oficial a possibilidade de "agitações de natureza grave" se não forem atendidas as pretensões encaminhadas com objetivos meramente eleitorais?

O Sr. Lucas Lopes precisa ter em conta as contradições do Sr. Jânio Quadros e a verdadeira natureza de seus desígnios, ao acertar as medidas que julgar convenientes para o café. De uma coisa pode estar certo o honrado Sr. Ministro da Fazenda: esse problema, dada a magnitude de suas implicações, não pode sofrer a influência da política partidária, sem pôr em risco a estabilidade econômica e financeira e, portanto, social do país. A pior forma de servir à própria lavoura, como classe integrante da comunidade nacional, é permitir que os demagogos concorram para impor o desfecho da questão.

O episódio da ida dos emissários do Governo Federal a São Paulo, em resposta a um telegrama de reivindicações do governador, teve, a propósito, um desfecho significativo. Capitalizando os juros políticos da missão que suscitara, o Sr. Jânio Quadros não se dignou receber os portadores dos esclarecimentos prestados tão prontamente pelo Sr. Ministro da Fazenda. Retribuindo esse procedimento louvável do Sr. Lucas Lopes, com inédita manifestação de descortesia, remeteu os enviados federais ao Secretário da Fazenda e fê-los participar da reunião, a que não assistiu, com representantes de associações rurais e funcionários estaduais. Empenhado em participar pessoalmente da campanha para fazer o seu sucessor no governo de São Paulo, o Sr. Quadros não se preocupou em ouvir as peculiaridades econômicas, financeiras e monetárias da questão, que só o interessa pelos eventuais dividendos eleitorais que proporcionar.

Os reclamos do governador paulista, nessa como em outras questões, são, portanto, formulados em função de conveniências políticas momentâneas. O Sr. Lucas Lopes ou qualquer homem responsável do país não pode iludir-se a respeito, quando, nos próprios jornais da Capital paulista, como vimos pelo "O Estado de São Paulo" de terça-feira passada, já se noticiam coisas como esta: — "No discurso que proferiu domingo em Tanabi, o governador Jânio Quadros deixou claro que da vitória do professor Carvalho Pinto, nas eleições de outubro, dependerá a sua candidatura ao governo da República. Nas três orações que proferiu naquela cidade da Alta Araraquarense, perante dezenas de prefeitos de municípios da região, o chefe do Executivo pediu ao povo que desse o primeiro passo, votando em Carvalho Pinto, que ele daria o segundo, marchando com o povo para lutas maiores, para a "recuperação da República".

Capital estrangeiro - Quarta-feira, 4 de dezembro de 1957

Em entrevista concedida à reportagem acreditada junto ao Palácio do Catete, o Sr. Presidente da República teve palavras de confiança no capital estrangeiro e salientou que se tem acentuado o seu ingresso durante o atual período de governo.

Opor-se ao capital estrangeiro, tê-lo com maus olhos, colocá-lo sob restrições e controles que o afugentam, é uma atitude que denuncia o espirito retrógrado, e a formação mental eivada de colonialismo. No nosso tempo as nações se empenham em atrair, por todos os meios ao seu alcance, o capital estrangeiro. Feita a reserva de certas atividades econômicas que pela sua correlação mais direta com a segurança do país não podem ser acessíveis senão a nacionais, em todos os outros campos só há um tratamento plausível para o capital de fora: o de absoluta igualdade com o formado no próprio país.

É um índice significativo de imaturidade política e de inatualidade nas questões econômicas, a hostilidade que se observa em certos meios, sobretudo políticos, pelo capital estrangeiro, contra o qual se pretende discriminar.

Para bem compreendermos o papel do capital estrangeiro no desenvolvimento de um país, devemos partir da ideia que o desenvolvimento é um resultado do investimento, isto é, que não há outro meio de obter um aumento do produto nacional a não ser a reaplicação de uma parte da riqueza produzida, que se tenha conseguido subtrair ao consumo, ou capturando-a sob a forma de imposto, reservas, contribuições (poupanças públicas) ou reservando-a nas mãos dos próprios particulares (poupanças privadas). O que um país produz, ou é poupado ou consumido. O que se poupa se reaplica na produção, e vai assim contribuir para que haja, no período seguinte, mais riquezas, isto é, desenvolvimento.

Ora, o que há de contraditório no progresso — e disso temos no nosso país o exemplo constante — é que a população, por isso mesmo que enriquece, aspira a consumir, a gastar cada vez mais em alimentos, habitação, transporte, diversões, vestuário; e entretanto, a aceleração do seu enriquecimento depende de sua capacidade de poupar e de investir.

Todo país que se desenvolve dentro de um sistema de economia fechado para o exterior, é obrigado, para acelerar o seu desenvolvimento, a impor um baixo nível de consumo à sua população. O maior exemplo dessa orientação foi dado pela União Soviética, que precisou mesmo criar em torno do país o que se veio a chamar "cortina de ferro", para assegurar a paciência das massas sacrificadas fazendo-as ignorar o nível de bem-estar desfrutado por outros povos.

Se, porém, o desenvolvimento não se processar em sistema fechado, surge uma outra fonte de recursos para a sua intensificação: o capital estrangeiro. Este não é mais do que uma parcela das poupanças formadas em outro país, que se transferem, ampliando o potencial nacional do investimento sem sacrifício do potencial de consumo da população.

Mais não se precisa dizer para compreender o que significa, no mundo de hoje, a luta das nações pelo capital estrangeiro. Dir-se-ia que uma nação, pelas condições atrativas que oferece, se esforça por arrebatar parcelas das economias formadas nas demais e para impedir que estas atraiam as economias formadas nela própria.

Foi o tema do capital estrangeiro um daqueles em que o nosso país incidiu em mais danosos equívocos. De janeiro de 1952 a fins de 1953, incentivou-se uma violenta crítica contra o investidor externo, acusado de fazer maiores remessas de capitais para o seu próprio país, do que de trazer capitais ao nosso. Os balanços de ingresso e saída de capitais mostravam que esta era maior do que aquele, e esse perigoso índice foi interpretado com critérios menos econômicos do que emocionais.

A verdade, porém, era outra, e ficou patente a partir de 1954, quando se inverteram os termos do balanço, e o ingresso começou a suplantar as remessas de capitais. É que em fins de 1953 o serviço de capitais deixou de ser feito pela taxa privilegiada que a legislação lhe assegurava, e passou a correr pelo câmbio livre. O que estimulava a evasão de capitais era a subvenção cambial que o Governo concedia, a quem houvesse registrado segundo certas formalidades burocráticas as suas inversões no Brasil. Desaparecida a subvenção, o balanço se normalizou, e os fatores atrativos da nossa economia, conjugados aos fatores desfavoráveis que atuam sobre outros, puderam permitir que nos enriquecêssemos com um afluxo apreciável de poupanças formadas em outros países.

Cabe ainda observar, em favor do capital estrangeiro, que o fato de serem as saídas, em certos momentos, maiores que as entradas, nada significa. O capital que entra cria exportações novas ou libera o mercado interno de importação, o que propaga os seus efeitos bem além da simples apreciação aritmética do saldo.

Quais os meios de estimular o ingresso do capital estrangeiro no país? Em suma, esses meios não são diversos dos que constituem uma boa política econômica. Estabilidade política, estabilidade monetária, regime fiscal lógico e equitativo, e liberdade plena de saída e de aplicação, são as condições que favorecem a entrada e a permanência de recursos tão necessários à aceleração do progresso do país.

Crise cambial - Domingo, 8 de setembro de 1957

Pela quarta vez, no curso de um decênio, enfrentamos uma crise cambial caracterizada pela completa exaustão das reservas de divisas. Nas duas primeiras vezes, em 1948 e 1952, o "deficit" em nossos pagamentos externos resultou predominantemente de volumosas importações: — no primeiro caso pela demanda represada ao longo dos anos da guerra: no segundo, pelo desejo de abastecer o país de matérias primas e equipamentos, ante o receio de generalização do conflito coreano.

Nas últimas crises, a de 1954 e a atual, os fatores principais localizam-se principalmente no setor da exportação e da política de câmbio, adversas ao pleno escoamento do café e inadequadas a estimular as importações dos demais produtos.

Das duas causas do desequilíbrio do balanço de pagamentos, a primeira — o excesso de importações — é talvez menos nociva de que a segunda — o declínio das exportações. É que, num caso, pelo menos se incorporam bens de equipamento e matérias primas à economia nacional, enquanto no segundo incorremos no ônus da estocagem de produtos exportáveis, sem qualquer enriquecimento da economia nacional.

O caráter agudo e recorrente das nossas crises cambiais, tão alarmante para os financiadores estrangeiros, menos familiarizados com a capacidade de recuperação e flexibilidade latente do comércio exterior brasileiro, torna relevante uma indagação de suas causas.

A surpresa dos observadores estrangeiros é tanto maior quanto não se trata de um país de parcos recursos naturais mobilizáveis para exportação. Não foi o Brasil, como sucedeu à Bolívia, no caso do estanho e prata, ferido pela exaustão e empobrecimento de jazidas; não teve, outrossim, nenhum dos seus grandes produtos de exportação deslocado pelo aparecimento de sintéticos, como sucedeu ao nitrato do Chile; não houve mudança radical nos hábitos estrangeiros de consumo, que subitamente afastasse do mercado os nossos produtos, como aconteceu à seda japonesa,

A reincidência das crises seria, segundo alguns, resultante do processo de desenvolvimento econômico, ao fomentar intensamente as importações de matéria prima e equipamentos. Tal ponto de vista, porém, não fornece as luzes que o problema requer. Embora o processo de desenvolvimento econômico concorra para incrementar inicialmente as importações, quando orientado mais para a industrialização do que para as exportações, pode-se evitar a formação de "déficits" no balanço de pagamentos mediante uma política financeira ou cambial adequada.

No após-guerra, o México, a Venezuela e o Peru registraram um ritmo de crescimento muito superior ao do Brasil. O primeiro desses países logrou, no período 1947/59, um aumento anual de 3,8% na produção por habitante: o segundo obteve 6,1% e o terceiro 1%. No Brasil, a taxa de desenvolvimento não chegou a 3% por habitante. Entretanto, nesses países não se produziram crises cambiais semelhantes às que repetidamente afligem nosso país.

Como vemos, a explicação tem que ser buscada alhures. No caso brasileiro, subjacente a fatores momentâneos, encontra-se uma causa profunda: a inflação. E não a inflação isoladamente, mas a sua conjugação com uma política cambial errônea. A inflação se traduz em excesso da procura monetária em relação aos bens disponíveis, com duplo efeito: exacerba a demanda de artigos importados e desloca para o mercado interno parte da produção exportável.

Quando os governos persistem, apesar da alta de preços internos, em manter estável a taxa cambial, o resultado inevitável é uma crise de divisas: as exportações fraquejam porque os produtos se tornam artificialmente caros para o comprador estrangeiro; as importações aumentam, porque estes produtos tornam-se artificialmente baratos para o importador, sem que, entretanto, este benefício seja transmitido ao consumidor final. O ingresso de capitais estrangeiros, por sua vez, sofre desestímulo.

Quando tal situação ocorre, é frequente para os governos a tentação de adotarem paliativos que, sem atacar o mal pela raiz, mascaram apenas a gravidade do desequilíbrio cambial, tornando crônica a escassez de divisas.

Seria interessante, a esta altura, examinar as lições do caso brasileiro. Dos vários mecanismos alternativos para se corrigir uma crise de pagamentos, o Brasil parece ter adotado todos, exceto o mais simples, e o único eficaz.

Quatro são, em substância, os métodos conhecidos para enfrentar uma crise cambial. O primeiro é manter invariável a taxa de câmbio e satisfazer a procura de divisas em excesso da receita de exportações, mediante o desgaste das reservas cambiais anteriormente acumuladas. Esta solução, obviamente, só pode ser tentada se o desequilíbrio é de pequena duração e a reserva de divisas é satisfatória. Em 1947 e começo de 1948, lançamos mão desses recursos, mas o governo se viu obrigado a instaurar o sistema de licenças de exportação. Também no ano corrente, preferimos ver esgotadas as reservas cambiais a tomar medidas mais drásticas no sentido de uma reforma do sistema de câmbio. Como em 1948, estamos agora na impossibilidade de persistir no uso do paliativo, pela razão de não mais dispormos de reservas, pois que já estamos sacando sobre linhas de crédito no exterior, o que representa um endividamento a curto prazo.

A segunda solução clássica é a deflação interna de preços de custos. Quando se faz uma deflação, baixam os preços, salários e custos de produção no país; as exportações tornam-se baratas para o comprador estrangeiro, ao mesmo tempo que diminui a busca de importações. Desaparece a crise de divisas. Trata-se, entretanto de medicina extremamente amarga. Portugal e Bélgica experimentaram-na com êxito, no após guerra, mas o custo social de uma deflação, em termos de desemprego, falências e interrupção do desenvolvimento econômico, proscreve sua utilização.

No Brasil, a mentalidade inflacionária lançou tão fundas raízes que mesmo um simples arrefecimento da alta de preços nos primeiros sete meses deste ano, quando o ritmo mensal de inflação declinou para 0,7%, comparativamente a 1,5% no ano passado, já está sendo interpretado como violenta deflação. Nessas condições, devemos dar-nos por felizes se conseguirmos chegar ao fim do ano sem reembarcarmos na espiral inflacionária que há muito nos vitima: fundas resistências psicológicas e institucionais impedem-nos de tentar corrigir o desequilíbrio de pagamentos pelo método amargo e, aliás desnecessário, da deflação.

Esses, os remédios inexequíveis. Em próximo editorial, analisaremos outras linhas possíveis de política monetária e cambial, procurando apreciar, à luz da experiência da América Latina, métodos usados em outros países para escapar às crises cambiais.

Crise cambial - Quarta-feira, 11 de setembro de 1957

Na contínua busca de soluções para periódicas crises cambiais, o Brasil já esgotou quase toda a farmacopeia conhecida.

Para a crise cambial iniciada em 1948 e que teve recrudescimento em 1951/1953, a solução adotada foi a das quotas de importação, ou seja, o sistema da licença prévia, mantendo-se, entretanto, fixa a taxa oficial de Cr$ 18,50 por dólar. Para se julgar da eficácia de um sistema cambial qualquer como corretivo de um "déficit" de pagamentos externos, o critério liminar é saber se o mesmo contribui para reduzir a procura de divisas, aumentar a oferta de divisas ou promover ambos esses resultados. Visto a essa luz, o método da licença prévia, além de criar uma complexa burocracia a prestar-se à corrupção administrativa, não constitui corretivo fundamental. Permite restringir temporariamente o volume das importações, mas não refreia efetivamente a procura das mesmas, a qual é antes estimulada, porquanto o privilégio de importar a uma taxa cambial favorável torna a importação extremamente lucrativa e faz com que os importadores exerçam pressão intolerável sobre a autoridade cambial, à busca de licenças. Mas o fato de as compras no exterior se efetuarem a taxas convidativas não significa barateamento do custo de vida, porque sempre que há escassez no mercado interno, o importador vende aos preços que a escassez lhe permite obter e não aos preços pelos quais importou. Mais grave ainda é o fato de que a manutenção da uma taxa fixa tende a diminuir a oferta de divisas, porque os exportadores, ante a alta inflacionária dos custos de produção no país, se veem progressivamente expulsos do mercado internacional, tornando-se gravosas as nossas mercadorias, como sucedeu repetidamente ao algodão, à madeira, aos couros, às fibras e óleos vegetais, em várias ocasiões, durante os últimos anos. Para se ajuizar do efeito desfavorável de uma taxa cambial congelada em nível superior ao do poder aquisitivo interno da moeda, basta notar que, entre 1948 e 1953, o volume físico das exportações brasileiras outras que o café declinou de 60%, não recuperando em nenhum desses anos o nível que já havia atingido em 1938.

Desde fins de 1953, reconhecida a ineficácia do sistema de licença prévia para vencer as dificuldades cambiais, experimentou o Brasil o sistema das desvalorizações parciais, através de taxas múltiplas de câmbio. Foi essa a orientação adotada com a Instrução n. 70. O sistema constituiu uma desvalorização parcial, porque se criaram várias taxas cambiais, algumas em nível superior ao do poder aquisitivo real do cruzeiro e outras em nível inferior. Do lado da importação, por exemplo, o cruzeiro foi excessivamente desvalorizado para algumas categorias, com o objetivo louvável de desencorajar a compra de produtos menos essenciais, não pelo sistema de quotas, mas pelo freio dos preços. Essa função normalmente é preenchida pela tarifa aduaneira e não pelo sistema de câmbio. Como, entretanto, até a recente reforma aduaneira, as tarifas se haviam tornado obsoletas, constituiu expediente útil durante algum tempo desencorajar importações menos essenciais, punindo-as com as taxas cambiais elevadas da 4ª e da 5ª categorias de importação, resultantes dos ágios de licitação.

Mas a desvalorização foi apenas parcial porque alguns produtos, como os combustíveis e as importações do Governo continuaram sendo pagos a uma taxa cambial valorizada em relação ao real poder aquisitivo da moeda. Pode-se dizer, portanto, que estas importações foram efetivamente subvencionadas com recursos extraídos do exportador, cujas cambiais foram pagas a preços inferiores ao seu real valor para a economia nacional.

Do lado da exportação, criou-se também um sistema de taxas múltiplas, recebendo cada exportador, além da taxa oficial, uma bonificação decidida por arbítrio administrativo.

A experiência brasileira reproduz fielmente o que já havia ocorrido em outros países, a saber, que o sistema de taxas múltiplas pode funcionar relativamente bem do lado da importação, onde exerce função comparável à de uma tarifa aduaneira, mas é perturbador e ineficaz no setor da exportação. Perturbador, porque os exportadores das categorias menos beneficiadas entram numa competição de valimento administrativo, para verem seus produtos promovidos à categoria superior, e retém seus produtos até obterem a promoção cambial para em seguida lançá-los subitamente no mercado com efeito desfavorável sobre os preços externos. Além do mais, as decisões sobre a classificação dos produtos em categorias presumem, de parte da autoridade administrativa, uma singular acuidade em medir custos de produção e não menor agilidade em reajustar taxas à proporção que os mesmos se alterem. Daí surgir, por vezes, o estímulo a exportações de zonas capazes de exercer pressão política e não necessariamente daquelas que podem produzir por menos custo.

Outro indesejável subproduto das taxas múltiplas de exportação é a fraude cambial. Em alguns casos esse processo representa a única maneira de sobrevivência do exportador, quando a autoridade cambial não reajusta oportunamente as taxas de exportação. De todas as maneiras, destrói a confiança dos importadores estrangeiros, na qualidade das mercadorias e na seriedade dos negócios. A experiência dos países da América Latina que usaram e abusaram das taxas múltiplas de exportação, implantadas em grande parte como tributo sobre o setor de exportação, para a concessão de subsídios à industrialização interna, é concludente. Sem citar a Bolívia, cujos comércio exportador e produção mineira foram seriamente golpeados pelo sistema de taxas múltiplas, a Argentina, o Brasil e o Chile utilizaram extensamente esse método, para descobrirem afinal que apenas haviam mutilado o seu comércio de exportação sem com isso assegurarem, seja um ritmo de crescimento global, seja um desenvolvimento industrial superior ao dos países que evitaram o estiolamento do setor de exportação. Da aplicação de taxas múltiplas resultou que, no período de 1947-1955, o volume físico das exportações argentinas caiu a uma taxa de 2,8% ao ano; aa exportações brasileiras declinaram de 4,2% ao ano, ao passo que as do Chile permaneceram estagnadas. Já o México, o Peru e a Venezuela, que mantiveram o sistema de taxa única aplicável às exportações e importações, tiveram respectivamente um crescimento anual das suas vendas ao exterior de 5,6%, 6,3% e 10,5%, alcançando ainda um ritmo global de crescimento econômico muito superior ao dos países que menosprezaram as suas possibilidades de exportação e tornaram ruinosamente complexo o sistema cambial.

Do variado arsenal de armas cambiais para combater o nosso desequilíbrio crônico de pagamentos só nos resta utilizar a mais simples e, paradoxalmente, a única eficaz: o sistema da taxa única flexível. A ela seremos eventualmente levados, senão por convicção ao menos pela impossibilidade de persistir no erro.

Eximbank - Sexta-feira, 15 de novembro de 1957

O Banco de Exportação e Importação, de Washington, distribuiu, recentemente, duas interessantes publicações, uma contendo a análise histórica de suas atividades até os nossos dias e outra demonstrando as operações realizadas na América Latina.

O Banco de Exportação e Importação, ou Eximbank, como é mais conhecido, é uma agência do Governo dos Estados Unidos da América, criada em 1934, a fim de prestar, em caráter temporário, certos serviços financeiros. A criação do Banco verificou-se em uma fase aguda da grande depressão econômica mundial, quando havia baixado em cerca de 40% o volume físico do comércio internacional e em cerca de 60% o seu valor em dólares. Resolveram então os Estados Unidos pôr em prática diversas medidas de proteção e amparo à agricultura e à indústria, entre as quais figurou a criação de uma corporação financeira governamental para amparar e estimular a expansão das exportações e assumir parte dos riscos decorrentes da concessão de créditos aos importadores de produtos americanos. O Banco foi também instituído a fim de financiar o comércio com a União Soviética, com a qual os Estados Unidos vinham de estabelecer relações diplomáticas, e acreditavam que seria possível realizar um amplo intercâmbio comercial.

Nos cinco primeiros anos de seu funcionamento e até a segunda guerra mundial, o Eximbank realizou um pequeno volume de operações, havendo autorizado créditos no valor total de 284 milhões de dólares, dos quais foram efetivamente desembolsados 113 milhões. As projetadas operações financeiras com a União Soviética não chegaram a ser realizadas em virtude do insucesso das negociações em torno das dívidas do antigo Império Russo repudiadas pelo governo bolchevista.

A guerra veio imprimir um caráter mais dinâmico às atividades do Banco, cuja capacidade de empréstimo foi elevada de 100 para 700 milhões de dólares, em 1940. Deu-se ênfase especial à concessão de créditos pelo Banco a países da América Latina a fim de compensar a redução verificada no comércio dos mesmos com as nações da Europa conflagrada. No período de 1º de janeiro de 1940 a 30 de junho de 1945 o Eximbank concedeu créditos em total superior a 985 milhões de dólares. A ampliação de créditos a países da América Latina evidencia-se pelo fato de lhes terem sido concedidos, somente no ano de 1940, empréstimos no valor de 221 milhões de dólares.

Foi, todavia, no período de após-guerra que o Banco de Exportação e Importação assumiu um papel de fato relevante como instrumento de suporte financeiro do comércio entre os Estados Unidos e outros países. Não fosse a ação do Banco e a expansão de suas operações e não teria sido possível às nações devastadas pela guerra enfrentar com êxito a tarefa de sua reconstrução e nem o soerguimento do comércio internacional se teria verificado em tão curto prazo. A capacidade de empréstimo do Banco foi elevada para 3.500 milhões de dólares em 1945 e a sua contribuição para a reconstrução das áreas devastadas na Europa fica demonstrada se tivermos em vista que, dos 1.040 milhões de créditos autorizados no segundo semestre de 1945, foram destinados 920 milhões a países do continente europeu. Somente a França recebeu naqueles seis meses empréstimos no valor de 550 milhões de dólares, ao prazo de 30 anos e a juros de 2,38% ao ano.

Em 1931 a duração do Banco foi estendida até o ano de 1958 e sua capacidade de empréstimos ampliada para 4.500 milhões de dólares. Em 1954 essa capacidade de empréstimos foi novamente elevada para 5 bilhões de dólares, seu limite atual.

Em resumo, os créditos abertos pele Eximbank a governos e particulares no período de fevereiro de 1934 até junho do corrente ano, inclusive, atingiram um total de 8.491 milhões de dólares, tendo sido efetivamente desembolsados 5.404 milhões.

Mais de 41% da totalidade dos créditos abertos pelo Banco de Exportação e Importação durante sua existência foram destinados a governos e a empresas públicas e privadas de países da América Latina, aos quais foi atribuído, no período de fevereiro de 1934 a junho de 1957, um total de 3.030 milhões de dólares, tendo sido efetivamente desembolsados mais de 1.651 milhões. Dos créditos abertos à América Latina coube ao Brasil a parcela de maior vulto, havendo o nosso país obtido empréstimos no valor de 1.183 milhões de dólares, dos quais foram desembolsados até junho do corrente ano 710 milhões. Dos empréstimos recebidos o Brasil já amortizou 294 milhões de dólares sendo o Eximbank credor, em 30 de junho do ano em curso, da importância de 416 milhões, por empréstimos concedidos ao nosso país. No quadro geral dos empréstimos concedidos pelo Banco a todos os países, figura o Brasil em segundo lugar pelo volume de crédito obtido, superado apenas pela França.

Os dados publicados mostram a inegável tendência do Eximbank, nos últimos tempos, para ampliar suas operações destinadas ao desenvolvimento econômico dos países da América Latina. Somente no período de 1º de julho de 1956 a 30 de junho de 1957 foram autorizados 134 novos empréstimos a 17 nações latino-americanas, em valor superior a 396 milhões de dólares, o que excede bastante o volume de crédito concedido no mesmo período, através de 48 empréstimos, ao resto do mundo.

No citado período de um ano obteve o Brasil 18 novos empréstimos no valor de 195.100.000 dólares. Nesse total foram destinados 100 milhões ao reequipamento da rede ferroviária nacional, 25 milhões para a melhoria dos portos, 15 milhões à Companhia Hidroelétrica do São Francisco, 11.400.000 dólares às Centrais Elétricas de Minas Gerais e 12.800.000 dólares à Companhia Paulista de Estradas de Ferro.

Os dados divulgados pelo Banco de Exportação e Importação mostram o papel decisivo representado por esse estabelecimento de crédito na reconstrução das áreas devastadas pela guerra e na promoção do desenvolvimento econômico das áreas atrasadas do globo, notadamente da América Latina. Ao mesmo tempo que garantem mercados externos para a colocação dos excedentes exportáveis da enorme produção dos Estados Unidos da América, permitem os empréstimos concedidos pelo Eximbank que os países empenhados em acelerar seu desenvolvimento econômico adquiram a crédito, no parque industrial americano, em condições favoráveis, os materiais e equipamentos essenciais a esse desenvolvimento.

O Brasil, que tem contado com a valiosa cooperação financeira do Banco de Exportação e Importação para solucionar dificuldades de seu balanço de pagamentos e para o financiamento externo de seu programa de desenvolvimento econômico, rejubila-se ao verificar que essa grande agência financeira do Governo dos Estados Unidos mostra-se disposta a expandir suas operações tão essenciais às nações ansiosas por obter, ao lado do progresso material, a melhoria do nível de vida e a elevação do bem-estar de suas populações.

Exportação de minérios - Sábado, 20 de julho de 1957

A manutenção da economia brasileira e o aceleramento do desenvolvimento econômico dependem das disponibilidades em moeda estrangeira com que podemos assegurar o fluxo normal das nossas importações. Se a moeda estrangeira escasseia, as importações devem ser restringidas, e uma vez reprimidos os consumos supérfluos, não tarda que os cortes alcancem matérias-primas, equipamentos, combustíveis e outros bens cujo consumo só podemos comprimir ao preço de uma parada de desenvolvimento ou mesmo de uma redução dos níveis atuais de produção.

As perspectivas dos próximos anos não são infelizmente favoráveis quanto à disponibilidade de moeda estrangeira em montante suficiente para atender às nossas necessidades. Há, pelo contrário, sérias probabilidades de escassez, devidas sobretudo a três fatores.

O primeiro é a situação pouco promissora do café, que se encaminha, a partir do ano vindouro, para a superprodução. Tanto a produção brasileira, quanto a africana, tendem a aumentar aceleradamente, incrementando a oferta mundial, enquanto o consumo do principal comprador — os Estados Unidos — vem crescendo apenas moderadamente. Basta dizer que as estatísticas registram desde 1916 o mesmo consumo de 16 libras-peso por habitante, tendo havido mesmo uma queda para 15 libras provocada pelos preços altos do café em 1954, queda essa já recuperada. A abertura de novos mercados é indispensável, mas representa um programa lento, enquanto as plantações do Paraná e de regiões novas na África tropical já estão entrando em plena produção.

O segundo fator reside na expansão, a bem dizer incomprimível, das nossas necessidades de produtos de petróleo. Para se ter uma ideia do ritmo com que aumentam essas necessidades, basta considerar que o consumo diário do Brasil em 1946 era de 50 mil barris e em 1956 atingiu a 205 mil barris, representando um dispêndio global de 275 milhões de dólares. Em 1958 a previsão cambial é de 350 milhões de dólares para as importações de refinado e petróleo bruto, excluindo o material destinado à PETROBRÁS, o que representa 23% da nossa receita total de divisas.

Apesar dos esforços da PETROBRÁS, não foi ainda localizado nenhum campo produtor importante fora da Bahia, e mesmo que isso acontecesse nos próximos meses, o tempo necessário ao seu aparelhamento não seria inferior a 3 ou 4 anos, o que mostra a gravidade do peso previsível dos combustíveis nos próximos orçamentos de câmbio. A menos que o Governo brasileiro venha a lançar mão de recursos drásticos — aos quais talvez chegue a ser compelido muito antes do que se pensa — como por exemplo o racionamento de combustível para uso civil e a proibição formal de importação de automóveis de passeio, teremos diante de nós uma situação não apenas grave, mas perigosa, inclusive pela sua repercussão psicológica e política.

O terceiro fator de angústia cambial é o montante dos pagamentos a que estamos obrigados nos próximos anos, para atender aos serviços de juros e às amortizações de empréstimos anteriores. Esses pagamentos exigirão até 1969 um dispêndio anual superior a duzentos milhões de dólares.

Diante dessa situação, para que medidas deve voltar-se o Governo brasileiro?

O incremento da produção do café não coopera para a solução do problema, já que esse produto está sob a ameaça de uma cotação declinante. A melhoria da qualidade certamente significará algo na luta por preços mais altos, mas não poderá representar em prazo curto uma transformação substancial. Os outros produtos brasileiros estão colocados desfavoravelmente para a concorrência mundial, em virtude da elevação de custos de produção, a que temos sido levados pela persistência do processo inflacionário. Abre-se entretanto no setor de exportações um panorama favorável no tocante ao minério de ferro. O Conselho Nacional de Desenvolvimento acaba de dedicar ao assunto um estudo documentado, que revela a importância de um esforço governamental nesse campo, não só como política permanente de aproveitamento racional das nossas riquezas, mas também como medida imediata de luta contra a escassez de divisas em que vamos penetrar.

Diversas circunstâncias contribuem para favorecer uma política de ataque no setor das exportações de minérios. Em primeiro lugar, a demanda mundial de minérios aumenta à taxa de 6% ao ano, enquanto a demanda de alimentos e de produtos agrícolas em geral não ultrapassa a de 1,2% ao ano.

Em segundo lugar, a nossa capacidade para suprir o mercado mundial pode, em relação a essa matéria-prima, ser considerada praticamente ilimitada. Se considerarmos não apenas a hematita compacta, ou seja, o minério especializado para aciaria, cujo consumo não ultrapassa 5% da demanda mundial de minério de ferro, mas também o minério comum, ou de alto forno, estaríamos habilitados teoricamente a sustentar sozinhos, sem exaustão das nossas reservas, todo o consumo atual da siderurgia mundial, durante perto de 300 anos. Para justificarmos essa afirmativa basta pensar que a siderurgia mundial consome hoje cerca de 300 milhões de toneladas por ano e que as nossas reservas inferidas montam, no quadrilátero ferrífero de Minas Gerais, a 32 bilhões de toneladas, estimando-se que em outras áreas ainda haja reservas da ordem de 50 bilhões.

Esses algarismos são eloquentes, e devem servir aos brasileiros para uma meditação atenta sobre os equívocos e os desastres a que um país pode ser conduzido pela ignorância econômica e pelo nacionalismo mal compreendido. A cega reação pseudonacionalista, que se levantou há alguns decênios contra a exportação de minérios, foi um testemunho clássico da distorção do interesse nacional por uma convicção inexata, divulgada com argumentos emocionais de fácil receptividade.

Se o Brasil tivesse penetrado no mercado mundial de minério na época em que a demanda começou a subir, solicitada pela industrialização vertiginosa dos Estados Unidos, não teríamos visto escapar para as mãos do Canadá e da Venezuela a liderança do mercado mundial, e teríamos feito ingressar no país recursos de vulto, que não só teriam suscitado um parque siderúrgico muito mais desenvolvido do que o atual, mas também outras atividades complementares. Enquanto o Canadá e a Venezuela, em cerca de 8 anos, elevaram suas exportações de 0 a 20 milhões de toneladas, o Brasil, em 17 anos de esforço, apenas atinge agora a uma exportação de 3 milhões de toneladas atuais. Outro teria sido o panorama se houvéssemos seguido uma linha corajosa de expansão das exportações. O Estado de Minas Gerais não seria a área em perigosa involução econômica que hoje é, perdendo sucessivamente para outras unidades da Federação os primeiros postos na arrecadação fiscal e na apuração do produto bruto. E a nossa economia não estaria dependendo apenas do café, isto é, de um produto de consumo pouco elástico e de produção praticamente acessível a todas as áreas tropicais do mundo.

O verdadeiro nacionalismo é aquele que põe em primeira linha a consideração da segurança e do interesse nacional, e não aquele que se deixa inspirar por fatores emocionais e por uma desconfiança sem sentido, a exemplo dos povos atrasados, que não sabem discernir o próprio interesse e muito menos tutelá-lo.

O tempo perdido é irrecuperável, mas nunca é tarde para iniciar a reparação de um erro, e por isso deve o Brasil, hoje mais do que nunca, inscrever na agenda dos seus mais prementes problemas de Governo a reativação da exportação de minério de ferro. É o que o relatório do Conselho de Desenvolvimento, que analisaremos em outro editorial, demonstra de maneira ampla, tornando imperativa a política do Governo nesta matéria.

Exportação de minérios - Segunda e terça-feira, 22 e 23 de julho de 1957

Em editorial anterior o "Jornal do Commercio" analisou alguns aspectos gerais do relatório que o Conselho de Desenvolvimento Econômico preparou sobre a exportação de minério de ferro para uma comissão ministerial encarregada de formular recomendações sobre a matéria.

Como ali se observou, a exportação de minérios aparece, na presente fase da economia brasileira, como a única atividade capaz de criar divisas em quantidade suficiente para corrigir, ao menos em parte, a escassez de dólares em perspectiva. O que torna crítica a situação do nosso comércio, é que o próprio desenvolvimento industrial vai criando necessidades cada vez maiores de combustíveis, e impondo ao país uma verba de importação de petróleo e derivados, que a partir do próximo ano já absorverá cerca de 1/4 da nossa receita cambial. Por outro lado, a grande fonte de moeda estrangeira no país, que é o café, enfrentará nos próximos anos uma fase pouco brilhante, por se estarem expandindo rapidamente tanto a produção brasileira como a africana, enquanto o consumo norte-americano e mundial cresce com lentidão. Somando-se a esses fatores o peso dos compromissos monetários decorrentes da dívida brasileira no exterior, temos traçado o panorama de uma época de "escassez de dólares", como outras que o Brasil e outros países têm atravessado, com prejuízo do desenvolvimento e mesmo da manutenção da economia nacional.

Os altos custos de produção criados pela inflação brasileira tiraram da concorrência mundial quase todos os nossos produtos. Mesmo à custa de uma desvalorização severa ou do lançamento das exportações no mercado livre, não são muitas as atividades econômicas que lograrão escoar para o estrangeiro os seus resultados, e sobretudo não será ponderável o montante da receita auferida.

No futuro mais distante inscrevem-se duas grandes possibilidades: o minério de ferro e a carne. No futuro próximo somente uma verdadeiramente se delineia: o minério de ferro.

Para isso contribui o dinamismo observado na demanda mundial de minérios, decorrente do intenso processo de industrialização, que se vem estendendo a um número crescente de países. Basta pensar que enquanto o consumo mundial de alimentos cresce a uma taxa de 1,3% ao ano, o consumo de minérios aumenta a uma taxa de 6% no mesmo período. Além disso o mercado mundial de minérios ainda apresenta condições de grande flexibilidade. A indústria siderúrgica, a despeito da alta concentração observada em algumas grandes companhias, está disseminada por um número considerável de empresas independentes, e cada país produtor de minérios pode encontrar combinações favoráveis com as empresas consumidoras, que lhe assegurem regularidade de fornecimento e mesmo condições favoráveis de financiamento para a fase onerosa das instalações.

Os fatores negativos na política de expansão destas exportações são, em primeiro lugar, as quantidades maciças de capital que elas requerem para construção de estradas, montagem de usinas de semi-beneficiamento e aparelhamento de portos; em segundo lugar a demora de frutificação do investimento. pois o capital aplicado só aufere lucros após uma espera de quatro a sete anos; em terceiro lugar a necessidade de uma tecnologia avançada, quer para a prospecção, quer para o transporte e o processamento; em último lugar a necessidade de uma organização comercial eficiente, que logre associar o consumidor ao esforço de mineração, de modo a subtrair as atividades aos efeitos negativos da instabilidade de preços.

Neste assunto a administração pública entre nós sempre oscilou entre duas tendências igualmente condenáveis. De um lado, a impressão de que o minério de ferro brasileiro é decisivo para o suprimento da siderurgia mundial, o que nos colocaria em posição de exigirmos sempre dos consumidores a aceitação das nossas melhores condições. De outro lado o receio de que o nosso minério pudesse ser comprometido por uma política de exportação intensa, a ponto de se esgotarem as nossas reservas e de faltar suprimento à siderurgia nacional.

A primeira dessas tendências está praticamente eliminada pela dura lição dos fatos. O que se verificou, ao fim de alguns anos foi que o minério de ferro é relativamente abundante no mundo, existindo reservas na América e na África, que conseguem competir com as nossas, ainda que não suplantem o nosso minério de mais alta qualidade. Além disso, os processos de beneficiamento de minérios mais pobres, extremamente abundantes, vêm colocando a indústria mundial na posição, extremamente favorável, de dispor de diversas alternativas de suprimento. O Brasil deve, pois, considerar encerrada qualquer veleidade de ditar leis ao mercado, e aberta a necessidade de uma concorrência agressiva para colocar no exterior o seu produto.

A segunda tendência ainda perdura em certos espíritos retardatários, que temem o aproveitamento das riquezas, não compreendendo que a única maneira de assegurar a sua propriedade é explorá-las intensamente e oportunamente. O Brasil é possuidor de reservas ferríferas, que ultrapassam toda possibilidade econômica de exaustão. Como salientava o "Jornal do Commercio" em seu editorial anterior, o minério de que dispomos é suficiente para suprir a siderurgia mundial (na hipótese meramente teórica de se estancarem as outras fontes de suprimento e de se manter o nível atual de produção) por um período de 300 anos. Por conseguinte não há como duvidar da conveniência de uma exportação ativa nesta oportunidade, tanto mais que só através dela poderemos alcançar os meios de desenvolver a nossa própria siderurgia, a exemplo do que vem sucedendo com os outros países exportadores.

Quais são as perspectivas de ampliação das exportações brasileiras de minério de ferro?

No momento atual não chega a 3 milhões de toneladas o total dessas exportações, o que representa, a um preço médio de 13 dólares por tonelada de hematita compacta, menos de 40 milhões de dólares. Entretanto, podemos entrever a curto prazo uma elevação desses níveis para 6 milhões de toneladas pela Vale do Rio Doce, ao que será licito acrescentar 2 milhões de toneladas de minério comum, proveniente do Vale do Paraopeba, se conseguirmos melhorar as condições de transporte da Central, o que é problemático. Essa pequena melhoria a curto prazo já representaria importante auxilio para desafogo do orçamento de câmbio, mas o que se impõe desde já é abrir caminho para incrementos mais substanciais, dando início imediato a programas, que possam carrear do quadrilátero mineiro até o litoral um volume de minério capaz de atingir, ao fim de alguns anos, a 20 e 30 milhões de toneladas.

Para isso existem programas já amadurecidos, que vão desde a construção de uma estrada de ferro capaz de transportar o minério dos arredores de Belo Horizonte ao porto de Angra dos Reis, até o estudo de uma esteira para transportar o minério comum pelo Vale do Rio Doce, fazendo-o beneficiar em usinas situadas em pontos intermediários. O ponto essencial ao êxito desses projetos é a obtenção de um custo operacional que permita a amortização do investimento, e a oferta do produto, no mercado mundial, a preços de competição. Sem isso a exportação de minérios viria ocupar lugar no triste rol dos nossos empreendimentos de fachada, que se aparelham graças aos sacrifícios impostos à economia da população, e que depois dependem, para sobreviver, de uma subvenção disfarçada, sob forma de bonificação ou de ajuda, e na verdade debitada à conta do café, que sendo o nosso produto obtido em condições verdadeiramente econômicas, suporta, ainda que invisivelmente, todas as contribuições com que subsistem os desatinos econômicos que temos cometido.

Uma política sadia de exportação de minérios, isto é, uma política com a preocupação do custo baixo e do preço de concorrência, exige do Governo muito mais do que a concessão de financiamento e a expedição de atos administrativos. Exige uma reforma da mentalidade e um apelo largo ao capital privado, tanto nacional como estrangeiro, para que possamos concretizar empreendimentos em bases não subvencionadas e efetivamente rentáveis. Para isso será necessário um amplo esclarecimento da opinião pública e uma ação administrativa altamente responsável, capaz de romper modelos obsoletos para ir ao encontro das necessidades do país através de um método realista e sincero.

Orçamento dos EEUU - Quarta-feira, 15 de janeiro de 1958

O Presidente Eisenhower acaba de encaminhar ao Congresso dos Estados Unidos a proposta orçamentária para o ano fiscal que abrange o período de 1º de julho de 1958 a 30 de junho de 1959. A repercussão internacional desse ato de rotina na vida administrativa da grande nação do hemisfério norte encontra sua explicação no fato, já uma vez salientado pelo ex-Presidente Truman, de ter o orçamento dos Estados Unidos nos dias de hoje um caráter mundial. Com efeito, são tão grandes os reflexos políticos e econômicos, em todas as nações, das decisões do governo americano nas quais se traduzem suas diretrizes fundamentais de ação que se justifica inteiramente a afirmação do ex-presidente.

O orçamento dos Estados Unidos tem uma feição nitidamente executiva, ao contrário do que se verifica nos países europeus, de sistema parlamentar, onde os Parlamentos são todo poderosos na fixação das diretrizes da política financeira a ser seguida pelo Governo. Roosevelt fixou o princípio, ainda hoje seguido, de que o orçamento representa, acima de tudo, o programa de trabalho do Executivo e a política por ele adotada. Daí o fato do "Bureau of the Budget" não ser subordinado ao Tesouro e a nenhum dos Secretários do Governo, mas constituir um órgão integrado na própria Presidência da República. O Diretor do Orçamento, um dos cargos de mais alto nível e de maior responsabilidade na hierarquia administrativa, é pessoa da imediata confiança do Presidente, por ele livremente escolhido, frequentemente fora dos quadros da administração, como ocorre no momento.

Na proposta orçamentária encaminhada ao Congresso dois fatos chamam desde logo a atenção: o vulto das despesas propostas e a alta percentagem dos gastos com a defesa nacional. As despesas atingem a 73.900 milhões de dólares, cifra record em tempo de paz, superior em 1.100 milhões de dólares aos gastos autorizados para o atual exercício. Apesar do alto grau de prosperidade atingido pelos Estados Unidos e do enorme volume da sua renda nacional, representa sem dúvida o novo orçamento um pesado sacrifício para a Nação. Como adverte o Presidente Eisenhower em sua mensagem orçamentária, toda a esperança do povo americano de uma diminuição de impostos deverá ser afastada, sendo necessário, para a cobertura dos gastos, manter os atuais níveis de tributação.

É digno de nota o fato do elevado volume de gastos propostos para o ano fiscal de 1958-1959 não afetar a política de equilíbrio orçamentário rigorosamente mantido pelo Governo americano nos últimos exercícios. Está mesmo previsto na proposta um "superávit" de meio bilhão de dólares, reflexo da diretriz governamental de impedir que os enormes gastos com a defesa, geradores de ampla e crescente procura de mercadorias e serviços, não se constituam em forte fator inflacionário.

Sessenta e quatro por cento dos gastos consignados no novo orçamento, ou seja 48.500 milhões de dólares, são destinados à defesa nacional, incluída nesse total a ajuda financeira aos países aliados e a outras nações amigas do mundo livre. Em sua mensagem, o Presidente Eisenhower responsabiliza diretamente a União Soviética pelos enormes gastos com a defesa incluídos em sua proposta de orçamento e destinados, de acordo com as suas próprias palavras, a enfrentar a ameaça soviética sob diversas formas: ataque armado aberto, subversão interna e dominação econômica. Solicita Eisenhower 5.300 milhões de dólares para serem aplicados no estudo, produção e preparação de projéteis balísticos, propondo-se assim a fazer face à ameaça soviética nesse ponto crucial da moderna técnica militar.

Interesse especial para o Brasil representa o capítulo da proposta orçamentária onde estão consignadas as dotações para a ajuda ao exterior, calculadas em 3.868 milhões de dólares, ou seja cerca de 120 milhões acima do atual nível de despesas para o mesmo fim. Além da ampliação da ajuda financeira direta às nações aliadas e amigas, Eisenhower solicita a aprovação de outras e importantes medidas de assistência econômica às nações estrangeiras.

A expansão da autoridade do Banco de Exportação e Importação para conceder empréstimos, que se propõe seja aumentada de 2 bilhões de dólares, tem para o Brasil particular significação. A execução de nosso programa de desenvolvimento econômico está estreitamente ligada à obtenção, naquela agência financeira do Governo dos Estados Unidos, dos financiamentos imprescindíveis à aquisição de materiais e equipamentos no mercado americano, o que será facilitado pela expansão da capacidade de empréstimo do Eximbank.

Outras medidas de ajuda financeira ao exterior estão consignadas na proposta orçamentária, entre as quais se destacam o acréscimo de 625 milhões de dólares ao Fundo de Empréstimo de Fomento, destinado a aumentar a produção e elevar o padrão de vida das nações subdesenvolvidas, a concessão de 161 milhões de dólares para ampliação da assistência técnica e a inversão de 290 milhões de dólares em programas de

auxílio a refugiados, Fundo Internacional de Socorro à Infância e semelhantes.

Outra importante medida proposta ao Congresso é a extensão, por mais
cinco anos, da lei de comércio recíproco, instrumento poderoso para o
estímulo e ampliação do comércio internacional o que já permitiu a redução das tarifas americanas de importação sobre mais de dois mil artigos.

Sob o aspecto político e econômico o orçamento ora apresentado pelo
Presidente Eisenhower é um acontecimento da maior significação pois
nele se afirma, de forma clara e decisiva, a orientação que o Governo dos
Estados Unidos está disposto a seguir na atual conjuntura internacional.
À ofensiva militar, diplomática e econômica desfechada pela União Soviética, propõe-se os Estados Unidos a responder, não através de uma política de conciliação e de contemporização, mas aumentando o seu poderio militar e reforçando seus laços econômicos com as nações do
mundo democrático.

A aplicação de fundos consideráveis no estudo, produção e preparação
de projéteis balísticos mostra a disposição do Governo americano de utilizar todas as suas enormes possibilidades econômicas, científicas e tecnológicas a fim de fazer face ao avanço espetacular da União Soviética
nesse ponto crucial da moderna técnica de guerra. A ampliação dos recursos para a ajuda ao exterior demonstra, de outro lado, estarem os
Estados Unidos prontos para fazer frente à nova política soviética de
oferta de amparo financeiro às nações desejosas de ultrapassar a fase de
sub-desenvolvimento econômico.

Somente júbilo e satisfação poderá provocar no Brasil essa demonstração de vitalidade, traduzida na proposta orçamentária dos Estados Unidos para o próximo ano fiscal e na vigorosa mensagem do Presidente Eisenhower, que a acompanha.

Petróleo boliviano - Sexta-feira, 16 de janeiro de 1959

O Sr. Juscelino Kubitschek e seu governo estão penetrando, sem sentir, numa crise parlamentar de desfecho imprevisível, cujo ponto focal é a discussão do relatório do Banco Nacional de Desenvolvimento Econômico sobre as propostas brasileiras para exploração do petróleo boliviano.

Não é fácil compreender a formação e o sentido dessa crise, aparentemente fomentada por duas firmas a que o Banco recusou "classificação", mas a que reconheceu "habilitação" para as concessões pretendidas. Um esforço de análise é indispensável à compreensão do caso, para o qual confluem, na verdade, três movimentos distintos, e até contraditórios.

O primeiro desses movimentos é o de menor alcance e significação, embora dele tenha partido o impulso inicial acionador do sistema: é a reação das duas firmas prejudicadas. Seu interesse pode perfeitamente ter sido a defesa de suas pretensões, contrariadas pelo Banco que as desclassificou.

O segundo movimento é o do Sr. Carlos Lacerda, que surpreendeu, na presença entre as firmas classificadas, de uma a cuja frente se acha um conhecido homem de negócios. Amigo pessoal do Presidente da República, o ensejo de enquadrar a responsabilidade deste pelas irregularidades ou preferências que porventura fossem apontadas no julgamento do Banco, encontrou o Governo desatento aos trabalhos da Comissão Parlamentar de Inquérito, perante a qual se arrastavam as averiguações do caso, já ultrapassado, entre os dignos coronéis Alexínio e Janari. O líder udenista se assenhoreou do terreno e deu ao inquérito parlamentar novo rumo, visando, num primeiro plano, o BNDE, e num segundo, já indisfarçável, o próprio Presidente da República.

Não adquiriria, porém, esse movimento tanta penetração e amplitude, se a ele não se tivesse vindo somar um terceiro – o da Frente Parlamentar Nacionalista, que encontrou na posição assumida pelo Banco em relação aos proponentes, no que respeita às formas de financiamento, a marca da preferência, ou pelo menos da tolerância, pela participarão do capital estrangeiro nas concessões bolivianas.

O problema não surgiu na etapa de julgamento das propostas pelo BNDE. Veio de longe, da própria formulação das notas reversais conhecidas como "acordo de Roboré". Desde que a Bolívia recusou a participação da Petrobrás e de qualquer entidade estatal brasileira na exploração do óleo em seu território, surgiu o receio de que as nossas empresas privadas não tivessem meios de obter as vultosas somas em moeda estrangeira. necessárias ao sucesso do empreendimento. Por esse motivo se admitiu que elas aceitassem, se o quisessem, a participação do capital estrangeiro, dentro de limites definidos nos acordos de Roboré, isto é, mantendo-o em minoria, com larga margem de superioridade do capital brasileiro.

Em face dessa autorização, a política nacionalista do Brasil, em matéria de petróleo, ficou assim definida: no território nacional, monopólio do Estado, através da Petrobrás (lei 2004 de 3-10-53): no território boliviano, exploração por empresas privadas mistas, de capital brasileiro e boliviano ou com a participação minoritária de capitais estrangeiros de outra procedência (acordo de Roboré).

Não ficou, porém, tranquila a questão, e retomou cunho polêmico, quando se deparou o momento de aceitar propostas. Uma corrente de opinião, a que se filiou sempre o "Jornal do Commercio", preferia que o Governo brasileiro desse preferências às firmas que se organizassem com capitais puramente brasileiros "admitida obviamente a participação boliviana", e entendia que o Banco do Brasil, apesar da escassez de divisas em que se debate o país, devia reservar uma cota de dólares para vender às firmas concessionárias, equiparando tal contribuição de sacrifício às despesas mais imperativas impostas pela segurança nacional.

Era esta, a nosso ver, a melhor orientação, em face da significação estratégica da área oleífera sub-andina, mas outros pensavam que a participação minoritária de capitais alienígenas não desnaturava o cunho brasileiro das empresas, e que, assim sendo, havia vantagem em atrair aqueles capitais, poupando ao orçamento cambial no país o esforço da venda de dólares e mesmo do reembolso a longo prazo.

Numa vida pública que aspira à elevação moral e à afirmação do caráter, o primeiro dever é o de fazer justiça. E o "Jornal do Commercio", que deu e continua a dar seu apoio à tese de que as empresas devem ser constituídas com capitais puramente nacionais, não põe em dúvida um só instante o patriotismo, a integridade cívica e a correção profissional dos que julgaram mais conforme às conveniências do país admitir a participação minoritária do capital estrangeiro nas empresas, com o fim de reduzir a solicitação de divisas.

Contra esta última posição é que se mobilizaram muitos elementos da chamada Frente Parlamentar Nacionalista, somando sua atitude à do Sr. Carlos Lacerda, embora com objetivo distinto. De fato, enquanto o deputado udenista visa, atrás do BNDE, o Presidente da República, os deputados da Frente visam o próprio BNDE, para onde se poderia transferir a fortaleza até aqui instalada na Petrobrás.

Os três movimentos – o dos "habilitados", o do líder oposicionista e o de alguns deputados da Frente Parlamentar — só num ponto se cruzam: no ataque, necessário a todos, contra a presidência do BNDE, onde se encontra um dos homens de maior capacidade, de maior probidade, e de mais acendrado patriotismo do nosso país: o Sr. Roberto Campos.

Na arena onde se processa esse importante e substancial movimento parlamentar só está ausente a maioria parlamentar, deixando o país sem saber até que ponto o Sr. Presidente da República está solidário com a administração do Banco, que é, no caso, também a do Conselho de Desenvolvimento Econômico, de onde saíram todos, ou quase todos, os projetos postos em execução pelo Governo.

O rumo dos acontecimentos é imprevisível. Mas, embora a legislatura esteja a duas semanas do seu fim, tudo indica que a Comissão Parlamentar de Inquérito está sendo o ponto de partida de acontecimentos de grande vulto.

Petróleo Boliviano – Segunda e terça-feira 19 e 20 de janeiro de 1959

O depoimento de excepcional elevação intelectual e moral, que o Sr. Roberto Campos prestou, no último sábado, perante a Comissão Parlamentar de Inquérito, sobre os critérios de seleção de propostas para a exploração do petróleo boliviano, constituiu um documento destinado a marcar época na vida administrativa e parlamentar do país.

Em primeiro lugar, foi uma demonstração de que a Administração Pública brasileira já atingiu, em alguns setores, a um nível de competência e de responsabilidade, pelo menos igual ao que de melhor se encontra em países de amadurecida experiência técnica e burocrática.

Em segundo lugar, obrigou a opinião pública de boa-fé a superar o antagonismo fácil, que consiste em pôr em dúvida o patriotismo e a honestidade dos que se afastam da nossa posição, e tornou claro que há mais de uma atitude legitima em face do problema examinado, embora cada um possa e deva sustentar aquela que lhe parece corresponder melhor aos interesses nacionais.

A posição do Banco Nacional de Desenvolvimento Econômico saiu estreme de dúvidas. Não há quem possa contestar, de hoje em diante, que o Banco agiu na execução, ou melhor, na instrumentação de uma política, para cuja formulação concorreram diversos setores da Administração, e que, assim sendo, seria impossível lançar sobre o Banco a responsabilidade exclusiva dos critérios, que, uma vez estabelecidos, foram por ele aplicados ao julgamento das propostas.

Também ficou definitivamente claro que o Banco, apesar de admitir, e mesmo de preferir o chamado "financiamento aleatório", não recusou classificação ao único concorrente que se propôs a obter um financiamento corrente, reembolsável a prazo determinado: a Refinaria de Capuava. A proposta desta empresa baseou-se num "swapp", isto é, num empréstimo concedido no Brasil em cruzeiros, contra um empréstimo paralelo concedido no exterior em dólares, e reembolsável ao fim de determinado prazo, na mesma moeda.

Este empréstimo, que é corrente, e ao qual o comércio recorre com assiduidade, obriga à previsão de câmbio para a época em que se torne necessário remeter a moeda para extinção do débito no exterior, remessa que se fará obrigatória no vencimento da dívida, quer tenha, quer não tenha logrado êxito o investimento brasileiro.

Embora o Banco considerasse preferível um financiamento a risco, isto é, em que o financiador admitisse a liberação do devedor, sem pagamento, no caso de insucesso na exploração, não deixou de incluir entre as empresas classificadas a Refinaria de Capuava, que se caracterizou por desprezar todas as formas de colaboração estrangeira (com ou sem participação social) e firmar-se num esquema comercial clássico, em que os recursos em moeda forte eram proporcionados através de uma firma compradora de algodão, e por isso interessada em obter, através do "swapp", cruzeiros para aplicá-los em nosso país.

O que o debate sobre o petróleo boliviano afinal revela é que o julgamento feito no BNDE não pode alarmar a opinião pública, ainda que possam variar as convicções sobre o acerto dos critérios fixados pelo Governo para orientação desse julgamento.

Teria sido preferível, a nosso ver, que as autoridades monetárias, malgrado a escassez de divisas em que nos debatemos, não duvidassem em lançar, sobre o orçamento cambial dos anos próximos, o ônus, afinal de contas razoável, de cerca de quinze milhões de dólares, os quais seriam vendidos pelo Banco do Brasil, com ou sem "swapp", às três empresas classificadas.

Desse modo ficaríamos a salvo da pressão direta que a participação social de firmas estrangeiras representa, ou da pressão indireta que o financiamento aleatório pode ensejar, e sobretudo teríamos a certeza de haver cercado das melhores condições possíveis de independência e de isenção as firmas a que a opinião pública vê transferidos, no setor boliviano, os encargos da Petrobrás.

O argumento de que as disponibilidades cambiais nos próximos anos não aconselham a aceitação desse compromisso, somente parece válido em face da prévia aceitação de que não há inconveniente político em admitir-se, sob forma minoritária ou comanditária, a cooperação estrangeira. De outro modo, é claro que a concessão de divisas para exploração do petróleo boliviano estaria justificada tanto pela discrição do montante, como pela alta prioridade estratégica do investimento.

O "Jornal do Commercio" opinou, em tempo próprio, por essa forma de tratamento, que lhe parecia a mais adequada, e a mais harmoniosa com a política nacionalista do petróleo, essencial à segurança do país.

Já agora, entretanto, o que é necessário é comparar o risco da adoção do critério do financiamento aleatório (critério estabelecido pelo

Governo, e não apenas pelo BNDE) e o risco de uma protelação, ou mesmo de uma desautoração, da concorrência julgada pelo Banco, cujos resultados devem ser encaminhados ao Governo boliviano.

O maior risco a que se acha hoje exposto o nosso país, no terreno crítico do suprimento de petróleo, e o da perda do petróleo subandino, fonte certa, ou quase certa, de abastecimento por via terrestre, sem os perigos do transporte marítimo em tempo de guerra, e suscetível de atingir, por oleoduto, o centro industrial do país. Para esse petróleo sabemos que se volta o interesse das companhias internacionais, cujas concessões já circundam a área brasileira, e temos todos os motivos para crer que a Bolívia, após vinte anos de inatividade nossa, não nos concederá qualquer prorrogação.

Voltar atrás do caminho feito, ou mesmo desautorar perante o Governo boliviano as indicações feitas pelas autoridades brasileiras, seria hoje a mais arriscada e impatriótica das atitudes, sobretudo por duas razões. Primeira: porque, como deixou claro o depoimento do Sr. Roberto Campos, o financiamento aleatório não cria uma participação de qualquer grupo ou firma estrangeira na direção da empresa brasileira, e não é lícito supor sem provas que tal participação exista sob forma oculta, quando se considera o alto nível dos industriais e homens de finanças, que integram os dois grupos, cujas propostas se fundam em tal financiamento. Segunda: porque o Governo brasileiro tem nas mãos o meio de acabar com todo risco possível de tal financiamento, substituindo-o a qualquer momento, mesmo depois de julgada a concorrência, por uma pura e simples oferta de dólares, obtidos pelo Banco do Brasil e vendidos às concessionárias.

Daí a necessidade de superarmos com urgência e com firmeza a perigosa crise por que está passando a questão do petróleo da Bolívia. Que os brasileiros se unam num esforço comum, para que possamos trazer a S. Paulo, explorado por brasileiros, o óleo subandino.

Petróleo boliviano - Quinta-feira, 29 de janeiro de 1959

As conclusões do relatório elaborado na Comissão Parlamentar de Inquérito desapontaram a opinião pública, dando razão aos que receavam que a investigação estivesse sendo conduzida sem o senso de responsabilidade pública indispensável em matéria de segurança nacional, como é a exploração do petróleo boliviano.

O documento reflete o desejo de satisfazer em parte todos os que esperam alguma coisa dos trabalhos da Comissão, e com isso é contraditório, inconclusivo, e até mesmo irresponsável, porque procura lançar sobre outros ombros a responsabilidade decorrente de algumas de suas mais perigosas "conclusões".

Sente-se que a Comissão, ou antes, o seu relator, hesitou diante de uma recomendação formal de anulação da concorrência, porque compreendeu que daí resultaria, de maneira inevitável, a perda pelo Brasil, por falta de tempo material para refazer o processo seletivo da participação nas únicas reservas continentais de importância, colocadas sob a influência do nosso país. Está o Brasil enfrentando, como é sabido, no terreno do suprimento de combustíveis, o mais sério desafio, que envolve o nosso desenvolvimento econômico. Sem termos conseguido deitar a mão até hoje, a qualquer campo brasileiro de grandes possibilidades, malgrado o labor incansável da Petrobrás, a área boliviana, de que se espera três vezes mais em produção do que da Bahia, tornou-se a grande fonte de confiança dos brasileiros, sobretudo por sabermos que o suprimento poderia ser feito por oleoduto até S. Paulo, sem os riscos e despesas do transporte marítimo, e que, através da exploração da área subandina, estaríamos entrelaçando, de modo fecundo, os nossos interesses aos de um país irmão — a Bolívia.

Como pôr abaixo todas essas possibilidades, e atirar nos braços das grandes companhias internacionais, o petróleo boliviano, hoje reservado ao Brasil, sem incorrer no mais grave dos crimes de lesa-pátria?

Se hoje os trusts petrolíferos desejam expulsar o Brasil da Bolívia, e ocupar a área B, por certo não podem ter melhor caminho do que fazer voltar à marca zero o nosso esforço de apresentação de candidatos às concessões bolivianas.

O relator da Comissão recuou diante de tanta responsabilidade, mas, não desejando admitir pura e simplesmente a execução da concorrência, mandou "rever pelo C.N.P., pela Sumoc e pelo Itamarati a seleção feita pelo Banco", dizendo que o "Governo deverá assegurar igualdade de oportunidade, permitindo que as diversas empresas se enquadrem nas novas medidas".

O que daí se conclui é que a concorrência, depois de revista por três órgãos da Administração, seria reaberta para que qualquer empresa não classificada se pudesse enquadrar nas medidas adotadas. Essa anárquica inversão das normas de concorrência parece ser a parte em que o relatório se mostra inclinado a ficar bem com as duas empresas não classificadas pelo BNDE.

Estaria, porém, aí, a porta aberta para a extinção do prazo e o relatório, para afastar de si a responsabilidade indesejável, acrescenta esta curiosa conclusão: "dada a fatalidade do prazo de vigência dos Entendimentos La Paz-Roboré, deve o Governo apenas acelerar o entendimento para a execução do acordo pelos meios ao seu alcance".

Mais não se precisa dizer para evidenciar o espirito em que foi concebido o relatório, mas não é demais salientar a conclusão aterradoramente superficial com que ele enfrenta o problema do financiamento em moeda forte, na fase de risco. Diz o documento que o "Governo Brasileiro deve facilitar os recursos necessários, em moeda forte, na forma mais conveniente para que as empresas privadas de capitais brasileiros executem condignamente os Entendimentos La Paz-Roboré".

Que seria de toda conveniência que os recursos em dólares fossem fornecidos pelo Governo, não há a menor dúvida, e o "Jornal do Commercio" mais de uma vez se bateu por essa solução. O que, porém, precisa ser esclarecido é como o Governo brasileiro deve obter os dólares que colocará à disposição dos concessionários. Segundo a exposição do ministro Roberto Campos a este jornal, o Governo teria de tomá-los emprestados a um financiador estrangeiro para vendê-los às companhias mistas responsáveis pela exploração.

Essa hipótese mereceria ser analisada, e não ignorada, como faz simplesmente o relatório, o qual, tal como se acha concebido, não pode merecer, evidentemente, a aprovação da CPI.

Política cambial - Sábado, 30 de março de 1957

Os fatos econômicos são teimosos. É o que revela a última Instrução do Ministério da Fazenda sobre ingresso no país de fundos em moeda estrangeira, a qual atinge sobretudo as receitas cambiais oriundas da exportação de café.

Essa Instrução tem o objetivo confessado de permitir a legalização do subfaturamento, isto é, o lançamento, na escrita contábil das firmas exportadoras, das diferenças de preço obtidas no exterior, em consequência de haverem sido faturadas as exportações abaixo do valor real. Trata-se de uma atitude realista, eivada, porém, de irônica injustiça, pois favorece as firmas que menosprezaram dispositivos expressos da legislação cambial, desestimulando as que observam melhores normas éticas na prática do comércio.

O público não está, talvez, familiarizado com o subfaturamento nas exportações, e a ele convém oferecer, para boa compreensão do alcance da medida, uma ligeira explicação. Quando se exporta café o Instituto Brasileiro do Café exige o registro do valor total da transação, verificando que o preço corresponda à cotação real do produto e que a mercadoria seja efetivamente do tipo ou qualidade, declarado pelo exportador. O subfaturamento consiste em faturar por preço menor do que o café pode alcançar no mercado de destino, graças por exemplo, à declaração de um tipo inferior ao realmente exportado, o que permite que o exportador receba no estrangeiro, ao ser feita a reclassificação do produto, a diferença que aqui deixou de declarar. Enquanto as cambiais produzidas pelo valor declarado devem ser vendidas ao Banco do Brasil pelo câmbio oficial, acrescido da bonificação correspondente à categoria do produto, essa margem recuperada no estrangeiro fica em mãos do exportador, que pode vendê-la no mercado livre a uma taxa mais favorável, além de eximir-se ao pagamento de qualquer imposto.

O subfaturamento, tal como acaba de ser descrito, representa, pois, uma sonegação cambial e uma sonegação fiscal, constituindo um índice da deficiência dos preços em cruzeiros alcançados pelo exportador quando converte os seus dólares inteiramente ao câmbio oficial.

Foi esta margem de preço, até agora acoimada de ilicitude, que a nova Instrução veio, por assim dizer legalizar, ao permitir a negociação, no mercado livre, das bonificações ou diferenças obtidas no exterior e a sua consequente contabilização na escrita dos exportadores.

A Instrução prova, ao que parece, que a sonegação cambial havia atingido proporções tão graves, que as medidas puramente repressivas poderiam prejudicar o ritmo satisfatório em que se vem mantendo a exportação do café, e ao mesmo tempo demonstrar a generalização de uma prática abusiva, que acabou por atingir mesmo a firmas que não podem ser consideradas de padrão moral inferior.

A Instrução, redigida como se acha, presta-se a várias interpretações, pois embora admita a existência de margens suscetíveis de venda no mercado livre, não esclarece de onde elas provém, deixando pensar que o IBC vai tolerar a inexatidão nas declarações dos tipos do café exportado ou então vai reduzir as bases mínimas de registro, instituindo a chamada "pauta mínima", há muito reclamada por diversos grupos cafeicultores e admitida pelo Conselho Nacional de Economia no estudo em que propôs a reforma cambial. Em ambos os casos, o que a Instrução vem tornar evidente é a inviabilidade do regime de câmbio vigente para as exportações, cuja aplicação inexata passa a ser tolerada, perdendo juridicamente o caráter de fraude, sem perdê-lo, porém, no terreno econômico.

Que resta nesta altura, afinal de contas, do sistema vigente de câmbio para exportações?

Como é sabido, as cambiais produzidas pela exportação são adquiridas pelo Banco do Brasil à taxa de câmbio do mercado oficial, acrescida de uma bonificação que varia conforme o produto, classificado, para esse efeito, em quatro categorias. Na primeira categoria está o café, cuja exportação escapa de hoje em diante, por força da Instrução que vimos analisando, ao sistema tornado puramente nominal, já que a verdadeira bonificação percebida pelo exportador deixa de ser a que lhe paga o Banco do Brasil, para ser a que ele logra receber no estrangeiro, sem qualquer controle das autoridades fiscalizadoras, e que vende no mercado livre para reintroduzir na economia da empresa.

A 2ª categoria, onde se incluem o cacau e o algodão, deixou praticamente de existir: o cacau passará agora a receber subvenções adicionais pelo Fundo de Defesa do Cacau e o algodão há muito tempo só exporta mediante elevadas bonificações.

Resta apenas, solta no ar, destoada do sistema, a 3ª categoria, onde se incluem os minérios, e também os óleos vegetais e fibras, que interessam sobretudo à economia do Nordeste. Não há razão, porém, para essa discriminação desfavorável a esses últimos produtos. O custo de produção não subiu menos para os produtos do Nordeste do que para as manufaturas do Rio e de São Paulo, que se beneficiam da bonificação maior assegurada aos produtos da 4ª categoria. Como bem assinalou recentemente o sr. Romulo Almeida, Secretário da Fazenda da Bahia, a região econômica do Nordeste vem perdendo substância sob o atual regime cambial, pois vende os seus produtos de exportação a taxas cambiais pouco favoráveis, e vende, ao interior do país, os produtos necessários ao sustento de sua população por preços que refletem os efeitos plenos da inflação.

Essas breves considerações parecem demonstrar a crescente oportunidade da simplificação do sistema cambial de exportação, a ser feita com a dupla característica aconselhada cerca de um ano pelo Conselho Nacional de Economia: pauta mínima para o café e taxa única do mercado livre para os demais produtos.

A recente Instrução do Ministério da Fazenda veio indubitavelmente demonstrar que nem mesmo para o café pode ser considerado praticável o atual sistema cambial. Fatores diversos contribuíram para que as exportações de café se apresentassem, no ano de 1956, mais satisfatórias que no ano anterior, proporcionando-nos uma receita regular de divisas, que contribuiu decisivamente para aliviar a situação econômica do país. Entre esses fatores é lícito incluir essa espécie de reforma cambial, que os exportadores e café tomaram a liberdade de realizar privadamente, e que o Ministério da Fazenda veio agora de certo modo homologar, ao levantar a coima de fraude que sobre ela pesava na estrita aplicação do sistema vigente.

Política cambial - Sábado e domingo, 20 e 21 de abril de 1957

A exposição do Ministro da Fazenda, entregue à Mesa da Câmara, contém uma enunciação da política anti-inflacionária do Governo no setor do crédito e da despesa pública, que se avantaja às enunciações anteriores, mas nada inova ou melhora no setor do câmbio e do comércio externo.

A depreciação do cruzeiro em relação a outras moedas desfavorece, como é evidente, as importações, mas proporciona, em contrapartida, vantagens imediatas às exportações. Produtos brasileiros que não poderiam ser exportados, em virtude do custo elevado de produção e da consequente impossibilidade de competição no mercado internacional, são favorecidos pela desvalorização da moeda, que torna remuneradores em cruzeiros os preços correntes no exterior. É verdade que essas exportações, resultantes de uma posição momentaneamente favorável do câmbio, podem ser de duração curta. Mas nem por isso deixam de oferecer apreciável interesse para o país: primeiro, por engendrarem divisas, que vêm melhorar o orçamento de câmbio; segundo, por formarem clientelas, que o produtor brasileiro depois se empenha em manter, inclusive melhorando, por esforço próprio, as condições de produtividade, no momento em que o câmbio deixa de ser tão favorável. O sistema de câmbio praticado pelo Governo tem o efeito singular de anular estas vantagens. Em relação às importações, as consequências desfavoráveis da debilidade do cruzeiro se fazem sentir plenamente, sem coisa alguma que as atenue. As divisas atingem a preços elevados nos leilões de câmbio, e o Governo apenas consegue, através da classificação das importações em cinco categorias, assegurar níveis mais baixos às de primeira necessidade.

Em relação às exportações, entretanto, as vantagens possíveis do sistema não se fazem sentir. Uma burocracia complicada e desencorajadora afasta da exportação os produtores de manufaturas, ao mesmo tempo que os produtos primários, desde o café ao cacau, ao algodão, aos minérios e aos óleos e fibras vegetais, vivem dos recursos até agora considerados fraudulentos do subfaturamento, ou de expedientes artificiais como as bonificações extraordinárias.

O sistema oficial das exportações, isto é, a compra pelo Banco do Brasil dos saques de exportadores, à taxa oficial acrescida de uma bonificação correspondente à categoria em que se enquadra o produto, deixou praticamente de funcionar. Seus efeitos sobre o comércio brasileiro não podem deixar de ser considerados nocivos, pois a exportação vem perdendo o caráter de uma atividade privada, sujeita às leis naturais do mercado, para se transformar em atividade dependente de favores administrativos, manipulada pela burocracia e permanentemente agitada pelas reivindicações dos interessados.

Se pensarmos que o Brasil depende fundamentalmente das exportações, pois ainda está longe de ser um país de grande mercado interno, consumidor de suas próprias riquezas, chegaremos à conclusão de que o problema da reorganização do comercio exterior é inadiável e de importância primordial na agenda do Governo.

Causa, por isso, estranheza, a posição assumida, em relação ao problema, pelo Ministro da Fazenda em sua exposição. Tomando como argumento o sucesso observado em1956 na exportação de café, defende ele o obsoleto sistema cambial da exportação, quando na verdade o escoamento regular da safra brasileira, naquele ano, foi o produto de circunstâncias conhecidas, quase todas exteriores à nossa própria economia, e que todas concorreram para manter o produto numa posição de mercado vantajosa e regular. Enquanto isso os demais produtos, que representam parcela bem menor no nosso balanço de comércio, permaneceram em situação desencorajadora, o que o Ministro procura explicar à luz de circunstâncias ocasionais.

A insistência do Governo em manter, além dos limites da agonia, o atual sistema cambial, vai acarretar duas consequências importantes, uma de ordem financeira e outra de ordem política.

A primeira surgirá logo que se converta em lei a reforma tarifária em andamento no Congresso. Como é sabido, a reforma está concebida no sentido de transformar em direitos aduaneiros aquilo que o Governo hoje arrecada, a título de ágio, nos leilões de divisas. Em vez de colocar certa mercadoria, considerada supérflua, na quinta categoria do câmbio, e perceber um ágio alto pela moeda estrangeira que vende ao seu importador, o Governo fará incidir especificamente sobre essa mercadoria uma taxação ad valorem elevada. Mesmo que não desapareçam os leilões de divisas, e que continue a existir uma licitação em duas ou três categorias básicas, é obvio que, uma vez posta em vigor a nova tarifa, a receita dos ágios cairá, transferindo-se da Carteira de Câmbio para as repartições aduaneiras.

O que hoje é receita especial, escriturada pelo Banco do Brasil na famosa "Conta de ágios", passará a ser receita fiscal ordinária, destinada ao custeio das despesas da União. Se o Ministro não pretende modificar o sistema de câmbio hoje aplicado às exportações, é lícito indagar, então, de onde provirão os recursos para o pagamento das bonificações aos exportadores. Hoje essas bonificações são pagas com o produto dos ágios, mas não poderão ser atendidas com o produto da tarifa, salvo se for feita, nesse sentido, uma dotação adequada no orçamento federal.

Na exposição do Ministro da Fazenda não se encontra explicação satisfatória para esse importante ponto. Tudo indica que o Governo não conseguiu ainda reformular a sua política cambial em face do próximo advento da reforma tarifária, pela qual ele próprio se bate, mas com a qual deseja fazer subsistir o resíduo incoerente de um sistema que há muito deixou de funcionar.

Não menos importante para o Governo é a consequência política apontada linhas acima. A inadequação do sistema cambial vem criando entre o Ministério da Fazenda, de um lado, e a lavoura e os exportadores, de outro, uma fricção prolongada, reativada periodicamente por meio de reivindicações. O repúdio ao confisco cambial — expressão inadequada, mas de valor emocional indiscutível — constitui um elo poderoso no seio das classes produtoras, principalmente hoje, que as demasias da formulação liberal foram corrigidas, pela aceitação, mais ou menos generalizada, do princípio da pauta mínima. Ora, o Presidente da União Democrática Nacional acaba de divulgar as linhas de um plano tático, destinado a recolocar o partido na ofensiva, depois do violento ataque desfechado contra ele pelas forças da maioria no chamado "caso Lacerda". E um dos pontos programados para o contra-ataque é precisamente a luta contra o confisco cambial, de que se vão encarregar os deputados Virgílio Távora e Raimundo Padilha.

Está assim o Governo em risco de ver a oposição tomar a frente de uma aspiração da lavoura e do comércio de São Paulo e dos Estados do centro, à qual o Ministro da Fazenda não poderá resistir por muito tempo, e que ele próprio poderia tomar a iniciativa de satisfazer, se não estivesse apegado a uma posição de intransigência, cujos fundamentos técnicos não deciframos em sua exposição.

A reforma cambial pode ser considerada assunto amadurecido nos meios econômicos do país, e ninguém ignora que sem ela não serão completos os meios de combate à inflação, enumerados pelo Ministro em outras partes daquele documento.

73

Política cambial - Sábado, 15 de junho de 1957

Acontecimentos recentes acusam uma nítida contramarcha no processo de simplificação do sistema cambial. O principal é a perspectiva de aceitação, pelo Congresso, de modificações recomendadas pelo Executivo ao artigo 30 do Projeto de Reforma Tarifária. Está assim ameaçado de colapso o plano, eminentemente racional, da eliminação de taxas de favor que a Câmara dos Deputados, sob a liderança esclarecida dos srs. Brasilio Machado Neto e Daniel Faraco, estava prestes a aceitar.

Convém explicar ao grande público o que há por detrás do sistema de taxas múltiplas de câmbio e porque advogam alguns dos interessados a sua perpetuação.

O artigo 30 do Projeto de Reforma Tarifária, em sua redação anterior, tinha o grande mérito de propiciar uma drástica simplificação do mecanismo cambial de importação, ao dispor que nenhuma importação ou transferência cambial poderia ser feita a custo de câmbio inferior ao relativo às mercadorias da categoria geral. Como a taxa da categoria geral refletiria a média dos ágios das três primeiras categorias, resultante do jogo de oferta e procura no mercado, é de se presumir que viesse a situar-se em nível realista, representativo da real capacidade do importar do país.

O sistema de taxas especiais baseadas no chamado "custo do câmbio", reflete alguns equívocos de raciocínio que convém esclarecer. A primeira coisa a dizer é que o "chamado" custo do câmbio é inferior ao custo de câmbio. Expliquemos o paradoxo. Define-se entre nós, como custo do câmbio a média das bonificações pagas aos diversos produtos de exportação. Como as cambiais de café vêm sendo compradas à taxa de Cr$ 37,05, o câmbio de custo, apesar das bonificações muito mais elevadas pagas à 2ª, 3ª e 4ª categorias, é arbitrado em cerca de Cr$ 45,00 por dólar. Ocorre, entretanto, que essa média aritmética é falsa.

É que há muito tempo o café vem sendo exportado com subfaturamento, prática que vem corroendo a moralidade do comércio cafeeiro e desmoralizando a classificação dos cafés brasileiros no exterior. Quanto ao cacau e algodão, as bonificações da 2ª categoria são irreais. O primeiro desses produtos só se exporta com subvenções especiais muito além dos limites da categoria. Para o cacau criou-se um Fundo de Defesa, ao qual teoricamente deverá ser entregue uma parcela da arrecadação de ágios.

Donde ser ilusória, mesmo aritmeticamente, a definição de custo do câmbio.

Essa definição, sobre ser aritmeticamente errônea, nunca teve sentido, em termos econômicos. É que o custo real do câmbio para economia brasileira, em seu conjunto, é dado pela taxa de equilíbrio, vale dizer, por aquela taxa capaz de encorajar suficientemente as exportações e conter suficientemente as importações para permitir um equilíbrio estável do balanço de pagamentos, ou, em síntese, aquela taxa que aproxima o valor interno do valor externo do cruzeiro.

Não é fácil predizer esse nível de equilíbrio, mas é provável que ele se situe em torno da taxa média vigorante no mercado livre: não há, porém, sombra de dúvida que excede de muito o chamado custo de câmbio, isto é, o dólar de Cr$ 45,00. Nessas condições, quando o Governo cobra pelo trigo, ou pelo equipamento industrial importado, ou pela remessa de cambiais para amortização de dívidas, Cr$ 45,00 por dólar, está subvencionando pessoas ou entidades, que se beneficiam dessa taxa, e transferindo o sacrifício para outros setores da economia nacional.

Nasce aqui o segundo equívoco do sistema de taxas múltiplas. É sempre possível baratear uma importação ou reduzir o ônus real de uma dívida externa para determinado individuo, empresa ou grupo de empresas, dando-lhe o privilégio de uma taxa cambial artificialmente favorável. Mas esse passe de mágica não consegue, de modo algum, diminuir o ônus real para a economia em seu conjunto. O que sucede, apenas, é que o importador, o industrial ou a empresa governamental que obtém câmbio preferencial para os seus pagamentos está impondo um tributo disfarçado — sobre o qual não são consultados nem o Congresso nem os contribuintes e sobre o qual não se exerce qualquer fiscalização a algum outro setor da economia.

As vítimas mais diretas são os exportadores. Estes recebem pelos seus saques um valor inferior ao real, para que, com isso, o Governo subvencione os setores privilegiados. Mas o público em geral é também indiretamente tributado. É que cobrando preço artificialmente baixo pelas divisas vendidas aos beneficiários do câmbio privilegiado, o Governo diminui os recursos de caixa do Banco do Brasil; essa medida, mais a constante pressão de "déficits" orçamentários, se traduz não raro em emissões inflacionárias, agravando-se para a comunidade o tributo cruel e indiscriminado da inflação.

Um terceiro equívoco é pensar-se que o sistema de taxas múltiplas de câmbio favorece a industrialização do país. Trata-se de uma composição falaciosa. Pode-se, através desse sistema, auxiliar uma ou outra indústria individual, visto que se lhe dá maior poder de investimento pela concessão do uma taxa cambial barata. Mas o movimento da industrialização em seu conjunto é geralmente prejudicado, como o revela "ad nauseam" a experiência de países como o Chile, a Bolívia, o Uruguai, que se especializaram no uso de taxas múltiplas como instrumento de industrialização, apenas para descobrir, ao final de um doloroso processo, que haviam criado indústrias antieconômicas e insustentáveis a longo prazo.

No caso brasileiro, é lícito afirmar que as taxas múltiplas, embora tenham auxiliado algumas indústrias individuais, têm retardado o movimento geral de industrialização. Fala- se, por exemplo, na implantação da indústria de tratores, para a qual começa a haver um mercado promissor. Enquanto, porém, se atribuir à agricultura a taxa favorecida de Cr$ 51,00 por dólar, será impossível iniciar-se sensatamente um movimento de industrialização do trator.

Os industriais que se têm interessado pelo desenvolvimento da produção de geradores elétricos no país ou de locomotivas têm encontrado o obstáculo intransponível de não poderem competir com importações beneficiárias de taxas cambiais de subvenção. As taxas de favor são às vezes defendidas como instrumento para permitir à lavoura a importação de máquinas agrícolas, adubos e inseticidas a custo mais baixo. Mas o meio real de se auxiliar a lavoura, sem impedir a implantação da indústria nacional de equipamento agrícola, adubos e fertilizantes, é a eliminação do tributo que sobre ela pesa através do regime cambial de exportação.

Um aspecto ainda mais grave das taxas múltiplas é aquele que se pode chamar de "escamoteação de custo". Quando importam equipamentos à taxa de Cr$ 45,00 por dólar e vendem o produto acabado a preços que refletem o nível das licitações cambiais, várias indústrias parecem econômicas e rentáveis, quando na realidade não o são. Instalando-se à sombra do privilégio cambial, passam essas atividades a atrair fatores de produção em detrimento de outros ramos de maior produtividade e à custa de distorções que mais cedo ou mais tarde terão que ser corrigidas.

Há, sem dúvida, em muitos casos, ampla justificativa para se estimular de forma especial o desenvolvimento de certas indústrias básicas. Dos métodos possíveis de atingir este objetivo, o pior é precisamente o sistema de taxas múltiplas de câmbio. Estas complicam todo o mecanismo de comércio exterior, sacrificam penosamente as exportações e, no final de contas, diminuindo a capacidade de importar, destroem um dos elementos fundamentais do processo de industrialização. Entre os métodos que podem ser usados, sem os riscos acima indicados, figuram a isenção de impostos, a concessão de financiamentos oficiais e, mesmo, subvenções diretas. Esses métodos têm a vantagem de não falsearem a estrutura de custos da indústria, de se prestarem a melhor fiscalização, e de não implicarem um tributo oculto, lançado por simples arbítrio administrativo, sobre outros setores da comunidade.

Política cambial - Quarta-feira, 3 de julho de 1957

Em recente declaração à imprensa, o Sr. Presidente da República endossou as afirmações reiteradas do seu honrado Ministro da Fazenda de que não haverá reforma cambial.

Deve entender-se daí que não haverá mercado livre de câmbio para as operações de exportação e importação, como vem sendo reclamado por economistas e pelas classes produtoras, com a única exceção da chamada "pauta mínima para o café". Reformas cambiais há todos os dias. Num pais que escolheu o sistema da taxa múltipla, o Governo é obrigado constantemente a modificar, em relação a este ou aquele produto, as normas cambiais, e por maior que seja o seu desejo de simplificar não tem como fugir à crescente complexidade do sistema, que ao fim de algum tempo deixa de ser sistema, para degenerar num caótico casuísmo.

Ainda recentemente o "sistema" do câmbio foi atingido por três importantes "reformas" parciais: a primeira foi a legitimação do subfaturamento do café, medida que na verdade representou um aumento da bonificação por dólar paga ao exportador, com a característica de ser arbitrada por ele próprio, segundo sua maior ou menor capacidade de falsear a declaração de registro da mercadoria; a segunda foi o novo programa de financiamento e compra da safra de café de 57/58 pelo Governo, a preços em cruzeiros superiores aos alcançados no mercado, o que mostra que a execução da medida consistirá na simples atribuição de um valor novo ao dólar pago por esse produto; a terceira foi a concessão aos industriais de tecidos de uma taxa especial de exportação idêntica ao ágio arbitrado para a importação de equipamentos.

Está, portanto, o nosso país na prática, em grau avançado, do regime de taxas múltiplas, que consiste em criar um número indefinido de taxas de câmbio, cada uma delas ajustada ao que se supõe ser a situação especial de uma atividade econômica ou de um produto. Deixando de lado outros aspectos técnicos do sistema, o que cumpre acentuar é que ele representa a forma extrema do intervencionismo estatal no comércio. É fácil explicar porque.

Se as condições de câmbio são iguais para todos, um produtor que deseja exportar o seu produto deve aplicar o melhor do seu esforço em reduzir o custo de produção, até que lhe seja possível vender a um preço de competição internacional. No regime de taxa múltipla, não é esse o seu problema; o melhor do seu esforço deve aí ser empregado em obter do

Governo que lhe conceda uma taxa especial de câmbio, pela qual o Banco do Brasil comprará as suas letras de exportação, deixando-lhe um lucro em cruzeiros tanto quanto possível substancial.

A rentabilidade da produção brasileira já não se alcança nas fábricas e nas lavouras, mas nas antessalas do Banco do Brasil.

E se estas se mostram pouco acolhedoras e os interessados são numerosos, resta o recurso da ameaça, sob formas diversas que vão desde a perspectiva apregoada de falências até as "marchas da produção".

Que motivos tem o Governo para perseverar nesse regime?

Talvez perdure no espirito do Sr. Presidente da República a convicção de que a taxa de sacrifício imposta aos exportadores em benefício dos importadores, favorece a industrialização, e, portanto, o desenvolvimento. A taxa múltipla seria, assim, a expressão final dessa política e o instrumento extremo de sua realização.

Nada é, porém, menos exato. O Fundo Monetário Internacional analisou em documento recente a experiência cambial dos países latino-americanos, e os números-índices que divulga permitem confrontar, de maneira muito ilustrativa, o desenvolvimento econômico alcançado por países que adotaram a taxa múltipla e por países que mantiveram liberdade de câmbio para as operações de exportação e importação.

O período analisado é o de 1947 a 1955, e o ano de 1947 é tomado como base, atribuindo-se o valor índice 100 aos algarismos a ele correspondentes. Verifica-se, então, que nesse período três países de taxa múltipla — o Brasil, o Chile e a Argentina — passaram, respectivamente, de 100 para 114, 103 e 98; isto é, o desenvolvimento econômico acumulado do Brasil foi 14% e o da Argentina 3%, enquanto o Chile sofreu um empobrecimento. Três países de câmbio livre — o México, o Peru e a Venezuela — passaram, no mesmo período, de 100 para 125, 147 e 154, acusando o desenvolvimento acumulado de 25%, 47% e 54%.

É interessante notar que o Brasil e o Chile foram favorecidos, nesses anos, por uma significativa melhoria de preços do café e do cobre, o que não ocorreu, pelo menos na mesma proporção, com os produtos mexicanos, peruanos e venezuelanos.

É fácil, aliás, compreender de que maneira as taxas múltiplas desservem ao desenvolvimento econômico. O setor de exportação é, num país, o de maior produtividade, isto é, aquele em que se logra produzir em condições mais favoráveis e comparativamente mais econômicas. O sistema cambial praticado pelo Brasil, pela Argentina e pelo Chile, grava a exportação, desestimula-a, e afinal substitui os seus lucros reais por lucros oriundos da taxa artificial de câmbio.

Por outro lado, as subvenções cambiais dadas a atividades antieconômicas tornam-nas lucrativas, e desviam para elas os fatores de produção, mas oneram a economia do país, recaindo integralmente sobre os setores que se sacrificam para o seu pagamento.

Esse regime é, além disso, desfavorável ao ingresso espontâneo de capitais estrangeiros, que não são atraídos por uma vantagem momentânea, oriunda de concessão governamental, e são pelo contrário afugentados pela convicção de que a lucratividade das empresas depende da obtenção de favores instáveis e eventuais.

Uma frase muito repetida — e muito verdadeira — assevera que "o capital estrangeiro só entra quando tem certeza de poder sair como entrou". Qualquer pessoa que escolhe um banco para depositar suas economias, faz o mesmo raciocínio e compreende a razão dessa assertiva.

Os países de câmbio livre são, por isso, os grandes beneficiários da imigração de capitais, que é o único fator capaz de corrigir o efeito do espantoso desgaste a que a inflação expõe as poupanças domésticas, desvalorizando o dinheiro inaplicado.

É, por conseguinte, muito difícil compreender porque o Sr. Ministro da Fazenda, que com tanta rapidez se tem assenhoreado dos assuntos da sua pasta, teima em permanecer refratário à mais solar das verdades, que é o fracasso do sistema cambial em vigor, de que talvez ele e seus auxiliares se tenham tornado os únicos defensores.

O Sr. Presidente da República não tem o menor motivo, ao que parece, para esposar essa idiossincrasia, que está contribuindo, de modo decisivo, para frenar e mesmo anular o ritmo do desenvolvimento.

Seria melhor que o Governo reabrisse com desassombro o debate sobre a questão, mirando-se no exemplo eloquente das outras nações latino-americanas.

Política cambial - Quinta-feira, 4 de julho de 1957

O recente estudo do Fundo Monetário Internacional, a que se referiu o "Jornal do Commercio" em seu editorial de ontem, desperta, ao comparar a evolução econômica de vários países latino-americanos no após-guerra, outras interessantes reflexões.

Quase todas as nações deste continente sofreram, nesse período, em maior ou menor grau, pressão inflacionária e, consequentemente, as dificuldades de balanço de pagamentos, que são um consectário inevitável da inflação. Em todas elas também se registrou intensa preocupação com o problema do desenvolvimento econômico, que passou mesmo a ser o motivo central dos programas de governo.

Alguns desses países, — classificando-se entre eles a Argentina, o Chile e o Brasil — impotentes para conter a inflação interna, agravaram o seu problema recorrendo a controles de câmbio e ao sistema de taxas múltiplas, num esforço contraproducente de manter relativamente estável o valor externo da moeda, quando o valor interno decrescia constantemente.

Através de restrições cambiais, lograram atenuar superficialmente as dificuldades de balanço de pagamentos, mas não lhe removeram as causas. Pelo contrário, tenderam a agravá-las, primeiro porque o artificialismo das taxas de câmbio contribuiu para ocultar a gravidade do processo inflacionário, e depois, porque a sobrevalorização externa da moeda diminuiu gravemente a capacidade de exportar. É que, na ânsia de diversificarem a sua economia e de se industrializarem rapidamente, acreditaram esses países que poderiam, através do confisco cambial imposto aos seus exportadores e de subvenções cambiais dadas à sua indústria, aumentar o ritmo do desenvolvimento econômico.

Um outro grupo de países, em que sobressaem o México, o Peru e a Venezuela, adotou política diferente. Quando a inflação interna começava a desencorajar as exportações, não hesitaram em desvalorizar as suas moedas, e o próprio choque dramático da desvalorização chamou a atenção para a importância e a urgência de medidas severas de combate à inflação. O sistema cambial funcionou, assim, como um constante sinal de alarme. Além disso, mantendo sempre uma única taxa de câmbio aplicável às exportações e importações, lograram esses países atingir dois objetivos: de um lado, manter ativo e dinâmico o setor de exportação, que é geralmente aquele em que é maior a produtividade do país; de outro lado, evitar a criação de indústrias profundamente antieconômicas, pois que, denegando subvenções cambiais, só poderiam desenvolver-se aquelas capazes de sobreviver através dos mecanismos normais de proteção aduaneira.

Olhando em retrospecto, qual dos dois métodos terá sido mais eficaz em promover o desenvolvimento econômico?

A lição estatística é clara. Os países que adotaram taxas múltiplas de câmbio, e foram menos vigorosos no combate à inflação, estacionaram, regrediram ou avançaram pouco. A Argentina, por exemplo, no período 1917-1955, teve o seu produto real por habitante, isto é, a produção efetiva após descontadas as variações de preço, acrescido à insignificante taxa anual de 0,4%. A economia chilena chegou mesmo a regredir no período, à taxa de 0,3% ao ano. O Brasil foi o único caso de um país que desencorajou as suas exportações, através do confisco cambial, e provocou distorções na sua estrutura econômica, através de privilégios de câmbio e, assim mesmo, conseguiu a apreciável taxa de crescimento de 1,7% por ano. O fato se deve à alta espetacular, mas transitória dos preços do café verificada em 1949, e depois de 1953-1954, que teve o efeito de aumentar enormemente a receita de exportações, melhorando os termos de troca do país.

Que dizer, porém, da taxa de desenvolvimento econômico dos países que evitaram controles de câmbio e mantiveram uma taxa cambial única?

A Venezuela alcançou a espetacular taxa anual de crescimento de 6,1% ao ano. O Peru obteve nada menos de 5% ao ano no período em causa. O México logrou 2,8% ao ano. É interessante ainda observar que os países que alcançaram mais rápido progresso econômico foram precisamente aqueles que melhor desenvolveram o seu potencial de exportação. Na Argentina, o volume real de exportações decresceu a uma taxa anual de 2,8% e a economia se estagnou, a despeito dos ingentes, mas desorientados esforços peronistas para acelerar-lhe a industrialização.

O Chile aumentou ligeiramente o volume de suas exportações, mas não logrou evitar um retrocesso econômico, sob o peso de uma inflação mantida e alimentada com o pretexto de fomentar a industrialização e o desenvolvimento econômico.

O panorama é bem diferente no grupo de países que procuraram conter a inflação e evitar disparidades entre o valor interno e o externo da moeda. No México, as exportações cresceram à taxa anual de 5,6%, sendo de notar que se trata de um crescimento real, visto não terem sido as exportações desse país, ao contrário do Brasil e do Chile, beneficiadas com a substancial melhoria de preços de cobre e café. No Peru, as exportações se acresceram de 6,2%, e na Venezuela, graças, é verdade, à situação especial do petróleo, o crescimento anual das exportações foi de 10,5% ao ano.

Se há uma impressionante correlação positiva entre a expansão das exportações e o desenvolvimento econômico, há também uma correlação negativa não menos impressionante entre inflação e taxa de crescimento.

Os três países — Argentina, Chile e Brasil — que menos se desenvolveram, foram também aqueles que mais inflacionaram a sua economia. Entre 1948 e 1955 a taxa de inflação desses países foi, respectivamente, de 279%, 673% e 133%. O país que mais progrediu no período em causa, a Venezuela, foi também aquele que experimentou a menor taxa de inflação: apenas 16%. No Peru, a inflação foi de 83%, e no México de 72%, taxas que, embora elevadas, representam apenas uma fração da orgia inflacionista dos países que, buscando enriquecer-se com o recurso ao dinheiro fácil, acabaram estagnando ou empobrecendo.

Poderia parecer à primeira vista que, enquanto o Brasil, a Argentina e o Chile procuravam diversificar as suas economias, o outro grupo de países, aqui analisado, ter-se-ia concentrado na promoção de exportações, com as desvantagens da instabilidade de preços e da pouca elasticidade de procura internacional de que sofrem os exportadores de produtos primários. Mas nem aí encontramos consolação para os nossos erros de política econômica. É que, tanto no México como na Venezuela e Peru, rápido progresso foi alcançado no sentido da diversificação econômica, não só através da ampliação da pauta de exportações, como da industrialização interna e do desenvolvimento agrícola. O desenvolvimento da produção industrial no México, no período de 1947-1955, foi igual ao do Brasil, pois em ambos os casos o índice de produção industrial por habitante passou de 100 a 138, Mas, ao passo que a agricultura brasileira ascendia do índice 100 a apenas 109, a agricultura mexicana crescia, no mesmo período, em nada menos de 71%, tornando-se o México o segundo exportador mundial de algodão, importante exportador de café e autossuficiente em trigo. No Peru, os dados disponíveis se referem apenas ao período 1947-1954, mas já a essa altura a agricultura se havia expandido 32% e a mineração 17%. A Venezuela, ao contrário do que muitos pensam, não ficou entregue exclusivamente à economia do petróleo. No setor da exportação, incorporou novas riquezas com o fluxo crescente do minério de ferro; tornou-se exportadora de cimento, produtos de pesca, e espera em breve entrar no mercado de exportação de petroquímicos. A produção de arroz quadruplicou, a de açúcar triplicou, a de leite quintuplicou. No tocante à energia elétrica, triplicou a sua capacidade.

Quais são as lições que emanam dessa fria análise estatística, que cruelmente desmente postulados dos nossos teoristas da inflação e da industrialização subvencionada por taxas cambiais de privilégio?

A primeira é que o esforço de diversificação da produção e de industrialização não deve ser feito a expensas da exportação, pois que esta tem um conteúdo dinâmico que não pode ser menoscabado, sob pena de retardamento no ritmo de crescimento. Daí ser desavisada a técnica do confisco cambial, como processo de tributação do exportador para subvencionamento do industrial. A segunda é que a liberdade de câmbio não só prejudica o desenvolvimento econômico, como o auxilia, tornando-se mais estável e equilibrado. A terceira é que nem a inflação, nem os controles cambiais são instrumentos capazes de promover o desenvolvimento econômico, pois que ambos conspiram para desencorajar exportações e diminuir o influxo de capitais estrangeiros, fazendo assim baixar a produtividade da economia.

Política cambial - Sábado, 6 de julho de 1957

Duas modificações recentes no sistema cambial dão margem a novas preocupações sobre os rumos de nossa política de câmbio: a primeira se refere ao regime adotado para fomento à exportação de tecidos; a segunda aos prêmios instituídos para as exportações de café e ao restabelecimento das compras governamentais desse produto.

Ambas as medidas se fundam no louvável propósito, para o qual parece haver despertado o Governo, de estimular exportações. O descaso com que vinha sendo tratado esse problema constitui, sem dúvida, uma explicação da queda de crescimento econômico verificada nos dois últimos anos.

O reconhecimento da importância de reativarmos a exportação pouco vale, entretanto, se não se traduz numa política coerente e definida, que consistiria, primordialmente, na eliminação dos controles burocráticos de exportação, e na unificação, em nível realista, das inúmeras taxas de exportação, com a exceção única e temporária do café, a que se aplicaria a chamada "pauta mínima". Somente assim lograríamos pôr fim, ao que um dos Ministros militares recentemente chamou "o charadismo da nossa legislação de exportação".

Infelizmente, ainda que fundadas no desejo de promover exportações, as "reformas cambiais" feitas para os tecidos e o café suscitam mais problemas do que resolvem. O primeiro dos seus defeitos reside em serem ambas "soluções de crise", concebidas para casos isolados, e só depois que a pressão dos grupos Interessados sobre o Governo se torna Insuportável. O segundo, em não se enquadrarem numa política geral de fomento à exportação, provocando reivindicações Idênticas de outros produtores, também de caráter fragmentário. O terceiro defeito em complicarem ainda mais o sistema cambial, cuja crescente desintegração não se reflete hoje apenas na multiplicidade de taxas, mas na própria redação das Resoluções da SUMOC, que desconcertam igualmente a leigos e profissionais.

Consideremos, primeiro, o novo regime cambial relativo a tecidos. Segundo a interpretação, mais plausível, pagar-se-ia aos exportadores uma bonificação de Cr$ 36,00 por dólar, a qual, somada à taxa oficial e à bonificação da 4ª categoria de exportação, perfaria uma taxa total de Cr$ 103,00 por dólar. A bonificação adicional correria à conta de um novo Fundo, a ser alimentado por um ágio especial cobrado sobre a importação de equipamentos para a indústria têxtil. Não deve ser esse, entretanto, o correto entendimento da Instrução. É que, segundo informam os comunicados governamentais, a bonificação de exportação visa a resolver uma crise de desemprego, que se diz existir na indústria têxtil. Daí ser impraticável esperar até que, através de importações de equipamento, realizadas ao longo de vários anos, se constitua esse fundo de subvenções à exportação. Infere- se, pois, que as bonificações correrão, na prática, por conta do Fundo de Ágios e poderão ou não, no futuro, ser cobertas com a sobretaxa de importação de equipamentos têxteis.

O Fundo de Ágios, por sua vez, transformou-se numa colcha de retalhos. Do seu saldo — que só tem existência contábil, pois o encaixe do Banco do Brasil é várias vezes inferior aos saldos teoricamente existentes — 30% se destinam ao Fundo de Pavimentação, 20% estão reservados ao café, enquanto ao Fundo de Defesa do Cacau foram atribuídos, no ano passado, 10% da receita liquida então existente. Os tecidos ocuparão, agora, uma parcela adicional, e não parece haver razão válida para que outros produtos de exportação não se candidatem a esse elástico concurso de credores, que parece empenhado em dividir e ao mesmo tempo multiplicar o botim das importações. Sabendo-se que os ágios vêm constituindo a grande massa de manobra do Banco do Brasil para ocorrer aos "deficits" do Tesouro, a sua vinculação, em proporções definidas, ao financiamento de determinados produtos, pode vir a tornar inapelável o recurso desastroso à emissão.

Parece, destarte, que o esquema cambial adotado para os tecidos cria mais problemas do que resolve. Constitui esse esquema, aliás, uma surpreendente inversão de rumo, pois nos faz passar de uma posição de confisco cambial, subitamente ao outro extremo, isto é, à subvenção cambial. De um artificialismo passamos a outro.

Infelizmente, os problemas da indústria têxtil vêm de longa data, e são insuscetíveis de solução plena por simples manipulação cambial. Trata-se, em primeiro lugar, de uma indústria de produtividade extremamente baixa, e isso não só nas fábricas com equipamentos obsoletos, mas também nas modernas instalações fabris.

Um detalhado e interessante estudo comparativo da produtividade da indústria têxtil na América Latina, feito pela CEPAL, indica que mesmo em usinas paulistas de moderníssimo equipamento, a produtividade poderia ser aumentada em média de 54% na fiação e 78% na tecelagem, mediante simples reforma da organização e adoção de novos métodos de trabalho. E numa amostragem de fábricas mais antigas do Distrito Federal se verifica que a produtividade da mão-de-obra, mesmo sem modernização de equipamento, poderia ser aumentada de 119% na fiação e 190% na tecelagem. Donde se infere que o problema é muito menos de importação de equipamento do que de utilização mais eficiente do já existente.

Um consectário habitual da baixa produtividade são os altos preços unitários de venda. Quando a indústria têxtil se queixa, como agora o faz, de crise de subconsumo, dificilmente despertará simpatia no público, pois mesmo com acumulação de estoques não se registrou apreciável benefício para o consumidor. Dado o reduzido volume do consumo de tecidos por habitante, uma baixa substancial de preços deveria levar a uma liquidação de estoques razoavelmente rápida.

O reajustamento por que está passando a indústria têxtil exemplifica os problemas típicos da transição entre a aguda inflação de crédito a que ela se habituou e a contensão desse mesmo crédito empreendida, com todo cabimento, pela Autoridade monetária. Enquanto o crédito era fácil, intermediários com ele financiavam os preços altos retendo mercadorias nas prateleiras dos seus armazéns. A restrição de crédito desencorajou os intermediários e obrigou aa fábricas a uma estocagem a que não estavam habituadas. Ao invés de reduzir os preços e procurar melhorar sua produtividade, os industriais preferiram pressionar o Governo a fim de obter financiamento de estoques e, frustrados esses esforços, procuraram um artificio que tornasse o produto exportável, à custa do Tesouro, ainda que produzido a preços altos.

É de recear, porém, que o método utilizado — a subvenção cambial — além de constituir precedente perigoso, se torne contraproducente. É um precedente perigoso, porque outras indústrias desejosas de importar equipamentos em condições mais vantajosas, e capacitadas para produzir em volume superior ao do consumo interno, procurarão, também, pressionar o Governo no sentido de uma subvenção que as habilite a exportar, independentemente de qualquer esforço para redução de custos e aumento de produtividade. E pode tornar-se contraproducente, se a bonificação especial paga aos exportadores vier a ser considerada um "dumping", isto é. uma forma de "concorrência desleal", seja por parte de países concorrentes, seja de nossos potenciais importadores, os quais, em maior ou menor escala, insistem todos em proteger e desenvolver suas próprias indústrias têxteis.

A concessão do câmbio livre para as exportações de tecidos, aliada a um programa de incremento de produtividade, teria permitido o escoamento pelo menos parcial da produção das fábricas eficientes, sem obrigar a comunidade a subvencionar, com o perigo de represálias de terceiros países, o escoamento da produção ineficiente, que deveria ser gradualmente absorvida pelo mercado interno mediante rebaixa gradual de preços. Há grande justificativa para se liberar completamente a exportação de nossos produtos, deixando que sejam vendidos às melhores taxas apuradas no mercado livre. É esse precisamente o propósito da reforma cambial. O que não é justificável, e está referto de riscos, é a concessão de subvenções especiais por decisões administrativas isoladas, como no caso dos têxteis, premiando sobretudo os ineficientes e induzindo as demais indústrias a tentarem obter vantagens, não no embate do mercado, mas nas lutas e manobras das ante-salas governamentais.

Política cambial - Domingo, 15 de setembro de 1957

Dos vários sistemas para alcançar o reequilíbrio dos pagamentos externos o Brasil já experimentou o método de utilização de reservas cambiais, o regime de licença prévia e o processo das taxas múltiplas, sem entretanto evitar a reincidência em periódicas crises de divisas. O sistema ainda não experimentado é o da taxa flexível de câmbio, recomendado pelo Ministro José Maria Whitaker em seu malogrado projeto de reforma cambial.

Esse sistema implica em dar-se às exportações a mesma taxa cambial cobrada dos importadores, com a exceção única e temporária do café. Ao invés de termos assim um regime estanque, em que a remuneração de exportador é arbitrariamente fixada pela autoridade administrativa, ao passo que a taxa de importação é formada através da livre licitação pelos importadores, teríamos perfeita comunicação entre os dois mercados. A racionalidade desse sistema salta aos olhos, e só não é de imediato percebida em virtude dos desvios de observação a que o nosso complexo regime cambial nos habituou. Qual é, com efeito, o objetivo da exportação, senão possibilitar importações? Qual é o valor real da divisa produzida pelo exportador senão aquele que o importador está disposto a pagar no mercado?

Quando se desvinculam as duas taxas, inúmeras distorções imediatamente ocorrem. O exportador se sente injustamente punido pois o preço que lhe pagam é inferior ao valor da sua divisa; donde desinteressar-se ele pela exportação ou então embarcar num sistema de fraudes. O problema se complica, sem se resolver, quando se estabelecem várias taxas de exportação, porque então os exportadores, ao invés de concentrarem seus esforços em concorrer no exterior com a produção de outros países, passam a competir no interior do país em busca de favores cambiais. De outro lado, a diversificação de taxas para produtos de exportação faz surgir duas situações arbitrárias: primeiramente, representa um tributo lançado sobre as exportações, criando discriminações, independentemente de controle ou crítica legislativa, estabelecendo uma autêntica "tributação sem representação"; em segundo lugar, ao distribuir favores cambiais a certas importações, inclusive a projetos de indústrias individuais, propaga o regime de subvenções graciosas, isentas da verificação de custos, de controle de resultados e de obrigações especiais para com a sociedade que a subvencionou.

Anteriormente à reforma das tarifas aduaneiras, havia uma dificuldade prática em dar aos exportadores a mesma taxa cambial de importação. É que, sendo a tarifa obsoleta e inadequada para proteger a indústria nacional e refrear a demanda de importações, tornava-se necessário desencorajar estas últimas, recorrendo a sobretaxas cambiais. O ágio exerceu, assim, uma dupla função: de um lado servia de corretivo à taxa oficial de câmbio, em manifesto descompasso com o valor real do cruzeiro, função esta estritamente cambial; de outro lado, atuou como corretivo da tarifa aduaneira, função esta estranha ao sistema de câmbio.

É justo dar-se ao exportador aquilo que representa o valor real de sua divisa, traduzindo na demanda normal de importação. Seria excessivo dar-lhe a parte correspondente ao ágio, que representa simples corretiva das tarifas obsoletas, e que deve constituir, assim, receita fiscal do Governo. A recente reforma tarifária veio simplificar o problema, preservando a função cambial do ágio e expungindo-o de sua função protecionista e fiscal, devolvida esta à tarifa aduaneira.

Quais são agora as vantagens do sistema de taxa livre aplicável igualmente a importações e exportações? A primeira é de atuar como corretivo automático. Se aumenta a inflação interna, e com ela a procura de importações, deprecia-se imediatamente a taxa cambial e o encarecimento das importações elimina a procura excessiva; essa mesma desvalorização aumenta a remuneração dos exportadores e os incentiva a exportar mais.

No sistema atual da Instrução 70, a ação corretiva ó unilateral, pois que, com a inflação, sobem os ágios, desencorajando as importações. Como, entretanto, a desvalorização cambial não beneficia o exportador, porque este foi amarrado a categorias rígidas, que só de tempos em tempos são revistas pela autoridade cambial, não se incrementa a oferta de divisas, dado que sobe o custo de produção exportável sem a imediata compensação de um ajustamento da taxa cambial.

A vantagem do sistema de taxa flexível única resulta, então, de que possibilite corrigir a crise de divisas, atuando simultaneamente para diminuir-lhes a procura e aumentar-lhes a oferta; ao passo que o sistema de categorias múltiplas da Instrução n. 70 atuava de forma unilateral comprimindo a procura de divisas, sem, entretanto, aumentar-lhes a oferta. Nestas condições, o reequilíbrio do balanço de pagamentos só pode ser alcançado fortuitamente e por pouco tempo. Foi o que sucedeu em 1956 quando tivemos um apreciável saldo de balanço de pagamentos. Apesar de haver diminuído, como seria de esperar, quase toda a exportação, obtivemos melhoria cambial, porque, de um lado, o sistema funcionou eficazmente para comprimir importações e, de outro, tivemos uma conjuntura internacional muito favorável para o café, que se escoou satisfatoriamente, apesar do sistema cambial vigente, devido à prática generalizada do subfaturamento. Aumentaram também as exportações de manganês e minério de ferro: do primeiro, por terem chegado a seu termo os investimentos realizados no Amapá, e do segundo, porque os níveis internacionais de preço tornam a exportação possível, conquanto não espetacularmente lucrativa, mesmo ao atual nível das taxas cambiais.

Mas, apenas desaparecida a melhora episódica da conjuntura internacional do café recaímos em "deficit" de pagamentos, do qual não se livrará o país se não continuar a luta contra a inflação, complementando-a, entretanto, urgentemente, com a adoção de um sistema cambial que libere o exportador dos controles cambiais artificiais e dos empecilhos burocráticos a ele associados.

Uma segunda vantagem do sistema de taxa única livre é servir de alarme contra a inflação, uma vez que o sistema de categorias apenas mascara a inflação sem contribuir para contê-la. Ao flutuar livremente a taxa de câmbio, qualquer recaída na desordem monetária repercute dramaticamente, apressando e mesmo facilitando a adoção de medidas corretivas. Imaginar que se possa conter a inflação, mantendo fixa a taxa cambial é o mesmo que pretender curar um acesso de febre pela destruição do termômetro.

A terceira conveniência da taxa livre, idêntica para exportação e importação, é impedir a escamoteação de custos. O governo, os industriais, os consumidores de trigo e combustíveis, pagarão tanto quanto as importações realmente custarem à economia nacional. Na situação atual, o regime de taxas especiais fomenta indústrias que apenas disfarçam o custo excessivo de seus produtos pela subvenção cambial. Pela mesma razão há importações que saem a preço módico apenas aos importadores, custando caro à economia nacional, vale dizer, à coletividade.

Muita gente acredita que a reforma cambial, de que se fala tanto conhecendo-se dela tão pouco, tem por objetive liberar a importação. Nada mais errôneo. A importação já foi liberada ao instituir o país o sistema de ágios e leilões. O problema agora é liberar as exportações, esclerosadas pela burocracia e punidas por um tratamento cambial arbitrário e irracional. Em todos os países do mundo, o objetivo das desvalorizações é possibilitar o incremento às exportações. Entre nós, bizarramente, levou-se a efeito uma reforma cambial no setor de importações, mantendo-se sob o regime antigo as exportações, o que importa dizer, mantendo-se todos os males do sistema cambial que vem contribuindo para a persistência da crise atravessada pelo país.

Política cambial - Quinta-feira, 19 de setembro de 1957

A atual conjuntura financeira apresenta visível deterioração quer por terem recrudescido durante agosto as pressões inflacionárias, quer pelo continuo agravamento da posição cambial. Esta última, notadamente, impõe repensarmos o regime cambial, face à óbvia inadequação do sistema de taxas múltiplas para assegurar equilíbrio em nossos pagamentos externos.

A adoção de uma nova tarifa removeu um sério obstáculo à racionalização e simplificação do sistema cambial e tornou possível a adoção de um regime de taxa única flutuante. Contra este último sistema se têm levantado várias objeções, algumas relacionadas geneticamente com o problema da inflação e instabilidade cambial, outras com o caso específico do café.

Uma primeira objeção que se tem formulado à reforma cambial é que se deveria aguardar a eliminação da inflação para adotá-la, pois que a própria desvalorização viria tomar mais aguda a pressão inflacionária. O argumento é infundado. Em primeiro lugar, a existência ou não de pressão inflacionária depende da política monetária e fiscal em geral e não do que ocorre no setor do comércio exterior. Se a reforma cambial é no sentido da adoção de uma taxa livre flutuante, não resulta ela em aumento ou diminuição de meios de pagamento, porquanto a receita adicional obtida pelo exportador representa renda que lhe é livremente cedida pelo importador, que compra as divisas no mercado livre comercial. Há transferência de poder aquisitivo de um grupo para outro, sem expansão dos meios de pagamento, e, portanto, sem que aumente a pressão inflacionária. É óbvio que, se persistirem os "déficits" orçamentários e se houver imoderada expansão de crédito, advirá um agravamento da inflação, mas com isto nada tem a ver o sistema cambial. No Brasil, tivemos em 1951 e 1952 aguda inflação, mantendo rígida paridade cambial; de 1953 até o presente momento, sofremos a inflação sob o sistema de taxas múltiplas de câmbio. Se adotarmos o regime de taxa única flutuante, poderemos ter ou não inflação, dependendo do grau de controle que exercermos sobre os meios de pagamento. As probabilidades são de que, liberada a taxa das exportações, unificando-a com a das importações, tornar-se-ia mais fácil a luta contra a inflação, pois se esta provoca distorções nos preços internos, as taxas múltiplas acarretam distorções no setor externo. Não é outra, aliás, a lição a experiência. A Missão Klein e Sachs recomendou ao Chile uma reforma cambial, simultaneamente com a adoção de severo programa anti-inflacionário, e a inflação chilena veio de 90% ao ano para aproximadamente 56%, e finalmente para 37%, ritmo inflacionário ainda alarmante, mas em indiscutível decréscimo. Na Bolívia, a Missão do Fundo Monetário Internacional recomendou, também, simultânea liberação do câmbio para a exportação, eliminação de todas as subvenções cambiais à importação e um conjunto de medidas anti-inflacionárias. O resultado foi que, em pouco mais de seis meses, a Bolívia logrou conter efetivamente a inflação. Também na Argentina, o Senhor Raul Prebisch, Secretário da Comissão Econômica para a América Latina, recomendou uma reforma cambial, aliás executada errônea e timidamente, como parte de um programa anti-inflacionário. Somente no Brasil vicejou a estranha teoria de que só se deve fazer reforma cambial depois de contida a inflação. Ora, as desvalorizações se fazem em consequência da inflação e não depois que ela desaparece.

Acresce ainda notar que, se consequências inflacionárias advêm de uma desvalorização da taxa de câmbio, já foram elas plenamente sentidas pelo Brasil. O país já efetuou a desvalorização no setor da importação, pelo sistema de ágios e leilões de câmbio, e já sofreu, portanto, integralmente, o impacto inflacionário que daí poderia derivar. O problema consiste apenas em transferir aos exportadores parte do poder aquisitivo cedido pelos importadores ao Governo, e por este redistribuído arbitrariamente.

Convém ainda não esquecer que o único meio de obter importações a preços módicos é promover exportações. Através de taxas artificialmente favoráveis logra-se, é verdade, diminuir artificialmente o preço dos artigos importados e assim mesmo apenas temporariamente, para um indivíduo ou uma empresa — nunca para a coletividade.

Política do Petróleo - Sexta-feira, 9 de maio de 1958

No momento em que se anuncia a substituição do presidente do Conselho Nacional do Petróleo, é oportuno reafirmar, nos seus pontos principais, a política nacionalista, em que tem, com razão, perseverado o Governo brasileiro.

O oficial que deixa o posto, o general Mario Poppe de Figueiredo, não se afasta por outro motivo senão a natural convocação militar, decorrente de sua recente ascensão ao generalato. Durante o tempo em que dirigiu o organismo supremo da política do petróleo, sua orientação foi irrepreensível, e os serviços que prestou o recomendam a outros importantes encargos da nação. O oficial sobre quem se anuncia haver recaído a designação do Sr. Presidente da República, o coronel Alexino Bittencourt, consagrou-se, por sua vez, recentemente, pela colaboração decisiva que prestou ao Ministro do Exterior nas negociações sobre o petróleo da Bolívia. A ele se devem, em sua maior parte, os estudos que orientaram a missão brasileira e as gestões que concretizaram o resultado.

A política brasileira do petróleo tem dois polos: o recôncavo baiano e a planície sub-andina. O Amazonas, o Maranhão, Alagoas, são as nossas esperanças. A Bahia e a Bolívia são as nossas realidades. No recôncavo temos uma reserva recuperável de quase quatrocentos milhões de barris, uma produção diária já da ordem de 20% do nosso consumo, e estamos fazendo, dia a dia, com a técnica e o entusiasmo da brilhante equipe da Petrobrás, progressos excepcionais no terreno da pesquisa e da exploração. Na região sub-andina temos acesso garantido a um horizonte oleífero indiscutível, situado no centro do continente, em território de país amigo, cujo progresso nos é tão caro como o nosso próprio, e de onde poderemos trazer por terra, através de oleoduto de execução bastante cômoda, o petróleo ao coração industrial do nosso país.

Se o petróleo baiano está entregue à Petrobrás, que tem registrado na sua exploração sucessos indiscutíveis, o petróleo boliviano está entregue ao Conselho Nacional do Petróleo, a quem cabe converter em realidade econômica, no mais curto prazo, a obra de solidariedade internacional alcançada sob os auspícios do Itamarati.

O novo presidente do Conselho tem como tarefa fundamental essa instrumentação, ou concretização, em tempo útil, do acordo concluído em Roboré. Essa concretização é um dever que temos para com o Brasil, mas é também uma obrigação que assumimos para com a Bolívia, país a que estamos unidos por laços da mais profunda solidariedade americana, e ao qual não queremos fazer o que tanto receamos das Companhias estrangeiras: deixar congelada uma riqueza, cujo aproveitamento pleiteamos que nos fosse confiado.

O segundo dever do presidente do Conselho é a fidelidade aos princípios nacionalistas, em que se acha implantada a nossa política de petróleo, fidelidade que se faz mais difícil, e por isso mesmo mais necessária, quando vemos tardar a emancipação que esperamos no domínio crítico do combustível. Todo o nacionalismo se resume em duas proposições incontestáveis: a primeira é a afirmação da necessidade de que o problema brasileiro do petróleo seja tratado e resolvido em função do interesse nacional, que nos impõe orientação e limitações determinadas; a segunda é a constatação de que as grandes companhias internacionais, candidatas a concessões de petróleo em todas as partes do mundo, têm interesses de escala mundial, em função dos quais são levadas a considerar e resolver os interesses nacionais depositados em suas mãos.

Se é verdade que essa dupla observação obriga todo povo cioso de preservar suas próprias possibilidades de desenvolvimento, a adotar, em matéria de petróleo, uma política nacionalista, nem por isso deixa de ser necessário captar a colaboração e a experiência estrangeiras, numa fórmula que não comprometa a nossa independência. Essa fórmula terá de ser encontrada pela ação conjunta das autoridades responsáveis pelo petróleo e da diplomacia brasileira. Tudo indica que esta última está no momento azado de fazer compreender aos norte-americanos que a melhor cooperação, senão a única verdadeiramente decisiva, que podem oferecer às economias subdesenvolvidas deste hemisfério, é o apoio sincero e irrestrito à Petrobrás e às entidades estatais militares que têm sob sua guarda as riquezas petrolíferas de cada Estado americano. Já não é possível que os Estados Unidos — pronto a colaborar com os governos no campo da eletricidade, da indústria de base ou do transporte — somente em relação ao petróleo se fechem numa política de recusa, em tudo coincidente com a das companhias internacionais.

Dentro dessa inspiração superior, que se imprimiu profundamente na consciência popular, e hoje se constituiu num imperativo da opinião pública, é que a nação espera das autoridades do petróleo uma política de intenso dinamismo e de capacidade de realizações.

Política do Trigo – Sexta e sábado, 21 e 22 de junho de 1957

As explicações que o Banco Nacional do Desenvolvimento Econômico deu a público sobre a transação por ele conduzida para importação de trigo americano, com empréstimo ao Brasil, a longo prazo, da moeda representativa do preço, mostrou o caráter precipitado e pouco construtivo de certos pronunciamentos da Oposição nas questões econômicas.

É triste pensar quanto poderia uma Oposição vigilante e esclarecida contribuir para a defesa do interesse do país, nas questões de ordem econômica, se em vez do espírito de escândalo se deixasse animar do espírito de crítica, e empregasse o seu poder de acusação nas grandes omissões e incoerências do Governo, que ameaçam modificar no sentido do empobrecimento o rumo da prosperidade, até aqui trilhado pelo país.

Desfechando contra a operação do trigo uma campanha condenatória, a Oposição, ou parte dela, procurou desacreditar uma transação condizente com o interesse público e inspirada numa política bem orientada e realista, prejudicou menos o Governo presente do que uma linha de ação internacional a longo prazo, criou um clima desfavorável a futuras negociações semelhantes e atacou a colaboração norte-americana num caso que exemplifica a melhor forma de cooperação internacional, aquela que o zelo nacionalista bem compreendido manda estimular.

O assunto não pode ser satisfatoriamente compreendido senão no quadro mais geral da política brasileira em relação ao trigo, e é em função dessa política que adquire significado.

Há no Brasil uma mentalidade pouco séria, que supõe ser a autossuficiência nacional o objetivo a priori de qualquer política de produção. Para esses partidários superficiais da autarquia deve o Brasil desenvolver sua produção de trigo até o ponto de prescindir da importação.

Nada é mais absurdo e irrealista. O trigo é o produto por excelência do nosso comércio com a Argentina e o Uruguai, comércio que representa no cômputo das nossas relações internacionais de troca a importante parcela de cento e trinta milhões de dólares. A importação do trigo platino é a contrapartida da exportação de alguns produtos brasileiros, como a madeira, o mate, a banana, que ali têm mercados tradicionais, de difícil substituição. E é para esses países que cada vez mais se encaminham, à medida que nos industrializamos, as nossas manufaturas.

Nessa hora em que a América do Sul desperta para a concepção do mercado comum, e começa a compreender os benefícios da complementaridade, nada mais errôneo do que uma política depressiva do nosso comércio com aqueles vizinhos, que necessitamos, pelo contrário, incrementar,

Não se deve concluir daí que o Brasil deve abandonar a cultura do trigo, para colocar-se, em relação a um produto de tão primeira necessidade, numa posição de dependência em relação aos países produtores. Pelo contrário, é indispensável ampliar a produção doméstica, de modo a guardar, mediante um conjunto racional de medidas, o equilíbrio entre a produção interna e a importação. Definir essas medidas, guardar uma proporção é o que se deve propor uma política esclarecida do trigo.

Em primeiro lugar, é importante observar que o consumo do trigo ainda e baixo no Brasil, mas apresenta constante incremento. Para ele contribui, não apenas o artifício que tem sido a subvenção cambial dada à importação, graças a uma taxa de favor, que barateia o produto, mas fatores naturais como o aumento da renda por habitante e o processo de urbanização.

Não parece que o aumento da produção nacional necessite ser ativado com o fim de eliminar a importação, mas apenas de mantê-la nos níveis atuais, cobrindo com as nossas próprias lavouras o incremento constante do consumo.

Em segundo lugar, é inegável que o método adotado até aqui para fomentar o trigo nacional está longe de ser satisfatório. O que se tem feito é apenas o estímulo através do preço alto, assegurando ao lavrador ganho de Cr$ 480 por saca, dos quais Cr$ 250 são pagos pelos Moinhos e Cr$ 230 cobertos por subvenção oficial. Desse modo, enquanto a cotação internacional do produto gira em torno de US$ 73 por tonelada, o custo off Rio do produto rio-grandense é de CR$ 9.300 (fob CR$ 7.200).

Essa proteção ao preço estimula por certo a cultura, mas acarreta consequências nocivas. Muitas lavouras se encorajam sob as condições artificiais criadas, em detrimento de outras como a de arroz, e mesmo em detrimento da pecuária. Sobe o aluguel de terras para trigo, evidenciando o efeito inflacionário dos preços, e até se estimula o contrabando da produção uruguaia, que passa sub-repticiamente a fronteira para buscar melhores preços.

A melhor técnica de proteção da triticultura nacional seria, como sempre, a melhoria da produtividade, sobretudo pela oferta de melhor armazenagem e melhor transporte, dois fatores externos que hoje comprometem o bom aproveitamento das safras, baixando-lhes, desse modo, o resultado.

Daí a conveniência de um programa de grande envergadura, que crie para o Rio Grande do Sul não um simples preço alto, pago à custa do Tesouro, e cada vez mais deseducativo, mas uma estrutura de serviços capaz de dar eficiência crescente às lavouras, impelindo-as a um crescimento pautado pela própria dilatação da demanda de trigo no país.

Nessa boa política estavam enquadradas as duas transações que o Banco Nacional de Desenvolvimento Econômico concluiu com o trigo americano, aceitando, como foi dito, um compasso de espera na rápida expansão das nossas lavouras, e carreando uma parte substancial dos recursos obtidos para a solução daqueles dois problemas de base: transporte e armazenamento.

Com parte dos recursos da primeira operação, financiou-se o plano de construção de silos para o trigo do Rio Grande. Com mais de dois bilhões de cruzeiros tirados à segunda, será financiada a construção da "ferrovia do trigo", que ligará Passo Fundo a Porto Alegre, cortando o antieconômico desvio por Santa Maria.

O plano do trigo deve ser um dos capítulos fundamentais da política econômica do país, e é evidente que estamos longe de uma conceituação clara, coerente e estável, como a que as necessidades do país reclamam. Mas a operação do trigo recentemente concluída não está no mau caminho.

Política tarifária - Sexta-feira, 2 de agosto de 1957

Acha-se em fase de discussão final no Senado o Projeto de Reforma da Tarifa das Alfândegas, já anteriormente comentado em editorial do "Jornal do Commercio".

O Substitutivo formulado por uma Comissão Especial da Câmara ao Projeto do Poder Executivo sofreu contínua e grave deterioração ao tramitar pelas Comissões e pelo Plenário daquele órgão legislativo. O Senado não corrigiu, até o momento, nenhum doa vícios que vieram deturpar o projeto original, e, ao contrário, agregou-lhe outros.

O dispositivo que mais sofreu foi o que visava à simplificação do mecanismo cambial. Originalmente, subsistiriam apenas duas das cinco categorias cambiais hoje existentes: uma geral, que incluía matérias primas, equipamentos e outros bens de produção, bem como artigos de consumo essencial, não produzidos satisfatoriamente no país; e outra, especial, compreendendo os artigos de consumo restrito ou já satisfatoriamente supridos pelo mercado interno. Desaparecia, assim, o artificio do "custo de câmbio" e das taxas de favor que tantas distorções vêm determinando em nossa economia. Essas taxas de privilégio disfarçam, na verdade, os custos reais da importação, permitindo a implantação ou a manutenção de atividades antieconômicas. Dão, além disso, ilegítimo incentivo a compras no exterior por parte do Governo e das autarquias. Não raro, impedem a expansão da indústria nacional, que não pode concorrer com a estrangeira, se os produtos desta são importados a taxas cambiais que lhe asseguram verdadeira subvenção com o correlato desestimulo à produção local.

Em sua tramitação pela Câmara, o artigo 50. que eliminava as taxas de favor, foi crivado de numerosas exceções, que restabeleceram o sistema de taxas múltiplas. Novas emendas no Senado parecem ter aberto outras brechas, retardando assim, por tempo indefinido, a consecução do saudável objetivo da simplificação cambial.

Em sua forma atual, o artigo 50 da Lei de Tarifas não encerra apenas um erro econômico. Contém também grotesco ilogismo. É que, enquanto no corpo do artigo se estabelece o princípio genérico de que nenhum produto poderá ser importado a taxa cambial inferior à da categoria geral, o seu parágrafo primeiro abre exceções que, em conjunto, representam 75% do nosso comércio de importação. O câmbio da categoria geral, que constitui a regra, abrange, assim, um quarto do comércio exterior e as taxas de favor, que representam a exceção, compreendem três quartos desse mesmo comércio.

Os argumentos em que se fundou essa estranha subversão do propósito simplificador da Lei de Tarifas refletem, em alguns casos, uma errada doutrina econômica, em outros a pura e simples pressão de interesses de grupos. Grande parte da responsabilidade cabe à chamada "Ala Moça" do PSD, que transformou um problema de técnica cambial numa questão política, procurando, com lamentável desconhecimento, quer da doutrina, quer da prática do desenvolvimento econômico, fazer crer que sem o auxílio de muletas cambiais o nosso processo de industrialização entraria em colapso, a assim abriu a porta às reivindicações de interessados.

Ora, conforme demonstrou recente estudo do Fundo Monetário Internacional, comentado pelo "Jornal do Commercio" em editorial anterior, a experiência do desenvolvimento latino-americano tem revelado que os países de mais rápido desenvolvimento e industrialização são exatamente os que abandonaram o recurso a taxas múltiplas de câmbio.

A falácia da vinculação entre taxas de favor e industrialização é, aliás, confessada implicitamente nos próprios parágrafos do atual artigo 50 da Lei de Tarifas, onde, para corrigir os efeitos maléficos do privilégio cambial, se estabelece um complicado mecanismo de subvenção aos produtores locais por ele prejudicados. O Projeto de Lei golpeia com a mão direita a indústria nacional, dando uma vantagem competitiva ao produto importado, e com a mão esquerda o encoraja, através da subvenção!

Ainda no capítulo das taxas cambiais de favor, encerra o projeto outro erro grave. Estabelece uma taxa de câmbio favorável para o pagamento de juros e amortizações de empréstimos, créditos e financiamentos estrangeiros, ao mesmo tempo que ignora o problema da remuneração, através de dividendos, dos capitais investidos nos serviços de utilidade pública, cujas tarifas são, aliás, controladas pelo Estado. O resultado desse dispositivo discriminatório é que as empresas dispostas a assumir o risco de aplicar recursos a título de capital em eletricidade e transporte deixarão de fazê-lo, convertendo esse capital em financiamentos, para se beneficiarem das taxas cambiais de favor. Ao invés, portanto, de termos um ingresso de capital de risco sem compromisso fixo de pagamento no exterior, passaremos a obter unicamente empréstimos, que representam um encargo rígido e inapelável sobre o balanço de pagamentos.

Punimos os que arriscam seu capital e premiamos os que exigem garantia do retorno.

Outro grave defeito do atual Projeto de Lei é a indeterminação do chamado "custo de câmbio", taxa pela qual serão conduzidas as importações privilegiadas. Como se sabe, graças a fraudes toleradas como o subfaturamento do café, e a subvenções especiais concedidas pela CACEX a determinados produtos de exportação, o chamado "custo de câmbio" tornou-se um cálculo aritmético destituído de qualquer realismo. Esse irrealismo é agora consagrado em texto legal, ao definir-se o "custo de câmbio" como a média ponderada das "bonificações" pagas aos exportadores, mais a taxa resultante da paridade declarada ao Fundo Monetário Internacional. Ora, os exportadores de café, além da bonificação da primeira categoria de exportação, vão também receber prêmios ajustados à qualidade do produto exportado; esses prêmios representam apreciável parcela do custo real de câmbio, mas passa a ser questão duvidosa se estariam tecnicamente incluídos na definição acima citada, para serem recuperados dos importadores beneficiados com taxas de favor.

Não são esses os únicos defeitos incorporados a um texto, cuja aprovação representaria, e de certo ainda representa, notável passo à frente na correção dos desvios sofridos pela economia brasileira. Em editorial ulterior analisaremos outros, cuja abolição, num futuro próximo, deve passar a ser o alvo imediato da política comercial do país.

Reforma tarifária – Segunda e terça-feira, 6 e 7 de maio de 1957

O "Jornal do Commercio" publicou, em sua edição do último domingo, excertos do parecer com que a Comissão Mista da Câmara apresentou um Substitutivo ao Projeto de Reforma Tarifária, anteriormente elaborado pelo Executivo. Merece encômios o trabalho dessa Comissão, que se compõe de representantes das Comissões de Economia e Finanças, e assumiu, até certo ponto, caráter interpartidário.

Valendo-se da cooperação de assessores do Poder Executivo, produziu um trabalho sério, que virá, se aprovado em tempo útil pela Câmara e pelo Senado, para satisfação de todos aqueles que desejam o fortalecimento das instituições, desmentir o receio, até hoje bem fundado, de que atos legislativos de grande complexidade técnica, como a Tarifa Aduaneira, os Códigos referentes a setores especializados, como o de Águas ou de Minas, não possam ser formulados senão através de delegação de poderes do Legislativo ao Executivo.

A tensão relativamente pequena despertada pela apresentação do Substitutivo e por sua aprovação nas Comissões de Economia e de Finanças da Câmara indica o quanto a tarifa, por se ter tornado obsoleta, perdeu sentido na vida econômica brasileira. Esse relativo desinteresse filia-se a dois fatores: de um lado, o declínio da atividade de importação, proporcionalmente ao crescimento da renda nacional; de outro, a quase anulação da tarifa como instrumento fiscal ou protecionista, pois que, formulada em termos específicos, isto é, com taxas fixas em cruzeiros, aplicáveis à quantidade e volume de mercadorias, em vez de variável "ad valorem", passou a representar parcela insignificante do custo total das mercadorias, à medida que a inflação no interior e no exterior do país fazia subir os respectivos preços. Excluído o imposto sobre combustíveis, os tributos sobre a importação deixaram de somar parcelas significativas da receita federal e passaram a representar hoje menos de 3% dessa receita.

Por outro lado, o valor médio do imposto, comparativamente ao custo do produto importado, declinou de 37%, em 1932, para 3 ½% em 1955.

Nem por isso, entretanto, seria legítima a inferência de que a indústria nacional tenha ficado desprotegida, ou que tenha o Governo completamente abdicado da tributação da importação. É que entraram em operação mecanismos substitutivos de desarmamento tarifário, em muito casos inadequados a essa tarefa e por isso criadores de desajustamentos e distorções.

Antes do regime da Instrução nº 701, que criou os leilões cambiais, a proteção à indústria nacional era dada pelas licenças e quotas de importação fixadas pela CEXIM. Além do perigo constante e inevitável de corrupção, inerente a todo sistema de restrições quantitativas e de seleção "ad personam", tinha ele o defeito de nada fazer para conter a procura de importações, pois, à taxa oficial de câmbio, extremamente valorizada em relação aos preços internos, a procura de importações tendia a exacerbar-se, sendo apenas represada, e não diminuída, pela barreira burocrática das quotas de importação.

O sistema da Instrução nº 70, posto em vigor pelo sr. Oswaldo Aranha, quando Ministro da Fazenda, contribuiu sem dúvida para restaurar a operação do mecanismo de preços, visto que todo acréscimo na procura de importações passou a provocar uma elevação dos ágios e a exercer, assim, um efeito corretivo sistemático. A receita dos ágios, por outro lado, compensou amplamente o declínio da receita fiscal, fazendo convergir para o Tesouro a valorização que se acumulava nas mãos dos importadores, e deles fazia, até então, os beneficiários diretos da inflação.

A aprovação da nova Tarifa das Alfândegas que se espera do congresso nas próximas semanas, constituirá mais um passo na restauração do mecanismo de preços, iniciada com a Instrução nº 70, e deslocará do sistema cambial para a tarifa a função de proteção à indústria nacional, que é mais própria desta última.

Utilizar a taxa cambial como instrumento de proteção é complicar desnecessariamente o sistema cambial e viciar-lhe a função, que é simplesmente a de equilibrar a procura e a oferta de moeda estrangeira. A função protecionista exige um certo grau de estabilidade, que não pode ser dada pela taxa de câmbio. Exige ainda grande diferenciação entre produtos em diversos estágios de elaboração, objetivo inatingível através de categorias cambiais, que forçosamente englobam produtos extremamente heterogêneos. Finalmente, a necessidade de exercer a proteção através de sistema de câmbio tende a criar taxas artificiais para a importação, tornando estanques os mercados cambiais de exportação e importação, que normalmente se deveriam comportar como vasos comunicantes.

O Projeto de Reforma das Tarifas pode ser, assim, considerado um passo positivo no caminho do saneamento econômico, cujo mérito principal cabe ao Congresso, e é de esperar que a ele se venham juntar novas medidas inspiradas pelos mesmos critérios, para debelar o artificialismo sob que se desgasta a economia do país.

Reforma tarifária - Quarta-feira, 8 de maio de 1957

A maior significação da Reforma Tarifária, que se acha em elaboração legislativa, é a volta a um mecanismo natural nas relações econômicas, ainda inteiramente desfiguradas pela intervenção excessiva do Poder Público.

Nenhum país pode viver nos quadros da economia de livre empresa sem o respeito das condições inerentes ao seu funcionamento. É certo que o grau mais elevado de liberalismo, hoje admissível, ainda pressupõe um número elevado de controles estatais, sobretudo fiscais e monetários, mas uma boa administração se reconhece na adoção de medidas simples, que não prejudicam a ação seletiva das leis econômicas, e permitem a observação das reações naturais, imprimindo-lhes o menor número possível de distorções involuntárias.

Na Reforma Tarifária temos a observar, em primeiro lugar, a transformação do sistema de direitos específicos em direitos "ad valorem". É esse o meio adequado de restituir vitalidade a um tributo, que perdera a significação fiscal e a função econômica. Em segundo lugar, a depuração do papel do câmbio, que até aqui foi o invólucro das medidas protecionistas, e a fonte mais anormal e deletéria dos favores oficiai disfarçados.

Através das taxas especiais e dos ágios arbitrados, deram-se subvenções consideráveis a indústrias e a atividades comerciais, que passaram a prosperar graças à transferência, imperceptível para o público, de uma boa parcela dos seus custos para o Erário ou para o resto da população.

É sabido que o Brasil tem hoje uma propensão à importação, que excede de muito as nossas disponibilidades em moeda estrangeira. Essa procura de artigos de importação, desde os mais caros aos mais corriqueiros, provém, em parte, do excesso de meios de progresso acumulado em certas classes sociais pelo processo inflacionários, mas também da política cambial, seguida desde a II Guerra, que a princípio assegurava aos importadores, por ela selecionados através da CEXIM, uma taxa de câmbio extremamente favorável, e mais tarde, após o advento da Instrução 70, ainda contemplava alguns com regalias cambiais.

Todo esse sistema, que oculta os custos reais de cada importador ou produtor, desaparecerá com a Reforma Tarifária, ao mesmo tempo que se estimula a produção nacional capaz de fazer concorrência aos produtos importados.

Outra vantagem sensível do novo sistema é o prestígio da realidade orçamentária, pois a receita dos ágios de câmbio vai converter-se, graças a ele, na sua parte principal, em receita tributária, acolhendo-se aos rendimentos normais da União.

Nenhuma vantagem pode existir em sonegar-se ao Fisco tão importante receita para dar-lhe o tratamento menos fiscalizado e muito mais perigoso, de simples conta bancária de ágios. As finanças de um país involuem e se deterioram, quando parte de suas rendas escapa, por força de qualquer ficção jurídica, no império do orçamento.

Outra importante vantagem da reforma reside na faculdade concedida ao Conselho de tarifa aduaneira de fazer variar a tarifa entre limites máximo e mínimo estipulados.

Essa solução impunha-se como uma cautela necessária a corrigir nossa inexperiência no terreno dos controles tarifários, substituídos durante tantos anos por controles cambiais. Por isso, urgia uma fórmula de certa mobilidade, que permitisse obviar os inconvenientes de uma rígida fixação tarifária, onde nos faltam dados de experiência. A flexibilidade, dentro de limites, responde a tal necessidade.

Ao lado de tais vantagens, o projeto encerra inconvenientes, o maior dos quais reside na indeterminação de uma política de câmbio racional. Ao invés de marchar para um sistema normal, como seria o de adoção da tarifa como processo de política protecionista e de receita fiscal, deixando a taxa cambial como meio de equilíbrio entre a oferta e a procura de moedas estrangeiras, o projeto, além da tarifa com sua função de proteção e de fornecer receita, mantém como sistema de câmbio uma taxa oficial e um ágio, este como fator de correção da taxa cambial. A solução, assim, carece de nitidez, o que seria a principal vantagem de uma adequada reforma tarifária. Continuará, de acordo com o projeto, a taxa cambial de importação desarticulada da exportação, aquela refletindo as pressões do mercado, enquanto que esta continuará entregue ao arbítrio administrativo.

Como se vê, hesita a reforma em adotar uma política de câmbio racional, mantendo os inconvenientes do atual sistema, o que não deixará de refletir-se na execução da reforma projetada.

É ainda a necessidade de raciocinar dentro do atual sistema híbrido de câmbio o que levou o projeto a adotar uma medida que equivale a uma verdadeira delegação de poderes ao executivo – a concessão a este da faculdade de distribuir entre duas categorias os produtos de importação: uma categoria geral que funde os atuais produtos considerados essenciais, os quais ficarão isentos de licença; e uma categoria especial abrangente dos produtos classificados pelos economistas como "procura irracional", isto é, os indiscutivelmente supérfluos.

Com a atribuição de tal faculdade ao executivo, corre o sistema o risco de possibilitar arbítrio e favoritismo governamentais, perdendo o regime de tarifas uma de suas vantagens precípuas, como seja a da objetividade de sua fixação.

A importância para a vida da Nação, na atual fase de um desenvolvimento econômico, da Reforma Tarifária obriga a colaboração de todos em seu aperfeiçoamento.

Voltaremos, por isso, a examinar o projeto, com o intuito de prestar ao Legislativo nossa colaboração para tão essencial reforma.

109

Temas econômicos e sociais internos

Balanço do BB - Quarta-feira, 29 de janeiro de 1958

O balanço do Banco do Brasil S.A., encerrado em 31 de dezembro de 1957 e agora publicado, é um documento no qual se contém interessantes informações para todos os observadores atentos da conjuntura econômico-financeira. Exercendo, simultaneamente, funções específicas de um Banco Central e operações próprias de um banco comercial, tão amplo é o campo de ação do nosso principal estabelecimento de crédito que o balanço de suas contas é sempre um índice expressivo da economia e das finanças nacionais.

A mais importante função do Banco do Brasil é hoje, sem dúvida, a de banqueiro e agente financeiro da União, bem como de seu delegado para exercer determinadas atribuições de caráter governamental. Daí a estreita ligação entre o Governo Federal e o Banco, o que dá a este último o caráter de verdadeiro serviço público, apesar de sua estrutura como pessoa jurídica de direito privado.

A leitura do último balanço do Banco do Brasil desperta logo a atenção para o vulto dos empréstimos em conta feitos pela Carteira de Crédito Geral a entidades públicas cujo saldo se elevava, em 31 de dezembro do ano passado, a mais de 99 bilhões de cruzeiros. Se considerarmos que, ao se encerrar o ano de 1956, o referido saldo atingia a pouco mais de 60 bilhões, vemos ter havido grande aumento nos créditos concedidos ao setor público da economia, durante o ano de 1957.

A União era devedora ao Banco, em 31 de dezembro último, de mais de 81.061 milhões de cruzeiros contra 42.227 milhões em 31 de dezembro de 1956. Mostrando-se reduzidos no último balanço os saldos dos débitos dos Estados e Municípios provenientes de empréstimos em conta, forçosa é a conclusão de que da expansão de crédito verificada beneficiou-se tão somente o Governo Federal. A causa desse fato reside, sem dúvida, no volume crescente das despesas federais e no elevado "déficit" da execução orçamentária, coberto através de adiantamentos do Banco do Brasil ao Tesouro Nacional. Esses adiantamentos constituem a causa principal, embora não seja a única, da grande ampliação do meio circulante verificada no último exercício, através da emissão de papel-moeda pela Carteira de Redescontos. Uma posterior encampação dessa emissão pelo Tesouro Nacional, mediante autorização legislativa, determinará redução equivalente no débito da União para com o Banco.

Mais uma vez se comprova estar o saneamento financeiro do país indissoluvelmente ligado ao equilíbrio do orçamento federal, através da contenção das despesas correntes dentro dos limites da receita arrecadada e do financiamento dos investimentos federais mediante empréstimos obtidos do público.

O balanço do Banco do Brasil demonstra não ter havido redução nos empréstimos ao setor privado da economia, mas a expansão do crédito às atividades privadas foi bem menor que a verificada no setor público.

O saldo dos empréstimos em conta, feitos pela Carteira de Crédito Geral aos bancos privados, ao comércio, à indústria, à lavoura, à pecuária e a particulares, atingia a 39.388 milhões de cruzeiros em 31 de dezembro de 57 contra 35.679 milhões na mesma data, no ano de 1956.

O saldo dos empréstimos em conta, feitos pela Carteira de Crédito Agrícola e Industrial, que atingia 26.712 milhões em 31 de dezembro de 1956, elevou-se a 34.328 milhões no encerramento do exercício de 1957. Quanto aos empréstimos em títulos descontados, o saldo de 15.704 milhões apurados no encerramento do ano de 1956 elevou-se a 25.574 milhões em 31 de dezembro último tendo a ampliação de créditos sob essa modalidade beneficiado apenas o setor privado verificando-se um pequeno decréscimo no desconto de títulos de entidades governamentais.

Foram, portanto, alcançados os objetivos da política governamental de contenção do crédito ao setor privado da economia, dentro dos limites exigidos pelo aumento da produção nacional e do volume de negócios. Se resultados idênticos tivessem sido atingidos no financiamento das atividades do setor público poder-se-ia considerar como coroada de êxito a política anti-inflacionária do Governo.

Não é correto examinar apenas os débitos do setor público para com o Banco do Brasil sem cotejá-los com os seus créditos e disponibilidades no mesmo estabelecimento. As operações de câmbio, à ordem do Tesouro Nacional, apresentavam em 31 de dezembro último um saldo de 11.742 milhões em favor do mesmo Tesouro, igualmente credor, naquela data, de 46.941 milhões provenientes de depósitos à vista e a curto prazo. Atingiam ao total de 4.065 milhões o saldo credor dos governos estaduais e municipais e de outras entidades públicas, resultantes de depósitos da mesma natureza.

Esses depósitos do Tesouro, entre os quais se destacam os provenientes de certos fundos como o de pavimentação de estradas de rodagem, modernização e recuperação da lavoura nacional, para atender a eventuais diferenças de câmbio, recuperação da lavoura cacaueira e amparo à lavoura cafeeira constituem poderosa massa de manobra financeira nas relações entre o Tesouro e o Banco do Brasil. Reforçando as disponibilidades de Caixa do Banco permitem-lhe atender a parte das requisições de numerário feitas pelo Tesouro, sem necessidade de recurso às emissões da Carteira de Redescontos.

Não fossem esses fundos e mais intenso teria sido o efeito inflacionário do "déficit" verificado na execução orçamentária. Todavia, como não constituem eles receita orçamentária, mas têm destinação expressa prevista nas leis que os instituíram, sua utilização pelo Tesouro determina um aumento da dívida flutuante, dado o seu caráter de resíduos passivos de exigibilidade a curto prazo.

De grande vulto é, também, o saldo dos depósitos mantidos pelas autarquias no Banco do Brasil, o qual registrava um valor de 36.717 milhões de cruzeiros em 31 de dezembro do ano findo. Somente os depósitos à ordem da Superintendência da Moeda e do Crédito acusavam o elevado saldo de 17.804 milhões de cruzeiros.

Esta análise sucinta do último balanço do Banco do Brasil, demonstra o enorme volume das operações a cargo desse estabelecimento de crédito o que lhe permitiu, no período de um semestre, a percepção de quase 8 bilhões de cruzeiros de receitas, possibilitando a distribuição, aos seus acionistas, do dividendo máximo estatutário de 20%.

Demonstra, ainda e acima de tudo, a rápida e forte ampliação do setor público, decorrente de crescente expansão das atividades governamentais, para as quais vê-se o Banco do Brasil obrigado a canalizar a maior parcela de seus recursos e de suas disponibilidades.

COFAP - Quinta-feira, 25 de julho de 1957

A aproximação do término do prazo fixado em lei para a manutenção da Comissão Federal de Abastecimento e Preços vai colocar em pauta a alternativa da prorrogação ou encerramento das atividades desse discutido órgão da administração.

Durante a última guerra, a escassez de generos de alimentação e de outros produtos de uso civil, em consequência das dificuldades do comércio internacional e da mobilização dos fatores de produção para atender às necessidades militares, determinou a criação, nos países beligerantes e neutros, de organismos especiais de controle incumbidos de pôr em execução os esquemas de racionamento e de tabelamento de preços impostos pelas circunstâncias. Entre nós, a Coordenação da Mobilização Econômica foi criada com a finalidade precípua de evitar que uma procura descontrolada, face a uma oferta comprimida de mercadorias e serviços, provocasse uma inflação galopante e uma alta irrefreável dos preços.

Cessado o conflito, à proporção que o tráfico internacional era restabelecido e as atividades produtoras eram desmobilizadas, o mercado voltava à normalidade e a oferta de produtos essenciais se ajustava novamente às necessidades do consumo. Em consequência, foram sendo suprimidos nos diversos países os citados organismos de controle e simultaneamente revogadas as restrições cuja execução lhes fora confiada.

Entre nós, porém, dada a ausência, no pós-guerra, de uma política sistemática e continuada de combate à inflação, não foram contidas a desvalorização da moeda e a alta incessante dos preços. Incapaz de dominar as causas da inflação, passou o Governo a tentar eliminar ou minorar os seus efeitos. Embora extinta a Coordenação da Mobilização Econômica, surgiram em sua substituição outros órgãos da mesma natureza, até a criação da atual COFAP, com sua complexa e custosa aparelhagem central e seus satélites estaduais e municipais, tudo isto a pesar substancialmente no depauperado Orçamento da União.

Como era de se esperar, a COFAP não conseguiu dar cumprimento à missão que lhe foi confiada. Os preços continuaram em ascensão, limitando-se o órgão governamental a homologar as majorações verificadas, resultantes de causas inteiramente fora de seu controle. Se o órgão resistia em concordar com tais majorações o resultado era sempre o mesmo, o produto era transferido para o mercado negro ou desaparecia da circulação.

Fosse a COFAP uma organização modelar, integrada por técnicos do maior valor e de indiscutível reputação, e os resultados alcançados não teriam sido melhores. Com efeito, como pretender que possa estipular preços justos e adequados para produtos agrícolas, industriais e matérias-primas, um órgão sediado na Capital da República, alheio às condições econômicas regionais e locais as mais diferentes e sem autoridade legal para influir no volume de crédito bancário, na fixação da taxa de juros, nas taxas de câmbio, no nível dos salários e em todo o complexo de fatores que influi na formação final dos preços?

Diante da experiência acumulada a solução que se impõe é o fechamento da COPAP e de suas subsidiárias e o encerramento de suas atividades no prazo fixado pela lei. Prorrogar a vida da entidade será um erro e um desperdício de recursos e a manutenção de um doa órgãos da administração mais desprestigiados perante a opinião pública.

Evidentemente, a extinção da COFAP não significará que o Governo vai se desinteressar pelos problemas de abastecimento e preços, tão intimamente ligados ao bem-estar da coletividade. Deverá mesmo conduzir tal extinção a uma mudança de atitude e de política, consistente em se procurar enfrentar as causas reais de problemas que afligem tão intensamente a população.

No setor do abastecimento cumpre distinguir as medidas de largo alcance, a cargo do Governo Federal, das providências de cunho nitidamente local, responsabilidade das autoridades municipais. A estas últimas compete a construção de mercados, postos de abastecimento, feiras etc., capazes de propiciar ao consumidor melhor acesso a produtores e distribuidores e maiores facilidades de aquisição. No âmbito federal cabe, evidentemente, ao Ministério da Agricultura a maior soma de responsabilidade na promoção de condições favoráveis ao aumento da produção de artigos de alimentação.

Infelizmente, esse Ministério, que deveria desfrutar de situação privilegiada em nossa estrutura administrativa, vem sendo relegado a um plano secundário. A escassez de recursos orçamentários, a pobreza de seus quadros técnicos e a entrega da respectiva direção aos azares das indicações partidárias, vem anulando inteiramente a eficiência do Ministério da Agricultura.

Quanto à política de preços será ela uma consequência, não só da melhoria das condições de abastecimento como, principalmente, do êxito de uma política eficiente de combate à inflação. Enquanto a inflação aumentar os custos de produção e impulsionar a demanda, estarão fadadas ao fracasso quaisquer medidas artificiais no sentido da baixa dos preços.

Tudo aconselha, portanto, que não se prolongue a existência da COFAP, decisão esta que merecerá o aplauso de todas as camadas da população, de há muito convencida da inutilidade e ineficiência de suas deliberações. Mesmo que a supressão do órgão provoque, de início, a alta de alguns preços artificialmente contidos, a reação das forças do mercado determinará, em breve tempo, como equilíbrio da oferta e da procura a manutenção dos preços em nível adequado. Essa medida consistirá, por outra parte, em seguro estímulo ao produtor que, sentindo-se a coberto da decisões intempestivas e perturbadoras, dedicar-se-á com maior entusiasmo ao seu trabalho.

COFAP – Segunda e terça-feira, 2 e 3 de dezembro de 1957

A prorrogação, até o fim do corrente mês, da atual sessão legislativa tem como um de seus objetivou a aprovação, em tempo hábil, do projeto de lei de iniciativa do Executivo estendendo a existência da Comissão Federal de Abastecimento e Preços. Apesar da comprovada incapacidade desse órgão governamental para deter a elevação do preço das utilidades insiste-se na sua permanência e na manutenção da política por ele representada.

Dois grupos de funções foram atribuídos ao organismo cuja sobrevivência é proposta: assegurar o abastecimento de produtos de primeira necessidade aos centros urbanos e impedir altas de preços de certas mercadorias e serviços considerados essenciais.

Verificada a ineficiência da COFAP como órgão responsável pelo abastecimento, ineficiência que independe dos atributos pessoais de quem quer que a dirija, criou-se há algum tempo o Conselho Coordenador do Abastecimento, como órgão diretamente subordinado à Presidência da República. Não era, aliás, de esperar que pudesse a COFAP executar, com êxito os encargos a ela conferidos nesse setor, por lhe faltarem os meios e a autoridade necessários. Não será uma repartição localizada no Distrito Federal, integrada por pessoas muitas vezes desconhecedoras dos problemas ligados à produção e à circulação e sem autoridade legal para ditar ordens aos próprios serviços governamentais que interferem na vida econômica do país, que irá garantir um suprimento regular de mercadorias às populações dos centros urbanos.

Não tendo poderes para regular o crédito e distribuí-lo pelos diversos setores da produção, como pode pretender a COFAP influir no volume da oferta de mercadorias para atender às necessidades do consumo? De outro lado, falta-lhe autoridade legal para estabelecer escalas de prioridade e tarifas adequadas para os meios de transporte, a fim de serem usados convenientemente em ocasiões de escassez de certos produtos visando trazer ao mercado consumidor os artigos em falta. Finalmente, onde está a rede de silos, armazéns reguladores e frigoríficos capaz de permitir à COFAP a estocagem, em épocas de abundância, para o escoamento no período de entressafra?

Privada de meios e de autoridade, que caso lhe fossem conferidos a transformariam em um superministério e uma colossal e dispendiosa máquina burocrática, limita-se a Comissão a esporádicas e infelizes incursões no mercado, a fim de exercer algumas poucas operações mercantis para as quais não está aparelhada e habilitada, delas resultando, quase sempre, vultosos prejuízos levados a débito do Tesouro Nacional, além de perturbações no comércio normal.

No setor do controle dos preços, o defeito visceral e irremovível da CO-FAP reside na missão a ela conferida de corrigir efeitos sem poder influir nas causas. Impotente para exercer qualquer controle sobre os fatores determinantes dos custos de produção, não influindo nos níveis de salários, na taxa de juros e no preço das matérias primas, como pretender que a COFAP possa fixar preços justos para as mercadorias em seu estágio final ou por ocasião da venda ao consumidor? Daí a sua habitual e melancólica atuação como simples homologadora das altas de preços, pois, se contra elas pretende se insurgir, enfrenta logo a dupla reação, contra a qual se mostra impotente, do desaparecimento do produto do mercado e da pressão política dos grupos poderosos interessados no preço alto sob pretexto de amparo à produção.

Já é tempo de se convencerem os nossos homens públicos, diante da verdade irretorquivel dos fatos, de que reside na livre concorrência, garantida e estimulada pelo Estado, o maior incentivo ao produtor e a melhor defesa do consumidor. Cabe ao Governo, em um regime econômico como o nosso, baseado na livre iniciativa, a criação de um ambiente propicio às iniciativas e ao trabalho, através da utilização dos poderosos instrumentos do crédito seletivo e da assistência técnica às atividades produtoras. Acima de tudo, espera-se do Estado uma política fiscal e monetária sadia, capaz de impedir as bruscas flutuações do poder aquisitivo da moeda, as quais tornam imperiosos os reajustamentos periódicos de preços. Enquanto não forem detidas as emissões monetárias decorrentes da cobertura dos "déficits" orçamentários, enquanto perdurarem os aumentos periódicos de salários, e novas agravações da pressão tributária forem decretadas, os aumentos dos preços das mercadorias e serviços se sucederão, como consequência incoercível da elevação dos custos de produção. Contra tais aumentos de preços serão impotentes as tabelas da COFAP, das quais somente poderá resultar o desaparecimento temporário de certos produtos do mercado.

Os órgãos de controle direto do abastecimento e dos preços só se justificam em épocas anormais como a de guerra, quando a utilização de parte substanciai dos fatores de produção no fabrico de armas e equipamentos militares, ou na produção de matérias primas para as indústrias de guerra, reduz drasticamente a oferta de produtos para o consumo da população civil. Diminuída a oferta e mantida a procura nos mesmos níveis, vê-se o Estado obrigado a racionar as mercadorias escassas e a tabelar os respectivos preços, a fim de evitar a anarquia do mercado, a ação dos especuladores e o sacrifício das classes menos afortunadas.

Em tempo de paz, todavia, o ajuste entre a oferta e a procura se realiza livremente no mercado e os preços se fixam com base nas negociações entre produtores e compradores. Entre nós, as condições do abastecimento já estariam normalizadas há muito tempo e os preços já se teriam estabilizado se não fosse a interferência perturbadora do Estado.

Acresce que o Governo nem ao menos pode constituir, nas mãos da COFAP ou de outro órgão regulador, massas de produtos com que enfrente as pressões altistas dos interessados, porque estes se articulam em grupos regionais, politicamente poderosos, que se encobrem atrás de sindicatos, cooperativas, ou organismos semelhantes, para contra-atacar com vantagem os órgãos perturbadores e ineficazes da ação governamental.

A massa dos consumidores, embora desconhecendo os refinamentos da teoria econômica, já se convenceu há muito, através de longa experiência, da total ineficiência dos órgãos de controle do abastecimento e dos preços em cuja permanência se insiste. Os verdadeiros produtores, por sua vez, neles encontram unicamente organismos perturbadores das suas atividades e mais um entrave burocrático à livre circulação dos produtos.

A extinção pura e simples da COFAP, ao terminar o prazo fixado em lei para sua vigência, seria medida acolhida com aplausos generalizados em todos os setores da população.

Combate à inflação - Quinta-feira, 28 de março de 1957

Em entrevista ontem concedida ao "Jornal do Commercio", o Sr. Antoine Pinay, com sua autoridade de antigo Presidente do Conselho de Ministros da República Francesa e também com a de financista justamente reputado pelo êxito da política anti-inflacionária que desenvolveu no seu período de governo, mostrou que o combate à inflação é improdutivo se as medidas governamentais não se dirigem simultaneamente à restrição seletiva do crédito privado e à compressão das despesas públicas, especialmente as improdutivas.

É fácil compreender o papel do crédito privado na propagação e fomento ao processo inflacionário. Se o crédito é dispensado a consumidores, este lhes aumenta os meios de disputarem as mercadorias existentes em quantidade limitada, e o resultado não pode deixar de ser a propensão à alta dos preços. Se o crédito é proporcionado a iniciativas novas, este faz com que sejam mais severamente disputados, no mercado interno, os bens de produção e as disponibilidades de mão-de-obra, que nem por isso aumentam em quantidade, e, portanto, se deslocarão do lugar onde estiverem empregadas para atender ao apelo de quem apareça oferecendo maior salário ou maior preço. Se o crédito é dado a negócios já existentes, muitas vezes serve para financiar os estoques nos armazéns e nas prateleiras, desfavorecendo a possível tendência para uma intensificação de vendas, mediante rebaixa de preços.

Por isso são muito justificadas as medidas de um Governo cerceadoras do crédito bancário, com a finalidade de luta contra a inflação. Essas medidas serão, porém, não apenas improfícuas, mas contraproducentes, se o Governo não for capaz de comprimir com rigor proporcional as suas próprias despesas. De fato, que sucede hoje no Brasil, no tocante à restrição de créditos aos particulares, e à compressão das despesas públicas?

O sistema de crédito privado, com o recolhimento obrigatório de depósitos bancários à SUMOC, fica impossibilitado de atender as necessidades de financiamento, mesmo as mais legitimas, da indústria e do comércio, que, com a alta geral doa preços, sempre necessitam de créditos maiores para manter o mesmo volume físico de negócios. Comprimem-se desse modo os negócios privados e as importâncias entregues à SUMOC são recolhidas à caixa geral do Banco do Brasil, que com elas vai incrementar a massa de recursos destinada ao financiamento das despesas públicas.

Essas despesas públicas, como é fácil verificar pelo exame dos balanços do Banco do Brasil e pela execução do Orçamento, longe de sofrerem cerceamento, não fazem senão crescer. De sorte que a política de restrição de crédito do Governo se resume em transferir recursos do setor privado para o setor público, sem conseguir exercer qualquer contenção efetiva dos preços.

As palavras do Presidente Pinay devem gozar do maior crédito junto ao Sr. Presidente da República, que o convidou a visitar o nosso país, e junto ao Sr. Ministro da Fazenda. O comércio do Rio de Janeiro e de São Paulo, que reclama contra as restrições por vezes drásticas do crédito bancário, encontrou nas palavras daquele grande economista um apoio digno de toda atenção, pois é certo que a luta contra a inflação autoriza o Governo a exigir das classes produtoras os maiores sacrifícios, contanto que esses sacrifícios não estejam sendo inutilizados por se gastar exageradamente de um lado tudo que se economiza com tanta severidade do outro.

Combate à inflação - Quinta-feira, 28 de março de 1957

Em entrevista ontem concedida ao "Jornal do Commercio", o Sr. Antoine Pinay, com sua autoridade de antigo Presidente do Conselho de Ministros da República Francesa e também com a de financista justamente reputado pelo êxito da política anti-inflacionária que desenvolveu no seu período de governo, mostrou que o combate à inflação é improdutivo se as medidas governamentais não se dirigem simultaneamente à restrição seletiva do crédito privado e à compressão das despesas públicas, especialmente as improdutivas.

É fácil compreender o papel do crédito privado na propagação e fomento ao processo inflacionário. Se o crédito é dispensado a consumidores, este lhes aumenta os meios de disputarem as mercadorias existentes em quantidade limitada, e o resultado não pode deixar de ser a propensão à alta dos preços. Se o crédito é proporcionado a iniciativas novas, este faz com que sejam mais severamente disputados, no mercado interno, os bens de produção e as disponibilidades de mão-de-obra, que nem por isso aumentam em quantidade, e, portanto, se deslocarão do lugar onde estiverem empregadas para atender ao apelo de quem apareça oferecendo maior salário ou maior preço. Se o crédito é dado a negócios já existentes, muitas vezes serve para financiar os estoques nos armazéns e nas prateleiras, desfavorecendo a possível tendência para uma intensificação de vendas, mediante rebaixa de preços.

Por isso são muito justificadas as medidas de um Governo cerceadoras do crédito bancário, com a finalidade de luta contra a inflação. Essas medidas serão, porém, não apenas improfícuas, mas contraproducentes, se o Governo não for capaz de comprimir com rigor proporcional as suas próprias despesas. De fato, que sucede hoje no Brasil, no tocante à restrição de créditos aos particulares, e à compressão das despesas públicas?

O sistema de crédito privado, com o recolhimento obrigatório de depósitos bancários à SUMOC, fica impossibilitado de atender as necessidades de financiamento, mesmo as mais legitimas, da indústria e do comércio, que, com a alta geral doa preços, sempre necessitam de créditos maiores para manter o mesmo volume físico de negócios. Comprimem-se desse modo os negócios privados e as importâncias entregues à SUMOC são recolhidas à caixa geral do Banco do Brasil, que com elas vai incrementar a massa de recursos destinada ao financiamento das despesas públicas.

Essas despesas públicas, como é fácil verificar pelo exame dos balanços do Banco do Brasil e pela execução do Orçamento, longe de sofrerem cerceamento, não fazem senão crescer. De sorte que a política de restrição de crédito do Governo se resume em transferir recursos do setor privado para o setor público, sem conseguir exercer qualquer contenção efetiva dos preços.

As palavras do Presidente Pinay devem gozar do maior crédito junto ao Sr. Presidente da República, que o convidou a visitar o nosso país, e junto ao Sr. Ministro da Fazenda. O comércio do Rio de Janeiro e de São Paulo, que reclama contra as restrições por vezes drásticas do crédito bancário, encontrou nas palavras daquele grande economista um apoio digno de toda atenção, pois é certo que a luta contra a inflação autoriza o Governo a exigir das classes produtoras os maiores sacrifícios, contanto que esses sacrifícios não estejam sendo inutilizados por se gastar exageradamente de um lado tudo que se economiza com tanta severidade do outro.

Combate à inflação - Sábado, 6 de abril de 1957

O sr. José Maria Alkmin vai comparecer segunda-feira à Câmara, para fazer, perante os deputados. uma exposição da política econômica e financeira do Governo. Não comparece convocado. Pareceu-lhe útil, com certeza, ao fim de um ano de gestão, explicar aos representantes do povo o que foi feito, e o que se pretende fazer no setor básico da administrado pública, que lhe está confiado.

Nenhuma visita de ministro seria, nesta altura, mais oportuna. A nação tem ouvido do sr. Presidente da República e do seu ministro da Fazenda mais de uma exposição otimista sobre o modo por que evolui a situação econômica. A alta incessante dos preços, entretanto, deixa nos espíritos impressão diversa, e nos últimos tempos a indústria e o comércio começam a considerar com inquietude o que lhes parece um sinal, ainda incerto, mas persistente, de queda do consumo no mercado interno.

Por outro lado, as emissões de papel moeda continuam, solicitadas pelo volume crescente dos gastos públicos, e os impostos parecem haver atingido ao limite, a partir do qual se tornam prejudiciais à economia de um país em fase de desenvolvimento.

A explicação desse estado de coisas e a indicação das medidas planejadas para enfrentá-lo, é o que a nação espera ouvir segunda-feira do sr. José Maria Alkmin. Seu gesto assume um sentido, e merece antecipados encômios, se o que ele pretende fazer na Câmara é uma autocrítica resoluta e sincera. Se, pelo contrário, o que o move é a procura de um sucesso fácil, à custa de meias verdades e de recursos de habilidade parlamentar, o episódio será contraproducente, e poderá antecipar o encerramento do crédito de confiança, que o público concede a todo ministro da Fazenda para enfrentar as dificuldades da pasta.

Que espera a nação brasileira que o ministro da Fazenda explique aos deputados?

Só ele, evidentemente, está em condições de fixar a agenda de sua exposição, mas não é demais anteciparmos alguns pontos, cuja falta ou deficiência lhe comprometeriam com certeza, os resultados.

O primeiro ponto, que não pode faltar à exposição do ministro, é uma definição, em termos concretos, do seu programa anti-inflacionário. Até hoje o Governo tem feito uma profissão de fé anti-inflacionária em termos gerais, mas não enumerou medidas através das quais pretenda conter os preços, estabilizar a moeda, sem prejuízo da manutenção de um ritmo de desenvolvimento desejado

Não é possível ao sr. José Maria Alkmin deixar de apresentar um plano orgânico de compressão de despesas públicas. Esse plano deve indicar quantos bilhões de cruzeiros ele pretende economizar em 1957 para absorver o "déficit" de mais de17 bilhões consignado no orçamento, e deve indicar em que setores específicos serão feitas as economias.

Não merece o nome de programa de redução de despesas a simples demora na liberação de verbas, sem cancelamento definitivo da despesa, ou a retenção de recursos de Fundos de reequipamento, que justamente irão contribuir para desobstruir o caminho do crescimento econômico do país.

Também no setor do crédito privado, o ministro não pode contentar-se com uma política de compressão que tanto corre o risco de ser insuficiente, como o de prejudicar o crescimento do produto real. O Governo deve estar habilitado a dizer qual a taxa de expansão do crédito compatível com o crescimento desse produto, e definir os meios técnicos com que pretende assegurar sua observância. Do mesmo modo deve dizer como pretende evitar que continue a ocorrer no presente ano a expansão imoderada do crédito concedido ao próprio Governo pelo Banco do Brasil, que praticamente anulou, em 1956, os benefícios anti-inflacionários do cerceamento do crédito privado.

Outro ponto que a nação espera ver abordado pelo ministro da Fazenda é a melhoria do aparelho fiscal. O ano de 1956 foi decepcionante para o país, pois, apesar da majoração de impostos e de uma inflação superior a 20%, a arrecadação mal alcançou a receita estimada, quando nos anos anteriores a havia ultrapassado.

Também é de esperar que a exposição à Câmara contenha o traçado de uma política de reerguimento do crédito público. A majoração de impostos tem limites que não podem ser violados sem grave prejuízo para a economia de um país em crescimento, e é nos empréstimos públicos que o Governo precisa ir buscar recursos adequados aos investimentos reprodutivos.

Sem a criação de títulos de escala móvel, ou outros que vençam a resistência do público à tomada de papéis do Estado, não conseguiremos manejar uma arma de eficácia tradicional na luta contra a inflação.

Em outros pontos ainda de que amanhã nos ocuparemos terá o sr. José Maria Alkmin de ser claro e definido, se quiser fazer de sua espontânea visita à Câmara um ato de real significação política. Está ele entre duas soluções alternativas, fazer a sua autocrítica e obter uma nova margem de confiança, ou lançar um tênue disfarce sobre a realidade, gastando mal um pouco da confiança que recebeu.

Combate à inflação - Domingo, 7 de abril de 1957

A exposição do Ministro da Fazenda à Câmara dos Deputados não poderá deixar sem resposta perguntas que a nação vem formulando há vários meses, e em que se traduz sua apreensão sobre a situação econômica e financeira do país.

Como dizia o "Jornal do Commercio" em seu editorial de ontem, o ponto fundamental sobre que se esperam esclarecimentos do Ministro é a definição, em termos concretos, do seu programa anti-inflacionário, especialmente das medidas destinadas a aplicação no corrente ano.

O Governo tem planos para o desenvolvimento, mas não tem planos para a estabilização. O sr. Presidente da República, em várias oportunidades, tem definido o desenvolvimento e a estabilidade como o duplo objetivo de sua administração, mas enquanto alguns programas de desenvolvimento são conhecidos, especialmente em relação a centrais elétricas e reequipamento de ferrovias, não há programa definido para a contensão da alta dos preços que destrói o poder aquisitivo dos salários, e dissolve as poupanças, impedindo-as de se transformarem em capital.

Nenhum surto de desenvolvimento econômico pode manter-se, quando o Governo não consegue assegurar certo grau de estabilidade. Para isso é necessário um programa, isto é, um conjunto de medidas definidas, capazes de produzir efeitos também definidos.

O ano de 1957 vai transcorrendo, no tocante à inflação, em más condições e sob sérias ameaças.

O "déficit" previsto no Orçamento federal é de Cr$ 17 bilhões, mas a própria Mensagem Presidencial admite que ele se possa elevar às cifras alarmantes de Cr$ 34 ou mesmo Cr$ 40 bilhões, se forem levados em conta encargos omitidos na estimativa orçamentária (Mensagem, págs. 299-300). Ao mesmo tempo verifica-se que as contas do Tesouro no Banco do Brasil acusam, no primeiro trimestre do corrente ano, o saldo negativo de Cr$ 7,2 bilhões, ao qual devemos adicionar Cr$ 2 bilhões de letras do Tesouro a curto prazo, colocados no mesmo período junto aos bancos comerciais.

Se levarmos em conta, além desses algarismos, a ineficiência do aparelho arrecadador, que em 1956 pareceu talvez maior que nos anos anteriores, temos todo direito de recear que o crescimento da inflação ultrapasse, no exercício corrente, a taxa de 20% do último.

Para modificar tal estado de coisas, tem o Ministro da Fazenda de apontar providências definidas. Tem de indicar quantos bilhões de cruzeiros vai economizar para absorver o déficit, apontando as despesas cujo cancelamento pedirá. Tem de programar medidas de reerguimento do crédito público, que lhe permitam obter empréstimos internos para atender aos investimentos com recursos não inflacionários, sem elevar ainda mais os níveis de tributação. Tem de defender pessoalmente os critérios da elaboração orçamentária, para que o orçamento de 1958 seja dimensionado de acordo com os recursos reais do pais.

Não ficam aí, entretanto, as perguntas que a nação deseja formular ao seu Ministro. Todos estamos assistindo à rápida e irreversível decomposição do sistema cambial de exportação. Desde maio de 1956, quando foram fixadas pela última vez as bonificações, cresceu de 17% o nível geral dos preços internos. O produto tutelar do país — o café — já não se exporta à base do dólar oficial e da bonificação fixada para a 1.ª categoria, mas com o duvidoso estratagema do subfaturamento, a que o Governo teve de render-se, dando-lhe foros de uso comercial, E as demais categorias perderam, pouco a pouco, todo sentido e atualidade. A necessidade de uma reformulação da política cambial do pais, que há um ano atrás ainda se conseguia disfarçar, tornou-se evidente a ponto de não tolerar protelações. O espectro da desvalorização do cruzeiro deixou de intimidar os mais demorados em aceitar a realidade. A verdade é que estamos sofrendo, como país importador, graças ao regime de leilão de câmbio, todos os inconvenientes da desvalorização, e não estamos auferindo a compensação correspondente, que é o estímulo às exportações, por mantermos, para estas, o câmbio formalmente amarrado a um valor convencional.

Dois fatores, por assim dizer externos, vieram favorecer, é verdade, a administração financeira do sr. Juscelino Kubitschek. O primeiro foi a regularização do mercado mundial de café; o segundo a melhoria e estabilização das taxas do mercado livre.

O primeiro fez-se sentir durante todo o ano de 1956, graças à redução das safras da Colômbia e da América Central e às proporções modestas da nossa própria safra de 56/57, além da feliz circunstância de não se haverem registrado na bolsa de Nova York manipulações de vulto, animadas por aquela circunstância. As exportações brasileiras puderam, assim, seguir um ritmo regular e contínuo, a preços que ainda são compensadores.

Várias Notícias

Quanto ao preço do cruzeiro no mercado livre, para ele contribuíram as ofertas regulares de dólares oriundos do subfaturamento do café e também os ingressos de capitais novos, animados pelas crises ocorridas cm outras áreas do mundo, pela persistência do novo mercado livre de câmbio, e pela atmosfera de encorajamento de iniciativas que o sr. Juscelino Kubitschek soube criar, desde a sua bem-sucedida excursão de presidente eleito, e que se tem esforçado por preservar.

A esses fatores cumpre acrescentar o reequilíbrio do balanço de contas, graças à diminuição das importações, fruto da política de compressão de crédito, que também se refletiu no mercado livre de câmbio, por desencorajar as remessas de dividendos e estimular o apelo a novos ingressos de capital.

À sombra desses fatores favoráveis desafogou-se um pouco a situação brasileira, mas nem por isso deixaram de crescer os efeitos da inflação e de se agravar a alta de preços.

Não podemos compensar os benefícios da exportação de café e da taxa do câmbio livre com a descoordenação e morosidade da política anti-inflacionária. A verdade é que a perda de poder aquisitivo do cruzeiro está ameaçando pela retaguarda a marcha do desenvolvimento econômico, de que o sr. Juscelino Kubitschek fez o orgulho e a razão de ser do seu governo.

Esperemos que o país ouça amanhã do Ministro da Fazenda um inventário realista e uma programação efetiva capazes de assegurar o sucesso dessa política.

Combate à inflação - Sexta-feira, 19 de abril de 1957

O Diário do Congresso publicou há dias a exposição do Ministro da Fazenda, entregue à Mesa da Câmara, sobre a política financeira do governo. O "Jornal do Commercio", em dois editoriais consecutivos, apresentara ao Ministro algumas questões, que lhe pareciam traduzir perguntas formuladas pela consciência pública em face da situação econômica, em que nos encontramos. Parte dessas questões foi elucidada na exposição, e outra parte pende ainda de definições ulteriores.

É inegável que o sr. José Maria Alkmin adquiriu, nos seus quinze meses de Ministério, um grau de consciência técnica dos problemas econômicos, superior ao que se notava em suas primeiras declarações. Vindo para o Ministério do fragor das lutas partidárias e sem maior experiência financeira do que a ensejada por uma Secretaria Estadual, era compreensível que lhe faltasse uma conceituação precisa dos fenômenos de maior envergadura, que ia enfrentar. Em casos semelhantes, muitos homens públicos resolvem suas perplexidades adotando confiantemente o parecer dos assessores de que se rodeiam. Outros — como o sr. José Maria Alkmin — preferem confiar-se às intuições de certo empirismo, até adquirirem noções próprias, que lhes permitam atender, sem desconfiança, às ponderações dos técnicos.

É típica dessa evolução a série de atitudes e declarações do Ministro no tocante ao combate à inflação. A princípio declarava ele nada haver de grave na inflação, que já se havia tornado crônica no país, sem perturbações consideráveis. Não tardou a compreender, entretanto, a seriedade do problema, mas superestimou os meios governamentais de resolvê-lo, e lançou-se em declarações precipitadas de que conseguiria fazer baixar os preços em pouco tempo. Mais tarde, apercebendo-se naturalmente da intensidade do processo inflacionário a que a nossa economia está sujeita, deixou de prometer a baixa para assegurar a estabilidade dos preços. Este objetivo, entretanto, por mais desejável que seja, também não pode ser alcançado sem que primeiro o Governo consiga o que geralmente se denomina o controle da inflação, isto é, a contensão do processo inflacionário pela imposição de um limite quantitativo constante à expansão dos meios de pagamento.

A esta fase do problema, que é indiscutivelmente a do realismo, parece haver enfim chegado o Ministro, na exposição que não foi lida perante a Câmara e que o Diário do Congresso agora divulga.

De fato, pela primeira vez o Ministro da Fazenda, em documento de importância como é uma exposição ao Legislativo, declara o propósito de limitar a 10% a taxa de expansão anual dos meios de pagamento. A taxa anunciada merece ser considerada realista. Ela não significa, é verdade, o estancamento da inflação, pois o crescimento do produto real na economia brasileira vem sendo de 5% ao ano, aproximadamente, e toda expansão dos meios de pagamento acima desse limite representa a manutenção do processo inflacionário. Se o Ministro, entretanto, prometesse baixar a menos de 10% a expansão dos meios de pagamento, estaria fazendo uma declaração inconsequente. Basta pensar que a inflação se vem mantendo, nos últimos dois anos, acima da taxa de 20%, para compreendermos que a economia do país não conseguiria suportar um movimento de freios mais brusco.

Como pretende, entretanto, o Ministro graduar a expansão do crédito e as emissões de moeda, de modo a ficar dentro da taxa que anunciou?

Ainda neste ponto a exposição adianta algumas medidas, que podem ser olhadas com confiança, senão com otimismo. Com relação ao crédito privado, anuncia a manutenção da Instrução 135, cujos efeitos só podem ser benéficos, desde que, bem entendido, não sejam anulados, como vem acontecendo, pela grosseira transferência para o setor do crédito público dos recursos retirados ao setor privado.

Com relação ao crédito público, duas medidas são indispensáveis: primeiro, o estabelecimento de um orçamento de crédito para as operações correntes das diversas Carteiras do Banco do Brasil; segundo, um programa sistemático de absorção do déficit do Tesouro, cuja previsão no corrente exercício oscila entre 17 e 40 bilhões de cruzeiros.

A primeira dessas medidas é de adoção indispensável e premente. O Banco do Brasil é o único estabelecimento de crédito que não trabalha sob a influência disciplinadora do limite de caixa, porque as suas Carteiras têm aberto diante de si o recurso ao ilimitado redesconto, vale dizer, à emissão. Desse modo, a concessão de créditos deixa de obedecer a uma limitação quantitativa global, e passa a depender exclusivamente de critérios seletivos e da maior ou menor liberalidade da administração.

A segunda medida é, talvez, a de maior alcance na formulação de um programa sinceramente anti-inflacionário. Sem reduzir o déficit do Tesouro, não há como evitar que este recorra ao Banco do Brasil, e que se expandam, pelas emissões reiteradas, os meios de pagamento para cujo crescimento o Ministro fixou o limite de 10%. É este um ponto em que a exposição apresenta um progresso digno de nota. Pela primeira vez o Ministro da Fazenda pôs o seu endosso no Programa de Economias, que o Presidente da República fez elaborar pelo DASP em fins de 1956. Num dos editoriais acima mencionados, o "Jornal do Commercio" chamou a atenção para os inconvenientes de uma política de compressão de despesas sem um plano sistemático pré-estabelecido. A simples protelação de gastos consegue diminuir momentaneamente a pressão de caixa sofrida pelo Tesouro, mas acarreta inúmeros inconvenientes, entre os quais avultam a falta de um critério de prioridades no corte de verbas e o encorajamento do tráfico de influências políticas para obter do Ministério a liberação de recursos determinados.

Até aqui o Ministro da Fazenda não saíra do sistema empírico e condenável de fazer economias mediante simples protelação de despesas, sem um plano sistemático e sem cancelamento definitivo dos compromissos do Erário. É esta a primeira vez que ele anuncia o propósito de adotar um plano, o que permite presumir que serão baixadas instruções à Contadoria da República e às Repartições da Fazenda para o cancelamento das verbas atingidas por ele. Essa modificação, se além de anunciada à Câmara dos Deputados for adotada efetivamente pelo Ministro, poderá representar uma contribuição indiscutível para o combate à inflação.

Em outros pontos, de que o "Jornal do Commercio" se ocupará em outro editorial, não merece os mesmos encômios a exposição do sr. José Maria Alkmin. Bastam, porém, os tópicos acima comentados para se reconhecer que a política financeira do Governo, pelo menos no que tange à sua enunciação, fez um progresso, que esperamos ver traduzido em atos e realizações.

Combate à inflação- Segunda e terça-feira, 22 e 23 de abril de 1957

O problema técnico-financeiro do Governo — e até seria o caso de dizer, o seu problema psicológico — é conciliar um programa de grandes empreendimentos com a contenção do processo inflacionário. O sr. Juscelino Kubitschek baseou sua propaganda de candidato na promessa de empreendimentos capazes de acelerar e reequilibrar o desenvolvimento econômico. Tomando essa posição, incorreu algumas vezes em exageros, mas era sincero consigo mesmo, porque prometia fazer o que realmente desejava, e constituía, na verdade, uma aspiração do seu temperamento.

A realidade que o esperava era, porém, muito adversa àqueles planos. O país vinha sofrendo, de forma não apenas crônica, mas progressiva, do mal da expansão dos meios de pagamento a uma velocidade maior do que a do crescimento da produção. Se as mercadorias e serviços disponíveis aumentam, em quantidade, 5% ao ano, e os meios de adquiri-las aumentam 20%, o que inevitavelmente sucede é a alta dos preços, pois aqueles, para cujas mãos afluem os novos recursos, vão disputar no mercado, como num leilão, as utilidades existentes.

Sem conter essa alta de preços, e assegurar ao país uma estabilidade relativa, o Governo não lhe poderá proporcionar desenvolvimento econômico durável. De sorte que o sr. Juscelino Kubitschek se acha enquadrado num dilema: se quer estabilizar os preços, não pode lançar-se irrestritamente em empreendimentos novos; se prefere atacar esses empreendimentos, tem de ampliar os meios de pagamento e submergir o país na alta de preços.

Que saída existe para o Governo, em face dessa situação?

Deve o Presidente abandonar os projetos, que são, mais do que o seu programa, a sua razão de ser, para perseguir, como um novo Campos Salles, o reequilíbrio da economia nacional? Ou deve arrostar o perigo, de consequências imprevisíveis, da alta dos preços, e construir usinas, cidades e estradas, deixando a outros a solução do problema monetário e social engendrado?

Nenhuma das duas soluções é admissível. Dos projetos ligados a transporte, energia e armazenagem, alguns são inadiáveis, porque visam a remoção dos chamados "pontos de estrangulamento" da economia nacional. Sem melhor armazenagem e melhor transporte — marítimo, ferroviário, rodoviário — a produção brasileira não consegue escoar-se e conservar-se, de modo a atender ao mercado interno e à exportação. Adiar esses projetos seria antieconômico, e importaria talvez em comprometer, por longo tempo, o desenvolvimento do país.

Por outro lado, é igualmente certo que a alta dos preços precisa ser contida, para que aumente, ou, pelo menos se mantenha, o poder aquisitivo dos salários e ordenados. Conter a alta de preços não é fazer com que os preços baixem imediatamente, é controlar a expansão dos meios de pagamento, isto é, submetê-la a uma taxa máxima, considerada tolerável, reduzir depois essa taxa, até aproximá-la, tanto quanto possível, do crescimento do produto real.

Para conciliar os dois termos da antinomia, em que o seu governo se acha enquadrado, o sr. Juscelino Kubitschek tem necessidade de uma política econômica simples, clara, coerente, isenta de tergiversações.

Precisa realizar os grandes projetos programados no setor da energia, dos transportes, da armazenagem, mas com recursos não inflacionários. São recursos não inflacionários todos aqueles que se obtém sem aumentar os meios de pagamento existentes: os oriundos de impostos, de empréstimos do público, de empréstimos externos, da inversão de capitais privados, da transferência de meios de uma para outra e melhor aplicação.

Precisa fixar, como só agora prometeu o Ministro da Fazenda na sua exposição à Câmara — e há muito deveria ter feito — um teto quantitativo à expansão do crédito e às emissões, e dentro desse teto reorientar o crédito, segundo um princípio seletivo eficaz. Não pode haver crédito para incrementar o consumo, pois daí resulta, como é óbvio, a defesa dos preços, e não a baixa, que se pretende promover. Pelo mesmo motivo, não pode haver financiamento à indústria e ao comércio para conservarem suas mercadorias nas prateleiras e armazéns. Nem pode haver crédito para a simples compra de empresas, que servem à economia nacional em quaisquer mãos, ou para os investimentos chamados improdutivos.

Precisa absorver, ao preço dos maiores sacrifícios, o déficit do Tesouro, que torna obrigatório o recurso ao Banco do Brasil, e assim destrói a limitação da expansão do crédito, forçando o país à emissão. Para isso, o Presidente da República precisa ter um entendimento claro e, devemos dizer, dramático, com seus Ministros, para execução do programa de economias do orçamento vigente e a formulação de um orçamento sincero e exequível em 1958. A nação muito espera, neste ponto, do patriotismo dos ministros militares, pois as despesas com o Exército, a Marinha e a Aeronáutica representam, na proposta orçamentária, mais de 30% do total.

Precisa adotar um sistema de câmbio para a importação e a exportação, que permita o livre jogo das leis naturais, em face da depreciação monetária em que nos achamos. O enfraquecimento do cruzeiro torna, como é evidente, as importações muito onerosas, mas em compensação torna as exportações lucrativas, e se não se interpuserem normas artificiais daí resultará um incentivo à produção de bens exportáveis, com a formação de maiores disponibilidades em divisas. A situação que estamos vivendo, com os ágios elevados de câmbio para a importação e com os saques de exportação vendidos à taxa oficial com bonificações insuficientes, realiza o paradoxo de agravar as desvantagens e obstar as vantagens da depreciação da nossa moeda.

 No quadro de medidas gerais como essas pode o Governo encontrar a solução do seu dilema, sem abdicar do seu objetivo, tantas vezes anunciado, que é a promoção de grandes empreendimentos. Nada mais fácil, porém, do que sair da estreita estrada do possível quando ela é a linha de equilíbrio entre dois perigos vizinhos.

Combate à inflação - Quarta-feira, 10 de julho de 1957

O Deputado Aliomar Baleeiro, com a dupla responsabilidade de professor e de membro da Comissão de Finanças da Câmara, fez à edição dominical deste Jornal declarações que merecem reparos. Afirmou o Deputado Baleeiro que o "deficit" orçamentário já não é uma calamidade, e que em certas circunstâncias o desequilíbrio do orçamento pode ser até desejável. Concluiu o representante udenista afirmando que, no Brasil, muito mais importante é o equilíbrio de pagamentos, o qual pode inexistir a despeito do equilíbrio orçamentário.

Sem dúvida, o conceito de equilíbrio orçamentário é hoje bastante diverso do que era no século passado e no começo deste. Considerava-se então esse equilíbrio como princípio imutável e dogmático, válido em qualquer período da conjuntura econômica. A grande depressão econômica provocou radical revisão de certos conceitos fundamentais da ciência econômica e atribuiu à política orçamentária a fiscal uma nova função. Keynes e seus discípulos demonstraram que o essencial é o equilíbrio econômico, através da plena utilização de todos os fatores de produção disponíveis. Se, para atingir essa utilização plena faz-se necessário ampliar os gastos governamentais a fim de dar ocupação a fatores ociosos, essa ampliação deverá ser levada a efeito, mesmo se dela resultar o desequilíbrio orçamentário.

Cumpre, todavia, não esquecer ser essa teoria aplicável apenas a uma das modalidades do desequilíbrio econômico, aquele provocado pela insuficiência da procura global de mercadorias e serviços, gerando uma diminuição no ritmo da atividade econômica. O papel do Estado, em tal emergência, será o de ampliar a procura global através de um aumento das despesas públicas.

O desequilíbrio econômico pode, porém, ocorrer sob forma inteiramente diversa, através do excesso da procura global face ao volume de mercadorias e serviços que a coletividade pode produzir. É o fenômeno denominado inflação, caracterizado, justamente, pelo aumento do poder de compra em mãos dos particulares e que, não sendo correspondido por aumento equivalente na produção de mercadorias e serviços, determina uma alta generalizada dos preços. É o período econômico característico do Brasil e de muitos outros países no após-guerra.

Esse desequilíbrio econômico somente poderá ser corrigido restabelecendo-se a igualdade entre a procura e a oferta global, o que, evidentemente, só será conseguido aumentando a produção de bens e serviços (oferta) ou diminuindo a sua procura. A primeira solução não pode ser conseguida a curto prazo se os fatores de produção disponível já estão ocupados. Poderá ser obtida a prazo mais ou menos longo, principalmente através do aumento da produtividade das empresas e da mão de obra e eliminação de pontos de estrangulamento da economia.

Ora, uma inflação aguda somente poderá ser combatida mediante compressão da procura global, para o que é essencial justamente o equilíbrio do orçamento público, e a contenção dos gastos do Governo. O Estado é, na época atual, simultaneamente grande consumidor e grande investidor. O aumento das despesas públicas representa maior procura de bens e serviços pelo Estado e consequente aumento da procura global. O orçamento público deverá ser rigorosamente equilibrado em tais circunstâncias, igualando o Estado sua procura de mercadorias e serviços (despesa pública) com a receita pública, que é, em termos de ciência econômica, uma transferência compulsória de poder de compra dos particulares para o Tesouro.

Se em época de inflação o Estado aumenta suas despesas e não obtém receitas tributárias suficientes para financiá-las, desequilibrando o orçamento, fatalmente será agravado o processo inflacionário. O "deficit" do orçamento será coberto mediante emissões monetárias ou empréstimos feitos ao Tesouro pelo sistema bancário, ou seja, mediante aumento dos meios de pagamento. Ora, esse acréscimo do poder de compra espalha-se por toda coletividade e determina um aumento da procura global que, não sendo satisfeito por um acréscimo correspondente na produção de mercadorias e serviços, provoca novas altas de preços.

A agravação do processo inflacionário só não ocorreria se o "deficit" do orçamento fosse coberto mediante empréstimos do público, isto é, mediante aquisição pelos particulares de títulos da dívida pública. Em tal caso, verifica-se uma redução espontânea nas economias particulares e nos investimentos privados, e o Estado pode aplicar essa poupança em investimentos públicos ou em despesas de consumo.

Como é, porém, notório, nada mais difícil do que colocar empréstimos públicos voluntários cm períodos de inflação e de rápida desvalorização, quando ninguém está disposto a emprestar capitais a longo prazo e a juros limitados, como é de praxe em tais empréstimos. Para observar essa dificuldade basta atentar no caso do Brasil, cujo Governo via-se obrigado a abandonar, há muito tempo, a dívida pública, como processo normal para o financiamento de seus investimentos.

Para o nosso país sair da inflação que nos atormenta, é urgente e indispensável equilibrar o orçamento público, não só da União, como dos Estados e Municípios. Para atingir esse equilíbrio é imprescindível conter os gastos públicos, e não pensar simploriamente no aumento da tributação, através da qual estará apenas o Governo "vestindo um santo e despindo um outro", uma vez que o efeito de tal política será uma diminuição no nível da atividade privada, com efeitos extremamente prejudiciais ao desenvolvimento econômico do país.

Sem sombra de dúvida, o equilíbrio do balanço de pagamentos é de importância fundamental para o nosso país, como reconhece o Deputado Baleeiro. A obtenção desse equilíbrio está, porém, condicionada à paralisação do processo inflacionário, e para isso é indispensável, como vimos, equilibrar o orçamento público.

Um dos efeitos do aumento da inflação é a criação de uma pressão, às vezes irrefreável, para o aumento das importações, inclusive de bens e serviços não essenciais. Basta ver a pressão existente para a compra de automóveis, bebidas finas, objetos de luxo, etc. Outrossim, a elevação doa custos internos da produção em consequência da inflação torna difícil o aumento do volume das exportações, criando os tão conhecidos produtos "gravosos". Como equilibrar o balanço de pagamentos com fortíssimas pressões no sentido do aumento das importações e dificuldades de toda ordem à expansão das exportações?

A aspiração dominante de todos os brasileiros é sem dúvida o desenvolvimento econômico do país e a melhoria do padrão de vida da população. Esses objetivos somente poderão ser atingidos mediante o restabelecimento do equilíbrio econômico, quebrado entre nós por uma inflação que tem entre suas causas principais a excessiva expansão das despesas do Estado e o "deficit" crônico dos orçamentos públicos. Não é admissível, é mesmo lamentável que um deputado e professor de Finanças empreste sua autoridade à debilitação, no espirito público, dessa convicção essencial, para abrir a porta a facilidades que podem conduzir a desastrosos resultados.

Combate à inflação - Quarta-feira, 24 de julho de 1957

Não parecem animadoras as perspectivas econômico-financeiras neste segundo semestre do ano. Conforme acaba de ser revelado, a execução orçamentária nos primeiros cinco meses encerrou-se com vultoso déficit, superior ao verificado em idêntico período de 1956. O substancial aumento do débito do Tesouro no Banco do Brasil é prenuncio de grandes emissões de papel moeda antes do encerramento do atual exercício.

É incompreensível esta ausência de um esforço firme e decidido para o equilíbrio das contas públicas e combate à inflação. No exercício anterior, o aumento de vencimentos dos servidores civís e militares constituiu uma explicação aceitável para o vultoso déficit das contas públicas. No corrente ano, porém, concedidos como foram ao Governo novos e substanciais recursos fiscais e não tendo surgido qualquer encargo extraordinário era lícito esperar uma melhoria substancial da situação do Tesouro, o que até agora, todavia, não se verificou. Se continuarmos em idêntica situação, o déficit orçamentário será igual ou superior ao de 1956, o que constituirá verdadeira calamidade.

Anunciou-se, no início do ano, um programa de economias e de transferência de gastos públicos, mas pelos dados da execução orçamentária agora divulgados verifica-se que os resultados obtidos são pouco expressivos. Ao que parece as despesas de maior peso na lei de meios, que são as militares, não foram objeto, no mencionado programa de economias, das reduções que se fariam possíveis, sem prejuízo da segurança. Outrossim, o Governo não tem conseguido resistir satisfatoriamente às pressões dos interessados e vem liberando dotações, cuja não aplicação ou transferência havia sido estipulada. Ainda agora, na reunião dos presidentes de Partidos, em que se deliberou a coordenação das forças majoritárias, viu-se com estarrecimento o governo ser solicitado a atender com maior largueza à liberação de verbas, solicitada incessantemente ao Ministério pelos representantes e pelas administrações dos Estados.

O mais grave, porém, é que o vultoso déficit orçamentário inicialmente previsto está sendo agravado por meio de autorizações de créditos adicionais, sem qualquer cobertura de receita. O "Diário Oficial" publica leis e decretos de abertura de créditos especiais, destinados em maioria a atender gastos adiáveis ou despesas com objetivos meramente eleitorais. Sabendo-se que, nos termos das leis de contabilidade pública em vigor, um credito adicional somente pode ser aberto após declaração expressa do Ministro da Fazenda de que o Tesouro Nacional dispõe de recursos para atender as despesas respectivas, não se compreende a sucessão dessas autorizações de gastos extra orçamentários a constituírem verdadeiro orçamento paralelo. Na situação atual, a declaração do Ministro da Fazenda somente pode estar sendo a de que o Tesouro não dispõe de recursos para fazer face a essas despesas, pois deles carece até para atender às incluídas na própria lei de meios votada com déficit sem cobertura.

Se o titular da Fazenda não conseguir pôr freio a esse crescimento imoderado da despesa pública, uma emissão de papel moeda igual ou superior à do ano passado tornar-se-á fatal no 2º semestre para cobrir o desequilíbrio das contas do Tesouro no Banco do Brasil. Toda a Nação espera do Sr. José Maria Alkmin a atitude corajosa exigida pela atual conjuntura e medidas decisivas para a contenção da inflação que vai solapando toda a estrutura econômica do país.

Outro grave sinal que prognostica o agravamento da inflação é dado pelas ondas sucessivas de greves, que eclodem no Distrito Federal e em São Paulo. Dada a ausência de medidas concretas por parte do Governo no sentido de deter a alta incessante do custo de vida, recomeçam as reivindicações de aumentos de salários. A concessão desses aumentos em nada contribuirá para a solução das angústias que atormentam os trabalhadores e virá agravar a pressão inflacionária pela elevação dos custos de produção e dos preços das utilidades. Se tais reivindicações se estenderem aos funcionários públicos e aos empregados das autarquias governamentais e forem atendidas, o resultado será novo agravamento do déficit orçamentário e da situação calamitosa do Tesouro Federal.

A escala móvel de salários proposta pelo Ministério do Trabalho sem a previa contensão da inflação, nada solucionará, significando, apenas, a aceitação da inflação como fato consumado e irremediável.

O momento é, na verdade, decisivo para o Presidente Juscelino Kubitschek, que assumiu a Presidência da República sob o signo de um programa de desenvolvimento econômico e de melhoria do padrão de vida da população, cujo êxito está irremediavelmente condicionado ao domínio da inflação que há anos vem minando a economia nacional. Se os preços não forem estabilizados, será impossível executar qualquer programa de desenvolvimento, dadas as perturbações resultantes dos contínuos reajustamentos dos orçamentos dos projetos. Ainda mais, a execução desse programa depende, também, da obtenção dos financiamentos externos exigidos pelas vultosas aquisições de equipamento fabricado no exterior. A elevação dos custos internos de produção em consequência da inflação está comprometendo o balanço de pagamentos e corroendo os saldos que se tornam necessários para fazer face aos compromissos externos contraídos e por contrair. Finalmente. somente através de uma política firme e decidida de combate à inflação conseguirá o Governo captar a confiança dos capitalistas, homens de negócio e governos estrangeiros, induzindo-os a aplicarem seus recursos em nosso país.

Ainda há tempo para salvar o Presidente e seu programa, em cujo êxito tantas esperanças estão depositadas.

A primeira medida é, porém, sem dúvida, o saneamento financeiro e a melhoria da posição do Tesouro. Uma rigorosa e racional seleção nos gastos públicos, a supressão de despesas supérfluas e a transferência de gastos adiáveis, possibilitará a aplicação de recursos financeiros substanciais nos projetos essenciais ao desenvolvimento econômico do país. Um esforço sincero e sistemático de combate à inflação deterá de fato a alta do custo de vida, armando o Governo para resistir às pressões de aumentos de salários sem que essa resistência assuma um aspecto de injustiça. De outro lado, a criação de um clima de incentivo à iniciativa privada fará com que capitais particulares nacionais ou oriundos do exterior se aliem ao Poder Público na realização de projetos e empreendimentos capazes de conduzir ao aumento real do produto nacional e à elevação do nível de vida da população.

Combate à inflação - Quinta-feira, 24 de outubro de 1957

Ao noticiar o encontro do presidente da Federação das Associações Comerciais do Brasil com o Ministro da Fazenda, informaram os jornais que o Sr. Rui Gomes de Almeida solicitou uma definição do Governo Federal quanto à política financeira a seguir. Desejam os órgãos patronais do comércio saber se o Governo manterá a diretriz de contenção do crédito, da qual decorrem várias restrições para as classes produtoras, ou se prestigiará a política adotada pelo Ministro do Trabalho, considerada inflacionária, de extensão salarial.

É inteiramente procedente a indagação do presidente da Federação das Associações Comerciais do Brasil e de igual perplexidade participam todos os brasileiros, pois também, ignoram os reais objetivos do Governo Federal em matéria econômica e financeira. Da maior urgência é a resposta a essa indagação, assim como a divulgação da orientação governamental para que a ela se possam adaptar as atividades produtoras e os negócios. A incerteza atual poderá conduzir a dificuldades ainda maiores e a profundas perturbações no organismo econômico.

É bem verdade que, desde o início, vem o atual Governo proclamando sua intenção de combater a inflação e deter a alta incessante dos preços. Tais objetivos, todavia, não são alcançados através de meras manifestações de boa vontade e de declarações públicas, mas por meio de atos concretos, enquadrados em um programa harmônico e coerente.

Um combate efetivo à inflação deveria ter-se iniciado com a eliminação de seu foco principal, o desequilíbrio orçamentário da União. Nenhum esforço sério foi realizado nesse sentido. As explicações apresentadas para justificar o enorme "déficit" verificado em 1956 e que constituiu um triste recorde em nossa história financeira eram até certo ponto aceitáveis. Recebera o Governo, para executar, um orçamento de cuja elaboração não havia participado, bem como herdara a execução do aumento de vencimentos dos militares e civis, sem ter recebido recursos adequados para fazer face aos novos encargos.

Esperava-se, porém, uma atitude enérgica e firme no exercício de 1957 e esta não se verificou. Encaminhou o Executivo ao Congresso uma proposta orçamentária desequilibrada, aceitou sem protesto a agravação do "déficit" pelo Legislativo e nenhuma política efetiva de contenção de gastos e eliminação de desperdícios foi posta em vigor durante a execução do orçamento. Os resultados de uma tal atitude far-se-ão sentir em um "déficit" final, no corrente ano, igual ou superior ao verificado em 1956, coberto como aquele através de maciças e sucessivas emissões de papel-moeda.

As perspectivas para o exercício de 1958 não são também animadoras. A proposta orçamentária para o próximo ano não foi elaborada dentro de um critério de rigorosa economia e de contenção de gastos e nenhum esforço tem sido feito no sentido de evitar por parte do Congresso o aumento das despesas propostas. A palavra do Governo em matéria orçamentária não se faz ouvir no recinto da Câmara e do Senado e os partidos, inclusive os da maioria, emendam, alteram e votam a lei de meios guiando-se exclusivamente pelas conveniências regionais e locais e pelas pressões da clientela política.

Responsável pela desvalorização incessante da moeda e diminuição de seu poder de compra, mostra-se o Governo sem autoridade para enfrentar as reivindicações salariais surgidas de todos os lados. Compromissos políticos e alianças partidárias, por sua vez, levam as autoridades a contemporizar com explorações demagógicas no meio operário e mesmo a tolerar a ação perturbadora e instigadora de funcionários junto às classes trabalhadoras. Os aumentos de salários se sucedem, determinando a ampliação dos custos de produção e consequente elevação dos preços das utilidades, estes últimos agravados, também, pelas majorações de impostos decretadas a fim de atender à continua expansão dos gastos públicos.

Em um tal quadro de pressões inflacionárias decorrentes de sua ação ou omissão, propõe-se o Governo a solucionar o problema através da medida unilateral de contenção do crédito ao setor privado da economia. Ora, a elevação dos custos de produção, em consequência do aumento dos salários e dos impostos, coloca a agricultura, a indústria e o comércio diante da necessidade de maior volume de meios de pagamento, obtidos através do crédito bancário, para movimentar o mesmo volume de produção. Se o crédito é restringido a única solução será restringir também o volume de produção e de negócios, daí resultando uma retração e mesmo o início de desemprego já verificado.

Em qualquer tratado elementar de economia se ensina ser a disciplina do crédito um dos instrumentos essenciais no combate à inflação. É necessário, porém, que essa medida não tenha caráter isolado, mas faça parte de um programa global que atinja simultaneamente todos os focos da pressão inflacionária. Se a principal fonte da inflação é o "déficit" das contas públicas, a não ser que este foco principal seja eliminado permanecerá a infecção, sendo inócuo o combate a outros focos secundários. De nada adiantará restringir o crédito à indústria, à agricultura e ao comércio se o Banco do Brasil continua a ampliar o crédito ao Tesouro Nacional e a financiar o seu desequilíbrio crônico de caixa.

O balancete de 30 de setembro último de nosso principal estabelecimento oficial de crédito demonstra que o saldo negativo das contas de arrecadação e despesa do corrente exercício ultrapassava 20 bilhões de cruzeiros e já se aproximava de 65 bilhões de cruzeiros o débito total do Tesouro Nacional naquela data. Em conclusão, a política de restrição de crédito ao setor privado da economia não visa na realidade a uma diminuição no volume total de crédito, mas apenas a proporcionar maiores recursos para o financiamento das operações deficitárias do setor público da economia. As classes produtoras não podem deixar de sofrer os efeitos de uma tal política, cujo resultado será, fatalmente, o progressivo enfraquecimento da iniciativa privada e a transferência para o Estado do controle e comando de toda a atividade econômica.

O combate à inflação, para que seja bem sucedido, terá de atingir, simultaneamente, o setor público e o setor privado da economia, bem como exigir de todas as classes e grupos sociais igual participação nos sacrifícios indispensáveis para o êxito de uma política de saneamento financeiro.

Que o Governo dê o exemplo, equilibrando suas contas, mantendo os gastos públicos nos limites da receita arrecadada e eliminando de uma vez as emissões de papel moeda como sistema de financiamento dos "déficits" orçamentários. Que os custos de produção sejam mantidos em níveis adequados, sustando- se os aumentos salariais e de impostos dos quais decorre, forçosamente, a elevação dos preços das mercadorias e serviços. Estabilizados o valor da moeda e os custos de produção, desnecessária e injustificável se tornará, realmente, a ampliação do crédito, podendo ser este mantido nos limites estritamente indispensáveis à produção e ao comércio.

Combate à inflação - Quarta-feira, 8 de janeiro de 1958

Os observadores imparciais e desapaixonados reconhecem o êxito das medidas governamentais de combate à inflação, postas em prática no ano que acaba de se encerrar. Graças também, às abundantes safras agrícolas, essas medidas tornaram possível acentuada diminuição da alarmante taxa de crescimento do custo de vida verificada em 1956.

Outros fatores de inflação continuam, porém, operantes.

Embora não sejam ainda conhecidos os dados definitivos da execução orçamentária já se pode prognosticar o encerramento das contas relativas ao exercício de 1957 com um "déficit" igual ou superior ao de 1956. Os efeitos desse desequilíbrio nas finanças governamentais traduziram-se em acentuada expansão dos empréstimos do Banco do Brasil ao Tesouro e em emissões de papel moeda para a cobertura do "déficit" verificado na execução orçamentária. De outro lado, a maioria dos Estados e dos Municípios de maior importância registrou saldos negativos em suas contas de receita e despesa, muitas vezes cobertos através de empréstimos diretos do Tesouro Nacional ou do Banco do Brasil.

Apesar do grande reforço da receita da União obtido por intermédio da Nova Tarifa Alfandegária, a liberalidade do Congresso Nacional na votação da lei de orçamento para o corrente ano não permitiu fosse alcançado o desejado equilíbrio nas estimativas da receita e da despesa. Inicia-se, portanto, o novo ano ainda sob o signo do desequilíbrio orçamentário, agravado pelos compromissos remanescentes do exercício anterior, representados por restos a pagar e saldos de créditos especiais não utilizados inteiramente.

Há, todavia, indicios de que o Governo pretende exercer rigorosa disciplina sobre as finanças públicas a fim de impedir a reprodução da forte pressão exercida pelo Tesouro sobre o Banco do Brasil no último ano e principal responsável pela excessiva ampliação dos meios de pagamento. Tal ação será facilitada pelo fato de dispor agora o Tesouro, através da autorização obtida para a emissão de letras e obrigações, de um instrumento capaz de captar parte dos meios de pagamento já existentes e utilizá-los no financiamento não inflacionário das atividades do setor público.

O sucesso dessa operação de crédito está, todavia, condicionado à contenção da despesa pública dentro dos limites da receita arrecadada e mesmo à obtenção de saldos efetivos na execução orçamentária, capazes de proporcionar recursos para o serviço de juros e resgate dos títulos postos em circulação.

O propósito governamental de disciplinar a execução orçamentaria e de manter os níveis dos gastos públicos dentro das possibilidades financeiras do Tesouro Nacional acaba de ser expresso em oportuna recomendação da Presidência da República através de circular aos ministérios e órgãos diretamente subordinados à Presidência.

No tocante às despesas de custeio recomenda a Presidência que os órgãos da administração se cinjam estritamente aos limites de suas dotações orçamentárias, fazendo-se os suprimentos de numerário para o pagamento de pessoal com base nos duodécimos reais das respectivas tabelas e quadros. Se for seguida essa recomendação serão evitados os frequentes abusos de despesas excedentes aos créditos orçamentários, procedimento que além de agravar as dificuldades financeiras do Tesouro constitui flagrante ilegalidade.

Merecem também aplausos as normas mandadas observar pela Presidência da República no tocante ao pagamento de auxílios e subvenções. Tratando-se do capítulo da lei orçamentária onde se inscrevem os favores e liberalidades às expensas do Erário, nada mais razoável do que a adoção de um critério estrito e rigoroso, a fim de restringir a cooperação financeira da União aos casos de comprovada utilidade social da atividade amparada e de indiscutível benemerência e idoneidade da instituição beneficiada.

São igualmente oportunas as instruções baixadas com o objetivo de disciplinar a execução de obras públicas, condicionando o seu início e prosseguimento à elaboração de projetos, orçamentos e especificações e respectiva aprovação pelo Presidente da República. A obediência a essas instruções evitará o malbaratamento e a dispersão de recursos públicos em obras sem qualquer significação para o progresso e o desenvolvimento do país, bem como o início de construções sem a garantia de sua continuidade e conclusão.

Não pode também ser negado o aplauso à exigência da prévia apresentação de programa de trabalho para a utilização de dotações orçamentárias globais, bem como à expedição de normas especiais de caráter financeiro para as autarquias administrativas. Contidas as despesas destas ultimas dentro de seus próprios recursos evitar-se-ão os frequentes apelos ao Tesouro Nacional e ao Banco do Brasil para a cobertura de seus "déficits" de exploração.

Apesar do indiscutível valor das normas expedidas e de cuja estrita observância será fiscal o Ministério da Fazenda, não serão ainda suficientes para assegurar o equilíbrio orçamentário e o saneamento financeiro. A eliminação do "déficit" registrado na lei de meios deverá ser conseguida através de um plano de economias orçamentárias. Ao vetar o dispositivo da lei de orçamento pelo qual se pretendia limitar sua prerrogativa de realizar os gastos públicos dentro dos recursos concedidos, criou o Presidente da República as condições necessárias para uma execução orçamentária equilibrada e sob rigoroso controle.

As providências já tomadas pelo Governo e as medidas complementares que se espera venham a ser adotadas levam a crer que o principal foco inflacionário ainda existente, o desequilíbrio das finanças públicas, seja mantido sob controle no exercício corrente. Se o Governo conseguir conter a pressão do Tesouro sobre o Banco do Brasil e a ampliação dos meios de pagamento para cobrir o desequilíbrio das contas públicas, terá alcançado uma vitória decisiva no sentido da estabilização do valor da moeda e da contensão do custo de vida. Obtido esse resultado adquirirá o Poder Público autoridade para resistir às reivindicações salariais de funcionários públicos e poderá dedicar todo o seu esforço ao programa de desenvolvimento econômico, no qual já foram conseguidos resultados positivos no último ano.

Crédito ao consumidor – Segunda e terça-feira, 14 e 15 de outubro de 1957

Nada se fez, até o momento, no Brasil, no sentido de disciplinar as vendas a crédito ao consumidor. No entanto, essa disposição é indispensável na conjuntura atual da economia brasileira, quer como providência complementar no combate à inflação, seja como norma destinada a acrescer os recursos necessários a financiar o desenvolvimento econômico.

Como se sabe, a inflação decorre de um persistente excesso da procura sobre a oferta de mercadorias e serviços, aos preços correntes, o que tende a elevar continuamente o nível de preços. E não há dúvida que as grandes facilidades nas vendas a prestações muito têm contribuído para esse processo. Estimulam os gastos em bens de consumo de toda a espécie, levando a comunidade nacional a tentar comprar um volume de bens muito superior àquele disponível no mercado, utilizando-se para isso não apenas de seus rendimentos correntes, mas também daqueles a serem auferidos no futuro. Se os preços estão subindo, isso significa que a produção nacional corrente e a que é importada do exterior, são insuficientes para atender à procura dos consumidores. Logo, para evitar a alta de preços, é indispensável reduzir essa procura, inclusive pela redução das excessivas facilidades da compra a crédito. É importante salientar, a propósito, que a redução da procura não significa necessariamente redução do consumo. Este, em termos reais, não pode ser superior, em dado momento, à disponibilidade física de bens, que decorre da produção nacional e da importação. Se, por exemplo, a produção nacional e a importação de refrigeradores é de 10.000 unidades por mês, os consumidores não poderão adquirir mensalmente mais do que essas 10.000 unidades, sejam quais forem as facilidades de crédito existentes. No entanto, se houver amplas facilidades de crédito, consumidores em número muito maior tentarão adquirir unidades dessa mercadoria, de sorte que haverá excesso de procura em relação à oferta, permitindo aos vendedores cobrar preços mais elevados. Desse modo, é possível, através de um disciplinamento das vendas a prestações, reduzir a procura de bens de consumo e, portanto, assegurar preços menos altos, sem prejudicar a população.

Deve-se considerar, porém, que, em país em processo de desenvolvimento, como o Brasil, é indispensável garantir recursos cada vez maiores para os investimentos requeridos pelo crescimento econômico. E há somente duas maneiras de atingir esse objetivo: aumentar a poupança nacional, vale dizer, impedir que o consumo da população cresça na mesma proporção que a renda nacional; e acrescer a entrada no território nacional de poupanças de outros países, através de maior importação de capitais estrangeiros.

Mostra a experiência, no entanto, não ser possível, nem recomendável, basear o desenvolvimento integralmente nos investimentos estrangeiros. Desse modo, para acelerar o desenvolvimento econômico, será indispensável reservar parcelas crescentes dos aumentos da renda nacional para fins de investimentos. Em outras palavras, isso quer dizer que é preciso impedir que o consumo aumente tão rapidamente quanto a renda nacional, de sorte a tomar disponível para fins de investimento maior massa de poupanças formadas no próprio país. E, infelizmente, não é o que tem ocorrido no Brasil. Ao contrário, vêm-se, através de excessivas facilidades de compra a crédito, estimulando a população a copiar, em larga escala, padrões de consumo próprios de países de renda muito mais elevada que a nossa. Desta forma, não somente é incrementada a inflação e desestimulada a formação de poupanças, como se chega ao ponto de agravar a economia das classes menos favorecidas, levando-as a adotarem padrões de consumo e a assumirem compromissos financeiros incompatíveis com seus níveis de renda. E esses compromissos não deixam de ter uma parcela de responsabilidade na criação de pressões para reajustamentos salariais que, por sua vez, lançam mais combustível à fogueira inflacionária.

Felizmente, o próprio comércio vem manifestando melhor compreensão do problema e reconhecendo a necessidade de uma regulamentação das vendas a prestações, conforme indicam declarações recentes de alguns de seus líderes, entre eles o Presidente da Associação Comercial de São Paulo.

Tal regulamentação deverá, evidentemente, ser dotada de flexibilidade, a fim de ajustar-se rapidamente às condições cambiantes da economia nacional.

Há notícia de que a Superintendência da Moeda e do Crédito estuda, no momento, diretrizes para o disciplinamento do crédito ao consumidor. A ser procedente essa notícia, é de esperar que seja eliminada, em breve, mais uma falha importante da política do Governo no combate à inflação.

Crédito público - Quarta-feira, 22 de janeiro de 1958

O Sr. Marcos de Sousa Dantas, em palestra pronunciada no Seminário Contra a Inflação, realizado no Ministério da Fazenda, produziu oportunas e judiciosas considerações, notadamente no tocante à utilização do crédito público na atual conjuntura econômico-financeira.

Tem-se salientado, com frequência, ser o Brasil um dos países do mundo em que o nível da dívida pública consolidada é dos mais baixos. Esse fato, longe de representar uma prova de pujança, é uma demonstração flagrante da fraca utilização, entre nós, do crédito público, como um dos instrumentos mais eficientes de uma sã política financeira. O crédito do Estado, usado de forma adequada, constitui um veículo de transferência de poupança do setor privado para o setor público e de aplicação do respectivo produto no financiamento de investimentos governamentais.

As transferências feitas através do crédito público não têm efeitos inflacionários, pois não aumentam a procura global de mercadorias e serviços, tendo apenas o efeito de deslocar de um para outro setor da economia poder de compra disponível, sem determinar sua ampliação. Quando o Estado não utiliza em proporções adequadas o crédito público para financiar os seus investimentos, permanece diante de uma alternativa. Ou aumenta em excesso a pressão tributária, comprimindo demasiadamente o consumo e desestimulando os investimentos privados, ou lança mão da inflação monetária através da criação de poder de compra adicional para fazer face às despesas do Tesouro.

Os países de bom sistema orçamentário e que usam a política financeira como instrumento de controle da economia, procuram fazer nítida separação entre despesas correntes e investimentos governamentais. Os gastos de custeio são financiados através da tributação e considera-se equilibrado o orçamento quando a receita dos impostos cobre as despesas com a manutenção e o funcionamento dos serviços governamentais. De outro lado, para atender aos investimentos produtivos, representando efetiva participação do Estado na formação do capital nacional, considera-se perfeitamente normal e financeiramente sã a coleta de recursos da coletividade através do crédito.

O que se reputa má política financeira, salvo em épocas anormais como as de guerra ou depressão econômica aguda, é recorrer a empréstimos públicos a fim de captar recursos para atender a despesas correntes do Governo. Tal procedimento equivale a uma descapitalização, pois significa a absorção de poupança privada, destinada a financiar investimentos necessários à formação de capital nacional, em despesas governamentais de consumo.

Há também uma modalidade perigosa de dívida pública, capaz de comprometer seriamente o crédito do Tesouro e se constituir em fonte permanente de pressões inflacionárias. Trata-se da dívida flutuante, de exigibilidade a curto prazo, representada principalmente por resíduos passivos da execução orçamentária ou empréstimos a prazo reduzido feitos ao Tesouro pelo sistema bancário.

"Déficits" orçamentários crônicos provocam a acumulação de restos a pagar e de compromissos a liquidar, passivo exigível a curto prazo, provocador de constante pressão sobre o Tesouro. O apelo ao sistema bancário para fornecer numerário destinado a cobrir permanente desequilíbrio entre a receita e a despesa é fator de ampliação dos meios de pagamento e de inflação monetária.

Um dos maus sintomas da situação financeira atual do país reside no vulto da dívida flutuante da União, dos Estados e dos Municípios. Como assinalou em sua palestra o Sr. Marcos de Souza Dantas, em 30 de novembro de 1957 o débito do Tesouro Nacional para com o Banco do Brasil atingia a 56 bilhões de cruzeiros, elevando-se esse total a 90 bilhões se lhe forem adicionadas as dívidas dos Estados e Municípios.

Outro ponto a merecer reparo, é a falta de disciplina e de uniformidade nas operações de crédito efetuadas pela União, Estados e Municípios. Diferentes taxas de juros e tabelas de amortização e variadas vantagens e privilégios oferecidos aos tomadores dos títulos fazem com que os três níveis de Governo concorram entre si no mercado de capitais, cada um procurando sobrepujar as condições apresentadas pelo concorrente.

A sugestão de uma emissão, pela União, de 120 bilhões de cruzeiros de títulos, a fim de possibilitar uma grande conversão e consolidação da dívida pública nacional, pode apresentar vantagens. Uma vez trocados os títulos federais, estaduais e municipais em circulação pelas apólices da nova emissão e utilizadas as mesmas apólices para o resgate da dívida da União, dos Estados e Municípios para com o Banco do Brasil, teríamos iniciado uma operação de saneamento financeiro, através da eliminação de parte considerável da dívida flutuante e de uniformização e consolidação da dívida fundada.

A operação seria, por certo, bem recebida pelos Estados e Municípios, dado o desafogo que traria às suas finanças. Bem acolhida seria igualmente pelos portadores dos atuais títulos da dívida pública federal, estadual e municipal, os quais receberiam novos títulos, melhor cotados no mercado, uma vez garantidos contra a desvalorização da moeda por meio de cláusula móvel.

O sucesso da operação estará, porém, condicionado a uma série de providências complementares. Além da cláusula móvel, torna-se necessário garantir, através de um fundo especial, alimentado por meio de receitas a ele especialmente afetadas, o serviço de juros e amortização da dívida. Para esse fundo contribuiriam também os Estados e Municípios, na proporção da dívida de cada um resgatada pelos novos títulos emitidos.

A emissão, pela União, Estados e Municípios, de novos títulos da dívida pública passaria a ser disciplinada por uma lei orgânica do crédito público, cuja execução seria fiscalizada por um organismo adequado, que poderia ser o Conselho Nacional de Economia.

Com a experiência e os conhecimentos que tem da matéria, o Sr. Marcos do Souza Dantas apresentou valiosa contribuição para o estudo do saneamento financeiro do país, através do reerguimento do crédito público interno e de sua utilização como instrumento do financiamento não inflacionário das atividades do setor público da economia nacional.

Desenvolvimento econômico e social- Segunda e terça-feira, 1º e 2 de abril de 1957

A política de desenvolvimento econômico pode ser considerada, na atual fase da vida brasileira, não apenas a política de um governo ou de um partido, mas uma filosofia de vida da nação. Cada grupo político-partidário, cada governo, cada homem público procura traduzir em programas ou em atos a sua maneira de assegurar a consecução daquele objetivo, mas já não há na opinião brasileira quem entenda que o progresso econômico do país pode obedecer aos azares de um crescimento vegetativo, sem programação consciente e método intensivo aplicados pelo Poder Público.

Uma fórmula parece sintetizar em duas palavras o sentido geral dessa política, hoje aceita pela consciência do país como doutrina de governo posta acima dos partidos: estabilidade e desenvolvimento.

Sem estabilidade não há desenvolvimento que se mantenha. Para que a renda nacional se eleve, o mercado interno se expanda e a economia se diversifique com redução progressiva dos custos internos e melhoria dos salários reais, é indispensável que o poder aquisitivo da moeda logre ser preservado, detendo-se a continua alta de preços em que se dissolvem inescapavelmente as poupanças públicas e particulares. O programa de defesa da estabilidade constitui a luta anti-inflacionária, em que o governo se diz empenhado, mas que, algumas vezes parece anulada pela ação simultânea e convergente de esforços que se contradizem.

Em editorial na última quarta-feira, o "Jornal do Commercio" chamava a atenção para as contradições da política de restrição de crédito que o Ministério da Fazenda vem executando como parte principal, senão única, do seu programa anti-inflacionário. Restringir o crédito é por certo medida indispensável à luta contra a inflação, e não somente em relação ao consumidor, que solicita recursos aos Bancos para disputar, no mercado interno, os bens de consumo existentes, contribuindo desse modo para o levantamento dos preços, mas também em relação às iniciativas novas, aos negócios já estabelecidos, porque os primeiros vão disputar, com as mesmas consequências altistas, os fatores de produção existentes em número limitado e já plenamente aplicados, e os segundos vão, muitas vezes, defender com as facilidades obtidas dos Bancos, os preços dos seus estoques, quando poderiam começar a rebaixá-los.

As medidas de restrição do crédito, adotadas pelo Ministério da Fazenda mereceriam, assim, todo aplauso, se não fossem anuladas pela inobservância de duas outras medidas correlatas, a restrição do crédito público e a compressão das despesas governamentais. Essas medidas representam o complemento natural e indispensável de toda política anti-inflacionária sincera. Se o crédito particular é comprimido, mas o crédito público é fomentado, não existe, na verdade, uma contenção da inflação, mas apenas o seu deslocamento para os setores governamentais. que vão exercer pressão altista sobre os preços, e muitas vezes produzir efeitos mais indesejáveis, por figurarem entre as despesas públicas financiadas, muitas de caráter improdutivo, embora necessário, como por exemplo as despesas militares.

A análise dos balanços do Banco do Brasil e dos Bancos privados mostra que o ano de 1956 foi assinalado por uma solicitação consideravelmente maior de recursos financeiros para atender a despesas públicas. A taxa de expansão do crédito para os negócios privados decaiu, de 1954 a 1956, de 26% para 19%, enquanto para as despesas públicas se expandiu de 33% para 40%. É de notar, entretanto, uma característica desta expansão que se acentuou no ano de 1956, traduzindo a hipertrofia dos gastos federais num sistema econômico em luta pela estabilidade. É que, de 1955 para 1956, enquanto no setor do financiamento público, os empréstimos às autarquias baixaram de 3%, e cresceram discretamente os empréstimos aos Estados e Municípios (9%) os empréstimos ao Tesouro Nacional registraram o importante aumento de quase 60% (vide dados na seção Economia e Finanças deste jornal).

Esses algarismos mostram com eloquência que a política de restrição do crédito tem sido no atual governo principalmente de transferência de créditos — do terreno privado para o terreno público.

Se a União Federal reclama tantos recursos, é porque não soube ainda aperfeiçoar o seu mecanismo de arrecadação, nem teve coragem de aplicar um programa racional e intensivo de redução de despesas.

Noticiou-se que o sr. Presidente da República encomendara ao DASP um plano de economias, cuja aplicação importaria cm reduzir as despesas públicas, no exercício de 1957 em cerca de vinte bilhões de cruzeiros. Esse plano não foi, entretanto, divulgado, e o primeiro trimestre do exercício terminou sem que se conheça o programa sistemático com que o governo pretende absorver o déficit de mais de dezessete bilhões de cruzeiros constante do orçamento e que a própria Mensagem Presidencial considera gravemente subestimado.

Não pode ser considerado um plano de economias a simples protelação na liberação de verbas, praticada não apenas agora, mas em outras fases da administração federal. A protelação das despesas, isto é, o retardamento na liberação de fundos para a execução de despesas autorizadas no orçamento, sem o cancelamento definitivo, conduz a efeitos negativos, largamente condenados pela mais comezinha ciência da administração. Em primeiro lugar, estabelece uma absoluta descontinuidade na ação do governo, destruindo o próprio sentido de plano, que bem ou mal existe em todo orçamento. Em segundo lugar, contribui para o encarecimento das obras públicas, pois muitos empreiteiros de serviços, contando com esses retardamentos, acrescentam às suas margens de lucro as chamadas "margens de segurança", destinadas a cobri-los do risco do pagamento protelado. Em terceiro lugar, o retardamento cria verdadeira emulação política entre Chefes de Serviços e interessados, que mobilizam a influência de Governadores, Deputados e até de Advogados Administrativos, para obterem que as verbas em cuja aplicação estão interessados, sejam liberadas pelo Ministério.

Daí decorre a mais nociva das consequências da técnica de compressão de despesas mediante simples retardamento: exacerba-se o tráfico de influências e diminui inevitavelmente o nível ético, que deveria ser mantido, para seu pleno êxito, em toda política de sacrifício.

Urge, pois, que o governo transforme o sistema empírico de retardamento de despesas em plano orgânico e consequente, feito à luz de um critério de prioridades amplamente discutido no seio da administração. É certo que a aprovação desse plano suscitará oposição de interesses regionais contrariados e exigirá autoridade política para vencer os opositores. Mas será preferível enfrentar o problema de uma só vez, abrindo depois ao governo uma estrada limpa e produtiva, do que travar diariamente nos gabinetes ministeriais o choque das pressões parciais, que acabam por tirar eficiência prática e autoridade moral a um plano que necessita de ambas.

Desenvolvimento econômico e social – Segunda e terça-feira, 3 e 4 de junho de 1957

Os grandes acontecimentos da vida diária de um país às vezes ocorrem no plano dos fatos, outras vezes no das palavras. Um dos mais significativos dos últimos dias foi, sem dúvida, o discurso que o Ministro Roberto de Oliveira Campos pronunciou em La Paz, como chefe da delegação brasileira à reunião ordinária da CEPAL, discurso que o "Jornal do Commercio" divulgou na íntegra, em sua edição de domingo.

Ninguém mais pode duvidar que o desenvolvimento econômico intensivo constitui a filosofia de governo da nossa geração, e que o sucesso ou o fracasso desta depende de sua capacidade de realiza-la. A opinião pública já se deu conta de que a comunidade brasileira expande sua população em ritmo acelerado, graças ao qual em pouco mais de dois decênios atingiremos a cem milhões de habitantes. Nesse momento, ou o Brasil terá se desenvolvido economicamente, e nesse caso poderá ser uma nação culta e livre, capaz de assegurar aos seus filhos o nível de bem-estar e segurança indispensável à autodeterminação política, ou terá caído no pauperismo das populosas comunidades asiáticas, que dependem de auxilio externo para a sobrevivência quotidiana e resvalam para os tipos de organização social e política de caráter totalitário.

Não podemos esquecer que o Brasil, no momento atual, apesar dos indícios de progresso que nos rodeiam, figura no grupo de países menos desenvolvidos do mundo, isto é, daqueles em que o produto líquido "per capita" é inferior a 350 dólares por ano. Acima de nós, em melhor categoria, estão países como a Nova Zelândia e a Austrália com mais de 900 dólares, a União Sul Africana com 460, e entre os latino americanos a Venezuela, a Argentina, o Chile, a Colômbia, Cuba e Panamá. Abaixo de nós, os outros países do nosso hemisfério, os africanos, a Grécia e Portugal, e quase todas as comunidades asiáticas.

Uma coisa é, porém, fazer do desenvolvimento econômico um artigo de fé, e outra é compreendê-lo na sua ausência e nos seus problemas. Economistas e homens de negócios pregam o desenvolvimento, mas quando se lhes depara a oportunidade de se definirem diante de um problema ou de suas soluções, revelam muitas vezes conhecimento incompleto do que seja o desenvolvimento, e o confundem, consciente ou inconscientemente, com a rentabilidade dos seus negócios, ou com a prosperidade de uma classe ou de uma região.

O desenvolvimento é, de fato, um processo de transformação social e econômica inçado de dificuldades e contradições. Muitas vezes está o governo certo de o estar fomentando, quando na realidade o contraria. Homens públicos de meia informação desperdiçam imensas energias perseguindo-o com providências que o afugentam. E se isso acontece nas esferas elevadas do Congresso e da Administração, mais ainda se acentua nas reivindicações de interessados.

Eis porque um pronunciamento como o do delegado brasileiro assume as proporções de um documento público, que ilumina a problemática da nossa economia, não só brasileira, mas latino-americana.

Em primeiro lugar, nele se contém a mais lúcida crítica até hoje feita do processo de nosso desenvolvimento. Começa mostrando que este prevalece, no plano de ação do Estado, sobre todos os problemas que com ele guardam afinidade, e que a mentalidade tradicional inadvertidamente lhe costuma sobrepor.

"Para os países latino-americanos, diz o documento, nenhum problema encerra conteúdo mais dramático, que o do desenvolvimento econômico. É mais importante que o da segurança, porque, nos dias hodiernos, a capacidade de defesa é um subproduto da abastança econômica. É mais importante mesmo que o da justiça social, porque só com o acréscimo de produtividade se aumentará a riqueza a repartir, e se eliminará a inevitável acrimônia da competição dos diversos grupos sociais por um produto estagnado ou decrescente. É ainda mais fundamental que o da estabilidade política, porque somente o desenvolvimento econômico é capaz de afrouxar as tensões entre os grupos, e, pela dilatação do horizonte da oportunidade, criar os níveis de tolerância necessários para a operação dos controles políticos."

Mais adiante analisa as peculiaridades do desenvolvimento após a II Guerra Mundial, notadamente os desequilíbrios espontâneos ou induzidos, que nele se verificam, mostrando como progredimos na consideração realista dos fenômenos que se processam em torno de nós, e afinal sintetiza, com percuciência, o que chamou de "quatro ilusões do desenvolvimento".

A primeira é a ilusão inflacionista, que consiste na euforia produzida pelo aumento dos meios de pagamento, enquanto daí resulta uma proliferação de investimentos e iniciativas, sem que se tenham elevado ainda os custos internos.

"Infelizmente, observa, a lua de mel da inflação com o desenvolvimento é assaz curta. Em breve passa ela a exercer efeito negativo sobre a poupança global, provoca distorção de investimentos e lhes diminui a produtividade, e reduz, finalmente, a capacidade de importar".

A segunda é a ilusão de que se consegue aumentar os recursos reais da comunidade substituindo, como agente econômico, a empresa privada pelo Estado. O nacionalismo totalitário, que é uma deformação política do verdadeiro nacionalismo – o democrático – vem desempenhar no processo de desenvolvimento o seu papel negativo, atuando como um fator de sobrecarga e desperdício.

A terceira é a ilusão da melhoria do nível de vida pelo acréscimo imoderado da capacidade de consumo da população. Medidas diversas vêm estimular a procura, não só dos bens produzidos no país, como de bens importados, ao mesmo tempo que diminui na sociedade a capacidade de poupar e de reaplicar riquezas em benefício do próprio desenvolvimento.

A quarta é uma ilusão tríplice. Consiste na superestimação do desenvolvimento industrial com prejuízo do agrícola: na tendência à mecanização supérflua; e na preferência sistemática pelos investimentos em equipamentos, com indesculpável subestima dos investimentos em educação. Ora, é mais fácil importar máquinas e construir represas do que formar engenheiros e administradores para as tarefas do desenvolvimento, mas sem estes não funciona a estrutura de um país industrializado.

Além de apontar as ilusões, o discurso aponta e comenta as soluções, e enquadra de maneira definitiva as perspectivas reais de uma colaboração interamericana.

O discurso do Ministro Roberto de Oliveira Campos não é apenas uma página de economista e homem de Estado. É um testemunho da maturidade intelectual, que vai conquistando o nosso país, através de seus homens representativos, para as tarefas de sua transformação econômica e social.

Desenvolvimento econômico e social - Domingo, 5 de janeiro de 1958

Em face da situação econômica do Brasil, é comum a tomada de uma das duas seguintes posições: a dos que consideram a estabilização da moeda o objetivo principal, e a ela se dispõem a sacrificar os planos de desenvolvimento: e a dos que põem em primeiro lugar os planos de desenvolvimento considerando os mesmos compatíveis com certo afrouxamento das medidas de contenção da inflação.

Nenhuma das duas posições é satisfatória. Nelas se exprime uma fase dialética do processo de desenvolvimento, cuja solução final é a conciliação dos contrários, ou seja, o desenvolvimento com estabilidade. Para alcança-la é necessário compreender e admitir uma verdade fundamental: que o desenvolvimento econômico, isto é, os projetos mediante os quais se procura aumentar a produção e a produtividade do país, elevando-lhe a renda nacional, podem ser financiados, ou com recursos oriundos da poupança pública e privada, ou com recursos oriundos da emissão. Os últimos são recursos inflacionários, e como tais, geram o encarecimento dos fatores de produção, a elevação dos custos internos, o declínio da exportação, a instabilidade monetária. Os primeiros são recursos não inflacionários, e como tais, sendo subtraídos ao consumo e destinados ao investimento, vão produzir a aceleração efetiva do desenvolvimento, sem repercussão desfavorável, antes com efeitos finais corretivos, sobre o valor da moeda.

Desenvolvimento com estabilidade significa, assim, desenvolvimento financiado com recursos de origem não inflacionária: receita de impostos, empréstimos do público, transferência de aplicações anteriores, subscrições de capital por particulares, ingresso de capital estrangeiro. Na medida em que o Governo for capaz de promover o "desenvolvimento com estabilidade", estará ele vencendo a contradição vital entre esses objetivos econômicos, isto é, passando da antítese à síntese.

Não é essa, porém, a única síntese, de que pende a validade da orientação governamental. Existe outra, que se eleva, por sua magnitude, ao nível de uma contradição fundamental do nosso meio e do nosso tempo, e que não precisa ser superada apenas na ação do Governo, mas também na consciência do povo, notadamente das classes proprietárias, que se têm mostrado a respeito pouco esclarecidas.

Referimo-nos ao pretenso conflito entre o maior desenvolvimento e a melhor distribuição da riqueza, ou em outras palavras, entre as exigências do desenvolvimento econômico e as reivindicações sociais do trabalhador.

Há quem sustente que o desenvolvimento econômico repousa, de modo substancial, na capacidade que tenha o Governo de conter as reivindicações do trabalhador, sobretudo as salariais, não só para que não se elevem os custos da produção, mas também para que não se incremente o poder de consumo da população com recursos que, se ficassem nas empresas, iriam aumentar o poder de investimento.

Esta tese tem o defeito congênito e insanável de encarar o problema econômico como independente do problema social, e de olhar as realidades da vida coletiva como variáveis dependentes unicamente da produção. De fato, se a produção aumentar, e puder ser obtida com emprego mais econômico de trabalho e capital, as condições resultantes serão mais favoráveis ao atendimento das necessidades do trabalhador. Sucede, porém, que as necessidades do trabalhador têm, muitas vezes, um limite de espera menor do que o tempo necessário ao cumprimento daquelas transformações, e sucede também que a parcela de renda não distribuída como salário, mas deixada na empresa, não vai, no regime econômico em que vivemos, necessariamente fomentar o investimento, e sim aumentar, em grande parte, o   poder de consumo de outra classe social, agravando o desnível econômico no seio da sociedade, e elevando as pressões políticas que se fazem sentir sobre as instituições.

Os que supõem que o progresso econômico possa ser implantado na compressão dos interesses do trabalhador escolheram para si uma estrada de decepções. Esqueceram-se de que a vida democrática se baseia no voto, e que os homens públicos, dos quais esperam uma atitude de recusa às reivindicações do trabalhador, dependem do voto deste para se manterem no poder. É, portanto, preferível que procurem superar a antinomia entre progresso econômico e reivindicações sociais, refletindo sobre ela à luz das realidades do nosso tempo.

Essas realidades se afastam muito das que cercaram a eclosão econômica dos povos plenamente desenvolvidos de hoje. A Inglaterra e o Japão enfrentaram o problema do desenvolvimento intensivo, a primeira com o advento da máquina a vapor, e o segundo com a ocidentalização processada no fim do Século XIX, num ambiente social que ainda era de passividade das massas e de plena posse dos controles políticos pela classe proprietária. Graças a isso, o desenvolvimento se obteve comprimindo o custo do trabalho, forçando a população a um nível ínfimo de consumo, e retendo nas mãos de uma classe de empresários bastante austera a maior parte da renda nacional, que era reaplicada nas empresas.

Os Estados Unidos desenvolveram-se numa era de livre circulação de homens (imigração intensiva) e capitais, com grandes transfusões de capital estrangeiro, que lhes permitiram atingir a taxas elevadíssimas de investimento, sem terem de comprimir o consumo nacional.

A União Soviética desenvolveu-se em recinto fechado, sequestrando nas mãos do Estado a renda nacional para investimentos planificados, e impondo ao povo um padrão de vida de tal sacrifício, que não lhe bastou usar o estímulo da ideologia política, foi necessário isolar o consumidor do contato cultural com outros povos, para não dar ensejo a reações psicológicas coletivas.

Nenhum desses esquemas clássicos de desenvolvimento se ajusta ao caso dos países subdesenvolvidos de hoje, notadamente ao do Brasil. Vivemos sob condições políticas e sociais inteiramente diversas, numa época em que o nível cultural das massas se elevou, tornando efetivo o exercício do sufrágio popular nos países que o admitem, e em que o sentido de justiça penetrou profundamente as relações sociais, combinando-se com o princípio de solidariedade humana, sucedâneo do antigo individualismo.

Nenhum progresso é hoje desejável, nenhuma elevação do bem-estar é admissível, se não vier beneficiar a todos. Acresce que a melhor distribuição da riqueza, formando ou fortalecendo uma classe social intermediária, diminui as tensões existentes no seio da sociedade, ao mesmo tempo que estimula a diversificação econômica, acelerando, por sua vez o desenvolvimento.

O grande problema que se apresenta, hoje em dia, a povos como o nosso, é, assim, o do enriquecimento com melhor repartição, de modo que não nos incluamos entre as nações economicamente divididas entre a opulência de uma classe e a miséria de outra, e que ao mesmo tempo, por um paradoxo catastrófico, repousam politicamente sobre o pronunciamento eleitoral da segunda. É certo que isso não significa aquiescência a toda e qualquer reivindicação dos trabalhadores. Há reivindicações nocivas ao desenvolvimento e, portanto, nocivas, em última análise, ao próprio trabalhador. Ninguém está, aliás, mais consciente disso do que as camadas mais esclarecidas do proletariado. Apenas, é preciso não esquecer que muitas reivindicações têm caráter de protesto, ou corretivo, contra desigualdades de tratamento econômico e social, e desaparece-rão à medida que a sociedade se for reestruturando e reorientando num sentido de equilíbrio e de justiça distributiva.

Não podem es países subdesenvolvidos de hoje — como o Brasil — desenvolver-se economicamente, sem também o fazerem socialmente. O enriquecimento econômico, no regime democrático baseado no sufrágio popular não consiste apenas, como alguns erroneamente pensam, em maior produção e melhor produtividade. Consiste também em distribuição mais justa. Se não houver distribuição mais justa, pode haver enriquecimento, mas não haverá democracia.

Desenvolvimento econômico e social – Segunda e terça-feira, 6 e 7 de janeiro de 1958

Em seu último editorial, o "Jornal do Commercio" acentuava que a consolidação do regime democrático no Brasil — e não só no Brasil, mas também em outros países de estrutura social e econômica semelhante — depende fundamentalmente da capacidade que tenhamos de coordenar o progresso econômico ao progresso social, ou em outras palavras, de conciliar o desenvolvimento e a melhoria da distribuição da riqueza.

Essa conciliação depende, em primeiro lugar, de uma renovação de mentalidade, a ser operada nas classes dirigentes e nas classes populares. Estas necessitam esclarecer-se sobre a interdependência que existe entre a elevação do nível de bem-estar social e o processo de aumento da produtividade e da riqueza. Sem que a nação enriqueça, sem que se eleve a renda nacional, toda melhoria de repartição é ilusória, pois não consegue ser mais do que a distribuição da pobreza.

Aquelas — as classes dirigentes — precisam compreender que a manutenção do regime democrático, isto é, das liberdades públicas, depende de atenuar-se, por um esforço eficaz e progressivo, a desigualdade econômica reinante na sociedade. Sem uma elevação constante do nível de vida das classes populares, na razão de sua ascensão cultural e do enriquecimento geral do país, a ordem política periclita, pois ninguém pode esquecer que é sobre as massas, e não sobre minorias economicamente mais favorecidas, que repousa hoje em dia o poder.

A conciliação entre o aumento da riqueza e a sua melhor distribuição é, assim, um imperativo da nossa época. Esse imperativo não se faz sentir apenas no interior da sociedade, isto é, nas relações entre classes, mas também nas relações entre Estados. Assim como a insatisfação econômica das classes populares ameaça, no interior de um Estado, a estabilidade das instituições políticas, assim a excessiva desigualdade entre Estados plenamente desenvolvidos e Estados subdesenvolvidos, a braços com o pauperismo, debilita o mundo democrático e mantém sobre ele a ameaça permanente da recessão.

Diminuir o intervalo excessivo criado entre as classes, ou entre as nações, pela desigualdade econômica, tornou-se, no mundo de hoje, o único meio de defender e consolidar a ordem democrática. A desigualdade, como "status quo" consentido e preservado, é incompatível com a solidariedade, e assim sendo, ameaça, tanto a solidariedade entre as nações, como a solidariedade entre as classes, que é a força coesiva indispensável a todo organismo político.

A mesma razão histórica que força os Estados Unidos a uma política de cooperação internacional em grande escala para ajudar outros povos a vencerem o subdesenvolvimento econômico, elevando-se a uma estrutura condizente com a verdadeira solidariedade entre as nações livres, milita para que as classes dirigentes de um país pratiquem uma política de entendimento com as massas, associando-as ao enriquecimento nacional e dando aos seus problemas as prioridades necessárias para que não se tornem forças centrifugas, por elas próprias incontroláveis.

Essa política do entendimento com as classes populares, e de reorientação dos critérios de prioridade consagrados, não pode ser, no Brasil de hoje, o privilégio de um único grupo partidário. O partido que quiser fugir a ela pratica um ato consciente de automutilação, não só porque se coloca ao arrepio da corrente histórica de sua época, como porque entra na linha de um egoísmo de classe, em cujo termo se encontra a destruição da própria democracia.

Tem a UDN no seu seio líderes de acento popular, cuja consciência está aberta às realidades do nosso tempo e do nosso meio, e que já se acham empenhados francamente num programa de ação inspirado no espirito de re-entendimento social e de despersonalização. Os que supõem que os contatos sindicais procurados por líderes udenistas de primeira plana são inspirados apenas por propósitos eleitorais, minimizam injustamente as intuições do espirito público desses líderes, empenhados na atualização do partido sem quebra de suas características positivas tradicionais.

Tem o PSD grandes possibilidades e meios de absorver o sentido social, que a política reclama nos dias de hoje, beneficiando-se, para isso, da flexibilidade de sua estrutura e do empirismo realista, que sempre presidiu às suas atitudes. O grande partido sofre apenas, neste instante, de uma crise de chefia sem precedentes na nossa história republicana, com o seu sistema subdividido em grupos, alguns, aliás, de extraordinária vitalidade.

Quanto ao PTB, é justo dizer-se que o seu ponto de partida é o mais favorável, pois foi em grande parte o crescimento de sua legenda eleitoral que revelou a presença, e sobretudo a concentração densa das classes populares na arena política. Seu problema é construir para essa corrente de opinião, que se abriga sob a insígnia partidária, um sistema de ideias, capaz de assegurar ao trabalhador não só penetração nas urnas, mas também domínio dos problemas. Domínio dos problemas significa, num primeiro tempo, compreensão plena, e num segundo, capacidade de pleitear solução adequada.

O sentido social da política é, portanto, um alvo acessível aos partidos. A prova histórica a que eles serão submetidos, neste instante, é a capacidade de compreenderem ou não essa realidade, e de se tornarem meros detentores de uma soma inerte de influências, vinda de lutas anteriores, ou condutores de uma nova força, que está presente nas transformações da sociedade contemporânea, e tanto pode ser levada a uma obra de progresso social e consolidação democrática, como pode ser abandonada a reações de resultante imprevisível.

Desenvolvimento regional - Quarta-feira, 7 de agosto de 1957

De acordo com estudos divulgados, o desenvolvimento econômico do Brasil se processou em ritmo satisfatório até o ano da 1951. De 1947 a 1954 o crescimento "per capita" da economia brasileira manteve uma taxa de 3% anuais. A partir de 1955, entretanto, devido a razões sobejamente conhecidas reduziu-se esse ritmo de expansão. Há indícios, entretanto, ainda imprecisos, de que em 1957 o produto nacional "per capita" retome aqueles níveis de três anos atrás. Deixando para outra oportunidade estas considerações sobre a evolução global da economia brasileira, examinemos de maneira sucinta, como este desenvolvimento se tem realizado no âmbito geoeconômico.

A "Exposição Geral da Situação Econômica do Brasil", em 1956, do Conselho Nacional de Economia, no capítulo referente aos aspectos regionais da situação econômica do país, procura mostrar como a economia brasileira tem se comportado no âmbito regional.

É sabido que num país como o Brasil, uma apreciação global de sua economia implica no exame dos seus principais fatores sob um prisma regional, para o que seria necessário constituir primeiro um quadro das regiões econômicas, independentemente dos fatores políticos e geográficos, refletindo de maneira realista os seus aspectos econômicos diversos.

Tendo em vista esta necessidade, o Conselho Nacional de Economia procurou examinar as diversas condições de desequilíbrio existente no crescimento das economias regionais, partindo da estrutura prevalecente em 1950. Desta forma, considerou o território nacional dividido em quatro regiões: Norte — Amazonas, Acre e Pará; Nordeste — Maranhão, Piauí, Ceará, Rio Grande do Norte, Paraíba, Pernambuco e Alagoas; Leste — Sergipe e Bahia; Centro-Sul — Minas Gerais, Espirito Santo, Rio de Janeiro, Distrito Federal, São Paulo, Paraná, Santa Catarina, Rio Grande do Sul, Mato Grosso e Goiás.

Essa distribuição regional do país não é rigorosa, notadamente no que concerne à região Centro-Sul, onde se registra maior heterogeneidade, não só no que respeita à densidade demográfica das diversas áreas, como também às grandes discrepâncias da estrutura econômica. Até que se possa, porém, elaborar uma outra, que atenda com maior precisão à realidade, esse trabalho preliminar muito esclarece sobre o assunto e pode ser utilizado sem hesitação.

O Conselho Nacional de Economia conduziu sua análise de maneira a mostrar a estrutura econômica dessas regiões no ano de 1950, aproveitando-se dos dados computados pelo Recenseamento Geral do Brasil. Para períodos de comparação mais recente, valeu-se das estatísticas disponíveis referentes ao ano de 1955.

Em 1950, a renda "per capita" das regiões acima mencionadas em relação à renda "per capita" do Brasil, apresentou-se com o seguinte comportamento: Norte — 52%; Nordeste — 46%; Leste — 49%; Centro-Sul -- 132%. Já em 1955, essa participação foi de respectivamente 48%, — 38%, — 46%, — e 133%. Verifica-se pois que embora não se tenha assinalado grande desproporcionalidade de equilíbrio nas três primeiras regiões (as menos desenvolvidas), é acentuadamente forte a discrepância existente entre estas e a região Centro-Sul. Também, torna-se evidente que de 1950 para 1955, a renda "per capita" das regiões menos desenvolvidas perdeu substância em termos de crescimento, em relação ao Centro-Sul, acentuando-se esse fato principalmente no Nordeste.

As três primeiras regiões, em 1950, produziam uma renda "per capita" que correspondia a cerca da metade da renda média por habitante de todo o país. Enquanto isto, a Região Centro-Sul gerava uma renda "per capita" 1,3 vezes mais do que a renda média do país. Quanto aos padrões econômicos, em 1950 a região Centro-Sul apresentava um nível 2,6 vezes mais elevado que as demais. Em 1955, essa proporção era de 3 vezes superior. Nesse ano, a situação, como vimos, modificou-se ligeiramente. Essa discrepância regional apresenta-se maior comparada à renda por habitante dessas regiões com algumas unidades federadas da Região Centro-Sul. como Distrito Federal, São Paulo e Rio Grande do Sul, segundo mostra o quadro, também elaborado pelo Conselho Nacional de Economia, com dados da Fundação Getúlio Vargas, que publicamos na secção A Situação Econômica deste Jornal.

As cifras acima mostram quão grandes são estas disparidades explicadas em grande parte pela estrutura da população economicamente ativa nas diversas regiões do Brasil. Uma rápida observação do fenômeno revela, segundo salienta o Conselho Nacional de Economia, que em 1950, enquanto as regiões Nordeste e Leste empregavam cerca de 60% da sua população em atividades primárias, a Região Centro-Sul empregava 44,3% e o Brasil como um todo, 49,3%.

Também é necessário considerar o problema sob o ponto de vista da produtividade "per capita" da população economicamente ativa. O segundo quadro mostra o acentuado desnível da produtividade entre as diversas regiões econômicas do país.

A produtividade do trabalhador rural na região Centro-Sul em 1950 era duas vezes maior que na do Norte, e cerca de 2,8 vezes mais elevada do que a das regiões Nordeste e Leste. O Centro-Sul detendo na agricultura somente 44,3% da sua população economicamente ativa produz nesse setor pouco mais de 31% da renda. Exemplificando, se a produtividade da agricultura na região Centro-Sul fosse idêntica à do Nordeste, a renda agrícola dessa região seria apenas de 14,3% do total regional, e não 31%, como foi constatado.

Quanto às demais atividades econômicas, o trabalhador industrial produz no Centro-Sul 9 vezes mais que no Norte, 2,5 vezes mais que no Nordeste e 2,8 mais que no Leste. A produtividade nos serviços diversos do trabalhador sulino é 1,6 vezes mais elevada que a do homem do Norte e aproximadamente 2,2 que o das regiões Nordeste e Leste. Em outro editorial, procuraremos analisar as causas mais salientes desse desenvolvimento irregular da economia brasileira.

Desenvolvimento regional - Quinta-feira, 8 de agosto de 1957

Em nosso editorial do ontem, abordando através da exposição do Conselho Nacional de Economia os aspectos regionais da economia brasileira, prometemos voltar ao assunto para analisar as causas mais relevantes do desequilíbrio econômico regional.

O estudo comentado indica com precisão a existência de acentuado desequilíbrio entre as regiões Norte, Nordeste e Leste relativamente à região Centro-Sul. A medida do fenômeno é dada através das cifras referentes à renda "per capita" e da produtividade por habitante economicamente ativo.

Inicialmente, cumpre ressaltar que os desequilíbrios regionais são ocasionados não só por diversidade dos recursos naturais, mas também pela sensível desigualdade na orientação dos investimentos. Como é natural, numa economia de livre empreendimento, os investimentos se orientam para as áreas mais desenvolvidas, em consequência da maior rentabilidade dos capitais aplicados nas atividades dessas regiões. Por outro lado, a existência de economias externas — ferrovias, rodovias, energia elétrica, armazéns - constitui incentivo a essas inversões pela maior produtividade que proporcionam ao capital invertido, influindo na formação de novas poupanças.

Essa normal atração dos capitais pelas atividades econômicas da área mais desenvolvida, que é a Centro-Sul do país, poderia ser compensada se a intervenção governamental orientada não só pelo lucro, mas pela procura de maior bem-estar à coletividade nacional, lograsse, através dos seus diversos órgãos executivos, um nível mais eficiente de coordenação dos empreendimentos regionais. Entretanto, razões de natureza política, ou ligadas à estrutura social dessas regiões, impedem que os propósitos governamentais frutifiquem. A produtividade se revela extremamente baixa, em virtude de não se estabelecerem prioridades indispensáveis entre as inversões, nem se obter coordenação com as já existentes ou programadas por outros organismos, ou mesmo pelos governos locais.

Nas regiões menos desenvolvidas — Norte, Nordeste e Leste — a grande massa da população está empregada em atividades primárias. Estas atividades apresentam rendimentos "per capita" muito baixos. As causas deste baixo rendimento, tanto na agricultura como na indústria, estão estreitamente ligadas a deficiências de infraestrutura, notadamente no que diz respeito à ausência de condições de barateamento de custo e regularização do trabalho.

Também a deficiência de recursos técnicos e de espírito empresarial muito contribui para aquele baixo rendimento das atividades econômicas dessas regiões. Um outro fator importante que deve ser tomado em consideração é o das migrações inter-regionais, fenômeno este que se tem processado de maneira cada vez mais acentuada nos últimos anos.

A propósito deste último aspecto, relacionado com a transferência da população, cabem algumas ressalvas. O que constitui elemento positivo de desenvolvimento econômico não é a simples rarefação da população rural, em benefício da urbana, mas uma diminuição efetivamente compensada pela melhoria de produtividade das atividades agropecuárias.

Sob este aspecto a situação brasileira não se revela muito favorável, apresentando em vez de resultados positivos, aspectos pouco animadores. A transferência de população das regiões de produção primária, para as da produção mais avançada, só conviria ao desenvolvimento se fosse feita, em primeiro lugar sem redução da produção de alimentos e matérias primas, mas com aumento desta, através da substituição da mão de obra por processos mecânicos. Também seria desejável que essa transferência de população se encaminhasse no sentido de uma urbanização equilibrada Entre nós, conquanto se acredite que grande parte da população transferida das regiões menos desenvolvidas para a região Centro-Sul represente excedentes de população rural, cuja produtividade marginal é baixa ou mesmo nula, também é certo que se criou um aumento da demanda nos centros urbanos, superior ao ritmo do crescimento da oferta de produtos agrícolas. É verdade que a produção rural para consumo interno, tem crescido em proporção superior à do desenvolvimento demográfico. Todavia a procura de alimentos nas cidades parece ter evoluído em ritmo bem mais acelerado.

Outro fenômeno estreitamente ligado ao desequilíbrio regional é o que diz respeito à relação de trocas, isto é, a relação entre os preços pagos pelas áreas subdesenvolvidas para as suas importações, comparativamente aos auferidos pelos seus produtos de exportação. Sob este aspecto, as três regiões brasileiras de mais baixa renda "per capita" têm obtido sempre resultados desfavoráveis. Ainda com sérias repercussões no presente, anos atrás, as áreas subdesenvolvidas do Brasil vinham exportando para o exterior a uma taxa cambial de sacrifício e comprando no estrangeiro ou no sul do país a taxas elevadas. O grosso de suas importações provinha por via de cabotagem da região Centro-Sul, e seus preços refletiam a inflação interna. Esse sistema determinava a imposição de perdas consideráveis àquelas economias incipientes.

As considerações acima feitas indicam ser necessária a elaboração de estudos especializados por parte dos órgãos competentes — Banco do Nordeste do Brasil, Superintendência da Valorização da Amazônia, Instituto de Economia e Finanças da Bahia e etc. — a fim de esclarecer e orientar os homens de negócios e administradores no sentido de uma solução mais adequada a esse problema.

Uma fórmula intermediária, que conciliasse os interesses do curso normal dos investimentos privados com os programas governamentais poderia proporcionar resultados satisfatórios.

Razões políticas e de solidariedade nacional impedem que se admita o adiamento dos problemas das regiões menos desenvolvidas, sob a alegação de que só quando as áreas se aproximem do nível de pleno emprego ou mesmo de hiper emprego, os investimentos nas áreas menos desenvolvidas se tornam econômicos. Esse esquema, no caso brasileiro, levaria ao abandono de regiões fundamentais, a que devemos, na medida de nossas possibilidades, proporcionar desenvolvimento econômico para assegurar-lhes mais alto nível de bem-estar e distribuição mais equitativa da renda no seio das populações.

Despesas militares - Domingo, 8 de dezembro de 1957

As nações latino-americanas estão a braços com o problema da constante elevação de suas despesas militares. Ninguém pode pôr em dúvida a alta prioridade de que devem desfrutar os gastos relacionados com a segurança nacional, mas nem por isso deixa de ser tremendo o peso que exercem tais encargos sobre a economia de um país, empenhando recursos que poderiam – se as necessidades da defesa não os reclamassem — beneficiar de maneira intensa os programas de industrialização e desenvolvimento.

O que dá ao problema seu aspecto mais agudo, é que os programas de desenvolvimento econômico fazem parte de toda política de segurança nacional. Não há, entre segurança e desenvolvimento, uma oposição, mas uma complementação, e tão estreita, que todo abandono, mesmo parcial ou temporário, da política de desenvolvimento constitui uma quebra do princípio de segurança, e ameaça tanto a independência econômica, como a independência política do país.

Em outra época era possível admitir que as necessidades da segurança consistissem principalmente, ou mesmo exclusivamente, na manutenção de efetivos numerosos e no armazenamento de armas. Hoje, portanto, a capacidade de enfrentar a agressão não pode basear-se no que se encontra nos arsenais, por melhor aparelhados que sejam, pelo risco quase imediato de obsolescência, mas deve resultar da capacidade industrial para produzir, da capacidade cientifica e tecnológica para inventar e aperfeiçoar, e da capacidade política e diplomática para obter das fontes industriais estrangeiras, por compra ou por simples entrega, os equipamentos a utilizar.

Não é essa, seja logo esclarecido, a situação apenas do Brasil e dos países latino-americanos. Nas mesmas condições se encontram os Estados europeus, como a Inglaterra, a França, a Itália, cujas economias são consideradas plenamente desenvolvidas. Se um conflito de escala mundial arrastar esses países, é com as armas dos Estados Unidos, seus aliados naturais, que eles combaterão, e com as que puderem ser produzidas, sob a pressão da demanda bélica, por suas próprias indústrias.

As armas de que dispõem as nações têm, no mundo contemporâneo, duas finalidades: servem de material de treinamento, para que a oficialidade se mantenha habilitada a manejar, em caso de guerra mundial ou regional, as que lhe forem confiadas; e servem como armamento efetivo para a hipótese, que o progresso das relações internacionais e da ação diplomática vai tornando cada vez mais improvável, da guerra colonial ou da guerra localizada, entre vizinhos.

Seria exagerado otimismo dizer que os Estados americanos já se encontram a salvo do perigo da guerra entre vizinhos. O Tratado interamericano de Assistência Recíproca, firmado no Rio de Janeiro, já criou um mecanismo regional para repelir qualquer agressão no hemisfério e restabelecer a paz, e esse mecanismo baseado na consulta e na ação coletiva, até agora se vem mostrando merecedor da confiança que nele depositaram os Estados americanos. É sempre plausível, entretanto, a hipótese de uma ruptura da paz continental, e os Estados devem conservar-se preparados para enfrentá-la.

É para essa hipótese, dia a dia mais improvável (e improvável porque absorvida nas probabilidades de um risco maior), que os Estados mantêm organizados tradicionalmente seus dispositivos de defesa, e força é confessar que não lhes é ainda possível modificá-los de maneira substancial.

Três ideias, porém, abrem o caminho da renovação, e parecem conduzir a um equacionamento mais perfeito do problema para o qual se busca solução.

A primeira é a da extensão da política de segurança ao campo do desenvolvimento econômico. Se a guerra é hoje ganha pela ciência e conduzida pela indústria, ao menos tanto quanto pelos exércitos e esquadras, é claro que a ciência e a indústria estão no âmbito da segurança nacional, fazem parte integrante dela, e sua expansão e modernização não requerem cuidados menores do que a manutenção de efetivos e aquisição de armamentos no exterior. Desenvolver certas indústrias, aperfeiçoar transportes, garantir suprimentos de combustíveis, podem ser e são considerados pelos chefes militares programas fundamentais para a segurança, cujo grau de prioridade nenhum outro está em condições de disputar.

A segunda ideia é a de que a natureza da guerra moderna está reclamando uma concepção inteiramente nova da própria organização das forças armadas e da formação dos indivíduos que as integram.

O nível de preparo de um oficial para as tarefas de caráter nitidamente militar tornou-se muito elevado. E os contingentes de praças, que formavam o corpo das forças armadas, nas condições da guerra moderna, de mobilização total, mudam também de sentido e de composição.

A terceira ideia, finalmente, é aquela, acima exposta, de que o programa de armamentos de um Estado tem hoje um duplo caráter: de treinamento, em relação a uma guerra de escala mundial; de prevenção, em relação a uma guerra pouco provável, mas ainda possível, nos limites da área geográfica a que pertence o Estado. Esta terceira ideia tem o mérito de permitir que os pequenos Estados também cogitem, sem quebra do princípio de segurança, mas até com maior atendimento dele, de um programa de desarmamento relativo, circunscrito à área geopolítica em que se acham situados.

A ideia tem sido agitada muitas vezes, em círculos autorizados, sobretudo diplomáticos e militares, e o seu alcance, em benefício da própria política de segurança é considerável, quando se pensa que a economia de recursos, facultada por um plano de limitação de armamento regional, reverteria em benefício de programas de interesse tanto militar como civil, tais como energia nuclear, petróleo, estradas de ferro, indústrias de base e pesquisa científica.

Robustecer o Estado nas suas potencialidades industriais é a melhor das formas de prepará-lo para a defesa de sua autonomia política e de sua ordem social. Desse modo confluem as três ideias para um tratamento renovado desse magno problema, não só do Brasil, mas de todos os Estados latino-americanos, que é, afinal, o da articulação profunda entre os objetivos da segurança e os do desenvolvimento.

Em outro editorial, o "Jornal do Commercio" apreciará algumas ideias que têm sido apresentadas a respeito.

Despesas militares - Segunda-feira, 9, e terça-feira,10 de dezembro de 1957

Ao tomar posse, há duas semanas, da Vice-Presidência do Conselho da Organização dos Estados Americanos, o Embaixador Gonzalo Facio, da Costa Rica, retomou a ideia de um plano de limitação de armamentos da América Latina, com o fim de possibilitar a consagração dos imensos recursos, hoje aplicados na corrida armamentista regional, a planos de desenvolvimento econômico indispensáveis à segurança nacional de cada um desses Estados.

Declarou o Embaixador: "O desenvolvimento do nosso sistema jurídico tornou impossível a guerra intracontinental; se porventura formos agredidos pela única potência externa que devemos recear, os exércitos e os armamentos em cuja manutenção ou aquisição os países latino-americanos despendem centenas de milhões, seriam impotentes e obsoletos em face das armas nucleares e projéteis balísticos intercontinentais."

E mais adiante: "Não terá chegado o momento de pensarmos num plano de desarmamento, pelo menos parcial, para os países latino-americanos? Não seria muito maior a nossa contribuição para a causa ocidental se, ao invés de despendermos vastas somas em despesas estritamente militares, utilizássemos esses recursos para aumentar a produtividade de nossos países e elevar o padrão de vida de nossos cidadãos?"

As ideias assim apresentadas pelo Vice-Presidente do Conselho da O.E.A. são as mesmas que o Secretário do Tesouro Norte-Americano, Sr. Robert B. Anderson, fez ouvir em Buenos Aires, na Conferência Econômica Interamericana, ali reunida em agosto. É digno de atenção que o Departamento de Estado até então parecera sempre inclinado a encorajar o armamentismo latino-americano, sem definir com clareza de que modo relacionava essa inclinação com o esforço comum antissoviético, que procura comunicar a política do Hemisfério.

Se é certo que as considerações acima aludidas traduzem uma aspiração cada dia mais insistente das nações latino-americanas, às quais estão sendo muito pesados os sacrifícios impostos pelos programas militares, não é menos certo que se faz necessária uma compreensão exata do problema para evitar exageros em sentido contrário e perigosas incompreensões.

O primeiro ponto a deixar bem claro é que uma política de limitação de armamentos não pode constituir, de forma alguma, uma diminuição do princípio de segurança nacional, ao qual deve estar submetida a própria política do desenvolvimento.

O segundo ponto é que o desenvolvimento econômico, em se tratando dos países sul- americanos, faz parte da política de segurança nacional, como seu essencial pressuposto, não só porque o baixo nível de vida da população é fonte permanente de agitação social e de desordem política, mas também porque não há programa de defesa militar que não se baseie, hoje em dia, num grau satisfatório de solução para o problema dos transportes, das fontes de energia, das indústrias de base e da pesquisa cientifica.

Substituir as iniciativas indispensáveis à solução integral desses problemas pela simples aquisição de armamentos e pela pura manutenção de efetivos, longe de significar uma política de segurança nacional, pode significar uma política de insegurança, e é por isto que a limitação de armamentos pode vir a ser considerada, de fato, um meio eficaz de assegurar, a um só tempo, maior bem estar social e maior segurança militar e política.

Alguns dados estatísticos ilustram a seriedade do problema. O Chile, o Peru e o Brasil são países localizados, infelizmente, nas faixas mais inferiores de renda nacional e padrão de vida, onde, além disso, a desvalorização constante da moeda vai procedendo a uma destruição das poupanças privadas, e obrigando o Erário a arcar com a responsabilidade de um número crescente de atividades básicas. Não obstante isso, em 1958 as despesas puramente militares absorveram, tanto no Chile como no Brasil, cerca de 29% do orçamento, e no Peru 22%, porcentagens que são equivalentes às despendidas por países como a Inglaterra e a França, cujas responsabilidades militares decorrem de uma posição estratégica bem mais crítica e de encargos coloniais muito extensos. No mesmo ano o Japão e a Itália despenderam respectivamente 14% e 17% do seu orçamento com a defesa, enquanto a Noruega e a Suécia se mantinham entre 20 e 21%. É digno de nota que o México e a Venezuela — os dois países latino-americanos de maior índice de desenvolvimento nos últimos anos — não foram além, nos seus gastos militares, de 12% e 9% dos orçamentos respectivos, em 1956.

No orçamento para 1958 agravou-se ainda mais o ônus imposto à economia do país, chegando acima de 30%, o que se torna especialmente grave ao pensarmos que as despesas com armamentos, nos Estados Unidos e no Canadá ainda representam encomendas substanciais feitas à indústria nacional, enquanto no Brasil traduzem compras no estrangeiro e gastos com pessoal.

Se os países latino-americanos têm a sua situação política e militar colocada ainda em termos tão precários por defeitos da estrutura econômica e tecnológica em que repousa qualquer sistema moderno de defesa eficiente, é lógico que teria todo cabimento um esforço coletivo para aliviar as grandes pressões orçamentárias hoje exercidas pelos gastos de pessoal e material, em benefício daqueles programas de complementação e desenvolvimento, que sendo essenciais ao bem-estar civil, são também indispensáveis ao fortalecimento militar.

Um plano de limitação de armamentos seria, na América Latina de hoje, um dos mais construtivos programas a que a Organização dos Estados Americanos poderia realmente dedicar-se. Nenhum país pode tomar isoladamente essa iniciativa, já que a cota de armamentos tem caráter eminentemente proporcional, ajustando-se a um equilíbrio de forças dentro da área geopolítica a que todos pertencem.

A última palavra nesse assunto não pode deixar de caber aos Estados-Maiores, mas o planejamento de uma ação construtiva, orientada por aquelas finalidades, cabe às Chancelarias, que hoje respiram em todo o Hemisfério uma atmosfera de confiança e de paz.

Empresa pública e privada - Quarta-feira, 24 de abril de 1957

Travam-se hoje duas batalhas cruciais para a sobrevivência da indústria privada no Brasil.

A primeira é a ameaça de greve dos empregados da Companhia Paulista de Estradas de Ferro, em busca de equiparação de salários aos da Estrada de Ferro Santos a Jundiaí.

A segunda é a dos empregados da navegação mercante particular, que pedem equiparação de salários aos das empresas federais: Loide e Costeira.   .

A opinião pública ainda não mediu a gravidade do problema. Se a Cia. Paulista fosse obrigada a aceitar os níveis de salários impostos à Santos-Jundiaí — ferrovia superavitária até o advento dos aumentos salariais instituídos pela Lei n.º 2.743 de 13 de março de 1936 — estaria fadada a desaparecer como empresa privada. Tal medida importaria no aumento das despesas de pessoal, de 894 milhões de cruzeiros para cerca de um bilhão e 700 milhões. Não haveria a menor possibilidade de cobrir essa despesa com aumento de tarifa, pois, mesmo nos níveis tarifários atuais, a Paulista já está ameaçada de perder terreno ante a concorrência das empresas rodoviárias, isentas dos encargos trabalhistas votados pelo Congresso. Teria assim que viver de subvenções, e em breve se juntaria ao rol das estradas de ferro federais, cujo "déficit" de custeio hoje representa um ônus anual de Cr$ 12 bilhões para a União, ou seja, praticamente mais de um décimo do Orçamento.

O Congresso tem agido com espantosa irreflexão ao legislar sobre salários e benefícios para os empregados ferroviários, sem tomar em conta a produtividade das ferrovias, seu esforço de tráfego e sua receita. Daí decorrem vários inconvenientes e absurdos.

O nível do salário ferroviário fica em completo desacordo com a estrutura geral dos salários. Assim, ao passo que um trabalhador braçal tem o salário mínimo de Cr$ 3.000 a Cr$ 3.700, no Estado de São Paulo, um trabalhador braçal da Santos-Jundiaí aufere cerca de Cr$ 8.000, nível superior ao de inúmeras ocupações que exigem treinamento e qualificações.

Os favores excessivos da aposentadoria, inclusive a instituição manifestamente inconstitucional da dupla aposentadoria, além de onerarem o

Tesouro, arruínam as economias das estradas e das caixas de pensões ferroviárias.

A elevação de intuitos puramente demagógicos dos níveis salariais das classes não qualificadas, em contraste com as elevações insignificantes observadas nos níveis profissionais e gerenciais, tem causado, além disso, a crescente deserção de técnicos qualificados das ferrovias e uma pressão intolerável sobre a administração para admissão de um número cada vez maior de trabalhadores não qualificados.

Daí resulta um processo de deterioração irreversível. Enquanto nos países que dispõem de sistemas ferroviários eficientes, como os Estados Unidos, a França e o Japão, a tendência vem sendo de redução de pessoal, no Brasil, o número de empregados ferroviários cresce à taxa anual média de 1%, sendo a Santos-Jundiaí a única estrada federal que nos últimos anos logrou, sem diminuição de eficiência, reduzir o número de empregados.

Se prevalecesse a pretensão dos empregados da Paulista, iríamos assistir ao fim, como empresa privada, de uma estrada que logrou ser classificada entre as mais eficientes do mundo e que é uma das glórias legítimas de São Paulo e do Brasil. É apenas por um milagre de produtividade e eficiência, que a Companhia Paulista vem conseguindo resistir aos sucessivos impactos da demagogia ferroviária no Brasil, absorvendo custos crescentes através de reajustamentos de tarifas, tornados cada dia mais difíceis pela concorrência rodoviária, e de melhoria da eficiência através da conversão da tração a vapor em tração a óleo Diesel.

É certo que num país de custo de vida ascensional, a melhor atenção deve ser dispensada às legítimas reivindicações dos trabalhadores. Mas essas reivindicações, no caso das ferrovias, têm sido politicamente exacerbadas, a um ponto insuportável para qualquer empresa que deseje operar industrialmente, e não à custa de subvenções oficiais.

O que é, porém, especialmente grave, é observar-se que esses riscos, em que pode soçobrar uma empresa da experiência, do sucesso e do renome da Paulista, não provêm de um erro de sua administração ou de qualquer perda de eficiência verificada em suas operações, mas resultam da interferência governamental, da imprevidência legislativa, contra as quais não tem como defender-se a indústria privada.

Esforça-se a Companhia por concluir com seus empregados um acordo de execução já difícil, em que a equiparação de salários seja feita não à

Santos-Jundiaí, mas à Sorocabana, e há possibilidades de sucesso nessa solução. Mas já se cogita de impor à Paulista a transformação de sua hierarquia de cargos e funções, fruto de uma longa experiência, e com isso mais uma vez se viola o princípio de autonomia indispensável ao sucesso da iniciativa particular.

Numa hora em que o desenvolvimento econômico se tornou o imperativo da nacionalidade, a agressão à empresa privada e a destruição de suas condições de vida tornaram-se índice de dois estados de espírito igualmente indesejáveis: da mentalidade atrasada e ineficiente em que vegeta uma parte da burocracia e da classe dirigente: e da atitude ideológica, expressa ou disfarçada, dos que trabalham em favor do advento de uma forma de Estado totalitário.

A defesa da iniciativa privada, no terreno econômico, é hoje, na verdade, uma trincheira avançada da defesa da liberdade política.

Empresa pública e privada - Quinta-feira, 25 de abril de 1957

A concorrência entre a empresa privada e a empresa estatal assume, nos dias de hoje, em mais de um setor da economia brasileira, aspectos de excepcional gravidade, para o desenvolvimento econômico do pais. Essa concorrência não poderia ser senão vantajosa, se a empresa pública não fosse levada, por motivos políticos, a elevar os seus níveis de salários, e, por conseguinte os seus custos de produção, tornando difícil, e em alguns casos insustentável, a posição das empresas privadas, que desejam operar em bases econômicas.

Se a empresa pública eleva os seus salários acima das necessidades impostas pelo custo de vida na região, a empresa privada não consegue suportar por muito tempo pressão exercida por seus empregados, que buscam tratamento idêntico, e a consequência acaba sendo, inclusive por interferência das autoridades administrativas de que dependem essas empresas, a concessão de salários iguais, com a implantação de um "déficit", que o Governo se dispõe a corrigir mediante subvenção oficial.

Que representa, na verdade, essa subvenção? Representa o simples lançamento sobre o Tesouro dos prejuízos da operação industrial de empresas que deixaram de conseguir prestar seus serviços ou produzir suas utilidades por preços inferiores aos de venda, sejam estes tarifados ou não. No caso das empresas públicas o prejuízo não toma a forma de subvenção, mas de "déficit" puro e simples, a ser coberto pelo Tesouro com recursos hauridos da população através de tributos e da alta de preços, e, o que ainda é pior. com empréstimos tomados ao Banco do Brasil à custa de emissões. Já no caso das empresas privadas, a cobertura do prejuízo assume a forma de subvenção.

Em seu editorial de ontem, o "Jornal do Commercio" apontou à atenção do Governo e dos leitores o drama que está sendo vivido pela Companhia Paulista de Estradas de Ferro, em virtude das condições de competição salarial insuportáveis, criadas pelo Governo na Estrada de Ferro Santos-Jundiaí. Um segundo problema, de gravidade não inferior, é o das companhias particulares de navegação, que fazem a cabotagem nos portos brasileiros, em concorrência com a frota federal do Loide e da Costeira.

Pode parecer, à primeira vista, que as empresas federais elevaram seus salários sob a influência, que seria justificada, da variação do custo de vida. Na verdade, porém, a elevação excedeu de muito a medida dessa variação: um simples moço de convés, cujos serviços não dependem de qualquer habilitação especial, recebe no Loide e na Costeira muito mais do que o salário mínimo.

Esses aumentos de salários, na administração pública, têm obedecido a propósitos demagógicos, veiculados por pessoas, cujo senso de responsabilidade, em face da situação econômica do país, não merece indulgência. Na verdade, por obra desse, e também de outros fatores, as duas empresas oficiais de navegação chegaram à situação intolerável de terem que solicitar cobertura para um "déficit" da ordem de 780 milhões de cruzeiros para a Costeira e 1 bilhão e 400 milhões de cruzeiros para o Loide. Quer dizer que a nação está pagando aos empregados dessas empresas um salário, que a produtividade econômica de ambas não suporta, e que elas, em vez de empresas verdadeiramente industriais, são hoje, em grande parte, distribuidoras de assistência social, com o encargo de pensionar, à custa do erário, o numeroso pessoal de que se compõem os seus quadros.

O que torna, porém, catastrófica essa desorientação administrativa é a inevitável propagação dos seus efeitos às empresas privadas de navegação. Ganhando nestas um salário compatível com a rentabilidade do transporte marítimo, e observando ao mesmo tempo o nível salarial — diríamos melhor, assistencial — assegurado aos empregados do Governo, os empregados reclamam igualdade de tratamento. Se as empresas privadas os atenderem, sofrerão um aumento de custo operativo, que só poderá ser coberto com um acréscimo de tarifas de cerca de 40%.

Ora, qualquer aumento de fretes marítimos seria ruinoso para a economia nacional. O papel da navegação de cabotagem, entre nós, é realizar a integração econômica dos Estados disseminados ao longo da costa, do extremo norte ao extremo sul, garantindo transporte a preços razoáveis. No estado atual da nossa marinha mercante, já os fretes cobrados pelas empresas brasileiras são mais elevados que os das empresas estrangeiras, e em mais de uma emergência o Governo teve necessidade de permitir que o transporte costeiro fosse feito por estas empresas, apesar do privilégio assegurado às nacionais pela Constituição.

Tão elevados são os fretes, que o transporte rodoviário tem logrado suplantar o transporte marítimo também nas longas distâncias, com grande prejuízo para o país, pelas despesas, a que dá ensejo, de desgaste de veículos-automóveis e consumo de gasolina. Os fretes de cabotagem das empresas brasileiras, mesmo para curtas distâncias, são mais elevados que os fretes das companhias estrangeiras, para os percursos transatlânticos. Quem sofre principalmente com esse encarecimento do transporte marítimo são as regiões menos desenvolvidas do Norte e do Nordeste, que se abastecem de produtos diversos elaborados no centro e no Sul, enquanto São Paulo e o Rio de Janeiro são supridos por via marítima internacional, com incidência de fretes menores. Desse modo, a decadência da cabotagem nacional vai representando um fator negativo no processo de integração das regiões mais e menos desenvolvidas, agravando dia a dia os ônus que pesam sobre a produção interna.

O episódio que as empresas privadas de navegação estão vivendo comprova expressivamente o desbarato da iniciativa privada pela concorrência antieconômica da iniciativa pública, que não quer operar industrialmente as suas empresas, mas transformá-las, por motivos puramente políticos, em instituições de caráter semi-assistencial. É certo que essa afirmação não pode atingir indiscriminadamente todas as empresas públicas existentes. Algumas, como a Companhia Siderúrgica Nacional, a própria Estrada de Ferro Santos-Jundiaí, antes de lhe ser imposto o novo nível de salários, e outras, que em editoriais futuros teremos oportunidade de analisar, revelam um padrão de trabalho senão superior, pelo menos idêntico, ao das melhores empresas privadas, e dão testemunho de um tipo de operação rigorosamente industrial.

Essas exceções não invalidam, entretanto, a observação de que a concorrência entre a iniciativa pública e a iniciativa privada está evoluindo de maneira muito desfavorável ao desenvolvimento econômico do País. É indispensável que fujamos às formas de exploração deficitária, públicas ou privadas, ao regime das subvenções expressas ou ocultas, e que as empresas se orientem pelo critério da constante melhoria da produtividade.

Empresa pública e privada - Sexta-feira, 24 de maio de 1957

O pernicioso clima de competição que vem sendo mantido no país entre a iniciativa pública e a iniciativa privada não é propício ao desenvolvimento econômico.

Num país onde os capitais privados não apresentam volume considerável e onde a inflação desgasta as poupanças particulares, destruindo-lhes o poder aquisitivo, é natural que fiquem reservados à iniciativa pública os projetos dependentes de maiores investimentos. Nada, porém, mais errôneo do que supor que exista qualquer vantagem em agravar os encargos do Tesouro com novas aplicações em bens da capital, onde a iniciativa privada se mostra habilitada a realizá-las. Como bem enuncia a Constituição Federal, a iniciativa pública tem caráter supletivo no regime da livre empresa que praticamos, isto é, deve ser chamada a preencher aa lacunas da iniciativa privada, e a corrigir aa distorções resultantes da orientação predominantemente lucrativa a que esta obedece.

Infelizmente, nos últimos anos se tem acentuado no país, especialmente no seio da Administração pública, a mentalidade hostil à iniciativa privada, que conceitua como um progresso qualquer absorção de um empreendimento ou grupo de empreendimentos pelo Estado. Essa orientação parece à primeira vista revelar uma penetração das tendências socialistas na mentalidade burocrática, mas de fato tem profundidade bem menor, traduzindo antes o espirito de competição mal compreendida entre administradores públicos e homens de negócios.

Tudo que se puder fazer para eliminar tal antagonismo, e criar em lugar dele uma sadia compreensão recíproca entre as duas modalidades de iniciativa, será benéfico ao desenvolvimento econômico e contribuirá para que melhore o clima político-social em que se desenrolam as atividades da produção.

O maior defeito da iniciativa pública entre nós tem sido a despreocupação com o equilíbrio entre a receita e despesa e a consequente formação de "deficits" que tornam antieconômica a operação das empresas. Raramente esse resultado tem decorrido, entretanto, da conduta dos próprios administradores. Quase sempre estes têm sido colhidos por medidas de escalão superior ou por atos livres, criadores das condições deficitárias a que não têm meios de resistir. Um dos melhores exemplos nesse sentido foi a degradação econômica da Estrada de Ferro Santos-Jundiaí, cuja operação podia ser considerada até bem pouco tempo modelar, e que foi engrossar o número das ferrovias deficitárias graças ao estabelecimento de padrões de vencimentos à revelia da sua administração.

As pressões políticas que se exercem sobre as empresas públicas fazem com que elas pouco a pouco percam não só o escopo lucrativo, mas o próprio controle das despesas abaixo do nível de rentabilidade, passando a parasitar os cofres públicos, aos quais transferem os seus prejuízos anuais.

Qualquer ideia sã de recuperação econômica em nosso meio deve postular a regeneração da empresa pública como um ponto de partida essencial. O Governo não pode ficar de braços cruzados diante dos "deficits" desmedidos que se acumulam e se ultrapassam todos os anos, esperando cobri-los com o produto da arrecadação de impostos. Isto equivale, em última análise, a reconhecer que é a iniciativa privada quem custeia a iniciativa pública mesmo nos seus resultados antieconômicos, pois é sobre o contribuinte, isto é, sobre a empresa privada, que recaem os resultados negativos da empresa oficial.

No momento em que se formulam tantos programas de desenvolvimento econômico visando à correção das distorções existentes em nosso meio, seria oportuno que o Governo elaborasse um plano da recuperação das empresas públicas com o objetivo de reconduzi-las a um nível mínimo de eficiência. Esse problema tem aspectos econômicos, técnicos e jurídicos.

Os aspectos jurídicos dizem respeito em primeiro lugar aos direitos adquiridos do pessoal das empresas e ao tratamento a ser dado à numerosa classe de excedentes que hoje prejudicam o funcionamento das empresas, ao mesmo tempo que agravam o seu "deficit" operacional. Em segundo lugar, dizem respeito à própria técnica de organização observada, que varia desde a simples estrutura da uma repartição pública, sujeita às minúcias da Código de Contabilidade e aos entraves da burocracia, até a organização autárquica, as sociedades de economia mista e já agora a chamada sociedade de economia pública, cujo capital é integralmente subscrito por pessoas de direito público interno.

Os aspectos técnicos se referem à maior ou menor eficiência da operação industrial a cargo de cada empresa. No tocante às ferrovias a às companhias de navegação, o problema principal é a obsolescência dos equipamentos, condenados a um perpétuo regime de paradas e reparos, com desmedido encarecimento dos serviços.

O aspecto econômico é em grande parte reflexo do anterior e também da boa programação das atividades desempenhadas diretamente pelo Estado, tendo em vista a elevação da produtividade técnica e a manutenção de um nível razoável de rentabilidade.

O exame da empresa pública sob todos esses aspectos deve inscrever-se entre os mais urgentes problemas do atual Governo para que se possa reestruturar a economia do país com uma finalidade de equilíbrio e de funcionamento regular.

Empresa pública e privada – Segunda e terça-feira, 24 e 25 de junho de 1957

A parada do desenvolvimento é fenômeno quase inevitável num país que não consegue aumentar o seu nível de poupança e produtividade, e que entra no perigoso regime das encampações e das subvenções a atividades deficitárias.

O processo é conhecido. Para executar programas governamentais, fornece-se a entidades públicas uma soma de recursos, que não sai das mãos do contribuinte a título de impostos, nem do público, a título de empréstimo, mas que é acrescentada ao meio circulante pelo mecanismo da emissão. Com esses recursos, a entidade beneficiada vai disputar no mercado interno de mercadorias, de mão-de-obra e de divisas, os bens, o trabalho e a moeda estrangeira nas quantidades reclamadas pelo programa em execução.

Como não há disponibilidade da quaisquer dessas utilidades, por estar o país no regime de pleno emprego dos fatores de produção, a nova entidade terá de licitá-las, chamando a si o que já estava consignado estatisticamente a outros consumidores. O resultado inevitável é a alta dos preços.

Esta alta vai fazer com que se encareça a produção, e com que os preços dos produtos tenham de subir, afetando pela sua propagação aos demais preços, o nível geral do custo de vida.

Se o custo de vida sobe, não há como conter a reivindicação de maiores salários, e o Governo pelo mecanismo legal que criou para controlá-los não tarda em conceder um aumento, que por sua vez vai elevar os custos da produção, e motivar nova alta de preços.

A solução habitualmente adotada — controle de preços dos artigos de primeira necessidade por órgãos oficiais do gênero COFAP — oculta as dificuldades existentes no encaminhamento de qualquer problema e até vem agravá-los. Os preços só vêm a baixar pela diminuição da procura ou por aumento da oferta. Ora, os controles dos órgãos tipo COFAP não têm qualquer poder de diminuir a procura, por não estarem ligados a qualquer esquema de racionamento, como ocorreu, em diversos países, durante a guerra. Também não estimulam a oferta porque, se alguns preços são tabelados e outros não o são, os fatores de produção fogem ao setor controlado — precisamente os mais essenciais — em busca de maior remuneração em outras atividades.

Pode dizer-se que há dois rios interligados confluindo suas águas para a elevação doa preços: o primeiro é a execução de projetos oficiais com recursos de origem inflacionária, o segundo o reajustamento rotativo dos preços aos salários e dos salários aos preços.

Nesse mecanismo catastrófico, que temos posto em experiência nos últimos tempos, há, porém, um momento em que a alta de certos preços se torna impossível. Por exemplo: no último reajustamento de salários concedido aos marítimos, já não foi possível reajustar os preços correlatos, isto é, as tarifas da cabotagem.

Que sucede então, atingido esse impasse?

No processo de subversão econômica que é a inflação prolongada, o passo seguinte é a subvenção do governo à empresa deficitária ou desde logo a encampação para verter no Tesouro seus prejuízos anuais.

Ora, a subvenção e a encampação nada mais representam do que a transferência para a empresa "estourada" pela inflação, de uma parcela de recursos tirada através do Erário, vale dizer, dos impostos, do grupo de empresas que ainda não "estourou".

Como o processo inflacionário continua, novas empresas irão saindo do grupo das que lucram e contribuem para engrossar o grupo das que perdem e são subvencionadas.

Uma das poucas válvulas de escape desse sistema fechado seria a exportação, pois que a exportação engloba ordinariamente aquelas atividades em que o país desenvolveu certo grau de produtividade, se o Governo se dispusesse a permitir que os produtos nacionais suscetíveis de colocação no exterior se escoassem às taxas naturais formadas no mercado livre. Mas o Governo, no que poderíamos chamar um requinte de crueldade, prefere protelar indefinidamente a reforma do regime cambial de exportação, concedendo exceções cada dia mais numerosas sob a pressão das reclamações de interessados.

Como em nenhuma outra época da nossa história administrativa, o Governo resolveu substituir pela sua intervenção o jogo das leis naturais, e assim assumir a responsabilidade do bom e do mau da nossa vida econômica. Mas essa intervenção não é sistemática, não obedece a planos, que permitam a cada produtor situar-se no quadro das contingências gerais. É uma intervenção casuísta, fragmentária, em que cada problema recebe seu tratamento especifico, às vezes mau, às vezes bom, mas sempre inesperado.

Sob o império dessas medidas vai o país caminhando para a estruturação burocrática da sua economia, que é para os povos em fase de desenvolvimento a estrada do totalitarismo e da pobreza.

Empresa pública e privada - Quinta-feira, 27 de junho de 1957

A debilitação da iniciativa privada não se processa apenas através da criação de empresas estatais.

Além de criar ou encampar empresas, que assumem o monopólio ou a direção das mais diversas atividades econômicas, o Estado promove a expropriação invisível do capital particular, através de certos controles administrativos usados, consciente ou inconscientemente, com esse fim.

O primeiro é a discriminação do crédito em favor do setor público e em prejuízo do particular. A contenção do crédito é indispensável ao domínio da inflação. Entre as providências governamentais no campo econômico, nenhuma se tem mostrado mais eficaz do que o controle do crédito exercido nos termos da Instrução 125, em que o Sr. José Maria Alkmim repôs em vigor uma instrução reguladora do crédito do Ministro Eugênio Gudin.

Não se pode negar que o Ministério da Fazenda tem conduzido com firmeza e continuidade essa política de restrição e que os seus efeitos benéficos se revelam numa contenção relativa da taxa de expansão dos meios de pagamento, bem como no nível do câmbio e na posição do balanço do comércio, em grande parte favorecida pelo retraimento das importações em consequência das dificuldades de crédito encontradas pelos importadores.

É verdade que a análise dos dados relativos aos cinco primeiros meses do ano revelou uma expansão dos meios de pagamento em cerca de 6%. Se pensarmos que o Ministro, em sua última exposição à Câmara dos Deputados, prometera conter essa expansão à taxa de 10% ao ano, não poderemos deixar de concluir que o limite está excedido, principalmente considerando que no segundo semestre se concentram as maiores pressões no sentido da ampliação do crédito, o que constitui uma ameaça de recrudescimento do processo inflacionário.

Não basta, porém, conter o crédito público. As medidas frenadoras adotadas pelo Governo têm consistido muito mais numa transferência de recursos do setor privado para o setor público do que numa contenção efetiva do nível do crédito geral. Assim é que a expansão de crédito havida no primeiro quadrimestre do corrente ano, realizada pelo Banco do Brasil, pode ser expressa por uma taxa de 0,8% ao mês, quanto ao setor privado, e de 2,9%, isto é, quase 10 vezes mais, no setor público.

Está o Governo, pois, desempenhando em relação às atividades privadas uma política salutar de disciplina do crédito, em contraste com a expansão imoderada da concessão de recursos à Administração Pública e às empresas estatais. É esse um dos mecanismos mais eficazes através dos quais se processa hoje a debilitação da área da iniciativa privada, pois é evidente que o aumento dos recursos à disposição do setor público faz com que este se torne o beneficiário imediato da inflação.

É fácil compreender o mecanismo. Se os fatores de produção existem num país em quantidade limitada e se estão inteiramente equipados, todas as vezes que se expandem os meios de pagamento postos à disposição de um setor econômico, este setor fica habilitado a disputar com vantagem as mercadorias e os serviços que se acham consignados às demais atividades. Eis porque todo processo inflacionário representa uma expropriação invisível de uma parte da sociedade em proveito de outra para cujas mãos confluem desde o momento inicial os novos recursos criados.

Entre nós o setor favorecido pela inflação é hoje o Estado. Os diversos departamentos do Serviço Público, as autarquias e as empresas estatais são duplamente favorecidos na demanda de fatores de produção, pela expansão imoderada do crédito oficial e pela facilidade com que se lançam sobre o Tesouro os resultados negativos de suas operações. Gastando sem a preocupação de equilíbrio entre a receita e a despesa e contando com o crédito público em volume substancial, a empresa pública, na acepção mais geral do termo, vai pouco a pouco fagocitando a iniciativa privada, sem necessidade de recorrer ao mecanismo drástico das encampações.

O segundo processo pelo qual se debilita hoje a área da livre empresa é a concorrência dos custos. Não a concorrência entre custos baixos, que seria economicamente saudável e representaria o esforço de uma economia em desenvolvimento para melhorar suas condições de produtividade, mas a concorrência dos custos altos, que consiste em impor à empresa privada o padrão de salários e da gastos que a empresa pública se pode permitir.

Em editoriais anteriores o "Jornal do Commercio" tem examinado esse mecanismo e observado a sua aplicação aos casos dos ferroviários e dos marítimos. O esquema é simples: num país onde a intervenção estatal fosse menor e onde a concorrência entre as empresas obedecesse ao jogo das leis econômicas naturais, o fato de uma empresa, mesmo pública, aumentar imoderadamente os seus salários só poderia reverter em prejuízo da própria empresa, porque as outras ficariam em condições de melhor produtividade. Num país, entretanto, onde o mecanismo de equiparação e de seleção dos custos não dependa de leis naturais mas de medidas legislativas e decisões administrativas ou judiciais, o fato de uma empresa pública elevar o seu padrão de vencimentos conduz fatalmente a um desnível que se corrige por um desses mecanismos compulsórios no sentido de obrigar quem está pagando menos a se equiparar a quem está pagando mais. Sucede que a empresa privada tem de conter os seus custos nos limites de sua rentabilidade, enquanto a empresa pública pode ultrapassar tranquilamente esses limites, vertendo no Tesouro, como o fez o ano passado, 12 bilhões de cruzeiros de prejuízos!

O processo não pode deixar de conduzir à debilitação da empresa privada, que cedo ou tarde cai no regime da subvenção, quando não se rende desde logo a um outro meio de estatização.

Empresa pública e privada - Sexta-feira, 26 de julho de 1957

O proveitoso debate sobre iniciativa estatal e iniciativa privada que logrou deslocar para uma questão doutrinária de real importância, não só a atenção do público, mas a do próprio mundo político, parece ter chegado a certas conclusões positivas.

A primeira delas é a evidenciação de que a empresa estatal se acha, entre nós, sob um intenso e fundamentado criticismo. O povo brasileiro se está dando conta dos prejuízos imensos que lhe advêm da exploração antieconômica da maior parte das empresas do Governo, cujos déficits são lançados anualmente no Tesouro e cobertos ou por impostos, que poderiam ter melhor emprego, ou por emissões.

É certo que esses aspectos negativos não são comuns a todas as empresas. Algumas, pelo contrário, apresentam-se equilibradas e acusam de ano para ano melhoras de produtividade. Isso se verifica, entretanto, precisamente nas empresas governamentais para cuja estrutura foram preferidos os tipos de organização próprios da empresa privada. Quanto mais a empresa pública se aproxima da particular, quanto mais ela se apoia nos seus próprios resultados industriais e observa as normas do direito comercial, maiores são as probabilidades de que os seus resultados se mostrem satisfatórios, contribuindo de maneira efetiva para o enriquecimento do país.

Um vivo exemplo da influência benéfica dos modelos da organização privada sobre a empresa estatal é a Companhia Siderúrgica Nacional. Outro exemplo foi, até que a majoração imoderada dos salários destruísse toda a possibilidade de uma operação econômica, a Estrada de Ferro de Santos a Jundiai. Esse é o sentido da reforma, em que tanto confia o país, das ferrovias federais, mediante integração num organismo de tipo privado como a Rede Ferroviária Federal S.A. Outra conclusão que o debate havido indubitavelmente proporcionado é que entre a iniciativa pública e a inciativa privada não cabe uma opção exclusiva. Quem pretender reservar à iniciativa pública todos os setores de atividades fundamentais incidirá em erro tão profundo quanto aquele que pretender abolir as empresas públicas e entregar todas as atividades indiscriminadamente à iniciativa particular. Num país plenamente desenvolvido, onde se formam capitais de vulto em mãos de particulares, a iniciativa privada está apta a enfrentar os grandes empreendimentos para os quais se fazem necessárias inversões de largo vulto. Num país como o nosso, onde a formação de capitais é minguada, e onde a inflação desgasta inexoravelmente as poupanças particulares, só o Estado pode realizar investimentos tão grandes. como requerem as indústrias de base, as usinas elétricas e as ferrovias.

É verdade que para isso contribui o próprio sistema bancário, em que se agiganta o papel desempenhado pelo Banco do Brasil, mas não há dúvida que todos os países subdesenvolvidos apresentam, como característica comum, a necessidade da iniciativa estatal para solução dos problemas econômicos de maior porte.

Um Governo bem orientado deve procurar atenuar esse efeito, substituindo, sempre que possível, sua própria iniciativa e gerência pelo financiamento público dispensado a empresas idôneas organizadas por particulares. Nesse sentido, não devem ser vistas com bons olhos as tendências dos nossos estabelecimentos públicos para participarem, na qualidade de sócios, dos empreendimentos que financiam.

Uma terceira conclusão diz respeito à necessidade de se preservarem as características da iniciativa privada, evitando a forma indubitavelmente espúria que é a empresa privada totalmente apoiada em favores oficiais. Numa economia que se desenvolve, o Estado tem necessidade de estimular a iniciativa particular amparando certas atividades para as quais deseja atraí-la preferencialmente, mas esse estímulo não pode chegar ao ponto de abolir o risco, que é o mecanismo através do qual a empresa privada se ajusta a condições sempre melhores de produtividade.

Comparando a empresa particular com a empresa pública, o que imediatamente salta aos olhos é que a primeira, pelo risco da competição a que se acha exposta, procura produzir sempre nas condições mais favoráveis, baixando o seu custo de operação e melhorando a qualidade e a quantidade dos produtos que obtém com o trabalho e o capital empregados. A empresa pública, pelo contrário, tendo a faculdade de lançar sobre o Erário os prejuízos de sua própria exploração, fatalmente se desinteressa da melhoria e mesmo da preservação do seu nível de produtividade, passando a atuar como um fator não de enriquecimento, mas de empobrecimento, e dando aos seus quadros de empregados um tratamento assistencial. Se a empresa privada opera cercada de favores tais que o risco econômico fica abolido, seu funcionamento passa a assemelhar-se ao da empresa estatal, e é pouco provável que se mantenha a superioridade dos resultados.

Essas observações conduzem o espirito naturalmente a formular, com maior generalidade. uma doutrina de equilíbrio entre empresa pública e empresa privada nos quadros de um regime democrático, como o que praticamos.

Como é sabido, o interesse nacional, isto é, o interesse geral da coletividade não é idêntico à soma dos interesses das empresas, grupos e indivíduos que as compõem. Toda empresa, grupo ou indivíduo, deseja aumentar a rentabilidade monetária de seus negócios, deseja obter preços mais vantajosos, vender mais, pagar menos e obter melhor remuneração pelo seu trabalho. Esses interesses contrastam com os da coletividade, que muitas vezes necessita impor às empresas um sacrifício, pois a conveniência geral é que se reduzam os negócios, se diminuam os lucros e até, em alguns casos, que se torne mais lento o ritmo de expansão da economia geral.

O papel do Estado, na concepção moderna, não é ser apenas polícia entre os interesses particulares. e sim formular e tutelar esse interesse comum superior, que é o da coletividade, e que não se confunde com os interesses das partes, podendo mesmo estar ocasionalmente em conflito com eles. O Estado é o instrumento que assegura a supremacia do bem comum e para isso é indispensável que ele disponha de controles diretos e indiretos, com os quais está presente a todos os setores da vida econômica, fiscalizando, orientando, promovendo e suplementando.

O que não é favorável ao desempenho dessa missão superior do Estado é que ele se converta também em empresário. Passando a desempenhar o papel de uma empresa no concerto das demais, o Estado assume uma função distinta daquela que lhe compete como defensor do interesse comum. Muitas vezes o Estado empresário entra em conflito com os interesses das nações pois não são os mesmos indivíduos, isto é, não são os mesmos funcionários os que operam a empresa governamental e os órgãos de supervisão que orientam a sociedade.

É esse conflito que condena a expansão da empresa estatal num regime onde o Estado desempenha essa função superior de compensação e de equilíbrio. Os que condenam a proliferação da iniciativa publica não são, portanto, adversários do Estado, mas pelo contrário, defensores de suas verdadeiras funções, que o conceituam acima das empresas, como um órgão de defesa do bem comum.

Parece ser esta, em linhas gerais, a filosofia de Governo com que o Estado democrático se deve preservar da perigosa hipertrofia dos empreendimentos públicos, desacreditadores da verdadeira função do Estado e debilitadores do sistema democrático. O debate a que temos assistido, e em que o "Jornal do Commercio" assumiu posição pioneira com o seu editorial de 25-4-57, teve o mérito de revelar que esses conceitos se acham enraizados no espírito de todos e só foram algumas vezes desrespeitados ou por inclinação ideológica preconcebida ou por deformação já resultante da própria hipertrofia do empresarismo estatal.

Empresa pública e privada - Sexta-feira, 6 de setembro de 1957

O problema da divisão adequada de tarefas entre a empresa pública e a privada vem sendo tratado entre nós como se fora um problema ideológico. Deveria, entretanto, ser encarado apenas como um problema de eficiência comparativa, porque ao desenvolvimento econômico do país interessa muito mais a eficácia do agente produtivo do que a sua natureza política.

Parece estar comprovada a ineficiência da empresa estatal na operação de alguns ramos básicos de nossa economia. O setor ferroviário é talvez o exemplo mais frisante. Registra-se aliás, no caso, uma curiosa hierarquia: decresce a ineficiência à medida que a empresa estatal mais se aproxima das características da empresa privada.

Estudos recentes sobre os resultados de exploração, em 1955, da rede ferroviária norte-americana, toda ela de propriedade privada, comparativamente à rede ferroviária brasileira, pertencente em cerca de 78% à União Federal, sendo o restante distribuído entre os Estados e a empresa privada, revelam uma situação alarmante, cuja análise é de grande interesse.

Se utilizarmos índices percentuais, fazendo a receita igual ao Índice 100, e a ela referirmos percentualmente a despesa, verificaremos que a rede ferroviária norte-americana despende 47% com pessoal, 31% com os demais gastos de custeio, 11% com impostos, auferindo lucros equivalentes a 11% da receita. Se compararmos tais resultados com os das nossas ferrovias de propriedade da União, observaremos que, em 1955, somente os gastos de pessoal já representam 144% da receita e os demais gastos de custeio, 69%, O prejuízo se expressa em soma equivalente a 113% da receita, situação aliás muito deteriorada após os reajustamentos salariais ocorridos em 1956. Muito melhor é, entretanto, o panorama se cingirmos a análise às ferrovias não operadas pela União, dentre as quais se destaca uma grande e tradicional empresa privada, a Cia. Paulista de Estradas de Ferro, assim como três importantes ferrovias, sob o controle do Estado de São Paulo. Nestes casos, os índices, se bem que revelando rendimento apreciavelmente inferior ao da rede ferroviária norte-americana, já são bem mais satisfatórios. O dispêndio com o pessoal é apenas de 52% da receita e os demais gastos de custeio 49%. A situação é de quase equilíbrio, registrando-se somente pequeno prejuízo no conjunto dessas ferrovias não operadas pela União.

A ruína econômica das estradas de ferro brasileiras resulta de uma desastrosa combinação, ao longo dos últimos vinte anos, de dois fatores negativos. De um lado, a demagogia visando o voto operário, que as transformou em viveiros eleitorais, seja fazendo crescer de 1% ao ano a mão de obra empregada, quando no mundo inteiro se registrara uma tendência de declínio de mão de obra ferroviária, graças à maior produtividade tecnológica, seja impondo às ferrovias escalas de salários completamente desajustadas às suas perspectivas de receita e à estrutura geral de salários das regiões servidas. De outro lado, a demagogia tarifária, que se cifrou na resistência à elevação de tarifas, a despeito do continuo incremento do custo de operação. Com a deterioração do serviço e do equipamento, o usuário passou a pagar uma tarifa suplementar sob a forma de avaria, perda de mercadorias e interrupção da produção. A tarifa barata acabou resultando em custo real de transporte extremamente elevado.

Outra área básica em que a ineficiência governamental vem sendo comprovada é a da marinha mercante. Também aqui a demagogia eleitoreira se traduziu em empreguismo improdutivo, do qual resultou que o número de tripulantes por 1.000 toneladas brutas de frota atingisse, em 1954, no caso do Loide Brasileiro, o índice de 14,5 contrastando com 5,9 para a Noruega, 6,3 para a Grécia, 7,7 para a Inglaterra e 8,9 para a França.

Os salários dos marítimos, outrossim, tal como ocorreu nas ferrovias, deixaram de guardar qualquer relação com a receita de fretes e com a estrutura geral de salários do país, pois que o salário médio do Loide e da Costeira se tornou equivalente, senão superior, ao dos escalões superiores dos profissionais e técnicos do serviço público e catedráticos universitários.

Antes de ser forçada, em data recente, a se ajustar à norma, economicamente inviável para uma empresa privada, de equiparação dos seus salários aos da marinha mercante governamental, a navegação de cabotagem dos armadores privados lograra, com um frete de Cr$ 536,00 por tonelada média transportada, fazer face a todos os seus encargos e auferir lucros. Já as empresas governamentais impuseram à economia do país um custo total de Cr$ 2.300,00 por tonelada média transportada, sob a forma de frete ou através de auxílios e subvenções hauridas pela receita de impostos.

O pesado ônus social da operação estatal desses serviços básicos traduziu-se num "déficit" de operação que atinge a 12 bilhões de cruzeiros por ano, no caso das ferrovias, e a cerca de 2 bilhões no tocante à marinha mercante. Ao gravame da ineficiência da operação, que repercute multiplamente, ao rebaixar a produtividade da economia, soma-se a dilapidação da poupança pública. O que a União despende anualmente, em cobertura de "déficits", bastaria para construir uma nova Volta Redonda, aumentar de um milhão de Quilowatts a capacidade elétrica no país e financiar todo o programa federal de pavimentação de rodovias, no próximo quinquênio.

Não deixa assim de ter razão o Vice-Presidente do Banco Internacional, Sr. Kurk Knapp, quando, em recente discurso na Conferência de Buenos Aires, mencionava constituir um desperdício da capacidade de autofinanciamento o que é gasto no "déficit" resultante da ineficiência estatal ou da demagogia tarifária. A afirmativa cresce de significado quando se verifica terem sido consumidas, algumas vezes, por essa forma, somas superiores às destinadas aos programas de desenvolvimento.

Encargos de pessoal do Governo - Quinta-feira, 6 de fevereiro de 1958

Não é fácil reduzir a uma súmula os problemas que a sociedade brasileira tem de enfrentar, e para os quais cabe às classes dirigentes encontrar solução adequada.

Vistos de perto, na perspectiva do administrador, esses problemas se revelam tão numerosos, que é difícil identificar suas correlações e estabelecer entre eles prioridades. É necessário recuar, para que o panorama se simplifique. Só então problemas diversos podem fundir-se, mostrando a unidade existente entre eles, e permitindo-nos captar os traços gerais, que dão sentido ao conjunto e abrem espaço a previsões.

É interessante observar que, uma vez estabelecido esse recuo, os problemas econômicos aparecem com suas conotações políticas.

Dois, especialmente, merecem estudo atento pelo muito que revelam da realidade social brasileira: o primeiro é o do desajustamento entre os encargos de pessoal da União e dos Estados e a capacidade tributária do país; o segundo o do desajustamento entre o sistema de garantias e direitos assegurados aos trabalhadores e a política de aumento da produtividade, de que depende a elevação do bem-estar social. O primeiro desses problemas está diretamente relacionado com o comportamento dos partidos tradicionais, responsáveis pelo governo e criadores da máquina de administração. O segundo tem que ver com a linha de conduta dos partidos populares, responsáveis pela grande maioria das reivindicações do operariado.

Em que consiste o desajustamento entre os encargos de pessoal do serviço público e a capacidade tributária da população?

Quem examina a administração brasileira — federal, estadual ou municipal — não tarda em descobrir que os encargos de pessoal ultrapassaram o limite da eficiência técnica e da exequibilidade financeira. Os quadros cresceram de tal modo, que se rompeu a proporção indispensável entre gastos de pessoal e gastos de serviços e material, ficando os funcionários sem meios de executar, com utilidade, quaisquer tarefas correspondentes às suas funções. Não há repartição que não sofra do mal dos "excedentes", isto é, do excesso de pessoal, e como também no setor administrativo se fazem sentir as pressões do custo de vida, a elevação dos salários é inevitável, e faz crescer o ônus financeiro com incontrolável rapidez.

Para fazer face às despesas com funcionários, a fonte natural de recursos é o imposto. Ora, a capacidade tributária da população é de elasticidade limitada. Não é possível afirmar, com índices numéricos definidos, em que momento ela se acha esgotada, mas não há quem ignore que a partir de certo ponto o imposto deixa de ser um fator de equilíbrio e de redistribuição da renda nacional, para ser um entrave à expansão econômica e uma forma odiosa de confisco, a que a população reage de formas diversas, demonstrativas da ruptura de solidariedade entre ela e os seus dirigentes.

Um dos maiores problemas do nosso país é que a máquina administrativa, montada pelos políticos nos últimos decênios, atingiu a um custo excessivo para a capacidade tributária do país. Para mantê-la precisamos aumentar continuamente os impostos, e com isso ultrapassamos o ponto de segurança, que é também o ponto de eficiência, a partir do qual o serviço executado deixa de ter rendimento.

Como pôde o país chegar a esse desajuste?

Pela tendência dos partidos de clientela individual de fazerem crescer os quadros administrativos, não em função das necessidades operativas do serviço público, mas do atendimento de suas clientelas eleitorais. Nomear passou a ser o modo de pensionar. E daí resultou, como complemento inevitável, a necessidade de alargar o número de vantagens, imediatas e futuras, inerentes aos cargos. Também resultou daí, pelo receio das "derribadas", que outrora acompanhavam as mudanças de situação, a legislação assecuratória de estabilidade e de imutabilidade das vantagens, cujo resultado prático tem sido tornar qualquer administrador impotente diante do problema, pela certeza do que os seus atos serão desfeitos pelo judiciário.

A seriedade do problema á indisfarçável. Os encargos da administração, oriundos da formação e da continua ampliação dos quadros, sob a pressão das clientelas, já atingiram a barreira da capacidade tributária do país. Não é mais possível pensar que o contribuinte aceite a agravação de seus encargos para financiar interesses eleitorais de partidos, que não coincidem com os interesses nacionais.

O segundo problema acima apontado é o do desajustamento entre os direitos e garantias concedidos ao trabalhador e a política de aumento da produtividade.

A elevação do nível de vida do povo brasileiro depende, de maneira essencial, de que os "fatores de produção" — o trabalho e o capital — sejam empregados com melhor resultado. Precisamos trabalhar mais e melhor. Os povos cujo progresso admiramos são os que logram extrair rendimento mais elevado do trabalho humano e dos bens de produção.

Nossas leis sociais, entretanto — e ainda hoje muitas das reivindicações operárias — se acham divorciadas de qualquer consideração de aumento da produtividade, preocupadas sobretudo com a estabilidade e com os proventos assegurados a inativos.

Sem que se encontre o modo de conciliar esses dois objetivos — a maior eficiência econômica e a melhor distribuição de justiça social — a proteção do povo e de seus interesses estará sendo incompleta, pois ela envolve proteção jurídica e aumento de bem-estar.

Assim como o excesso de funcionários e a subsequente ineficiência do serviço público têm sido a tara dos partidos políticos tradicionais, assim a desatenção pela produtividade na legislação social tem sido da responsabilidade das forças e partidos populares, que devem agora mobilizar-se para encontrar, por seus próprios caminhos, o corretivo.

A consciência dos trabalhadores evoluiu com rapidez em relação aos seus problemas, mostrando-lhes que não bastam conquistas legais e administrativas para assegurar-lhes um nível superior de segurança e bem-estar. São necessárias medidas econômicas, progresso técnico, administração capaz, no nível das empresas e no nível do Estado. Desse conjunto de medidas é que resultará uma sociedade equilibrada, racionalmente desenvolvida, onde as classes sociais poderão colaborar num clima de compreensão e de paz.

Encargos de pessoal do Governo - Sexta-feira, 7 de fevereiro de 1958

Em editorial anterior, o "Jornal do Commercio" chamava a atenção para um problema nacional, que pode ser considerado decisivo, pela extensão de suas repercussões: o do desajustamento entre a máquina administrativa (notadamente no tocante ao pessoal) e a realidade tributária do país.

Um país não pode gastar com o seu funcionalismo e com o serviço público em geral, mais do que a capacidade tributária da sua população comporta. Essa capacidade é limitada. Um governo que se ponha a majorar impostos para cobrir despesas públicas, sem dar atenção ao ponto de saturação do contribuinte, começa, ao fim de algum tempo, a destruir a economia do país e a minar o alicerce da disciplina tributária, que é a aceitação espontânea do imposto pela população.

Se a capacidade de contribuir para o Erário tem limites, é dever do Estado conservar dentro deles a despesa pública, proporcionando, além disso, os astos com pessoal aos gastos com material e serviços, de modo a assegurar ao conjunto um mínimo essencial de eficiência. Se os gastos com pessoal se extremam, rompendo essa proporção, já não é licito ver uma organização com fins práticos no Serviço Público, mas uma organização cuja finalidade é pagar salários ou, antes, pensões.

Os partidos que têm exercido o poder na União e nos Estados têm responsabilidade indiscutível nessa deterioração do serviço público, a que o esforço consciente e esclarecido do DASP, durante o período em que teve prestigio real sobre a Administração, não conseguiu pôr paradeiro. A necessidade de satisfazer suas clientelas políticas levou-os ao que já se chamou o "empreguismo", o qual pode ser definido como a concessão sistemática de empregos, não segundo as necessidades do serviço, que se pretende operar, mas conforme as necessidades de salário de determinada massa de protegidos, ou clientes.

As consequências dessa deterioração se desdobram numa cadeia de efeitos: em primeiro lugar, a decisão de criar ou melhorar cargos nada tem que ver com as necessidades da administração, mas unicamente com a pressão dos interessados e com a possibilidade de mobilizar recursos financeiros para atendê-los. Em segundo lugar, as situações individuais criadas com esse fim são cercadas de um máximo de garantias jurídicas, para evitar que outros detentores do poder possam alterá-las. Em terceiro lugar, a classe constituída por esses empregados adquire as características de um "grupo de pressão" e passa a defender, de maneira continua ou intermitente, o seu programa de obtenção de novas vantagens.

Quem observa o serviço público brasileiro, no momento atual, vê com clareza que esse processo de deterioração não atingiu, em todos os setores, o mesmo nível de gravidade. Há repartições, e sobretudo companhias oficiais, onde tem sido possível, graças a peculiaridades de organização ou à irredutibilidade de alguns chefes, preservar a finalidade funcional do trabalho. Há outras, porém, onde a deterioração já atingiu a fase mais grave e irreversível. No serviço federal aponta-se, com frequência, o Lóide Brasileiro como padrão desse estágio, em que não é ele, de resto, o único a encontrar-se, mas o que parece representar, em sua expressão teratológica mais perfeita, o quadro clinico do "empreguismo", é — como é notório — a Prefeitura do Distrito Federal.

Não é mais oportuno denunciar esses males, encarando-os pelo lado ético, como abuso de homens de governo pouco escrupulosos. O que é preciso é encará-los objetivamente, de um ponto de vista sociológico, como fenômeno estreitamente ligado à política de clientela, que tenderá a desaparecer quando essa sua causa se tornar também declinante.

Note-se que os Estados, por mais precárias que sejam suas finanças, e quanto mais débil for sua economia, têm tendência irresistível a essa deterioração, precisamente porque ali, mais do que na Capital da República, o emprego é a moeda limpa, com que se assegura uma fidelidade.

É necessário começar a estudar, como um problema social profundamente enraizado na estrutura política e econômica do país, esse processo de que estamos vivendo a fase aguda, e propor para ele soluções, que envolvem a mobilização da opinião pública e uma revisão da atitude dos partidos. Enquanto não se havia chegado à barreira extrema da saturação da capacidade tributária, o problema não se tornava, como agora se está tornando, lancinante.

Para ele devem voltar-se os centros de altos estudos sociais, a imprensa, o Congresso Nacional e os partidos, pois constitui obstáculo decisivo no caminho de qualquer renovação política e administrativa.

Energia nuclear - Sábado, 4 de janeiro de 1958

A preparação do país para o uso da energia nuclear não pode deixar do constituir ponto da mais alta prioridade nas cogitações do governo. É certo que o advento de uma nova fonte de energia não exclui o emprego, e, portanto, a utilidade, das fontes já conhecidas. O petróleo não eliminou e carvão, como este não eliminara a lenha, que ainda é hoje, sobretudo nos países menos desenvolvidos, o combustível dominante.

A energia nuclear trará, entretanto, a diversos setores da indústria e provavelmente dos transportes um fator de expansão de potência incalculável, principalmente se as condições econômicas de seu emprego puderem ser desde logo as mais vantajosas.

Teve o nosso país a infelicidade de atravessar meio século da vida industrial dos povos, durante o qual repousou no petróleo o progresso econômico, sem conseguir acesso franco a esse combustível fundamental. Só agora, graças à ação decidida e enérgica da Petrobrás no recôncavo baiano, estamos conseguindo suprimentos com nossos próprios recursos naturais, na escala de 20% de nossas necessidades, e o petróleo da Bolívia, que se encontra, por força de acordos diplomáticos concluídos há vinte anos, na esfera de nossa iniciativa, ainda continua fora do alcance de nossas indústrias de refino, por não se haver chegado a uma fórmula operacional satisfatória que permita dar início à pesquisa e   à exploração.

Com a energia nuclear devemos fazer esforços sobre-humanos para que nos não aconteça a mesma coisa. Possuímos recursos naturais que nos permitem tomar posição no novo campo que se abre à tecnologia contemporânea, e já temos um grau de amadurecimento cultural que nos deixa discernir a importância imediata e futura de uma pronta tomada de posição.

Possuir recursos naturais significa, no caso, não só habilitarmo-nos a produzir combustível nuclear para o nosso próprio uso, mas também participar, com poder efetivo de barganha, do esforço mundial para dominar e colocar ao alcance de todos a difícil tecnologia desse combustível. Em nenhuma outra matéria, tanto quanto nesta, devemos ser ciosos, ao mesmo tempo, do resguardo da nossa independência e da aceleração do nosso progresso. Seria uma solução infeliz a que não nos desse meios de acompanhar "pari-passu" o desenvolvimento da tecnologia contemporânea, como seria uma solução impatriótica a que diminuísse, de qualquer modo, a liberdade de determinação nesse campo, de que a nação precisa gozar através de órgão estatal que a represente.

O Decreto número 40.110, de 10 de outubro de 1956, deu importante passo criando a Comissão Nacional de Energia Nuclear, mas é inegável que a atividade dessa Comissão não poderá adquirir a amplidão necessária sem que o Congresso vote, no corrente ano, uma lei geral sobre energia nuclear, e sem que a Comissão seja aparelhada com recursos financeiros proporcionais à magnitude do seu encargo.

Existe na Câmara Federal, em tramitação legislativa, o projeto 944-54, de autoria do Deputado Dagoberto Sales, e dois substitutivos, um apresentado pelo Deputado Oscar Correia e outro pela própria Comissão Nacional de Energia Nuclear. Este último documento é posterior às diretrizes governamentais de 30 de agosto de 1956 e representa por conseguinte a fase mais adiantada de elaboração da política oficial sobre o assunto,

É indispensável que a legislação sobre energia nuclear obtenha, nos trabalhos parlamentares do corrente ano, a mais alta prioridade. A nação está reclamando uma lei concebida num espirito amplo, que nos assegure plena participação no esforço internacional para aperfeiçoamento técnico e imediato aproveitamento dos nossos próprios recursos. O órgão promotor da política nacional deve ser estruturado com flexibilidade e autoridade, de modo a poder entrar em acordo com outros órgãos internos ou internacionais, notadamente a Agência Internacional de Energia Atômica, e a assumir responsabilidades plenas no setor de sua iniciativa.

É necessário que esse órgão esteja habilitado a proceder, antes de mais nada, a pesquisa e levantamento dos nossos recursos naturais, de cuja escassez ou abundancia dependem, de forma direta, os planos de industrialização e do comercio de materiais físseis e férteis. É também indispensável que ele possa promover a formação de especialistas, estimulando e subvencionando estudos no país e no estrangeiro.

Convém, entretanto, que não se coloque o órgão planejador e promotor das atividades nacionais no campo da energia nuclear em posição de isolamento, que o faça perder contato com os dados necessários à formulação de uma política nuclear perfeita, e que o exponha, em caso de ineficiência dos que o dirijam, a criar períodos excessivamente longos de desorientação ou inatividade. Para isso será necessário estabelecer com cuidado a interligação do órgão promotor e de outras entidades estatais ou privadas, que com ele têm afinidade, isto é, o Conselho de Segurança Nacional, responsável pela integração das atividades econômicas da nação numa concepção unitária, determinada pelo imperativo da segurança, o Ministério das Relações Exteriores, que pode melhor do que outra qualquer agência governamental captar colaboração estrangeira para o desenvolvimento das nossas atividades internas e representa os interesses do país nos organismos internacionais especializados, o Conselho de Desenvolvimento, que vem produzindo em todos os setores da vida econômica do pais estudos e planos de alto padrão de objetividade e eficiência, e outros Ministérios civis e militares, que se ocupem em determinadas secções de assuntos correlatos.

O ano de 1958 será decisivo para diversas atividades de base era nosso país, será decisivo para a implantação da grande siderurgia, com a criação da Usiminas (500.000 toneladas de lingotes) e da Cosipa (420.000 toneladas) e com a ampliação de Volta Redonda e da Belgo-Mineira, segundo programas já estabelecidos. Será decisivo para a exportação do minério de ferro, com o início do aparelhamento das ferrovias capazes de transportar ao litoral um volume de hematita e mesmo talvez de minérios de menor teor, suficiente para aumentar de modo substancial a nossa receita em moeda estrangeira, será decisivo para o petróleo, não só pela atividade da Petrobrás no território nacional, expandindo os campos do recôncavo baiano, e prosseguindo na localização de novos campos, mas pela solução que a nação espera ver alcançada no tocante ao petróleo boliviano. Devemos desejar que também seja decisivo no campo da energia, aparelhando-se o organismo capaz de levar adiante essa atividade fundamental, com uma lei moderna, vasada num espirito progressista e de defesa intransigente do interesse nacional, ao mesmo tempo que flexível para adaptar-se aos diferentes aspectos assumidos pelo problema nas suas transformações nacionais e mundiais.

Escala-móvel de salários - Sexta-feira, 5 de julho de 1957

O país não pode ver senão com apreensão o projeto de instituição de escala-móvel de salários, que o Sr. Ministro do Trabalho encaminhou, há algumas semanas, à consideração do Sr. Presidente da República.

Numa economia estabilizada, ou onde se houvesse alcançado controle eficaz da inflação, a instituição do salário-móvel podia não ser nociva, e chegar mesmo a ser benéfica, ao menos pela redução da tensão resultante das reivindicações salariais e pela criação de um mecanismo de correção automática das variações do rendimento real do trabalhador.

No caso brasileiro, entretanto, a solução proposta encontra condições de experimentação tão adversas, que raia pelas fronteiras da temeridade, e pode favorecer uma aceleração imprevista do processo inflacionário, com ameaça à segurança política, que já vem sendo minada por fatores de ordem econômica e social.

O primeiro ponto a observar é o sentido puramente altista da medida, que funciona para majorar, mas não para reduzir salários, tornando assim incompressíveis os custos, no caso de se vir a criar uma conjuntura diversa, em que haja necessidade de apelar para esse recurso extremo a fim de evitar a liquidação de atividades deficitárias e o desemprego.

Dos dois elementos variáveis, existentes na repartição das riquezas — o lucro e o salário — só o lucro fica realmente compressível, podendo aumentar ou diminuir conforme se modifiquem as condições econômicas. O salário passa a ser móvel num sentido, o da alta, e rígido no outro, o da baixa, o que tende a lançar, em caso de crise, a responsabilidade da remuneração, porventura tornada insuportável, nos ombros do Erário, que passará a subvencionar inevitavelmente a empresa privada, até o momento de absorvê-la,

O segundo ponto é a desvinculação entre o aumento de salário e o aumento de produtividade. Muitas empresas, em países industrializados, têm adotado nos seus contratos de trabalho a cláusula da escala-móvel, mas em função dos aumentos ou reduções da produtividade. De fato, quando melhora a produtividade numa empresa, isto é, quando ela consegue produzir mais e melhor com o mesmo quantitativo de trabalho e de capital, forma-se na empresa um benefício suplementar, que não deve ser atribuído apenas ao capital, sob a forma de lucro, mas deve ser repartido proporcionalmente entre o trabalho e o capital.

A escala móvel passa a constituir, então, um poderoso incentivo à melhoria da produtividade, que é o maior problema, não só das empresas, consideradas individualmente, mas da economia nacional no seu conjunto. Por outro lado, é essa a forma tecnicamente certa e socialmente construtiva de dar solução a outro problema — o da participação dos empregados nos lucros das empresas,

Nada mais diverso dessa útil e fecunda escala-móvel, do que a planejada pelo Governo. Aqui não se cuida de vincular o salário à produtividade, mas de ligá-lo ao custo da vida, o que acentua o caráter assistencial do salário, fazendo-o subir quer a empresa possa, quer não possa cobrir, com sua rentabilidade, essa elevação dos seus próprios custos.

Os aumentos do salário-móvel, desse modo, passam a ser comandados por uma série de fatores, que todos convergem para a alta, isto é, para a exacerbação do processo inflacionário. Não se atenderá à diferente situação das empresas, porque o custo de vida é de ordem geral, e tanto afeta os empregados de uma empresa rentável quanto os de outra, que apresente baixa produtividade. E é provável que o voo dos salários seja dirigido para o alto pelas empresas que mais facilmente se desvencilhem da relação entre custos e rentabilidade, que são as empresas estatais, cujos "déficits" se vertem no Tesouro, sem dificuldade e sem pejo.

Um terceiro aspecto a considerar ê a relação entre esta medida e as outras, que deviam estancar, ou pelo menos controlar, a inflação entre nós. Destas, o Governo só vem tendo pertinácia e êxito na contensão do crédito privado, assegurado sobretudo pela Instrução 135, que poda mensalmente aos bancos particulares uma parte da inflorescência inflacionária. As outras não foram postas em prática, ou o foram de modo incompleto e insatisfatório. O crédito público não foi contido, mas ampliado, como se depreende dos boletins do Banco do Brasil. O "déficit" federal não foi absorvido por um plano racional de economias, apesar de haver o Sr. Ministro da Fazenda prometido adotá-lo. A reforma cambial, que favoreceria o setor de exportação pela adoção de taxas naturais, foi substituída pelo regime empírico dos favores a produtos e atividades.

Todos ou quase todos os foles da inflação estão soprando sobre as chamas, e é nesse momento que o Governo em vez de adotar uma política severa de redução do poder de consumo, tributando severamente o lucro que não se reaplica no interesse da produção, e obtendo do trabalhador uma pausa no aumento dos salários, prefere transformar a já famosa espiral dos salários e dos preços numa instituição jurídica, tornando obrigatório o seu funcionamento no país.

É o caso de lembrarmos uma vez mais o exemplo sul-americano, para o qual tem o "Jornal do Commercio" chamado atenção nos últimos dias. Foi o Chile o único país que adotou a escala-móvel dos salários, relacionando-a com o custo de vida e não com a produtividade. Esse país conheceu os rigores da inflação como nenhum outro, chegando à taxa de encarecimento da vida de 90% ao ano, ou sejam quatro vezes e meia a nossa taxa.

Pois uma das medidas para que o Governo chileno teve de apelar, ao fazer um desesperado esforço para cortar a cadeia de efeitos e causas da inflação, foi obter dos trabalhadores que concordassem em baixar o nível de reajustamento do salário-móvel de cem para cinquenta por cento do incremento do custo de vida.

Quando o Chile se esforça para sair da prática perigosa que ali deu foros de lei à espiral dos salários, o Brasil, tardonho e incauto, se prepara para pôr o pé na mesma armadilha.

O Sr. Presidente da República não pode estar desatento à repercussão de medidas como essa, que podem selar a sorte do seu governo, sobretudo pela atmosfera social que vão fomentando, e onde mais facilmente prospera a desordem do que o trabalho e a paz.

Expansão do crédito – Segunda e terça-feira 1º e 2 de dezembro de 1958

O ano de 1958 entra no seu último mês sob pesada atmosfera de inquietação econômica e indefinição de rumos políticos.

A situação econômica se agravou, nos últimos meses, com a irresistível elevação do custo de vida. Sob a influência de fatores que vêm de longe, e em muitas cidades e regiões, há indícios patentes de um começo de agitação social. A administração financeira Lucas Lopes - Roberto Campos tem programado e posto em prática diversas medidas acertadas, mas embora inspire ao país o maior respeito pela integridade moral e pela idoneidade técnica, o certo é que lhe está faltando poder de liderança para dar coerência a toda a ação do Governo, e ao mesmo tempo infundir ao povo confiança e entusiasmo pelas soluções.

Dois aspectos, ou antes, dois dilemas da situação econômica se estão tornando críticos. O primeiro é o que se estabeleceu entre o programa de economias do Ministro da Fazenda e a expansão de crédito ao setor privado, concedida pelo Banco do Brasil.

A administração monetária do Brasil registra curiosas alternativas de preferência pelos financiamentos públicos (União, Estados, municípios e autarquias) ou pelos financiamentos privados (bancos e empresas particulares). No governo do Sr. Getúlio Vargas, sob a administração contraditória dos Srs. Horácio Lafer e Ricardo Jafet, o crédito público retraiu-se às taxas de expansão de 5,3 (1951) e 1,6 (1952), enquanto o crédito privado se expandia às taxas de 37,6 (1951) a 27,1 (1952). Sob a administração do Sr. José Maria Alkmin sucedeu o inverso: o crédito público aumentou, em 1958, à razão de 17,9, enquanto o crédito privado caiu à de 7,2. Era essa a época em que o "Jornal do Commercio" censurava a política anti-inflacionária do Governo por estar consistindo numa transferência de meios de pagamento do setor privado para o setor público da economia, sem contenção efetiva do movimento expansivo.

Que está agora sucedendo, no período Janeiro-outubro de 1958, já influenciado substancialmente pela nova administração?

Enquanto a taxa de crescimento do financiamento às entidades públicas caiu de 16,6, que fora a de igual período em 1957, para 4,3, a taxa de crescimento do financiamento privado subiu, no Banco do Brasil, a 20,4,ou 19,1 no total do sistema bancário.

Sendo certo que expandir o crédito é uma forma de criar moeda, estamos em plena inflação, e o que é curioso é que o comércio, a indústria e a lavoura, notadamente as empresas que constituem os chamados "pequenos negócios", não sentem essa expansão, e pelo contrário se queixam do retraimento.

Estarão errados os balancetes dos bancos? Claro que não. O que deve estar havendo, para agravar a situação monetária do país, é uma concentração de recursos na área dos chamados "grandes negócios", isto é, dos grupos financeiros e industriais, que, ou dispõem de grandes bancos privados para financiamento de seus próprios negócios, ou chegam mesmo a dispor de parcela elevada dos recursos do Banco do Brasil.

O outro dilema, que se está tomando crítico, é gerado pelo congelamento dos preços, sobretudo, como é natural, dos preços de mantimentos produzidos no país.

O congelamento de preços, numa hora de encarecimento continuo da vida, é medida inspirada, pelos mais elevados propósitos, e politicamente simpática. Cumpre, porém, atentar nas suas consequências imediatas e remotas, as quais dependem, em larga medida, da natureza das causas de encarecimento.

Quando o encarecimento provém de uma causa psicológica transitória, ou de uma transição brusca para a economia de guerra, congelar os preços costuma ser eficaz. Quando, porém, como entre nós, os preços sobem porque há escassez de mercadorias ou excesso de meios de pagamento para adquiri-las, o remédio adequado será aquele que, de um lado, estimular o aumento da produção, e de outro lado cercear o excesso de meios de pagamento.

Havendo crédito em abundância para intermediários manterem estoques e assim imporem preços, ou não havendo estimulo, armazenagem e transporte para a produção, os preços não baixam. O congelamento, se for aplicado, como deve ser, com severidade, pode mesmo acabar tendo o efeito paradoxal de desencorajar a produção e estimular o consumidor.

Já está o Governo a braços com a inquietação e os protestos das áreas produtoras de mantimentos tabelados, notadamente do Rio Grande do Sul, que sofrem o ônus de um sacrifício destinado sobretudo a aliviar o sentimento de carestia nos grandes centros urbanos. O produtor vem, então, pleitear crédito e aí esbarra com os critérios inapeláveis da política de estabilização.

Além desses dilemas, está o Governo fazendo face a outros aspectos, não menos difíceis, que examinaremos em editorial ulterior.

Feriados – Segunda e terça-feira, 1º e 2 de julho de 1957

A notícia de que a Associação Comercial do Rio de Janeiro vai recorrer à Justiça, a fim de pleitear, por meio de mandado de segurança, que o comércio desta Capital não se veja obrigado a cerrar as suas portas no dia 3 do corrente, sob o pretexto de um novo feriado, constitui matéria para sérias reflexões.

De algum tempo para cá vem prosperando entre nós uma mentalidade de desestímulo ao trabalho, da qual uma das mais típicas manifestações é o abuso dos feriados, federais ou municipais, e dos chamados "pontos facultativos.

Toda a vida econômica do país sofre enormes prejuízos com tais paralisações injustificadas do trabalho. Durante um dia a Nação deixa de produzir, e transações essenciais ao comércio e à indústria não se realizam por estarem cerradas as portas dos bancos e das repartições públicas.

O mais importante é que ninguém lucra com essas paralisações do trabalho. Os industriais, comerciantes, banqueiros e demais empregadores sofrem os prejuízos decorrentes da inatividade de seus capitais durante o período da parada. Os mais prejudicados, entretanto, são os empregados e assalariados em geral. Com efeito, o nível do salário real e o padrão de vida de uma população estão na razão direta do produto nacional. Quanto maior for o volume de mercadorias e serviços produzidos por uma coletividade maior será a participação do trabalho na distribuição desse conjunto de riquezas, que constitui o produto nacional. Ora, se esse produto tem o seu volume reduzido em consequência de frequentes paralisações da atividade econômica não é difícil compreender que menor terá de ser o nível de salários, não dos salários nominais fixados em contratos e decretos, mas dos salários reais, correspondentes à quantidade de mercadorias e serviços que com eles poderá ser adquirida.

Outra manifestação dessa mentalidade de desestimulo ao trabalho, que se vai infiltrando no país é a tendência em tornar cada vez mais atraentes as aposentadorias e reformas. Em nenhum país do mundo se concedem aposentadorias e reformas tão vantajosas quanto no Brasil. Raro é o país onde alguém consegue, após longos anos de trabalho, aposentar-se ou reformar-se com proventos idênticos aos que usufruía na atividade. A regra geral, muito plausível, é que a inatividade acarreta uma diminuição nos proventos, sob o fundamento de que a cessação do trabalho implicará na eliminação de certos gastos, como o transporte para o local do emprego, alimentação fora de casa, gastos suplementares de vestuário etc. Entre nós, porém, vai-se ao absurdo de oferecer a quem se aposenta ou reforma proventos maiores dos que os usufruídos na atividade. Uma legislação de favor, cuja revogação é imperativa, se queremos dar à política de desenvolvimento algum sentido, incentiva militares e civis, justamente no momento em que a madureza intelectual e a experiência tornam seus serviços mais úteis, a pleitearem sua reforma ou aposentadoria. Em consequência dessa legislação de favor, o peso das despesas com inativos no orçamento federal se está tornando insuportável, já absorvendo quase 10% da receita geral.

E o mais grave é a tendência que se verifica, inclusive em alguns de nossos legisladores no sentido de estabelecer nas atividades privadas um sistema de aposentadoria semelhante ao existente no serviço público. Ignoram os promotores de tal iniciativa que proventos pagos a inativos, no serviço público ou em atividades privadas, constituem mera transferência de rendimentos feita em favor daqueles à custa dos que trabalham e produzem.

É imperioso pôr cobro a essa tendência, pois a mesma constitui grave ameaça ao desenvolvimento econômico do país. Todos os nossos esforços devem ser concentrados no sentido do aumento do produto nacional, ou seja, da quantidade de mercadorias e serviços que a Nação pode produzir. Paralizações injustificadas de trabalho, ou cessação definitiva deste quando o trabalhador ainda se encontra física e mentalmente capaz, são causas diretas de diminuição do produto nacional. É preciso cogitar primeiro de criar a riqueza comum para poder assegurar uma distribuição mais justa, que a todos dê acesso a um nível de bem-estar mais elevado em vez de assegurar uma simples quota de miséria comum.

A história econômica dos Estados Unidos da América, da Alemanha, do Japão e de outros países que lograram desenvolver-se em curto prazo é um exemplo frisante de que só o trabalho permanente e intenso é capaz de construir uma grande Nação. Nesses países ninguém pensa em paralisar todo o trabalho nacional por um pretexto qualquer ou conceder aposentadorias com proventos integrais, acrescidos de vantagens, a indivíduos fisicamente válidos, com 50 ou 55 anos de idade, como ocorre entre nós. Todos sabem, nesses países, que a produção nacional é a soma da produção de cada um. E alguns dos nossos homens públicos que ostentam "tendências socialistas", sempre dispostos a apoiar medidas de favor ou concessão de vantagens sem analisar os seus efeitos a longo prazo e mesmo nas repercussões imediatas na vida do país, devem mirar-se no exemplo da União Soviética. Em nenhum outro país é tão rigoroso o regime de trabalho, disciplinado ali pelo preceito constitucional "quem não trabalha não come".

A melhoria do padrão de vida da nossa população não será conseguida por meio de atos legislativos de favor ou atitudes demagógicas, mas pelo aumento sistemático do produto nacional e sua justa e equitativa distribuição entre os fatores que contribuem para sua formação. Qualquer medida capaz de contribuir para baixar esse produto nacional deve ser condenada como contrária aos interesses nacionais, e expelida por coerência da política de desenvolvimento.

Finanças do DF – Segunda e terça-feira, 16 e 17 de dezembro de 1957

É tarefa das mais difíceis a análise da lei municipal nº 899, de 28 de novembro último, que cria um Fundo Especial de Obras Públicas, aprova o Plano de Realizações, cria uma Superintendência de Urbanização e Saneamento, altera a legislação tributária e estabelece normas para evitar a sonegação, autoriza a emissão de Bilhetes do Tesouro do Distrito Federal, regula a instituição e arrecadação da contribuição de melhoria, aprova o Código de Contabilidade Pública do Distrito Federal, autoriza a abertura de créditos e dá outras providências.

Essa simples reprodução da ementa da lei mostra a inobservância, em sua elaboração, de certos princípios de técnica legislativa, pois matérias as mais diversas foram, sem qualquer método, incluídas em seu texto. O interesse demonstrado pelo Executivo Municipal em uma rápida aprovação do diploma legal levou a Câmara dos Vereadores a aproveitar a oportunidade para conseguir a aceitação de medidas as mais diversas, inteiramente estranhas ao objetivo principal.

Algumas dessas medidas, concessivas de favores injustificados às expensas do Erário Municipal, incidiram em veto moralizador do Prefeito. Outras, todavia, foram objeto de sanção e vieram criar novos ônus para a Municipalidade quando a mesma enfrenta tais dificuldades financeiras que se vê na iminência de não efetuar, neste mês, o pagamento de seus servidores. Como justificar, em tal emergência, a autorização da abertura de dezenas de créditos adicionais, consignando centenas de milhões de cruzeiros de novas despesas, inclusive para o pagamento de gratificações e vantagens a funcionários, aquisição de imóveis, auxílios e subvenções, bem como criação de duas centenas de funções gratificadas?

A parte da nova lei contendo matéria de caráter tributário deve ser examinada sob dois aspectos, um relativo às normas tendentes a uma fiscalização mais severa do imposto sobre vendas e consignações e outro o da criação de novos ônus fiscais.

Evidentemente, ninguém pode insurgir-se contra o direito, que assiste ao fisco, de estabelecer sistemas de controle capazes de impedir a sonegação de tributos. É necessário, todavia, que o controle estabelecido não se constitua em motivo de embaraço ao exercício das atividades econômicas nem seja causa de atritos entre contribuintes e agentes fiscais. Uma das famosas máximas de Adam Smith no tocante à tributação é justamente a da comodidade, segundo a qual o imposto deve ser cobrado da forma mais cômoda e menos penosa para o contribuinte.

A nova documentação exigida sob a forma de "notas fiscais" e "notas de vendas" virá, sem dúvida, impor a industriais e comerciantes ônus adicionais e consequente elevação de custos de operação. Esse custo adicional, transferido para os consumidores, determinará elevação dos preços das mercadorias e serviços vendidos ao público. É dever das autoridades responsáveis pela regulamentação e execução da lei envidar esforços no sentido de reduzir ao mínimo as dificuldades e os entraves ocasionadas pelas novas exigências fiscais.

Quanto ao imposto de transações, ora instituído, significa, na realidade, a extensão do imposto de vendas e consignações à prestação de diversos serviços, inclusive os que se destinam a satisfazer necessidades elementares, tais como a locação, reparação, conserto, pintura e reforma de quaisquer objetos. Agrava- se, portanto, o efeito regressivo do imposto sobre vendas e consignações, justamente considerado a forma menos equitativa de tributação, visto recair sobre a massa dos consumidores sem levar em conta a situação pessoal de cada um, seu nível de renda e padrão de existência.

Quanto aos impostos de indústrias e profissões e de licenças para localização, ora restabelecidos, constituem formas de tributação que apresentam graves inconvenientes. É hoje pacífico que o imposto, sempre que possível, deve recair sobre o resultado da atividade, sobre o rendimento auferido em um trabalho ou profissão ou sobre o lucro obtido em determinado negócio. Os impostos restabelecidos representam um pagamento previamente exigido de quem vai se dedicar a uma indústria, profissão ou atividade, sem levar em conta o resultado ou benefício obtido.

Em conclusão, é inegável que o sistema de financiamento das obras e empreendimentos municipais instituído pela lei 899 terá repercussões sobre o custo de vida da população, determinando sua elevação para nível que não pode, no momento, ser previsto com exatidão. Outrossim, como os impostos utilizados não têm caráter pessoal e não foram adequados à capacidade dos contribuintes, incidirão mais intensamente sobre os grupos de menores rendas, obrigados a pagar preços mais elevados pela aquisição dos serviços sujeitos à tributação.

Em todo caso, constitui critério falho em finanças públicas analisar os efeitos da tributação sem levar em conta a utilização dada ao respectivo produto. Diante do fato consumado da vigência da lei 899, resta ao contribuinte carioca conformar-se com os novos ônus fiscais, uma vez que a receita assim obtida seja aplicada integralmente em empreendimentos capazes de contribuir realmente para a melhoria das condições de vida da população. Será, porém, imperdoável e motivo de justa revolta o desvio de qualquer parcela dessa receita para a vala comum dos recursos consumidos em gastos correntes com a manutenção da máquina burocrática ou na distribuição de favores de caráter eleitoral ou demagógico. Toda a população tem o direito de exigir da Administração Municipal que isso de maneira alguma venha a ocorrer.

Financiamento do déficit – Segunda e terça-feira 7 e 8 de julho de 1958

O Sr. Lucas Lopes é, sem dúvida, um dos mais habilitados economistas brasileiros. Sua longa experiência como administrador, desde os tempos do secretariado mineiro, e, principalmente, a sua magnífica atuação na presidência do Banco Nacional de Desenvolvimento Econômico credenciaram-no para as mais altas responsabilidades na vida pública.

Sua nomeação para a pasta da Fazenda foi recebida favoravelmente no país e no exterior, onde também é conhecida a sua justa reputação de técnico competente e probo, servido por um patriotismo que tem concorrido para fazê-lo respeitado nos setores mais diversos da opinião pública nacional.

Não é, por isso, sem certa apreensão que o comentarista diário contempla a soma de problemas com que deverá haver-se, na Fazenda, o experimentado homem público que é o Sr. Lucas Lopes. A sua vocação de servir às grandes causas nacionais será mais uma vez posta à prova, e, desta vez, em circunstâncias extremamente trabalhosas.

O quadro econômico e financeiro com que se defronta o novo titular do Tesouro está longe de ser desesperador. As possibilidades de recuperação do país, que o Sr. Lucas Lopes tão bem conhece, são de tal forma reais que animam as esperanças no êxito da sua gestão. No entanto, uma vista de olhos sobre os problemas gerais com que se defrontará o novo ministro não deixa dúvida quanto à magnitude da obra a realizar.

O primeiro problema a desafiar a sua capacidade é, sem dúvida, o do extraordinário "déficit" do Tesouro Nacional, correspondente à execução do atual exercício financeiro que, num processo sempre crescente, alcançou em fins de junho o montante de 23,1 bilhões de cruzeiros. Ora, tão clara manifestação de desequilíbrio nas contas do Tesouro constitui permanente ameaça à estabilidade da moeda, e prova que a situação orçamentária deteriorou-se enormemente, pois, em igual período do ano passado, o "déficit" orçamentário era de 16,9 bilhões de cruzeiros. O financiamento de tão vultoso "déficit" acarretou por sua vez novos problemas. A fim de atender às suas necessidades de caixa recorreu o Governo à emissão de letras do Tesouro, colocadas nos bancos privados com o intuito de evitar maiores emissões de papel-moeda, mas, com isso, prejudicando consideravelmente o crédito às atividades produtivas privadas. Essa transformação do Governo no grande cliente compulsório do mercado de crédito foi um dos grandes males do "déficit" orçamentário.

Frustrou-se, porém, de maneira total o desígnio de não recorrer às emissões. O "déficit" não poderia ser financiado exclusivamente pela emissão de Letras do Tesouro. As emissões de papel-moeda prosseguiram em ritmo crescente, expandindo-se até 6,5 bilhões de cruzeiros no primeiro semestre deste ano, enquanto, nos seis primeiros meses do ano passado, iam, apenas, a 2,5 bilhões.

Tal conjuntura não poderia deixar de determinar fortes pressões inflacionárias. Apesar de ainda não haver dados oficiais relativos ao mês de junho tudo leva a crer que o saldo dos meios de pagamento, isto é, o papel-moeda em poder do público e a moeda escritural, haja atingido aos 320 bilhões de cruzeiros, 30 bilhões a mais sobre o do exercício anterior.

Uma situação desta ordem não poderia deixar de refletir-se no panorama dos preços. A evolução do custo de vida nos primeiros meses de 1958 passou a processar-se em ritmo mais acentuado. Os índices elaborados pela Fundação Getúlio Vargas não deixam a menor dúvida a respeito. Hoje, essa evolução se processa em ritmo de crescimento que já atinge a 2% ao mês. O índice respectivo, elaborado pelos economistas daquela instituição, passou de 378 em dezembro para 414 em maio.

Simultaneamente a conjuntura externa tornou-se inquietadora. A crise das exportações brasileiras só tem feito acentuar-se, malgrado o êxito fortuito da colocação nos mercados externos deste ou daquele produto primário nacional.

Os dados conhecidos, relativos ao primeiro semestre do ano em curso, mostram que transações econômicas do Brasil com o exterior acusaram "déficit" de 122 milhões de dólares. Tal situação resultou da sensível queda das receitas cambiais, pois as exportações de mercadorias nos três primeiros meses do ano perfizeram a receita de 258 milhões de dólares, ao passo que as despesas com importações, exclusive frete e serviços, atingiram a 295 milhões de dólares.

A análise desses dados torna evidente que o desequilíbrio de nossos pagamentos internacionais decorre, em maior parte, da queda das receitas de nossos produtos exportáveis, juntamente com a parcela resultante de compromissos referentes a investimentos e financiamentos destinados aos programas de industrialização, no valor de 71 milhões de dólares, no primeiro semestre.

A entrada de capitais constituiu, não obstante, um aspecto positivo, a atestar a confiança dos inversores estrangeiros no Brasil. Tais ingressos de recursos líquidos elevaram-se a 28 milhões de dólares no primeiro semestre. Entretanto, as despesas com serviços— fretes, seguros, comissões, etc. — anularam essa parcela e contribuíram com mais 8 milhões para a formação do "déficit" de pagamentos global de 122 milhões de dólares.

Ora, em face desse panorama é indiscutível a necessidade de uma reforma que desobstrua o fluxo das exportações brasileiras, pois, de outro modo, não teremos os meios bastantes para atender às crescentes necessidades de importação do país. Na situação em que nos encontramos, os recursos atualmente disponíveis são insuficientes para saciar a fome de importações da indústria e mesmo das populações urbanas, habituadas a níveis de consumo superiores às atuais possibilidades de exportação do país.

Os expedientes adotados até agora não oferecem os remédios radicais requeridos pela situação, como foi comprovado, por exemplo, pelas operações de vendas simbólicas à CACEX, criadas com o objetivo de facilitar o escoamento de numerosos produtos de exportação.

Tal recurso logo deixou de produzir efeitos e a SUMOC, pela instrução nº 157, fê-lo suceder por novo reajustamento da taxa cambial. Em breve o desequilíbrio entre os preços internos e externos obrigará a novo reajustamento da taxa de câmbio e assim por diante em ininterrupto processo de fuga à condição de gravosidade.

Como se vê, além da capacidade e dedicação do novo Ministro da Fazenda, o momento requer a colaboração dos homens responsáveis na obra de reerguimento econômico. Esta ou aquela classe ou grupo social não pode fazer preponderar seus interesses sobre os da coletividade, e os líderes esclarecidos, no Congresso ou no Executivo, devem opor-se com energia aos que pretenderem o contrário. A administração do Sr. Lucas Lopes tem, pois, ainda, esta circunstância particular: — o êxito de sua obra está, não só nas providências que possa tomar quanto no grau de aceitação que venham obter suas medidas de governo, pois a obra de reerguimento a empreender há de ser coletiva e geral ou correrá o risco de malograr.

Fundo de Pesquisas Científicas - Sexta-feira, 1º de novembro de 1957

O debate havido na TV-Tupi, entre homens de ciência e homens da indústria, no programa "O Jornal do Commercio pergunta", tornou evidente ao público a necessidade desse primeiro passo no caminho da reforma da mentalidade educativa, tal como o propôs este jornal.

Que visa o "Jornal do Commercio" ao convocar homens de ciência e homens da indústria para a constituição do primeiro Fundo de pesquisas cientificas, de caráter privado, em nosso país?

Em primeiro lugar visa pôr em relevo, de maneira prática e construtiva, a relação que existe entre a Ciência e o Desenvolvimento Econômico. Como bem salientou um dos mais eminentes entrevistados de ontem, o Prof. Otávio G. de Bulhões, é licito dizer-se hoje que a Ciência é um fator autônomo de produção, ao lado do capital e do trabalho, e já não é possível supor que um povo se desenvolva apenas com a abundância destes dois elementos, se lhe faltar o primeiro, que os combina no sentido de encontrar para os problemas as melhores soluções.

Em segundo lugar, quer este jornal tornar claro que a modernização da nossa cultura. isto é, o entrelaçamento vivo entre os estudos e a problemática do nosso meio, tem de ser alcançada por caminhos que não são necessariamente os do Estado, embora não excluam a iniciativa deste, sempre que puder ser dirigida num sentido realista e conservar a autenticidade.

Não queremos fundar um organismo acadêmico, nem animar um movimento supérfluo, de finalidade ornamental. Justamente o que desejamos é ajustar a ciência brasileira aos problemas das empresas, fazer com que cientistas e tecnologistas, em vez de perquirirem questões postuladas no próprio meio cultural em que vivem, procurem encontrar respostas exatas para dificuldades enfrentadas nas nossas fábricas, e também nas nossas minas e nos nossos campos, contribuindo para melhorar as condições de produtividade sob que trabalhamos.

A ideia de um Fundo, ou Fundação, não corresponde, como foi muito bem focalizado por esses três homens de ciência, que são os professores Moussatché, Leite Lopes e Tiomno, a um desejo prematuro de vasar a iniciativa em quadros institucionais. Pelo contrário, marca o desejo de conservar o mais alto grau de flexibilidade, para que a experiência, e só a experiência, oriente no sentido mais adequado o amadurecimento do plano.

Não teria cabimento pensar-se na criação de um instituto, cujos laboratórios seriam caríssimos, e certamente insuficientes para a variedade imprevisível dos problemas, que a indústria pode propor à investigação da Ciência. Também não bastaria pensar no simples levantamento de recursos para enviar bolsistas ao estrangeiro, porque o bolsista, por maior que seja o seu aproveitamento, não pode produzir adequadamente quando retorna, se não encontra um ambiente de trabalho equipado adequadamente; e também porque só uma pesquisa levada a cabo no próprio país pode ir encontrando as soluções peculiares aos problemas, que aqui se apresentam com feição diversa da que assumem em outros meios.

O plano que se apresentou ao espirito dos cientistas reunidos sob o patrocínio deste jornal foi muito simples e extremamente realista. O que se quer, numa primeira fase, é ir descobrindo pouco a pouco, com o auxílio das próprias indústrias, os problemas que poderiam ser investigados por homens de ciência, com benefício imediato da produtividade. Se um desses problemas ou grupos de problemas parecer de interesse superior e imediato, a Fundação apresentará aos industriais um programa de pesquisas, com a estimativa dos custos e a previsão possível dos resultados. Adotado o programa, a pesquisa será levada a efeito, e seus resultados finais, publicados, para que deles se beneficie a produção brasileira, prestando-se ao mesmo tempo as contas dos recursos despendidos.

Projetos dessa natureza irão acreditando a Fundação aos olhos da indústria, até que ela se decida a encomendar pesquisas de grande porte e de alcance prático talvez maior, mas menos imediato. Para a indústria os benefícios serão óbvios, traduzindo-se muitas vezes em melhoria dos lucros além da melhoria da produtividade. Para a ciência serão igualmente grandes, pois o entrosamento da especulação às realidades quotidianas do trabalho e da produção, vasa no espirito científico um conteúdo existencial que o robustece, e amplia o seu raio de ação.

É certo que essa iniciativa pode representar para a indústria, no momento de aperturas financeiras que ela atravessa, uma perspectiva de investimentos, que antes de convenientemente analisada, a intimida. Não tarda, porém, que se observe serem de pequena monta e sempre relacionados com melhorias imediatas, de caráter utilitário, os orçamentos dos projetos de pesquisa cogitados.

É também certo, como observaram os Srs. Zulfo Malmann, Bulhões e Arnaldo Taveira, que o Estado deve tomar a si o grosso dos investimentos em matéria de pesquisa científica e de educação. Esse dever do Estado não exclui o interesse dos particulares de colocarem a ciência e a tecnologia a serviço do melhoramento de suas indústrias, e o fato de o Estado se desincumbir insatisfatoriamente do seu encargo não parece ser um motivo para que as empresas se desinteressem daqueles melhoramentos e dos benefícios maiores que eles podem proporcionar.

Acresce que o dever do Estado é sobretudo financiar o ensino geral e a pesquisa desinteressada, que encontraria, pelo menos agora, menores fontes de recursos privados para desenvolver-se. A pesquisa interessada, a pesquisa para melhorar indústrias e empreendimentos econômicos em geral, tem possibilidades de financiamento privado, e as dificuldades de ganhar dinheiro aumentam paradoxalmente essas possibilidades.

A iniciativa do "Jornal do Commercio" é um primeiro passo, de alcance limitado, mus de imensa significação, no caminho da modernização da nossa cultura e do aperfeiçoamento do nosso trabalho organizado. A compreensão que ela está encontrando é, por outro lado, uma prova do esclarecimento intelectual dos homens que formam a nossa riqueza.

Fundo de Pesquisas Científicas - Domingo, 24 de novembro de 1957

A campanha que o "Jornal do Commercio" iniciou pela criação de um Fundo destinado a fomentar a pesquisa cientifica e tecnológica entre nós, precisa ser compreendida pelos industriais, pelos financistas, e pelo público em geral, na totalidade de sua significação.

Em primeiro lugar convém lembrarmos que a cultura moderna, baseada sobretudo na Ciência, tornou-se o privilégio de um grupo reduzido de nações. Somente três ou quatro nações dispõem de capacidade para fazer avançar o conhecimento e o domínio que temos da natureza. E poucos, muito poucos, estão à altura da tarefa bem menor de acompanhar e transmitir, através do ensino, esses conhecimentos.

A época em que era possível a um país dizer-se culto, graças apenas à capacidade de indivíduos isolados e ao feliz acaso de alguns momentos de inspiração, se é que existiu, está encerrada. Hoje a autonomia de pensamento e a capacidade de se manter a par das derradeiras conquistas da inteligência, é o privilégio de uma minoria de povos, liderados pelos Estados Unidos e pela União Soviética.

Em segundo lugar cumpre não esquecermos que o conhecimento, ao se aplicar a problemas práticos específicos e transformar-se em tecnologia, realiza a síntese de dois elementos, um dos quais é a ciência, isto é, o acervo de noções, de métodos e experiências de que determinado povo ou indivíduo dispõe, e o outro é a situação concreta — a circunstância — que se apresenta como problema e reclama solução. Encontrada a solução, sua transposição a situações ou circunstâncias diversas é sempre imperfeita. Só por aproximação, e só em casos muito especiais, é que uma solução tecnológica elaborada para determinado meio pode ser aplicada a outro. Em geral há algo de inadequado, e em princípio podemos supor que se a ciência tivesse partido, não da circunstância de que partiu, mas da nova que se pretende regular, teria elaborado uma solução diferente.

Daí decorre a posição de inferioridade em que se colocam os povos culturalmente inferiores, quando o esforço de desenvolvimento econômico começa a levá-los a importar, para solução dos seus problemas, a tecnologia estrangeira. Esta tecnologia é a que existe, mas nem sempre é a que existiria se aquele povo, em vez de importar uma solução já dada, tivesse sido capaz de procurar a solução mais adequada à circunstância em que se encontra.

Assim, os processos de fabricação, as matérias primas, os próprios planos e concepções industriais, têm sempre algo de incomunicável ou de inadaptável, que redunda em desvantagem para quem os toma de segunda mão.

Dessas considerações resulta a necessidade absoluta de se mobilizar toda nação em desenvolvimento econômico para um esforço paralelo de desenvolvimento cientifico-cultural. Conquistar independência científica não significa, de maneira alguma, voltar as costas à ciência elaborada no seio das nações mais avançadas, e sim assimilar essa ciência integralmente, e assimilá-la nas suas raízes de modo a poder usar os seus conceitos e métodos na pesquisa das soluções originais, ou antes, específicas, que a nossa coletividade reclama.

Só quando possuirmos uma cultura filosófica e matemática de primeira ordem, à altura da que se obtém nos grandes centros de estudo, é que poderemos obter uma física da mesma qualidade, e só então é que poderemos percorrer a variada gama de conhecimentos que une a ciência pura à tecnologia.

Desenvolver a cultura nos seus aspectos mais superiores, e às vezes menos pragmáticos, é o primeiro e decisivo passo da nossa preparação intelectual para o desenvolvimento, e o complemento imediato indispensável desse passo é o estímulo à pesquisa cientifica e sua padronização em nível elevado.

Sem pesquisa cientifica não há hoje povo que se possa considerar de primeira classe. Os povos que não pesquisam, ou que o fazem de maneira esporádica, descontínua, são satélites culturais de importância secundária, e o dever de autocrítica, que é o primeiro de quem deseja elevar-se, manda que por ora ainda nos incluamos neste grupo, com a firme esperança de que, em curto prazo, dele sairemos para nos unirmos ao das nações culturalmente independentes.

Não basta que os homens de ciência tenham consciência dessas verdades. É preciso que toda a nação as reconheça e confesse, para que o desenvolvimento cultural se faça paralelo ao desenvolvimento econômico. Os industriais especialmente estão chamados a desempenhar nessa tomada de consciência um papel decisivo. A indústria é a atividade econômica filha da ciência, ou melhor, da pesquisa científica, e um povo verdadeiramente só amadurece para a pesquisa, quando sua economia entra na fase de industrialização, como se verifica entre nós.

Daí a iniciativa do "Jornal do Commercio" de unir na estrutura de uma Fundação particular, os cientistas e os industriais, para que a Indústria se ponha à frente da tarefa de estimular a pesquisa e de assinar-lhe objetivos práticos determinados.

Se a indústria puder amanhã confiar um problema seu específico à pesquisa cientifica, e se esta lhe puder dar resposta, que logo se converta em melhoria da produtividade e da lucratividade das empresas, a indústria começará a compreender o que a ciência representa para a economia, e a ciência também começará a aplicar-se aos problemas da existência da nossa comunidade.

A campanha que iniciamos contém todo o espírito do "Jornal do Commercio" e exprime a missão que ele se propõe: unir a economia e o bem-estar social à cultura, fazer da Ciência um instrumento do desenvolvimento e da realização da comunidade.

Imposto de renda – Segunda e terça-feira, 7 e 8 de outubro de 1957

O relatório das atividades da Divisão do Imposto de Renda em 1956 contém interessantes estatísticas e informações, cuja análise assume particular importância quando se cogita de uma nova reforma do tributo.

A arrecadação, em 1956, do imposto de renda e adicionais, atingiu a 25.604 milhões de cruzeiros, ultrapassando a estimativa orçamentária e representando um aumento de 28,79% sobre o total arrecadado no ano anterior. Manteve-se o imposto de renda na posição de principal fonte de receita da União.

Esse rápido crescimento do imposto de renda não corresponde, todavia, a um aumento real da renda nacional ou a uma melhoria substancial do sistema arrecadador e fiscalizador. Decorre principalmente do aumento nominal da renda nacional em consequência da crônica inflação em que nos debatemos. Em 1956, além da inflação, contribuíram poderosamente para o aumento da arrecadação os 2.547 milhões de cruzeiros provenientes da tributação do aumento de capital das pessoas jurídicas, através da reavaliação do ativo e da incorporação de reservas.

O imposto sobre pessoas jurídicas contribui com 10.996 milhões de cruzeiros para a arrecadação de 1956, havendo atingido a 5.949 milhões o total pago pelas pessoas físicas. Demonstram esses algarismos que o imposto sobre a renda incide entre nós principalmente sobre os lucros das firmas, empresas e sociedades, com as características de tributação real e indireta, cujo ônus pode ser transferido para o consumidor. A tributação pessoal sobre os rendimentos individuais, que é nos países ricos a forma mais característica do imposto sobre a renda, contribuiu com menos de 6 bilhões de cruzeiros para a receita arrecadada.

A maior parte do imposto de renda arrecadado em 1956 decorreu de declarações apresentadas pelos contribuintes, tendo sido arrecadados, pelo sistema de retenção na fonte pagadora dos rendimentos, apenas 7.108 milhões de cruzeiros, ou seja 30% do total. É extremamente desejável a ampliação do método de retenção na fonte pagadora, cuja eficiência é indiscutível para o fisco, por eliminar quase que inteiramente a evasão, além de representar grande comodidade para o contribuinte. Este, em lugar de auferir o rendimento e ser chamado no ano seguinte para pagar o imposto, como ocorre entre nós como regra geral, já receberia sua renda com a dedução do tributo correspondente. Não se compreende porque o método de retenção na fonte não foi estendido, até agora, pelo menos à totalidade da tributação dos rendimentos do trabalho, sendo apenas aplicado aos salários e vencimentos até 10.000 cruzeiros mensais.

O imposto cobrado sobre os rendimentos de contribuintes residentes no exterior atingiu a 1.805 milhões de cruzeiros. Contribuíram substancialmente para esse total 442 milhões provenientes da tributação de 2.209 milhões de cruzeiros de lucros auferidos por empresas estrangeiras em nosso país, 381 milhões correspondentes à tributação de 1.524 milhões remetidos para o exterior a título de "royalties" e 307 milhões decorrentes do imposto cobrado sobre 1.537 milhões de dividendos de ações nominativas pertencentes a residentes no exterior.

Verificação interessante efetuada através do relatório da Divisão do Imposto de Renda é a que diz respeito à distribuição regional da arrecadação. Mais da metade do total foi arrecadado em 1956 no Sul do país, nos quatro Estados de São Paulo, Paraná, Santa Catarina e Rio Grande do Sul. Na região Leste, integrada pelo Distrito Federal e pelos Estados de Sergipe, Bahia, Minas Gerais, Espirito Santo e Rio de Janeiro a arrecadação representa cerca de 40% do total. Noventa por cento do imposto de renda é, portanto arrecadado nas zonas Sul e Leste, o que demonstra o profundo desequilíbrio econômico entre as regiões do país e a concentração da renda nacional em certos Estados. O problema merece atenta consideração, pois a permanência desse desequilíbrio poderá provocar graves dificuldades de natureza social e política.

Outra conclusão resultante da análise do relatório da Divisão do Imposto de Renda é a da vultosa evasão do tributo, principalmente em certos setores. No total arrecadado como imposto cedular a parcela mais importante é decorrente da tributação dos rendimentos do trabalho, dando razão à crítica de que o imposto de renda representa em nosso país um sacrifício injusto para os assalariados, incapazes, pela própria natureza dos seus rendimentos, de se evadirem mesmo parcialmente ao respectivo pagamento. Enquanto foram tributados rendimentos do trabalho no valor de 36.615 milhões de cruzeiros, somente foram atingidos pela tributação na cédula D, onde se incluem os rendimentos das profissões liberais, além de outros, 3.503 milhões. A evasão é ainda mais flagrante no tocante aos rendimentos da agricultura, pois a renda total declarada na cédula correspondente não ultrapassou 1.495 milhões. de cruzeiros. A lavoura está, portanto, praticamente isenta do pagamento desse tributo. O imposto de renda é uma das mais justas modalidades de tributação desde, porém, que atinja a generalidade dos contribuintes e a evasão não exceda certos limites. Quando, como ocorre entre nós, certos grupos são rigorosamente tributados e outros conseguem se livrar do gravame, o imposto passa a ter caráter odioso e a representar flagrante iniquidade.

Outra verificação interessante é a da distribuição dos contribuintes por classes de rendas líquidas. A classe em que se localizou o maior número de contribuintes corresponde à renda líquida entre 60.000 e 90.000 cruzeiros anuais. Apenas 512 contribuintes auferiram renda liquida entre 2 milhões e 3 milhões de cruzeiros anuais e somente 272 contribuintes apresentaram renda liquida superior a 3 milhões de cruzeiros por ano. Estes últimos 272 contribuintes contribuíram, porém, com 498 milhões de cruzeiros, mais do dobro dos 203 milhões arrecadados dos 69.120 contribuintes de renda classificada entre 60.000 e 90.000 cruzeiros anuais. O imposto de renda já vai exercendo, entre nós, embora timidamente, sua função corretiva das desigualdades na distribuição da renda social.

Muitos outros pontos de interesse poderiam ser analisados à vista do relatório da Divisão do Imposto de Renda. Queremos apenas salientar, à guisa de conclusão, que a tributação da renda está hoje solidamente implantada em nosso sistema fiscal, constituindo a principal fonte de receita do orçamento federal. Trata-se, porém, de um tributo que deve ser manejado com o maior cuidado e qualquer reforma a ser nele introduzida deverá, de preferência, procurar eliminar a grande evasão ainda existente cm certos setores e simplificar a forma de cobrança e arrecadação, tornando-a mais cômoda para o contribuinte.

Indústria do turismo - Quarta-feira, 2 de outubro de 1957

As atuais dificuldades do balanço de pagamentos, consequentes principalmente da queda do volume e dos preços das exportações de café, estão a demonstrar, mais uma vez, a necessidade de serem diversificadas as nossas fontes de divisas. Enquanto o equilíbrio de nosso balanço de pagamentos estiver condicionado à posição de um único produto estaremos sujeitos a flutuações periódicas e profundas perturbações no intercâmbio com o exterior.

Ora, entre as fontes de divisas que podem ser exploradas com sucesso inclui-se a indústria do turismo da qual já se afirmou, com razão, ser a melhor das exportações, equivalente ao recebimento de moeda estrangeira sem a correspondente saída de mercadorias.

Não se compreende a pouca ou nenhuma atenção que o turismo tem merecido dos nossos governantes, ao contrário do que ocorre em muitos outros países. No México, por exemplo, mercê de uma política inteligente e bem orientada, o turismo tornou-se a segunda indústria nacional, canalizando para o país, anualmente, cerca de 400 milhões de dólares americanos.

Sem dúvida, para despertar o interesse turístico, é necessário que o país disponha de condições naturais ou históricas favoráveis. Ora, o nosso país conta com belezas e monumentos naturais, capazes de atrair o turista estrangeiro. Outrossim, embora não disponhamos da história e da tradição de certos países do Velho Mundo, a colonização portuguesa aqui plantou monumentos arquitetônicos históricos que, por sua originalidade e beleza, poderão atrair o interesse e a curiosidade. O Canadá, por exemplo, embora pobre em tradições históricas e monumentos de arte, conseguiu, através de inteligente exploração de suas magníficas belezas naturais, tornar-se um grande país de turismo.

O importante, todavia, é tornar acessível e atraente ao turista aquilo de que dispõe o país e nesse particular a ação governamental se faz imprescindível. A primeira condição para atrair o turista é oferecer-lhe meios de transporte confortáveis, seguros e a preços razoáveis. É necessário dar ao turista, logo ao chegar no país, através de boas instalações portuárias ou aeroportuárias, uma impressão agradável e confortadora.

A segunda condição é a eliminação de dificuldades burocráticas e formalidades administrativas que constituem fontes de aborrecimentos, atritos e complicações. Queixa-se o estrangeiro, com razão, das dificuldades com que se defronta quem deseja visitar o nosso país. A supressão de requerimentos, vistos, atestados policiais e sanitários, são providências usualmente adotadas nos países que pretendem estimular o turismo. Outro ponto importante é tornar simples e cordial o primeiro contato do turista com o país visitado, reduzindo ao mínimo indispensável as exigências da imigração e alfândega e colocando nos postos de entrada funcionários atenciosos e compreensivos. Não há nada menos atraente para o estrangeiro de que ser tratado como um contrabandista ou um indesejável e submetido a buscas e formalidades vexatórias.

Um ponto igualmente importante consiste em assegurar ao turista tarifas honestas e justas no pagamento dos serviços de que vai se utilizar. É ilusão pensar que as correntes turísticas são integradas por milionários que não discutem preços e condições. A classe média constitui o maior contingente do turismo universal, integrado por pessoas de posses e recursos limitados, para as quais uma viagem é o resultado de economias acumuladas, das quais pretendem tirar o máximo de proveito e satisfação. Os preços dos automóveis, carregadores, hotéis, lojas etc. a serviço do turismo devem ser uniformes, razoáveis e sujeitos a estrita fiscalização, capaz de punir e eliminar possíveis abusos.

Nenhum país, porém, poderá pensar em turismo se não dispuser de bom serviço de hotéis, na quantidade e qualidade necessárias. Evidentemente não cabe ao Governo e sim à iniciativa privada a responsabilidade da construção e manutenção de uma rede de hotéis para o turismo. Pode, porém, o Governo atrair o capital privado para tais investimentos, mediante a criação de facilidades de crédito, garantia de favores fiscais etc. A serviço do turismo existem hoje grandes empresas hoteleiras internacionais, que podem ser atraídas para o país mediante oferta de condições favoráveis e segurança de tratamento equânime para o capital investido.

Há uma ideia generalizada de que o turismo somente será possível entre nós se for dada permissão para a prática de jogos de azar. A ideia é completamente falsa e somente pode ser fruto da má fé ou da ignorância do problema. Quem conhece países de grande movimento turístico no Velho ou no Novo Mundo sabe perfeitamente a diminuta ou nenhuma importância que os jogos de azar neles representam como fonte de atração.

Em conclusão, o turismo poderá ser entre nós uma fonte substancial de divisas, além de proporcionar emprego a milhares de pessoas e remuneração satisfatória a capitais aplicados em muitas atividades com ele relacionadas. Todavia, para que possam ser obtidos dessa indústria os resultados pretendidos, torna-se necessário o planejamento conjunto das atividades governamentais e privadas nesse setor. E a responsabilidade desse planejamento, embora sob a indispensável supervisão e coordenação do Governo, deverá caber principalmente aos homens que têm experiência nesse ramo de negócios e nas atividades direta ou indiretamente ligadas ao turismo. Cumpre assinalar, nesse particular, a valiosa cooperação da Confederação Nacional da Indústria, cujo Conselho de Turismo vem, há muito tempo e com pouco ou nenhum apoio governamental, realizando um sério e permanente esforço em prol da indústria nacional do turismo.

No próximo ano abre-se para o Brasil uma excelente oportunidade. Os agentes de viagem norte-americanos pretendem realizar em nosso país o seu congresso. Trata-se dos homens que orientam, nos Estados Unidos da América, os milhões de americanos que, anualmente, vão em viagem de turismo e de recreio aos diversos países do mundo. Com a prudência e frieza de homens de negócio examinarão eles, com toda a certeza, as vantagens da inclusão do Brasil entre as rotas do turismo internacional e a possibilidade de para aqui canalizar uma parte de sua clientela. É necessário que os participantes desse congresso encontrem por parte das autoridades brasileiras e dos nossos homens de negócio um ambiente favorável e um decidido apoio às iniciativas que pretendam tomar.

Inflação e desenvolvimento - Sábado, 7 de setembro de 1957

É corrente a afirmação de que a inflação é uma acompanhante inevitável do desenvolvimento econômico. Não há dúvida que o processo de desenvolvimento tende a gerar certo grau de pressão inflacionária, o que decorre de dois fatos principais. Primeiro, a imperfeição do mercado e os obstáculos existentes à mobilidade dos fatores de produção, que dificultam a transferência desses fatores do setor primário para os demais setores da economia, à medida que ocorrem as mudanças de estrutura próprias do processo de desenvolvimento. Segundo, o fato de que, nas fases iniciais do desenvolvimento, grande parte dos investimentos têm que se concentrar na criação de serviços básicos de transporte e energia, ou nas indústrias de bens de capital, o que exige um longo período de maturação e elevada densidade de capital.

Não se deve confundir, porém, as pressões inflacionárias que têm origem nos fatores apontados, daquelas que se apresentam quando, na ausência de uma política fiscal e monetária adequada, os meios de pagamento passam a crescer desproporcionalmente com relação às disponibilidades correntes de mercadorias e serviços. É o que ocorre quando o governo, ao gastar mais do que permitem suas rendas, incide em "déficits" orçamentários, recorrendo a emissões de papel-moeda. e segue uma política de expansão imoderada do crédito bancário, colocando nas mãos das empresas e do público em geral, recursos monetários que os levam a realizar despesas que a economia não poderá suportar sem alta de preços. Daí ser indispensável, a fim de refrear as pressões inflacionárias decorrentes do processo de desenvolvimento, um programa de contenção de despesas públicas não essenciais e a moderação do ritmo de expansão do crédito bancário.

As medidas que o Governo vem executando a esse respeito são, portanto, acertadas, conquanto lhes falte um caráter orgânico e coordenado. É verdade que no tocante à contenção das despesas públicas, o esforço do Governo não tem sido suficiente para impedir o "déficit" acusado na execução orçamentária (cerca de 20 bilhões de cruzeiros até princípios de agosto) e impõem-se cortes mais amplos. Com relação ao crédito bancário observa-se que, de fato, foi contido o ritmo de sua expansão, nos primeiros sete meses do ano em curso: a taxa de seu aumento foi de 12,3%, a mesma observada em idêntico período do ano anterior.

É bastante auspicioso constatar que tais medidas propiciaram sensível arrefecimento da pressão inflacionária, nos primeiros sete meses do ano corrente. Sintoma evidente desse fato é a relativa estabilidade do índice geral dos preços e do índice do custo da vida no Distrito Federal, no período em apreço. Sua elevação nos primeiros meses do ano foi compensada pela queda registrada a partir de maio, de sorte que o aumento médio mensal até julho, foi de apenas 0,3% relativamente ao primeiro dos índices mencionados e o de 0,7% para o segundo, contra 2,1% e 1,5% respectivamente, em período idêntico do ano anterior.

A continuar nos meses restantes do ano esse ritmo de ascensão dos preços e do custo da vida, será de esperar para o conjunto de 1957, um grau de inflação ao redor de 10,0%, o que representaria algum progresso no caminho da estabilidade monetária. A fim de atingir esse resultado, será, porém, indispensável que, além de manter inalterada a atual política de crédito, o Governo empreenda um esforço bem mais vigoroso no sentido de conter as despesas públicas. Somente assim procedendo, será possível contrabalançar os efeitos inflacionários que fatalmente decorrerão da política adotada em relação ao café, que comentamos em nota anterior.

Esses efeitos inflacionários radicam-se em dois fatores. De um lado, a fixação de preços de sustentação de mercado trará como inevitável consectário a compra de café pelo governo, pois que, segundo se estima, pelo menos três milhões de sacas da nova safra talvez não encontrem escoamento aos preços fixados. A retenção de estoques, sobre constituir investimento altamente improdutivo, significaria uma retomada do ritmo acelerado de emissões de papel-moeda, a que assistimos em 1954, por motivos idênticos.

De outro lado, a retração já ocorrida no mercado cafeeiro, traduziu-se numa irrecuperável perda de divisas, que forçará uma contração de importações, também esta de consequências inflacionárias.

O frágil barco da estabilização monetária atravessará assim mares procelosos nos próximos meses, devido, principalmente, à defeituosa direção dos negócios do café. Além dos efeitos negativos da política cambial e cafeeira, a execução orçamentária, que já se traduziu num "deficit" de 20 milhões de cruzeiros, cobertos com empréstimos do Banco do Brasil, não apresenta perspectivas favoráveis. É que, conquanto no segundo semestre do ano melhore habitualmente a arrecadação, com o afluxo do imposto de renda, costuma aumentar ainda mais a pressão pela liberação de verbas temporariamente represadas, quer por simples artifício burocrático, quer por inclusão em planos de economia. A falta de coordenação entre a política financeira do Ministério da Fazenda e a política muitas vezes oficial de aumento dos salários nominais, encerra, por sua vez, nova ameaça inflacionária, que poderá anular uma incipiente estabilização monetária, alcançada muito mais por sacrifícios impostos ao setor privado da economia do que pelo exercício de disciplina no setor público.

San Tiago Dantas

Letras do Tesouro - Domingo, 29 de setembro de 1957

O titular da pasta da Fazenda acaba de autorizar a emissão, pela Diretoria da Despesa Pública, de 1.500 milhões de cruzeiros de Letras do Tesouro. Esta nova emissão, somada às anteriores, eleva a 9.500 milhões de cruzeiros o total das obrigações a curto prazo já emitidas pelo Tesouro Nacional, no corrente exercício.

A emissão de Letras do Tesouro é uma operação de rotina, expressamente prevista na lei orçamentária, onde anualmente se autoriza o Ministro da Fazenda a efetuar operações de crédito, por antecipação da receita, até um determinado limite. Trata-se, por conseguinte, de uma operação de crédito, incluída na categoria da Dívida Flutuante, rigorosamente delimitada em seu montante e em seus objetivos, a qual visa apenas munir o Tesouro de recursos para fazer face a eventuais dificuldades de caixa.

Ocorre, porém, que os referidos títulos estão sendo deturpados em sua finalidade, passando a constituir mais um elemento agravador das dificuldades por que passam as finanças federais, ao se converterem em veículo de novas emissões de papel moeda, servindo de instrumento para a concessão de empréstimos a Estados e Municípios, o que constitui procedimento inteiramente irregular.

Os responsáveis pelas finanças do país terão de se convencer que o saneamento financeiro e o combate à inflação somente poderão ser alcançados através do rigoroso equilíbrio orçamentário e da contenção dos gastos públicos nos limites da receita arrecadada. Em outras palavras, o Governo deverá transferir do setor privado para o setor público da economia o poder de compra requerido pela aquisição das mercadorias e serviços necessários ao funcionamento dos serviços públicos e para o financiamento dos investimentos governamentais.

Se o Governo não arrecada receita bastante para financiar os seus gastos, nem consegue obter do público, através de empréstimos, poder de compra suplementar, resta-lhe como único recurso criar poder de compra adicional através da emissão de meios de pagamento. Será esta, então, a única solução, quer se concretize por meio de emissões diretas feitas pelo Tesouro, quer por meio de empréstimos ao Tesouro pelo Banco do Brasil e posteriormente cobertos através de emissões da Carteira de Redesconto. A emissão de Letras do Tesouro, quando a execução orçamentária é cronicamente deficitária, é simples expediente protelatório, que não impede nem evita posteriores emissões, se as contas do Tesouro permanecerem desequilibradas. O uso de tais títulos somente não tem efeitos inflacionários quando se destinam a fazer face a temporárias ou momentâneas dificuldades de caixa e são mais tarde resgatados com os saldos provenientes do excesso da arrecadação sobre as despesas.

Quanto à utilização de Letras do Tesouro para a concessão de empréstimos a Estados e Municípios, trata-se de um procedimento perigoso, infringente à respectiva autorização legal. Ao receberem esses títulos, os Estados e Municípios acorrem imediatamente ao mercado, para vendê-los. Na data do vencimento os respectivos compradores levam os títulos à cobrança, no Banco do Brasil, onde, na ausência de saldo na conta do Tesouro, serão liquidados mediante novas emissões monetárias. Tais empréstimos constituem, como vemos, causa efetiva de agravamento da inflação como uma operação de crédito clandestina e disfarçada, não precedida da necessária autorização legislativa.

O que se faz cada vez mais urgente, sob pena de cairmos na anarquia financeira, é o rigoroso equilíbrio do orçamento de custeio, mediante redução das despesas correntes do Governo e sua manutenção dentro dos limites estritos do produto da arrecadação dos impostos. For sua vez, os investimentos governamentais terão de ser contidos nos limites do saldo do orçamento ordinário (diferença entre receita tributária e despesas correntes) e do que for possível arrecadar através de empréstimos voluntários ou compulsórios. Deixará assim o orçamento federal de constituir foco perturbador de toda a vida econômica nacional e fonte permanente de pressões inflacionárias.

Infelizmente, porém, nenhum esforço sério e sistemático se fez até agora no sentido do saneamento das finanças federais. Continuam os gastos públicos a atingir totais muito superiores ao produto da receita arrecadada, agravando dia a dia a posição devedora do Tesouro no Banco do Brasil. Dentro desse quadro a emissão de Letras do Tesouro é um simples paliativo com o efeito de protelar, apenas, por curto período, as novas emissões destinadas à cobertura do déficit orçamentário.

O mais grave é que nos círculos financeiros do exterior já lavra um ceticismo generalizado quanto a nossa capacidade ou, pelo menos, nossa sinceridade, em combater realmente a inflação. A cediça afirmação de que a inflação brasileira é resultante forçada do processo de desenvolvimento econômico, pode ter certo efeito dentro de nossas fronteiras, mas não impressiona a banqueiros, capitalistas e homens de governo de outros países. Respondem eles, imediatamente, com o exemplo de países cuja reconstrução, após a guerra, ou cujo desenvolvimento econômico vem se processando dentro dos quadros de um financiamento sadio com firme controle sobre as pressões inflacionárias.

Esse ceticismo, quanto à capacidade de nossa administração financeira, de pôr em ordem as finanças internas e fazer cessar a depreciação vertical do cruzeiro, poderá ter as mais graves consequências para o processo de desenvolvimento do país e comprometer irremediavelmente o programa de metas do Governo. O êxito desse programa depende da obtenção de crédito dos organismos internacionais de financiamento e da intensificação do afluxo de capitais ao nosso país, sob a forma de empréstimos e investimentos. Ora, muito embora seja ainda grande a confiança que se deposita nas possibilidades naturais do Brasil, é imprescindível que, de nossa parte, sejamos capazes do criar um clima de estabilidade financeira, indispensável para captar a confiança do investidor estrangeiro.

Ainda é tempo de abandonar meros paliativos, tais como a emissão de Letras do Tesouro, para adotar medidas efetivas de saneamento financeiro e contenção da inflação. A nova Tarifa Aduaneira vai levar ao Tesouro Nacional receitas não inflacionárias. Se, paralelamente, os gastos do Governo forem contidos em limites razoáveis, que não excedam às possibilidades da receita, será possível conseguir, através do equilíbrio das contas públicas, a eliminação do principal e mais persistente foco da inflação, que há tanto tempo atormenta o país.

Letras do Tesouro - Sábado, 12 de outubro de 1957

O projeto, ora em votação final na Câmara dos Deputados, autorizando o Executivo a emitir letras e obrigações do Tesouro Nacional, até o limite de quinze bilhões de cruzeiros, tem aspectos merecedores de louvor ao lado de outros suscetíveis de crítica.

O maior mérito do projeto reside, sem dúvida, na intenção de procurar recursos não inflacionários para o financiamento de despesas públicas e cobertura de "déficits" orçamentários. Com efeito, o Governo Federal somente deixará de ser um elemento perturbador da vida econômica e financeira do país quando limitar rigorosamente suas despesas ao total dos recursos que puder transferir do público para o Tesouro por meio de impostos e de empréstimos. Enquanto o Governo persistir na prática de criar meios de pagamento em seu próprio benefício, para com eles adquirir mercadorias e serviços para o consumo dos serviços públicos, a moeda nacional irá se desvalorizando e perdendo, incessantemente, o seu poder de compra.

É um princípio financeiro elementar que o Estado deverá arrecadar, a título de impostos, recursos suficientes para fazer face às despesas correntes, ou seja aquelas necessárias à manutenção e funcionamento dos serviços públicos. Tendo essas despesas o caráter de gastos de consumo, visto não lhes corresponder qualquer aumento do capital nacional, devem ser financiadas através do imposto, ou seja, da transferência compulsória e definitiva para o Estado do poder de compra dos cidadãos. Impede assim o Estado uma parte do consumo da população a fim de utilizar os recursos correspondentes em consumos governamentais. Essa operação não tem caráter inflacionário, pois não implica no aumento da procura global de mercadorias e serviços nem em acréscimo da despesa total da coletividade.

As despesas governamentais não decorrem, porém, exclusivamente de gastos de consumo. O Estado é responsável pela formação de parcela substancial do capital nacional, mediante a realização de investimentos essenciais à riqueza e à prosperidade da Nação, tais como estradas, portos, canais, construção de universidades, etc. Ora, os investimentos, tanto públicos como privados, devem ser financiados pela poupança total da coletividade, ou seja, pela parte da renda de que a mesma ainda dispõe, após a realização dos gastos de consumo.

O Estado pode contribuir para a formação da poupança total da coletividade mediante sua própria poupança, representada pela diferença entre a receita total dos impostos e os gastos públicos correntes. Esse saldo positivo, correspondente à poupança governamental, se for utilizado no financiamento dos investimentos do Governo, não terá qualquer efeito inflacionário e representará uma restrição do consumo coletivo em benefício da capitalização nacional.

Se esse saldo, porém, não existir, ou se for insuficiente para atender à totalidade dos investimentos programados, o único processo não inflacionário para o financiamento destes últimos consistirá na transferência, para o Estado, de uma parte da poupança privada. O processo adequado para a consecução dessa transferência é o empréstimo público, que significa a utilização, pelo Governo, de parte da poupança privada, a ser então aplicada no financiamento de investimentos governamentais em lugar de sê-lo em investimentos particulares.

Quando o Estado não dispõe de saldo em seu orçamento corrente nem é capaz de levantar empréstimos do público apela frequentemente para a criação de meios de pagamento: emissão de papel-moeda ou empréstimos bancários, a fim de obter recursos para financiar seus investimentos. Trata-se do processo que vem sendo adotado entre nós, com efeitos nitidamente inflacionários, pois visa um resultado impossível, qual seja o de obter um volume de investimentos superior à poupança coletiva e aos recursos da coletividade Assim sendo, merece aplausos qualquer iniciativa no sentido de se utilizar o crédito público como instrumento não inflacionário para o financiamento de investimentos governamentais. Maiores aplausos merecerá ainda a iniciativa se a operação de crédito preferida for a de empréstimo voluntário a longo prazo. Neste caso estará o Governo usando de fato poupança disponível que, voluntariamente, procura aplicação em títulos governamentais, e não surgirão dificuldades futuras para o Tesouro em consequência do vencimento a curto prazo das obrigações.

A modalidade de empréstimo público que o Executivo Federal vai ser autorizado a realizar, através da emissão de letras e obrigações do Tesouro, tem a vantagem de ser uma operação de crédito voluntária. Apresenta, porém, a desvantagem do prazo demasiado curto para o vencimento dos títulos, fixado entre sessenta dias e três anos. Se o Governo Federal não conseguir equilibrar, imediatamente, o seu orçamento e obter saldos para a liquidação desses títulos, não poderá pagar, no respectivo vencimento, o principal e juros, a não ser mediante emissões de papel moeda. Aliás, a válvula para essas emissões está aberta pelo artigo 3º do projeto, no qual se autoriza a Carteira de Redescontos do Banco do Brasil, mediante permissão da SUMOC, a fazer empréstimos a bancos garantidos pela emissão dos títulos. O maior inconveniente do projeto está, porém, em seu artigo 2º, no qual se autoriza o Poder Executivo a aplicar trinta por cento das letras e obrigações que vai emitir, na concessão de empréstimos aos Estados, Municípios e ao Distrito Federal, formalmente como empréstimo mas na realidade como doação, 4 bilhões e 500 milhões de cruzeiros. O resultado dessa liberalidade será um insuportável agravamento dos tributos federais ou, o que é mais provável, a respectiva liquidação em futuro próximo mediante emissões de papel moeda.

Em conclusão, não houve suficiente coragem por parte da Câmara dos Deputados para aproveitar a oportunidade a fim de tentar reerguer o crédito público, mediante autorização para o lançamento de um empréstimo realmente são, incapaz de concorrer para o agravamento da inflação. Uma operação de crédito a prazo médio, com juros atraentes, devidamente resguardada contra a inflação por meio de uma cláusula móvel e cujo serviço de juros e amortizações fosse garantido mediante a criação de um fundo especial, teria êxito e viria fornecer ao Governo Federal recursos não inflacionários para o financiamento de seu programa de obras.

A solução preferida assume um aspecto de expediente além de incluir em seu bojo o perigo de provocar o descrédito das letras do Tesouro, títulos que, até recentemente, tinham larga aceitação do mercado. Todavia, como já tivemos ocasião de afirmar, se o Governo Federal equilibrar rigorosamente o seu orçamento a partir do próximo ano e obtiver em suas contas saldos suficientes para o serviço de juros e amortizações dos títulos que vai emitir, será possível evitar seus efeitos inflacionários. Se o orçamento da União continuar deficitário, a operação de crédito projetada será um novo elemento perturbador e um simples pretexto para a concessão de favores pecuniários aos Estados e Municípios. Infelizmente, esta última hipótese é a que parece mais provável.

Letras do Tesouro – Segunda e terça-feira, 11 e 12 de novembro de 1957

O Senado aprovou ontem, com emendas nem sempre felizes, o projeto de lei que autoriza o Governo Federal a emitir letras e obrigações do Tesouro, sobre o qual vêm mantendo acesa polêmica o Ministro da Fazenda e o Secretário das Finanças do Estado de São Paulo.

Deve-se a esse debate a atenção desusada, que despertou no público um projeto de lei de natureza estritamente financeira, cujas peculiaridades e consequências não são talvez acessíveis a muitos.

Como sempre sucede, nesses casos, a controvérsia revelou aspectos que merecem ser postos em relevo, porque ultrapassa a esfera estritamente técnica, e desvendam realidades mais profundas do regime e do país.

Não estava com o Sr. Carvalho Pinto, em que pese a sua autoridade de professor de Finanças, a melhor razão no debate. As respostas que lhe deu o Sr. José Maria Alkmin convenceram a opinião serena e desapaixonada do país, de que a medida financeira projetada, ainda que comporte riscos e admita aperfeiçoamentos, inova de maneira benéfica, e merece a aprovação que está obtendo do Legislativo.

O primeiro ponto a observar é a remoção de dois injustificáveis obstáculos, que fechavam ao Governo as portas do mercado de capitais: a limitação do juro dos títulos de antecipação de receita a 6%, e a obrigatoriedade da sua liquidação dentro do exercício fiscal em que são emitidos. A taxa de 6% perdeu todo realismo e os governos se vêm esforçando em inventar estratagemas para contorná-la, como o daquela emissão em dólares, de que se serviu, sem grande consideração pela nulidade das chamadas "cláusulas-ouro", o eminente banqueiro que é o Sr. Marcos de Sousa Dantas. Quanto à liquidação obrigatória dentro do exercício, ela tem impedido que a partir de 30 de setembro, justamente quando o Tesouro sofre a pressão das maiores demandas de numerário, possam ser emitidos os papéis cuja tomada o aliviariam.

Outro ponto positivo do projeto é justamente o que tanto revolta o Secretário paulista: a possibilidade, que a prática transformará em necessidade, de se aplicarem 30% dos recursos obtidos pela União, em financiamentos aos Estados. É certo que essa faculdade pode ser usada como instrumento de discriminação política entre os Estados, e nesse sentido merece aplausos a emenda, ontem aprovada, de que nenhum Estado será aquinhoado com mais de 10% daquela alíquota, mas esse defeito, ou melhor, esse risco, é inerente a todo e qualquer sistema de auxílio federal aos Estados, e é contrabalançado por uma grande vantagem: a de canalizar para Estados mais pobres recursos que eles seriam incapazes de levantar, e que recebem através da União.

Já a Comissão de juristas que elaborou, sob a presidência do Sr. Nereu Ramos, sugestões para a reforma constitucional, propusera com esse objetivo a distribuição, entre os Estados, de 10% do Imposto de Renda. Os que pensam proteger os Estados pobres dando-lhes a faculdade constitucional de tributar a própria pobreza, não sentem, ou não querem sentir, que o desenvolvimento econômico nacional depende, em larga medida, de uma transferência racional, através do Tesouro da União, de riquezas formadas nas regiões mais ricas para as regiões menos desenvolvidas do país.

Um terceiro ponto, mais discutível, é a permissão da cláusula móvel, ou seja, da variação do principal da dívida segundo um índice de desvalorização da moeda, sugerido pelo Conselho Nacional de Economia. Do ponto de vista jurídico a medida é perfeitamente defensável, e figura entre as inovações legislativas de caráter cíclico, isto é, que reaparecem sempre que a prolongada instabilidade monetária desacredita o "nominalismo" e faz voltar o "realismo", ou seja, a consideração do valor efetivo em vez do valor declarado do dinheiro.

Do ponto de vista econômico, a medida tem aspectos positivos e negativos. Entre os primeiros sobressai a restituição de atrativo às obrigações e outros chamados papéis de valor fixo, os quais, nas épocas de moeda cadente, não têm tomadores; e foi este aspecto que preponderou no espirito do Governo para a proposta ora submetida ao Legislativo. Entre os segundos salienta-se o risco da propagarão da medida a outros campos, como o dos salários, onde a sua aplicação, ao contrário do que acontece nos títulos, é altamente inflacionária.

Era conveniente que a cláusula móvel não se estendesse a períodos longos, e foi por isso pena que o Senado aumentasse o prazo dos títulos em que ela incide, de três para cinco anos.

Não são, porém, os aspectos técnico-financeiros e jurídicos os que dão maior sentido à reação do Sr. Carvalho Pinto: são os aspectos políticos, e verdadeiramente político- estruturais.

O Secretário das Finanças traduziu não, como supôs, um problema do regime federativo, mas um problema especificamente paulista, e não parece que ao fazê-lo tenha dado expressão à mentalidade mais superior e esclarecida do grande Estado, de que tanto nos orgulhamos, e sim a uma forma algo estreita de isolacionismo econômico.

De fato, só S. Paulo tem possibilidades de ir buscar, em escala apreciável, recursos financeiros mediante empréstimos do público. Nem sempre os seus governos o fizeram com prudência e critério, é verdade, mas nem por isso é licito negar ao Tesouro Estadual um acesso amplo a essa fonte incomparável de financiamento.

Todos os outros Estados são beneficiados pela redistribuição de recursos captados no Distrito Federal e em S. Paulo, contra a qual se insurge o Sr. Carvalho Pinto.

Ora, em primeiro lugar, a lei federal em elaboração não corta as possibilidades de crédito público ao Erário paulista, e em segundo lugar, a mentalidade moderna e esclarecida de S. Paulo em relação ao resto do Brasil, é a mesma, guardadas naturalmente as proporções, dos Estados Unidos em relação aos povos do Ocidente, isto é, de firme convicção da necessidade de cooperar, de redistribuir, de investir, para que as regiões menos desenvolvidas do país se integrem na grandeza nascente, de que o povo do planalto piratiningano assumiu, neste século, a decisiva liderança.

Pode o Sr. Carvalho Pinto pensar que está defendendo uma causa paulista. S. Paulo, porém, não está com ele, e sim com o Brasil.

Mudança da capital - Quarta-feira, 10 de abril de 1957

É tempo de se medir, em face das dificuldades econômicas e dos problemas políticos do país, o que representa o projeto da mudança da Capital Federal. O sr. Presidente da República tem dado a esse plano uma parcela excepcional do seu entusiasmo e dinamismo, mas são poucos, mesmo entre os seus colaboradores, os que parecem compartilhar a sua confiança. Ao mesmo tempo, a Oposição, ou pelo menos parte dela, denuncia o projeto de Brasília como leviandade, em que se juntam a irreflexão de uma aventura e a incoerência de um gigantesco investimento improdutivo, planejado no seio de um programa que pretende ser anti-inflacionário.

Que representa, neste momento, o projeto de construção de Brasília, e da transferência da Capital?

Em primeiro lugar, não cabe ao sr. Juscelino Kubitschek a responsabilidade do plano. Este vem consagrado, de longa data. em dispositivo constitucional, parecendo constituir uma aspiração enraizada do povo brasileiro, a que o atual Presidente quer dar realidade. As vantagens e desvantagens do plano devem ser, portanto, examinadas sob o duplo aspecto da justificação permanente e da oportunidade.

Não é o sr. Juscelino Kubitschek o responsável pela mudança da Capital em tese, mas é ele certamente o responsável pela escolha da oportunidade.

As vantagens e desvantagens, entretanto, devem ser consideradas à luz das circunstâncias atuais, já que a alternativa aberta à decisão do Presidente era entre iniciar o projeto de mudança, ou adiá-lo para os seus sucessores. Escolheu ele a primeira solução, e o fez com evidente sinceridade, pondo a serviço do plano uma parcela substancial de sua reconhecida capacidade de propulsão.

As vantagens decorrentes da mudança não são difíceis de enumerar.

A primeira é de ordem psicológica. O deslocamento do centro de decisões políticas para uma cidade situada a milhares de quilômetros do litoral, modificará de maneira significativa a mentalidade do país. O novo clima criado será propício a uma renovação dos métodos administrativos, e o ponto neutro de observação, onde se terá colocado o governo, favorecerá sem dúvida um grau de objetividade maior nos negócios públicos.

A segunda é de ordem política. Governo e oposição sofrem hoje, no Rio de Janeiro, a enorme pressão dos interesses locais condensados nesta cidade e na vizinha Capital de S. Paulo. Em grande parte as decisões políticas são respostas a essa pressão, e a deterioração da vida partidária e eleitoral no sentido da demagogia é fruto do ambiente das grandes cidades. Em Brasília, poderão talvez, alcançar um dia os governos a atmosfera genebrina da construção e do criticismo sem quebra da paz.

Pode parecer que a essas vantagens se opõem, no plano econômico, apenas desvantagens. Mas a verdade é que, embora seja este o aspecto mais controvertido da questão, também revela algumas vantagens que podem ser tornadas decisivas, mesmo dentro das presentes circunstâncias. A mudança da capital significa uma reorientação dos investimentos públicos e privados na direção de uma área menos desenvolvida, com ampliação do espaço geográfico economicamente aproveitado, e representa também uma elevação do nível cultural e tecnológico do interior.

Há quem suponha que o desenvolvimento econômico pede um grau cada vez maior de concentração, e que, assim sendo, a descentralização fará cair o ritmo do progresso geral. A suposição é enganosa. A concentração é útil às novas iniciativas na medida em que se guarda uma relação proporcional com as economias externas (transportes, energia, armazenagem, etc.). Desde que a relação se torne desfavorável, o ônus da escassez de energia, do ingurgitamento da circulação, e outros, faz com que a concentração se torne fator negativo.

Mudar a Capital, portanto, não constitui, do ponto de vista econômico, um absurdo. É verdade que os benefícios podem vir a ser anulados por uma execução ambiciosa e inadequada, que destrua os aspectos favoráveis do programa, tornando-o inflacionário.

Neste ponto, aliás, os críticos e opositores têm cometido exageros. Quando se diz, por exemplo, que as poupanças do país vão ser desperdiçadas em investimentos imobiliários na nova capital, omite-se que elas, em grande parte, iriam ser aplicadas, não no desenvolvimento da indústria ou da agricultura, mas no Rio de Janeiro, em obras exigidas pela condensação crescente da vida urbana e em edifícios públicos e privados.

Subestima-se, em outras palavras, a possibilidade de financiar parcela considerável do custo de Brasília, com a transferência de um local para outro, do mesmo potencial de investimento, e sem necessariamente reduzir a quota que ordinariamente vai ter a atividades mais produtivas.

Sem um balanço dessa transferência, é impossível saber até onde a nova Capital irá acentuar os efeitos da inflação.

Em outro editorial, o "Jornal do Commercio" procurará analisar essas precauções e medidas, indispensáveis para que o plano atinja aos fins visados, e produza benefícios sem se converter numa força negativa na luta contra a inflação.

Nordeste - Domingo, 20 de abril de 1958

A presença do Sr. Presidente da República no Nordeste, em visita a regiões assoladas pela seca, dá oportunidade a que a opinião pública se volte para um dos mais graves e dramáticos problemas do país. Visto em toda a sua amplitude, na complexidade de suas causas, esse problema já não é o da decorrência das secas, mas o do desequilíbrio econômico entre as áreas mais desenvolvidas e as menos desenvolvidas do país.

Um estudo levado a efeito pelas Nações Unidas demonstra que, nas regiões mais adiantadas do mundo, a taxa de crescimento da renda nacional é superior, em média, à de crescimento da população, enquanto nas áreas mais atrasadas, tomadas globalmente, é o contrário que se verifica. Quer isto dizer que os ricos, de ano em ano, se tornam mais ricos, e os pobres mais pobres. Ou em outras palavras: que o intervalo entre nações ricas e pobres tende a aumentar, e não, como à primeira vista parece, a diminuir.

Esse fato é o mais importante dos que devem servir de base para a formulação da política internacional dos Estados Unidos e do bloco democrático, pois, se não conseguimos eliminá-lo, invertendo a tendência atual, não haverá fator político, nem poderio militar que consiga manter a unidade, ou mesmo a solidariedade do Ocidente.

Esse mesmo fato se observa no interior de um país, como o nosso, desigualmente desenvolvido. O computo da renda nacional e as estatísticas demográficas revelam que a área mais desenvolvida do Brasil oferece a mesma superioridade no crescimento da renda em relação ao da população, enquanto a área menos desenvolvida apresenta o quadro inverso. Quer isso dizer que no Sul, notadamente em São Paulo, Distrito Federal, Rio Grande do Sul e Paraná, um enriquecimento continuo se tem processado, em contraste com o continuo empobrecimento per capita de outras áreas.

Ora, assim como a unidade do bloco democrático não tolera o agravamento do desnível econômico, e exige imperiosamente a sua redução progressiva, assim a unidade nacional não perdura se nos formos distanciando economicamente todos os dias.

Alguns algarismos podem dar, sob forma de choque, a noção concreta da intensidade do desnível.

Basta pensar, por exemplo, que o ponto alto da produção nordestina é o parque açucareiro de Pernambuco, cujo faturamento global, correspondente a onze milhões de sacas, deve orçar em cinco e meio bilhões de cruzeiros por ano. Enquanto isso, a refinaria Presidente Bernardes fatura, em Santos, no mesmo período, sete bilhões, a Siderúrgica Nacional mais de cinco bilhões e a futura refinaria de Mataripe atingirá, com sua produção de lubrificantes, a mais de doze bilhões.

Uma só das grandes fábricas do sul equivale a toda a economia pública e privada de um grande Estado nordestino. E o Nordeste ainda sofre o êxodo das populações, que, se de um lado contribui para o reequilíbrio demográfico, de outro lado empobrece a sociedade, privando-a dos elementos mais dinâmicos da classe trabalhadora, de onde saem as migrações.

O quadro físico da seca não constitui um flagelo permanente, senão pelo fato de inserir-se num quadro maior de debilidade econômica. Vivendo num regime crônico de carência de capitais, e prejudicado pela contiguidade de áreas em ritmo acelerado de expansão, o Nordeste teve de assumir, diante do país, uma atitude dramática, mas estéril, de solicitação assistencial.

É certo que a nação deve mobilizar-se para a prestação de assistência, no instante improrrogável das calamidades. Mas a ação permanente, que temos de planejar e executar em grande escala, não é assistencial, nem mesmo simplesmente corretiva do fenômeno climático: é uma ação econômica, visando criar produção e concentrar massas monetárias de vulto na área nordestina. O problema das secas cairá como posição acessória, quando se render à ação governamental a posição principal, que é o problema econômico.

O exemplo de Israel colocou diante dos olhos, não apenas do Brasil, mas do mundo, o problema da criação de um Estado altamente produtivo num cenário geográfico estéril. E a magnífica resposta dada pelos israelenses ao desafio do meio físico, provou que as condições mais adversas não resistem ao planejamento da produção e à concentração saturada de recursos.

É esse o caminho para a liberação do Nordeste seco, área empobrecida, que não pode solver o problema da seca sem o auxílio geral dos brasileiros, mas que traz para a sua solução a contribuição inestimável do seu contingente humano, de sua experiência do meio, e de sua superior capacidade política.

251

Nordeste - Quarta-feira, 23 de abril de 1958

Em editorial do último domingo, salientava este Jornal que a correção do desequilíbrio econômico entre o Sul e o Norte constitui um imperativo da preservação da unidade brasileira, e que a extinção do flagelo das secas será alcançada como um subproduto daquela ação corretiva.

O Nordeste sofre de carência crônica de capitais, e os poucos que ali se formam são atraídos pelas oportunidades de aplicação mais vantajosa, oferecidas pelo Sul. Assim como o mercado de trabalho do Sul exerce sobre o Nordeste a força atrativa, e arrasta, em caráter temporário ou definitivo, braços dos mais válidos da região, assim também as condições mais favoráveis, que cercam os investimentos sulinos, desviam para São Paulo, Rio e Paraná, uma quota apreciável das poupanças débeis do Nordeste.

A isso deve acrescentar-se o fato de ser a economia nordestina quase exclusivamente agrícola e pastoril. As próprias indústrias se baseiam em matérias-primas agrícolas. A mineração apenas se entremostra em empreendimentos pioneiros — e já altamente indicativos — como a chelita no Rio Grande do Norte e a fosforita em Pernambuco. De modo que a economia regional oferece ao fenômeno da seca o flanco totalmente desguarnecido. Sofrendo o risco da estiagem intermitente, baseia-se na agricultura e na pecuária, sobre que essa estiagem tem efeitos decisivos, e não previne com empreendimentos industriais e extrativos adequados a influência desse risco, limitando-se a pleitear para ele um corretivo assistencial.

Ora, todo corretivo assistencial nessa escala, é oneroso e insuficiente. Sob a pressão da calamidade não há outro caminho senão a prestação de alimentos, remédios, transportes e vestuários. Mas é preciso que a lição do instante critico não fique esquecida, e que o país planeje, com objetividade e previdência, as medidas capazes de equilibrar a economia nordestina e reduzir progressivamente o desnível entre ela e a das áreas mais adiantadas do país.

Que sucederia se o Nordeste, em vez de uma região brasileira, fosse uma unidade política independente?

A população de superior energia vital e de capacidade política invulgar, que nela cresce em ritmo impressionante, nem ia abandonar a terra natal, nem ia candidatar-se a auxílio econômico externo de caráter puramente assistencial. Ia pleitear auxílio, mas para o seu desenvolvimento econômico, isto é, para a implantação de uma economia rentável, em parte agrícola, em parte industrial, invulnerável, ao menos parcialmente, aos efeitos da seca periódica, e capaz de vender no exterior para importar conforme suas necessidades.

São essas medidas — de desenvolvimento e não de assistência — que precisam ser programadas para o Nordeste, como região brasileira. Não podemos, aliás, esquecer que o Nordeste (e não só o Nordeste, também a Bahia e os Estados amazônicos) são vítimas de duas constantes da economia brasileira: a inflação monetária e a política cambial.

A inflação monetária beneficia a classe, ou a região, onde primeiro irrompe o jorro monetário, pois aumenta ali o poder aquisitivo antes de verificar-se a alta de preços, que o anula. À medida que a moeda se espalha os preços sobem, e as últimas classes ou regiões onde ela chega, em vez de serem beneficiadas, são espoliadas pelo efeito do encarecimento. O Norte e o Nordeste não estão na origem, mas no fim da trajetória descrita pelas sucessivas ondas monetárias, que há anos se lançam da Capital Federal. Essas regiões são, pois, as vítimas daquele processo de "desapropriações forçadas", que um economista apontou, com propriedade, na inflação de meios de pagamento.

A política cambial tem sido, igualmente, uma arma involuntária sempre assestada contra o Nordeste. Quer o regime de licença prévia e taxa oficial (Cexim), quer o dos ágios, com taxa oficial para a exportação, foram regimes de favorecimento da importação à custa das exportações. Estas tiveram de contentar-se com taxas de câmbio inferiores à realidade para que a importação contasse com verdadeiras subvenções cambiais. Foi esse regime que favoreceu a ampliação do parque industrial e a elevação dos padrões de consumo, mas é preciso não esquecer que essa ampliação, como essa elevação, tiveram lugar no Sul, e não no Norte, no Nordeste ou no Este, e que a economia destes Estados suportou, ao lado do café, o regime de sacrifício, acabando por ver tornarem-se gravosas, uma a uma, todas as suas exportações.

O reequilíbrio da economia brasileira é, assim, em grande parte uma reposição. É justo, é imprescindível, que o país se mobilize para estudar e formular os meios de alcançá-lo.

Nordeste - Sexta-feira, 25 de abril de 1958

A obra de soerguimento da economia do Nordeste deve ter necessariamente caráter nacional.

O Nordeste não se pode desenvolver com recursos próprios por não ser um espaço econômico politicamente autônomo, e sim uma área compreendida no espaço econômico do Brasil. Se fosse independente, o Nordeste poderia viver — como tantos pequenos países de recursos naturais limitados — com sua própria moeda, seus níveis peculiares de salário e suas barreiras alfandegária e cambial, para ajustar-se a condições de intercâmbio com outros países. Seria um Estado pobre, de possibilidades mesquinhos, mas teria meios de ajustar-se a um padrão inferior, e de partir dele para um esforço de desenvolvimento.

Sendo parte do ecúmeno nacional, o Nordeste sofre todos os efeitos, diretos e indiretos, da área de dimensões quase continentais, em que se integra. Suas possibilidades aumentam consideravelmente, mas sua capacidade de. autodeterminação econômica desaparece. Seu padrão de salários passa a ser comandado, ainda que com pequenos deságios, pelo valor da mão-de-obra no Sul do país. As condições cambiais, sob que se processa o seu comércio, não são as que as suas necessidades ditam, mas as que convêm aos elementos dominantes na balança de interesses do comércio externo nacional: a exportação de café e a importação de combustíveis, máquinas e matérias primas para o parque industrial sulino. Sua moeda não é, quanto ao poder aquisitivo, um cruzeiro nordestino, mas o cruzeiro "tout court", cujo valor depende das emissões governamentais e da oferta de crédito, requeridas pela economia do Sul do país.

Daí a evidência de que a economia do Nordeste não pode ser pensada e tratada regionalmente, mas nacionalmente, isto é, com a perfeita consciência de uma solidariedade, uma correlação, entre o que se passa naquela área e o que ocorre no resto do país, e com a mobilização de recursos, em técnica e capitais, que o Sul mais desenvolvido está capacitado para aplicar no Norte.

O problema não é muito diverso do que ocorre entre os Estados Unidos e as nações democráticas subdesenvolvidas. Muitos dos problemas destas têm suas raízes em fenômenos da economia norte-americana, e não podem ser resolvidos satisfatoriamente sem que desta provenham os meios corretivos adequados. O caso nacional é, sob certos aspectos reais grave, mas também mais simples, que o internacional. Mais grave, porque a interdependência econômica é maior, e acentuada pela unidade política e jurídica do país; mais simples, porque o sentido de solidariedade, no seio da nação, é muito superior ao que existe entre os povos, mesmo unidos pelo ideal democrático, como prova a persistência, nas relações do bloco democrático, de resíduos imperialistas em antagonismo com a política de cooperação.

Em que pode, porém, consistir o auxílio técnico e financeiro do Sul mais desenvolvido ao Norte mais atrasado, especialmente ao Nordeste?

A concepção que até aqui dominou foi a do auxílio oficial, de caráter predominantemente assistencial. As verbas federais é que deveriam carrear para obras públicas os recursos gerais do país, e o que fez, desde o governo Epitácio Pessoa até os dias de hoje, o Serviço Nacional das Obras Contra as Secas constitui uma contribuição benemérita, em que sobressaem os nomes de alguns grandes brasileiros. Entre eles (além de Epitácio Pessoa) — José Américo de Almeida e o engenheiro Luís Vieira.

Tudo indica, entretanto, que a fase das obras de açudagem, complementadas por socorros episódicos a flagelados da estiagem, deve ser agora ultrapassada. Não cabe recuar, antes, pelo contrário, cabe acelerar o que vem sendo programado e feito pelo DNOCS. Mas é preciso ir além, promovendo o desenvolvimento racional de toda a economia nordestina.

Nesta nova fase, que podemos chamar da industrialização do Nordeste, há lugar para o auxílio oficial, mas há lugar também para uma larga contribuição da economia privada.

O Governo federal, de um lado, através de suas agências financeiras, como o Banco Nacional do Desenvolvimento Econômico, e o capital privado, através dos seus bancos e dos seus grandes centros de cultura tecnológica, têm de unir-se num programa de fundo, num plano quinquenal do Nordeste, que reintegre no progresso do país aquela grande área, de tão significativa expressão demográfica e cultural.

É necessário pensar no que poderíamos chamar um Ponto IV brasileiro: assistência técnica e financeira do Sul ao Nordeste, visando desenvolver a economia nordestina, financiar projetos rentáveis, dar apoio a empresas privadas suscetíveis de operação econômica, e valorizar o homem, defendendo-o da doença, do desconforto, do analfabetismo e da desintegração social.

Nordeste – Segunda e terça-feira, 28 e 29 de abril de 1958

A inteira compreensão do problema do Nordeste não se esgota com a consideração de seu aspecto econômico.

Se o Nordeste fosse apenas uma área suscetível de aproveitamento econômico racional, seria lícito a União verificar se outras áreas, de maior rentabilidade, mais próximas dos pontos de germinação da economia brasileira, não deveriam ter prioridade de tratamento, já que são limitados os recursos de que dispomos para atacar as frentes múltiplas do nosso desenvolvimento.

O aspecto assistencial não seria suficiente para afastar esse tipo de apreciação e julgamento, pois poderíamos imaginar programas de imigração do nordestino para áreas mais favorecidas, acompanhando, aliás, a tendência que se observa espontaneamente na população.

O problema tem, porém, outras dimensões, que lhe definem a urgência e a magnitude. A radicação do homem no Nordeste — tanto no Nordeste úmido ou semiúmido do litoral, do agreste e do brejo, como no Nordeste seco dos sertões do S. Francisco, da Borborema, ou do Jaguaribe — constitui, mais do que um fato consumado, uma aquisição fundamental da civilização brasileira, um elemento vivo e inseparável da composição humana e cultural do país. Naquele cenário de contrastes físicos violentos, sob a ação da adversidade do clima e de condições sociais duramente seletivas, formou-se e definiu-se uma comunidade, marcada por um intenso peculiarismo regional, mas de superior sentido nacional em suas aspirações e em seu comportamento político.

O nordestino se integra no composto demográfico do país como um dos seus elementos mais dinâmicos, mais aptos para as tarefas de liderança social e de comando político, mais capazes de idealismo, de sentido renovador e mesmo revolucionário. Se o homem das terras férteis do litoral tem contribuído para a elevação do padrão de finura moral e qualidades civis do brasileiro, o do sertão não lhe tem trazido contingente menos expressivo de força, tenacidade, desassombro e energia construtiva.

Sem a civilização nordestina, a brasileira não teria chegado às suas características de hoje, como sem a civilização da Virgínia ter-se-ia definido de outro modo a dos Estados Unidos. E estaríamos comprometendo, no futuro, a persistência e o crescimento de valores vitais, incorporados ao ser moral do brasileiro pelo nordestino, se permitíssemos o declínio dessa área e a crescente redução de sua influência na vida econômica e política do país.

Há quem suponha que a inferioridade econômica do Nordeste é hoje a mesma que se definiu com a supremacia do café em nossa produção, e que ela pode ser contrabalançada pelo nível elevado da vida política e cultural. Essa suposição é, porém, enganosa. O Nordeste sofreu, em relação ao Sul, um primeiro desnível com o predomínio do café e a transformação do açúcar em produto de consumo interno limitado. Mas está passando por um segundo, de efeitos mais radicais, com a rápida industrialização do Sul, onde o crescimento da renda se acelera, enquanto o Nordeste fica entregue a uma economia agropecuária, em tudo dependente do que lhe é mais adverso: o clima.

Por outro lado, a influência política do Nordeste tende a reduzir-se, à medida que seus interesses preponderam menos na Federação, não obstante as qualidades excepcionais de muitos dos seus homens públicos. E se o nível cultural dos grandes centros, notadamente do Recife, parece haver mesmo subido, em relação a certos ramos do conhecimento, como as ciências sociais, não parece provável que as condições presentes lhes abram oportunidades efetivas no terreno capital dos estudos tecnológicos.

É, pois, indispensável que o problema do reerguimento do Nordeste seja encarado pelo país, com a alta prioridade que lhe corresponde, na totalidade dos seus aspectos: econômico, assistencial e também social e cultural. Apenas o Nordeste não necessita, pela maturidade de sua cultura, que a Nação lhe ofereça, neste último campo, senão a contribuição da assistência econômica e técnica, para que possam ser atacados, pelos próprios nordestinos, em escala adequada, os seus problemas.

Enriquecer o Nordeste, dentro de uma política que vise, não a acumulação de renda nas mãos de uma pequena classe proprietária, mas a elevação do padrão de vida do povo, a distribuição racional da riqueza, a expansão do mercado interno e o estímulo às exportações, é a tarefa que deve mobilizar a nação, a cuja unidade moral e política reverterão afinal os frutos do esforço despendido.

Nordeste - Sábado, 31 de maio de 1958

Dois fatos significativos vieram traduzir, nos últimos dias, a importância nacional do problema do Nordeste, encarando-o sob o prisma da correção das deficiências econômicas permanentes e não apenas da prestação de assistência a flagelados.

O primeiro foi a incumbência dada pelo Sr. Presidente da República ao Conselho de Desenvolvimento Econômico, na pessoa do Sr. Lucas Lopes, de estudar através de um grupo de trabalho os problemas da região. Esse estudo deve procurar a integração dos problemas em soluções harmônicas, de caráter permanente, que corrijam as deficiências atuais da economia nordestina, inclusive o seu caráter quase exclusivamente agrícola e pastoril, que a expõe exageradamente aos efeitos do clima.

O Nordeste não pode deixar de ser, no Brasil plenamente desenvolvido para o qual nos encaminhamos, um núcleo de civilização industrial. É certo que uma parte de suas terras, a faixa mais próxima ao litoral, oferece condições propícias a uma exploração agrícola de alto rendimento, e que, nos sertões recobertos de pastagens escassas, floresce tradicionalmente uma importante pecuária. A própria preservação dessas atividades, entretanto, e sobretudo a elevação dos seus níveis de rendimento, depende de que se integre à economia da região um parque industrial, capaz de proporcionar recursos estáveis à população e de aumentar o seu potencial de investimentos.

Só os que examinam de longe o fenômeno das secas formam uma ideia ilusória de que ela consista na escassez de água para beber. Na verdade, sob o aspecto econômico, a seca nada mais é do que o resultado de uma atividade agropecuária extremamente difícil, em que a subsistência das populações depende da colheita do ano, pela inexistência de capacidade de abastecimento regular nas épocas de escassez e pela folha de salários permanentes, a não ser os pagos pelo Estado. Desde que a economia nordestina adquira um largo embasamento industrial, existirão na região os meios de corrigir aquela fragilidade, evidenciando-se que o flagelo da seca, muito mais que um flagelo meteorológico, é uma deficiência econômica e que o remédio não consiste apenas em programas de represamento de águas, mas em planos de desenvolvimento econômico que acarretarão, por via de consequência, a defesa da fertilidade da região.

Escolhendo o Sr. Lucas Lopes para orientar os estudos que conduzirão a um equacionamento adequado do problema do Nordeste, o Sr.

Presidente da República recorreu ao Presidente do Conselho do Desenvolvimento Econômico, técnico e economista com grandes serviços prestados ao país, já consagrado em Minas Gerais por sua contribuição ao planejamento e à execução do programa hidrelétrico levado a cabo na administração do Sr. Juscelino Kubitschek.

Outro fato cuja significação deve ser exaltada foi o pronunciamento dos Bispos em favor de uma solução pronta dos problemas daquela região brasileira. É este mais um episódio demonstrativo da atenção que o Episcopado brasileiro vem dedicando às questões econômicas e sociais, numa compreensão altamente expressiva da correlação existente entre a melhoria das relações humanas e a elevação das condições econômicas do país.

Sem resolvermos os problemas da nossa economia, sem granjearmos um nível mais elevado de riqueza, não poderemos enfrentar os males físicos, e mesmo morais, que pesam sobre a nossa sociedade e não apenas os que se acham ligados mais diretamente ao pauperismo, senão também os que se relacionam com a desproporção da riqueza.

A desproporção da riqueza deteriora as relações humanas, consagrando diferenças sociais excessivas e injustificáveis e desenvolvendo na classe proprietária, em vez do senso da responsabilidade social e do espirito de iniciativa, o gosto pelo consumo ostentatório e pelo abuso do poder.

Tem todo cabimento, portanto, o apoio que a Igreja vem dando à solução de problemas econômicos e sociais do país, como acaba de fazer em relação ao Nordeste. A sobrevivência da sociedade brasileira sob os padrões da democracia e do regime de livre empresa está na dependência da solução rápida dos grandes problemas econômicos de base, que permitirão a elevação do nível de vida das classes trabalhadoras, diminuindo a desigualdade de fortunas e aumentando a diversificação profissional, como é característico de uma sociedade que se industrializa.

Está o Brasil no momento de tomar em mãos o problema do Nordeste. À palavra do Presidente da República e à palavra do Episcopado devem juntar-se os pronunciamentos dos homens da iniciativa privada, que não podem ficar indiferentes ao grande esforço de recuperação de uma área, qualificada culturalmente entre as primeiras do país, e prejudicada no seu desenvolvimento harmônico pelos desequilíbrios existentes na própria evolução material do país.

Orçamento - Quarta-feira, 17 de abril de 1957

A trégua política da semana que se anuncia deve servir ao Governo e ao Congresso para um balanço das questões administrativas que se acham à espera de solução.

A lei que cria a Rede Ferroviária Federal sofreu um veto que depende da apreciação do Congresso. É urgente que se converta em lei, em sua configuração definitiva, pois as profundas mudanças que daí advirão à estrutura administrativa do nosso sistema ferroviário podem representar um importante passo à frente na recuperação de um dos mais desorganizados setores de nossa economia. Não é só o equipamento material das ferrovias brasileiras que está reclamando remodelação. Importantes recursos do país e do estrangeiro já foram aplicados nelas e outros já se acham prometidos, mas a base do sucesso nesse programa é a melhoria do grau de eficiência através de uma reorganização administrativa completa.

Nenhuma lei, por mais perfeita, pode por si só assegurar o êxito de um plano de governo. O resultado final depende sempre do acerto com que o Poder Executivo souber aplicar as disposições legais e da boa inspiração do Presidente da República na escolha dos chefes responsáveis. A Rede Ferroviária Federal, tal como foi enfim estruturada na lei pendente de promulgação, representa uma solução satisfatória, ainda que imperfeita, do problema de modernização das ferrovias. Pelo menos ela assegura um alto grau de assimilação dessas empresas ao padrão das empresas privadas, corrigindo certos defeitos da antiga estruturação burocrática, que favoreciam a propensão à exploração deficitária natural nos empreendimentos públicos. Trata-se agora de ver se o Poder Executivo vai comprometer a solução através de medidas administrativos inadequadas e de más escolhas, ou se, pelo contrário, vai dar oportunidade a que se regenere, sob o influxo de um espirito novo, essa área fundamental ao esforço de desenvolvimento econômico do país.

Também se acha no Congresso em andamento a reforma do Código de Águas, medida indispensável para que a expansão da produção de energia elétrica do país possa ser obtida com recursos não inflacionários. Nada é mais absurdo do que supor que os serviços fundamentais, como a produção de energia elétrica, possam expandir-se, assegurando condições de viabilidade às iniciativas industriais do país, sem que se assegure às empresas de energia elétrica maior rentabilidade, a ponto de para elas convergir o investimento do capital privado.

Não é justo que se reserve à iniciativa pública a inteira responsabilidade de desenvolver os setores menos lucrativos e justamente mais fundamentais da economia do país. A maneira de atrair a eles a iniciativa privada é adotar princípios mais flexíveis em matéria de remuneração, que não tornem o investimento nesses terrenos um simples sacrifício, animando-o pelo contrário, para que se desenvolvam de maneira harmônica as economias externas em que as empresas apoiam suas atividades.

Outro problema que está a reclamar a atenção, não só do Congresso, mas das classes produtoras e dos elementos mais representativos da vida econômica nacional é o da reforma das tarifas. Depois de anos consecutivos do regime de licença prévia e de proteção à indústria nacional através das restrições de câmbio, a Administração Pública e o próprio comercio perderam o hábito e talvez o sentido da proteção tarifária. A volta a esse sistema representará para a economia brasileira um progresso indiscutível, com a simples substituição das cinco categorias em que hoje estão rigidamente classificados os artigos de importação, por cerca de 8.000 posições tarifárias, nas quais pode traduzir-se com maior precisão a medida do interesse nacional na proteção de cada indústria.

Adotado o sistema de tarifas aduaneiras o sistema cambial pode ser despojado das funções acessórias que tem até aqui desempenhado e restringir-se ao papel de regulador da oferta e procura de divisas.

O estudo do projeto sobre as tarifas merece a atenção principalmente dos homens responsáveis pela conduta dos negócios públicos e pelo comércio, tanto mais que serão, numerosas as repercussões do novo sistema na vida administrativa e econômica do país.

O assunto, porém, que a esta altura do ano deve estar inscrito como de importância primordial no espirito do Presidente da República e dos seus Ministros é a elaboração do Orçamento.

Os desastrosos resultados da elaboração orçamentária no ano anterior devem servir de advertência, para que no corrente exercício o mal não se agrave, e até pelo contrário se corrija.

O ponto de partida de uma reorientação da política orçamentária do Governo é a tomada pelo Presidente da República de uma posição de comando e responsabilidade na fase inicial da elaboração. A ele cabe enunciar, com seus ministros, os objetivos a que visa a administração, defendendo o projeto das pretensões por ventura formuladas sem visão do conjunto das possibilidades financeiras do país.

O Orçamento nada mais é que o plano do Governo, em relação ao exercício seguinte. Todo plano para ser realista e tecnicamente acertado necessita obedecer a uma norma fundamental que é a prévia estimativa dos meios e a consequente definição dos objetivos a alcançar. A tendência de quem aborda empiricamente o problema é justamente a oposta. Parte-se em geral de um programa, de uma enunciação de finalidades a alcançar: e em seguida estimam-se os meios, reduzindo o programa na medida em que estes não se mostram suficientes para a sua consecução.

A norma a seguir deve ser sempre a oposta, e nesse sentido estão acordes todos os mestres do planejamento econômico ou administrativo. Em primeiro lugar devem ser avaliados os meios, pois para este quantitativo de receitas de que o administrador pode dispor existem programas diferentes, e é necessário assim definir aquele que se pretende realizar.

O Orçamento Federal já é concebido em duas partes: orçamento de custeio e o orçamento de investimentos. O primeiro contém as despesas de manutenção da Administração Pública e o segundo os novos empreendimentos governamentais. Se ao primeiro é indispensável fixar um teto, ao segundo é necessário carrear recursos que não tenham caráter inflacionário: receita de Fundos, empréstimos internos, contribuição de capitais privados, recursos vindos do exterior.

Sem uma corajosa política orçamentária, inspirada pelo objetivo de conciliar a prosperidade e a estabilidade, todos os planos não passam de miragens e a administração não se isenta de um caráter de aventura.

Orçamento - Quinta-feira, 9 de maio de 1957

É da essência do sistema democrático a competência do Poder Legislativo para aprovar o orçamento, ou seja, autorizar anualmente a cobrança de tributos e a aplicação do respectivo produto. Essa prerrogativa parlamentar, a mais relevante das funções legislativas, somente é posta em dúvida nos regimes totalitários.

É, entretanto, controvertida na doutrina a exata delimitação das funções do Executivo e do Legislativo no processo orçamentário. Se o orçamento deve representar o programa administrativo do Governo, torna-se necessário fazer com que da aprovação pelo Parlamento não resulte uma perda de coerência ou de exequibilidade.

Até os começos deste século o pressuposto em matéria financeira era de que competia ao Parlamento defender o contribuinte da voracidade fiscal e dos esbanjamentos do Executivo, que, presumivelmente, tendia à expansão dos gastos públicos. Fatores vários determinaram mais tarde uma inversão de posições.

O problema já fora de longa data identificado na Inglaterra, onde tivera solução consentânea com o tradicional bom senso britânico. O Parlamento limitou-se voluntariamente em matéria financeira e decidiu, princípio até hoje em vigor, que não pode ser objeto de deliberação qualquer moção de um membro dos Comuns de que venha a resultar aumento das despesas públicas.

Na França a prodigalidade dos parlamentares anteriores à segunda guerra mundial determinou a inclusão na Constituição de 1946 de um dispositivo reconhecendo aos Deputados à Assembleia Nacional o direito de iniciativa em matéria de despesas públicas, mas vedando seu exercício durante a discussão e votação do orçamento. Qualquer proposição de que decorra aumento de despesa não pode constituir emenda ao orçamento, devendo ser objeto de projeto em separado.

Nos Estados Unidos, a proverbial hostilidade contra a intervenção do Estado na esfera econômica, a prevenção dos Estados contra o crescimento das funções do Governo Federal e a defesa da iniciativa privada contra uma pressão fiscal excessiva levaram o Congresso a manter-se na função tradicional de defesa do contribuinte. Quem conhece o sistema orçamentário americano está ao par da luta, às vezes homérica, empreendida anualmente pelo Presidente da República e seus auxiliares para conseguir a aprovação, pelo Congresso, sem cortes drásticos, notadamente nos programas de defesa nacional e de auxílio ao exterior, da proposta orçamentária do Executivo.

Entre nós, entretanto, tem prevalecido o princípio da ilimitação das prerrogativas do Legislativo em matéria financeira. Podem a Câmara dos Deputados e o Senado Federal aumentar os gastos públicos sem a correspondente cobertura de receita e modificar livremente a proposta do Executivo.

Como resultado vem perdendo o orçamento, entre nós, a função de programa administrativo e financeiro, para ser uma simples previsão (inflada o mais possível) de receitas e uma relação de gastos inexpressivos a representar quase que exclusivamente o custeio e a manutenção de uma engrenagem burocrática e uma lista de liberalidades à custa do Tesouro. A proposta do Executivo, considerada simples elemento subsidiário que pode ser até recusado pela Comissão de Orçamento, tem chegado a receber milhares de emendas.

Em sua Proposta Orçamentária para o corrente exercício de 1957, o Poder Executivo já cometeu o erro lamentável de solicitar autorização para efetuar despesas no total de 99.806 milhões e estimou a receita em 75.938 milhões, prevendo um déficit de 23.868 milhões e perdendo assim sua autoridade ante o Congresso. O Congresso, por sua vez, elevou a despesa para 115,971 milhões de cruzeiros, ou seja, 16.165 milhões além do que fora considerado suficiente pelo Executivo. Mediante uso da técnica que Carlos Peixoto denominou de "tortura dos algarismos da receita para acomodá-la aos totais de despesas" a estimativa da receita foi inflada para 98.257 milhões de cruzeiros, ou seja, um déficit aparente de 17.714 milhões que o Executivo declara ser, na realidade, superior a 20 bilhões.

Um exame superficial de alguns acréscimos de despesas efetuados pelo Congresso demonstra o pouco caso com que entre nós se maneja o dinheiro do povo.

O Ministério da Agricultura vai sendo a pouco e pouco transformado em órgão assistencial, simples pagador de auxílios e subvenções, que já atingem no atual orçamento a mais de 840 milhões de cruzeiros (13% das despesas do Ministério). Se não for posto termo a essa tendência, estará em breve aquele Ministério em situação idêntica ao da Educação e Cultura, em cujas despesas, fixadas em 6.278 milhões de cruzeiros, mais da metade (3.373 milhões) corresponde a auxílios e subvenções. Nas 71 páginas da lei orçamentária onde se relacionam milhares de instituições beneficiadas pela liberalidade dos congressistas através do Ministério da educação encontra-se de tudo: centros e tendas espíritas, lojas maçônicas, filarmônicas municipais, grêmios literários, clubes recreativos, esportivos e etc. Os Ministérios da Saúde e da Justiça participam também e largamente da função assistencial que ameaça tornar-se característica principal de nosso orçamento, distribuindo o primeiro 1.115 milhões de cruzeiros e o segundo 363 milhões de auxílios e subvenções.

Na fixação das despesas do Ministério da Viação e Obras Públicas foi onde se excedeu a liberalidade do Congresso Nacional, que elevou em 7 bilhões de cruzeiros o total de despesas propostas pelo Executivo para esta Secretaria de Estado. Somente para a construção de estradas de rodagem estaduais e municipais, para as quais já dispõem os Estados e Municípios de recursos provenientes do Fundo Rodoviário Nacional, destina a lei de meios mais de 1.257 milhões de cruzeiros incluídos pelo Congresso. Não escapa também o Ministério da Viação à característica assistencial do nosso orçamento e nele as subvenções beneficiam até mesmo empresas privadas e indivíduos que se dedicam a atividades de caráter lucrativo, como o sejam a navegação marítima, fluvial e lacustre.

Um observador estrangeiro ao analisar o orçamento brasileiro não esconderá seu assombro diante de tanta generosidade na distribuição dos recursos públicos e de tão grande desperdício em sua aplicação.

Um consolo, todavia, resultará dessa análise, se procedida por um brasileiro esperançoso de ver um paradeiro à inflação crônica em que nos vimos debatendo. É a convicção de que não é tarefa difícil equilibrar o orçamento federal, bastando para isso coragem cívica. Não será hoje necessário reproduzir a lição de Campos Sales e Murtinho, cortando rijo nas despesas, mesmo naquelas destinadas a obras públicas essenciais ao desenvolvimento do país. Será suficiente em combate sistemático ao desperdício e pulverização de verbas.

A responsabilidade do saneamento financeiro do país cabe em primeiro lugar ao Executivo e em segundo, mas talvez em parcela ainda maior, ao Congresso. Se os nossos legisladores se autolimitarem durante a votação do orçamento, terão autoridade para impor ao Executivo uma política financeira rígida e austera como o está a exigir a conjuntura econômica atual.

Várias Notícias

Votando orçamentos rigorosamente equilibrados e evitando sistematicamente a autorização de novas despesas sem adequada cobertura por
meio de receitas não inflacionárias, terá também o Congresso autoridade
para exigir do Executivo o cumprimento das leis orçamentárias, opondo-
se aos planos de economia e congelamentos de dotações que, nas circunstâncias atuais, constituem o único recurso do Governo para evitar a
anarquia financeira.

Orçamento - Quinta-feira, 16 de maio de 1957

Nos países em que existe consciência democrática, as contas anuais do Governo são esperadas com interesse e cuidadosamente analisadas e discutidas.

Entre nós, todavia, ainda não despertam interesse, confundindo-se na massa ignorada das publicações oficiais. No próprio Congresso, a que são submetidas por força do preceito constitucional, a respectiva aprovação, sem maior exame ou debate, é matéria de rotina parlamentar.

A Contadoria Geral da República, que tem a seu cargo a elaboração dessas contas, vem de divulgar em interessante resumo os resultados da gestão financeira, orçamentária e patrimonial, relativa ao exercício do 1956.

Analisando a execução orçamentária, mostra esse documento que a lei de meios para 1956 não era exagerada nem insensata, estimando a receita em 70.960 milhões de cruzeiros e fixando a despesa em 71.505 milhões, com a previsão de um "déficit" restrito a 545 milhões. A execução orçamentária transformou, porém, inteiramente essa perspectiva. Muito embora a receita arrecadada tivesse superado a estimativa e atingido a 74.082 milhões de cruzeiros, a despesa total escriturada alcançou a cifra de 107.028 milhões. Encerrou-se portanto o exercício de 1956 com o "déficit" de 32.946 milhões de cruzeiros, "record" em nossa história financeira.

O que causa surpresa é verificar-se que a despesa exclusivamente orçamentária atingiu a 68 bilhões, ficando, portanto, abaixo da previsão orçamentária.

Que causas determinaram, então, uma despesa efetiva superior em mais de 50% a estimativa orçamentária? A razão principal, segundo demonstram os balanços da Contadoria, foi o aumento de vencimentos dos civis e militares, que ocasionou a realização de gastos, no valor de 29.849 milhões de cruzeiros, não previstos na lei orçamentária. Foram essas e outras despesas extra orçamentárias, no total de 39 bilhões de cruzeiros, que elevaram a despesa escriturada a 107 bilhões. A primeira lição a tirar desse fato é que, para o saneamento financeiro do país, não basta conseguir o equilíbrio da lei orçamentária. Indispensável será, também, restringir e disciplinar a abertura de créditos adicionais no decorrer do exercício, condicionando essa abertura à criação de novas fontes de receita ou ao cancelamento de outras dotações de igual importância.

Convém ainda salientar que a despesa total da União no exercício de 1956 elevou-se de fato a 111 bilhões de cruzeiros, se computarmos os 4 bilhões de gastos efetuados pelo Governo com crédito, com base no artigo 48 do Código de Contabilidade. É uma necessidade urgente a abolição desse dispositivo legal, que se vai tornando fonte de abusos, ao permitir a realização de gastos públicos não autorizados pelo Congresso Nacional, fato inadmissível em regime democrático.

Se analisarmos a composição da despesa efetuada em 1956 verificaremos contristados que apenas 18 bilhões de cruzeiros corresponderam a despesas de capital. Os 92 bilhões restantes constituíram despesas correntes do Governo com a manutenção e o funcionamento dos serviços públicos e transferências diversas. A receita arrecadada pela União, em 1956, não foi, portanto, suficiente nem mesmo para atender às despesas correntes.

Até alguns anos atrás procurava-se justificar entre nós os "déficits" orçamentários e consequentes emissões de papel moeda sob o fundamento de que correspondiam a investimentos feitos pelo Governo. Esse argumento falacioso não pode mais ser produzido. uma vez que as despesas de capital efetuadas em 1956 permaneceram bastante abaixo do "déficit" orçamentário apurado. O sintoma é alarmante, pois significa que a atividade financeira do Governo Federal está produzindo perda de substância, verdadeira descapitalização da economia nacional. Em países de finanças públicas organizadas procura-se manter rigoroso equilíbrio entre as receitas ordinárias do Governo e as suas despesas correntes, utilizando-se o saldo orçamentário mais o produto dos empréstimos públicos para financiar os investimentos governamentais.

O profundo desequilíbrio verificado na execução orçamentária no exercido do 1956 manifestou-se, como era inevitável, nas relações entre o Tesouro Nacional e o Banco do Brasil. Sendo a receita arrecadada pela União insuficiente para fazer face às despesas do Governo, foi o Banco do Brasil obrigado, durante o exercício, a fazer ao Tesouro Nacional adiantamentos sem cobertura, que alcançaram 23 bilhões de cruzeiros. Além de determinar emissões de papel moeda no total liquido do 11.500 milhões de cruzeiros, esse descoberto do Tesouro no Banco do Brasil ocasionou forte restrição no suprimento de crédito às atividades privadas.

Outro perigoso sintoma da desordem financeira é o fato, que vem se verificando de alguns anos para cá, da acumulação de "Restos a Pagar", inconveniente modalidade de dívida flutuante, cuja exigibilidade a curto prazo constitui permanente ameaça ao Tesouro. Somavam esses compromissos, em 31-12-56, o vultoso total de 11.705 milhões. Cumpre proceder a um exame rigoroso desses "Restos a Pagar" a fim de eliminar as parcelas que não constituam compromissos imperiosos, correspondentes a serviços prestados ou materiais já fornecidos, cujo pagamento deverá ser objeto de cuidadoso programa de liquidações através de dotações orçamentárias anuais.

Outra modalidade de dívida flutuante, impressionante pelo seu vulto, é a correspondente aos débitos acumulados pelo Tesouro e dos quais são credores diversos "Fundos Especiais" criados pela Constituição ou por leis especiais. Entre eles merecem menção: o "Fundo de Socorro Contra as Secas do Nordeste", ao qual deve o Tesouro 186 milhões de cruzeiros; o "Fundo Único da Previdência Social", do qual o Tesouro é devedor da soma de 787 milhões de cruzeiros, e o "Fundo de Valorização Econômica da Amazônia", que apresenta um crédito contra o Tesouro de 1.200 milhões de cruzeiros. Uma referência especial deve ser feita ao débito de 8.854 milhões de cruzeiros em favor do "Fundo de Reaparelhamento Econômico", o que demonstra ter-se visto o Governo obrigado, nos últimos exercícios, a lançar mão, para atender a gastos correntes com a manutenção e funcionamento da máquina administrativa, de parte substancial do empréstimo compulsório criado como adicional do imposto de renda com o fim exclusivo de proporcionar recursos para financiar o desenvolvimento econômico do país.

Esses elementos, que nos depara o exame das contas do Governo, mostram a gravidade insofismável da situação financeira ao fim do primeiro exercício decorrido sob a responsabilidade do atual Governo.

O que o ano em curso vem acrescentando a esses resultados não parece melhorar, mas agravar a situação patrimonial da União. Pesa sobre o Sr. José Maria Alkmin uma responsabilidade, de cuja extensão o país está perfeitamente consciente.

As contas de 56, a execução orçamentária de 57 e a proposta orçamentária de 58 são as etapas de um grave processo econômico-financeiro, em ponto de crise, de cujo desfecho hoje depende a própria segurança social e política da nação.

Orçamento - Domingo, 19 de maio de 1957

Em cumprimento a preceito constitucional, o Sr. Presidente da República enviou ao Congresso a Proposta de Orçamento da União para o exercício de 1958. O Chefe do Executivo declara haver equilibrado a proposta, na mensagem que a acompanha, informando ainda ter sido a sua elaboração presidida por dois critérios fundamentais: 1º) – limitação das despesas ao montante provável da receita a arrecadar; 2º) – adoção de plano de despesas visando à contenção dos gastos de custeio, em benefício de investimentos públicos pertinentes ao desenvolvimento econômico.

Vejamos se os números da proposta orçamentária correspondem efetivamente aos critérios formulados, com os quais, evidentemente não há quem esteja em desacordo.

A proposta estima a receita da União no próximo exercício em 111.069 milhões de cruzeiros, calcula a despesa geral em 120.721 milhões, prevendo um déficit superior a 9.652 milhões. Os recursos para atender à diferença negativa espera o Governo encontrá-la na receita a ser proporcionada, note-se bem, a ser, pelo acréscimo das tarifas alfandegárias, estimado em 10 bilhões de cruzeiros, bastante para proporcionar o equilíbrio orçamentário.

Como vemos, a proposta da Executivo é altamente deficitária. Tem como principal característica a circunstância de contar, para cobertura do déficit, com o produto de novas receitas, ainda não autorizadas pelo Congresso.

Teria sido mais consentâneo com os interesses gerais a elaboração de uma proposta realmente equilibrada, em que o total das despesas não excedesse a arrecadação das receitas previstas na legislação em vigor. Para atender aos reclamos da administração, poderia o governo ter apresentado uma relação de despesas cuja inclusão na lei orçamentária ficaria condicionada à aprovação das novas tarifas. Nos termos em que foi concebida a proposta, o Governo poderá ver a elaboração orçamentária de 1958 iniciar-se sob o signo de vultoso déficit, se o Congresso deixar de aprovar a legislação tarifária.

Mas, consideremos as perspectivas orçamentárias para 1958, admitindo a aprovação das novas tarifas em tempo útil. O Executivo espera arrecadar 121.100 milhões de cruzeiros, suficientes para cobrir 120.700 milhões de despesas propostas.

Não parece ter havido otimismo na previsão da receita, que representa cerca de 8,4% do produto nacional bruto estimado para 1958, ou seja, percentagem idêntica à verificada em 1956. Não se pode, todavia, esperar uma arrecadação maior no próximo ano, donde se conclui que o equilíbrio da proposta somente será mantido se o Congresso se abstiver de incluir novas despesas, por sua própria iniciativa, ou atendendo a solicitações do Executivo.

A experiência dos dez últimos anos de regime constitucional tem mostrado que as despesas constantes da proposta do Governo são, sistematicamente, ampliadas pelo Congresso. Têm-se visto Ministros de Estado e chefes de departamentos e serviços pleitear dos congressistas o restabelecimento de dotações suprimidas ou reduzidas durante a elaboração da proposta. Logo, considerando essa realidade, o Governo deveria ter reduzido drasticamente as despesas, em sua proposta, a fim de que os gastos decorrentes da iniciativa dos congressistas não pudessem concorrer para tornar maior o déficit orçamentário.

Impõe-se, porém, indagar se teria sido possível ao Governo reduzir as despesas consignadas na proposta. A resposta afirmativa decorre inevitavelmente da análise, mesmo superficial, dos gastos nela consignados.

Não é possível, por exemplo, deixar de considerar devidamente o acréscimo de 5 bilhões de cruzeiros nas verbas militares, cujo total se eleva agora a 30 bilhões de cruzeiros, ou seja, a 33% da despesa da União. O fato avulta de significação quando se observa terem sido drasticamente reduzidos os gastos dos Ministérios da Agricultura e da Viação. A proposta orçamentária consigna verbas para execução de obras, nos Ministérios da Guerra e da Marinha, no valor de 538 milhões de cruzeiros e 632 milhões respectivamente.

Outras despesas constam da proposta, passiveis de crítica, entre as quais o aumento de mais de 127 milhões de cruzeiros para o pagamento do pessoal tarefeiro. Tal consignação orçamentária contradita frontalmente os reiterados propósitos do Executivo de redução do número de servidores públicos. Igualmente merecedor de crítica é o acréscimo do 1 bilhão de cruzeiros na dotação para o pagamento de gratificações militares e de 1.710 milhões ao quantitativo para etapas de alimentação.

Uma incoerência que salta aos olhos do observador vamos encontrar nas verbas, do mais de 10 milhões de cruzeiros, para a aquisição de automóveis de passageiros, e de 110.500 mil cruzeiros para a compra de camionetas. Como conciliar essa liberalidade com a meritória e austera atitude do Sr. Presidente da República ao votar o dispositivo de lei que concedeu privilégios aos congressistas para a importação de automóveis?

Finalmente, registre-se, com estranheza, a previsão de despesas, superiores a 36 milhões de cruzeiros, com exposições e conferências, e de 85 milhões para representações e propaganda no exterior. Quando, por falta de disponibilidades cambiais, deixam de ser feitas importações essenciais ao desenvolvimento econômico do país, é indispensável impor a redução de tais verbas, para contê-las nos limites das reais possibilidades do Tesouro.

Se um critério de rigorosa economia tivesse orientado a elaboração da proposta orçamentária, o total de auxílios e subvenções nela incluídos não teria atingido a quase 18 bilhões de cruzeiros, convite certo ao Congresso Nacional para expandir ainda mais as liberalidades às expensas do Erário.

A ligeira análise realizada acima demonstra que ao órgão elaborador da proposta orçamentária não foi atribuída autoridade suficiente para exercer uma severa compressão sobre os gastos correntes da administração. Em consequência, a par de um acréscimo substancial nas despesas ordinárias, consigna a proposta orçamentária dotações para despesas de capital em um total sensivelmente inferior ao que consta da atual lei de meios, em flagrante oposição à afirmação contida na mensagem presidencial de que os gastos de custeio foram contidos em benefício de investimentos diretamente ligados ao desenvolvimento econômico do país.

Em conclusão, a proposta orçamentária para o exercício de 1959 não representa o esforço sério de combate à inflação que toda a Nação esperava. Resta aguardar que o Congresso se disponha a corrigir as falhas e omissões do Executivo, procedendo a rigorosa revisão dos gastos propostos, a fim de eliminar os desperdícios e demasias do projeto da lei orçamentária. Será o Legislativo credor da estima pública se, em lugar da ampliar como tem feito até agora, as despesas constantes da proposta, eliminar dela os gastos inúteis ou adiáveis, suprimir as generosidades às expensas do Tesouro e votar uma lei de meios que seja, realmente, um instrumento de combate à inflação e impulsionador do progresso econômico do país.

Orçamento - Quarta-feira, 5 de junho de 1957

É leitura obrigatória para todos quantos se interessam pelas finanças do Brasil o parecer sobre as contas do Presidente da República, relativas ao exercício de 1956, proferido no Tribunal de Contas pelo Ministro Joaquim Henrique Coutinho e publicado no "Diário Oficial" de 3 do corrente. A execução orçamentária no último exercício e a situação financeira e patrimonial da União são analisadas de forma a tornar possível ao Congresso Nacional exercer, com segurança, sua prerrogativa de julgar as contas do Executivo.

Analisando a execução, em 1956, do orçamento da República, mostra o parecer que, embora tenha sido contabilizada uma receita total de 71.488 milhões de cruzeiros, superior à estimativa orçamentária, a arrecadação efetiva atingiu apenas a 70.851 milhões, ou seja, 637 milhões aquém do previsto.

Ao registrar o acelerado crescimento da receita da União nos últimos anos, não participa o Ministro Henrique Coutinho da euforia de certos observadores que pretendem atribuir ao aumento nominal da receita em consequência da inflação o caráter de índice de crescimento econômico. E com inteira procedência adverte que os contribuintes já começam a sentir a elevação dos impostos e taxas, a qual muito dificulta a vida dos que percebem vencimentos e salários fixos, demonstrando, assim, que a capacidade tributária da Nação já está atingindo o limiar de saturação.

Quanto aos gastos da União mostra o parecer como uma despesa fixada na lei orçamentária em 71.565 milhões de cruzeiros, elevou-se a 111.018 milhões no encerramento do exercício. Critica o Ministro Henrique Coutinho a existência desse orçamento paralelo, sem cuja eliminação não será possível saneamento financeiro da União. O mais grave é que nessas vultosas autorizações de despesas através de créditos adicionais não foram indicadas as fontes de receita correspondentes. Viu-se o Executivo diante da contingência de emitir papel moeda para fazer face a gastos extraorçamentários, por lhe ter faltado coragem para seguir a lição de José Maria Witaker, transcrita no parecer, segundo a qual "leis que autorizam despesas sem criar recursos correspondentes em caso algum deverão ser executadas".

Um terceiro orçamento paralelo, de duvidosa legalidade, é constituído pelas despesas sem crédito ou além dos créditos que atingiram a perto de 4 bilhões de cruzeiros no exercício de 1956. Trata-se de um abuso, à sombra do artigo 48 do Código de Contabilidade, cuja revogação se impõe como imperativo de saneamento financeiro. A relação dessas despesas demonstra que, sem autorização legislativa, foram despendidos milhões de cruzeiros em gastos com compra de aviões, envio de delegações esportivas e de funcionários ao exterior, pagamento de gratificações, concessões de auxílios e subvenções etc. Em um regime democrático não é possível aceitar a realização de despesa sem autorização do Congresso, colocado dessa forma diante de fatos consumados.

Referentemente ao resultado da execução orçamentária em 1956 mostra o parecer que o "déficit" do exercício elevou-se a 39.479 milhões de cruzeiros. O "déficit" de caixa foi bastante menor, atingindo a 16.700 milhões. Este resultado só se tornou possível mediante transferência para "Restos a Pagar" de vultosas obrigações do Tesouro, avolumando a Dívida Flutuante, perigosa forma de endividamento do Estado, pela possibilidade de exigência de pagamento imediato, ou em prazo curto e incerto do débito. O total da Dívida Flutuante se elevava a 60.000 milhões em 31-12-956, e os "Restos a Pagar" acumulados atingiam 11.795 milhões de cruzeiros ao se encerrar o exercício de 1956. Outra parcela valiosa da Dívida Flutuante é constituída por 11.234 milhões de cruzeiros correspondentes a débitos do Tesouro em favor de fundos especiais, dentre os quais se destaca o Fundo de Reaparelhamento Econômico, credor de 8.854 milhões de cruzeiros.

Interessante análise contada no parecer é a relativa à movimentação do Fundo de Modernização da lavoura nacional, alimentado pelas sobretaxas de câmbio vinculadas a licenças de exportação. Verifica-se que a receita do aludido Fundo atingiu, em 1954, 1955 e 1956, a um total de 103.308 milhões de cruzeiros, tendo somado 97.740 milhões de cruzeiros as despesas efetuadas à sua conta, sendo 77.373 milhões relativos ao pagamento de bonificações a exportadores e 10.483 milhões correspondentes a financiamentos concedidos à Comissão de Financiamento da Produção para a compra de café.

A conta dos ágios apresentava em 31-12-956, um saldo positivo superior a 15 bilhões de cruzeiros, o qual contribuiu para minorar as aperturas de caixa do Banco do Brasil a fim de atender às incessantes requisições de numerário pelo Tesouro. Não fosse esse saldo providencial da conta dos ágios e a emissão de papel moeda em 1956 não teria atingido apenas a 11.500 milhões de cruzeiros. Essa manobra monetária não impediu, porém, o agravamento da posição devedora do Tesouro Nacional frente ao

Banco do Brasil, tendo-se encerrado a conta correspondente com um débito superior a 33 bilhões de cruzeiros contra o Tesouro.

Outro interessante capítulo do parecer refere-se às operações de crédito efetuadas, destacando-se entre elas a emissão de 3.985 milhões de cruzeiros em Letras do Tesouro. É de se notar a esdrúxula praxe introduzida de utilizar essas letras, autorizadas a título de antecipação de receita, como instrumento para empréstimos a alguns Estados e Municípios, que receberam por essa forma, um total de 880 milhões de cruzeiros.

É de se esperar que o relatório do Ministro Henrique Coutinho receba do plenário do Congresso Nacional e de suas comissões de tomada de contas a atenção que merece. Analisando as cifras nele contidas e os comentários feitos em torno de nossa situação financeira, poderão os legisladores verificar que o principal problema no momento é o equilíbrio do orçamento público, e, através dele, o saneamento das finanças federais.

Orçamento - Quinta-feira, 1º de agosto de 1957

É merecedora de elogios a atitude da Comissão de Orçamento e Fiscalização Financeira da Câmara dos Deputados, submetendo a meticulosa análise a proposta orçamentária para o exercício de 1958. Conforme tivemos ocasião de salientar por ocasião da remessa da aludida proposta ao Congresso Nacional, a mesma não fora elaborada pelo Executivo com as cautelas e o rigor necessários, tendo sido nela incluídas despesas acima das reais possibilidades do Tesouro e perfeitamente adiáveis ou supérfluas.

Até recentemente a Comissão de Orçamento da Câmara não mostrava maior preocupação em exercer sua mais importante função, a de revisora da proposta orçamentária, afim de escoimá-la de excessos e impropriedades. Pelo contrário, os relatores dos orçamentos dos diversos ministérios consideravam-se advogados dos mesmos e não só defendiam ferozmente as respectivas dotações como propunham novas ou maiores despesas. Via-se assim a anomalia de conseguirem os ministérios, através dos relatores da Comissão de Orçamento, o restabelecimento de dotações suprimidas ou reduzidas pelo órgão elaborador da proposta orçamentária em obediência a instruções recebidas do Presidente da República. Tornou-se tradicional a romaria de diretores de serviços e representantes ministeriais à Comissão de Orçamento para ali pleitearem, em flagrante indisciplina, maiores dotações para as suas repartições que as já oficialmente propostas pelo Governo.

Verifica-se, porém, que a Comissão estabeleceu agora uma diretriz certa e inatacável: a de submeter as propostas parciais dos ministérios a uma crítica minuciosa e restritiva, que tem dado como resultado apreciáveis economias nos anexos já examinados e discutidos. Todos esperam que a Comissão mantenha até o fim idêntica atitude de zelo pelos dinheiros públicos, combate ao desperdício sob suas diversas modalidades e consecução do equilíbrio real do orçamento.

É bem verdade que, até o momento, não foram ainda discutidos na Comissão os orçamentos de maior interesse sob o ponto de vista político e nos quais, habitualmente, são inscritas as liberalidades e favores às expensas do Erário e os gastos de efeito puramente eleitoral, ou seja, os ministérios da Educação, da Saúde, da Agricultura e da Viação. Mostrará a Comissão coragem cívica e zelo pela coisa pública se eliminar dos anexos correspondentes a esses ministérios as despesas que não se revistam de caráter essencial e não se destinem a necessidades da administração devidamente comprovadas.

Conforme a prática vem mostrando e salientou recentemente em excelente exposição o Presidente da Comissão de Orçamento e Fiscalização Financeira da Câmara dos Deputados, é imperiosa a necessidade da aprovação de uma lei disciplinando a elaboração, em todas as suas fases, da lei orçamentária. Trata-se de uma lei orgânica do orçamento federai, contendo normas precisas que regulem a elaboração da proposta orçamentária pelo Executivo e a sua discussão e votação pelo Legislativo. Atendendo a uma solicitação da referida Comissão, os técnicos da Fundação Getúlio Vargas já elaboraram um anteprojeto de lei orgânica do orçamento federal a que não se deu andamento. É imprescindível e urgente dar curso a esse anteprojeto, e examiná-lo e discuti-lo, emendá-lo se necessário, para que a lei anual de orçamento deixe de ser a colcha de retalhos que tem sido até agora.

É bem verdade que uma simples lei ordinária não será suficiente para pôr completa ordem na elaboração orçamentária na esfera federal. Somente uma reforma constitucional, tal como foi proposta pela Comissão de Juristas presidida pelo Ministro Nereu Ramos, será capaz de eliminar definitivamente os vícios que vêm tornando o orçamento federal um elemento perturbador na vida econômico-financeira do país. Todavia, enquanto não se leva a efeito uma reforma de base, uma lei orgânica do orçamento poderá corrigir algumas das principais falhas atuais.

O ponto crucial é, sem dúvida, a disciplina da apresentação de emendas, por parte dos deputados e senadores, ao projeto de lei do orçamento. Evidentemente, o direito de emenda é o mais amplo possível no tocante à redução dos gastos propostos pelo Governo. A única limitação a esse direito, reside na impossibilidade de se recusarem recursos para encargos permanentes fixados em lei anterior e que só puderam ser eliminados por meio da revogação da mesma lei. No mais, como representantes da massa dos contribuintes, têm os legisladores a prerrogativa indiscutível de limitar os gastos do Executivo e mesmo a de negar recursos para quaisquer obras, projetos ou iniciativas consideradas inoportunas, inconvenientes ou de custo excessivo.

A controvérsia reponta, porém, no tocante à possibilidade de os congressistas aumentarem as despesas propostas pelo Executivo ou incluírem novos encargos no projeto de lei orçamentária. Tal possibilidade é negada em países de administração financeira modelar, como a Inglaterra, a França, a Suécia e muitos outros, onde se considera prerrogativa do Executivo propor despesas, cabendo ao Parlamento autorizá-las, negá-las ou reduzi-las, mas nunca as majorar.

É pena que o nosso sistema de governo, e a praxe há longo tempo estabelecida, tornem difícil o estabelecimento de uma regra tão estrita e tão harmônica com o funcionamento do regime. O que se torna, porém, desde logo imperioso, é condicionar a iniciativa de novas despesas pelo Legislativo, ou o aumento dos gastos propostos pelo Executivo, à votação de novas receitas. É inconcebível e absurdo que o Congresso Nacional possua e utilize a faculdade de criar maiores encargos financeiros sem dar-lhes cobertura adequada, nem indicar ao Executivo como levantar recursos para atendê-los.

Até agora a Comissão de Orçamento está seguindo uma atitude patriótica, da qual ninguém, de boa-fé, poderá discordar. Submetendo a proposta do Executivo ao crivo de uma análise cuidadosa vai ela eliminando despesas supérfluas ou adiáveis. Reduzindo os gastos propostos obterá ela um saldo entre a receita estimada para o próximo exercício e o total das despesas programadas. Esse saldo poderá ser utilizado na redução da enorme dívida flutuante, que de ano para ano mais se avoluma, ou no financiamento de projetos essenciais ao desenvolvimento econômico do país.

Representantes do Poder Executivo têm afirmado, por diversas vezes, que ao Congresso Nacional cabe a principal responsabilidade do desequilíbrio orçamentário e da desordem financeira em que se encontra a União. Apoiando a atitude da sua Comissão de Orçamento e Fiscalização Financeira mostrará o plenário da Câmara dos Deputados sua disposição de contribuir para o saneamento financeiro do país e para o controle da inflação, além de se munir de autoridade para exigir do Executivo o estrito cumprimento da lei de meios.

Várias Notícias

Orçamento - Quinta-feira, 17 de outubro de 1957

Mais uma vez se repetem as dificuldades e os embaraços habituais na votação da lei de meios. Já nos encontramos na segunda quinzena de outubro e alguns dos mais importantes sub-anexos não foram ainda encaminhados pela Comissão de Orçamento ao plenário da Câmara dos Deputados, para votação. Sabendo-se que esses sub-anexos ainda terão de ser apreciados pela Comissão de Finanças do Senado e de receber as emendas dos senadores antes de serem submetidos à votação da Câmara Alta, não é infundado o receio de que a lei de orçamento não seja submetida à sanção até o dia 30 de novembro, prazo fatal fixado na Constituição, de que resultaria a prorrogação do orçamento em vigor, ocorrência altamente prejudicial à Administração.

O mais provável, porém, é a repetição do processo adotado nos anos anteriores, a votação atabalhoada e confusa dos sub-anexos e respectivas emendas em sessões extraordinárias e continuadas da Câmara e do Senado. Um acordo entre os partidos da maioria e da oposição evitará obstruções à votação e os pedidos de verificação e o texto da lei de meios irá no prazo constitucional à sanção presidencial, muito embora somente mais tarde sejam remetidas ao Catete as tabelas explicativas correspondentes.

O resultado de um processo tão irracional e desordenado como esse só poderá ser a aprovação, para 1958, de um orçamento cheio de falhas e de vícios como o têm sido todas as leis orçamentárias destes últimos anos. É talvez a tarefa mais urgente do Congresso Nacional ordenar e disciplinar sua mais importante função, a aprovação da lei de meios.

No sistema atual, não tem a Câmara dos Deputados e muito menos o Senado visão global das receitas e despesas que estão autorizando. A proposta do Executivo, logo ao chegar ao plenário da Câmara, recebe o impacto de milhares de emendas, que desvirtuam e mutilam inteiramente o suposto programa administrativo e financeiro do Governo. Os sub-anexos correspondentes aos diversos ministérios e órgãos não ministeriais são em seguida distribuídos pelos relatores da Comissão de Orçamento, a fim de serem apreciados em conjunto com as emendas apresentadas aos mesmos. A Comissão examina separadamente cada sub-anexo e o encaminha ao plenário para votação.

O resultado é que a Câmara dos Deputados vai autorizando despesas sem ter qualquer conhecimento ou noção das possibilidades da receita, pois o anexo correspondente a esta última somente é votado no final, quando se executa o velho processo denominado por Carlos Peixoto de "tortura dos algarismos da receita para acomodá-los aos totais da despesa".

A posição pior é, todavia, a do Senado Federal, que recebe aos pedaços os anexos e sub-anexos aprovados pela Câmara e os vai emendando, alterando e aprovando, sem a menor visão de conjunto e das possibilidades da arrecadação no próximo exercido. Não é de se estranhar, portanto, que a lei de orçamento finalmente sancionada seja uma colcha de retalhos, sem qualquer organicidade, uma relação de gastos sem recursos suficientes para atendê-los.

Como resultado, o Presidente da República sanciona a lei para evitar maiores aborrecimentos, mas na certeza de não poder executá-la, pois o estrito e integral cumprimento das autorizações nela contidas significaria o caos administrativo e financeiro. Surgem daí os inevitáveis programas de economia, medida imperiosa, mas que torna a lei orçamentária simples formalidade legal despida de qualquer significação. De outro lado, as falhas na estimativa da receita e no cálculo das despesas ocasionam as incessantes aberturas de créditos adicionais e o desequilíbrio crônico do Tesouro.

A única solução capaz de disciplinar, entre nós, a fase legislativa do processo orçamentário, será a fixação inicial, pelo Congresso Nacional, do teto global da despesa e sua distribuição pelos diversos ministérios, tendo em vista as possibilidades da receita.

A apresentação de emendas e as alterações da proposta do Executivo estariam condicionadas à obediência aos limites fixados para os gastos no próximo exercício. A solução não constituiria nenhuma inovação, mas apenas aplicação do sistema já adotado na França, onde a Assembleia Nacional vota primeiramente a "loi de finances", contendo a estimativa da receita, as alterações no sistema tributário e as autorizações para a cobrança dos impostos, bem como o total da despesa fixada para cada ministério. As tabelas e a discriminação da despesa para os ministérios são aprovadas posteriormente e constituem objeto de leis separadas, algumas aprovadas no decorrer do exercício, mas respeitado sempre o limite de despesas fixado na "loi de finances".

Outra necessidade urgente e imperiosa é a disciplina da apresentação de emendas à proposta orçamentária do Executivo. Se o orçamento é, de fato, o programa administrativo e financeiro do Governo e não um simples instrumento de distribuição de liberalidades e favores às expensas do Tesouro, cumpre atribuir ao Executivo adequada responsabilidade na sua elaboração. No tocante às despesas correntes, a Administração deve dizer com segurança o "quantum" necessário para a manutenção e funcionamento dos serviços públicos, cabendo ao Congresso a fiscalização tendente a evitar o custo excessivo dos serviços públicos e os desperdícios administrativos.

Nas despesas destinadas a transferências e investimentos, cuja significação política é indiscutível, não se pode negar ao Congresso uma participação mais decisiva. Essa participação, todavia, se for causa de aumento dos gastos propostos pelo Executivo, terá de ser acompanhada, forçosamente, da autorização das novas despesas. Em nenhum país organizado é possível, como ocorre no Brasil, votar o Congresso vultosas despesas por sua exclusiva iniciativa sem dar ao Executivo meios para atendê-las. Enquanto o Congresso não votar orçamentos equilibrados será inócuo qualquer projeto de lei, como o atualmente em discussão, visando disciplinar emissões de papel moeda que constituem efeito e não causa.

É também indiscutível a necessidade de introduzir ordem na votação do orçamento, pondo-se termo à balburdia atual. Merece a mais atenta consideração a sugestão do Deputado Vieira de Melo, ilustre líder da maioria, no sentido do exame da proposta orçamentária por uma comissão mista de deputados e senadores e sua votação pelo Congresso Nacional, reunidos para esse fim Câmara e Senado em sessão conjunta. Juntamente com a fixação prévia do teto das despesas e disciplina da apresentação de emendas ao orçamento, a sugestão do deputado baiano, convertida em reforma constitucional, poderia constituir um grande passo para o saneamento financeiro do país.

É injusto pretender atribuir ao Congresso toda a culpa pela desordem orçamentária, principal causa da inflação atual, que ameaça conturbar a paz social indispensável ao progresso econômico e à estabilidade das instituições. É indiscutível a corresponsabilidade do Executivo, notadamente pela falta de coragem em se opor aos abusos e desperdícios na aplicação dos dinheiros públicos e ir até ao veto total da lei orçamentária, como o fez Epitácio Pessoa. No desempenho de sua missão histórica e tradicional de defensor do contribuinte contra os excessos do Executivo, compete ao Congresso Nacional exercer com rigor sua função de controle e fazer com que o dinheiro exigido do povo através da tributação

reverta integralmente em seu benefício através de serviços públicos eficientes e econômicos e de empreendimentos de indiscutível utilidade social.

283

Orçamento - Quarta-feira, 13 de novembro de 1957

O trabalho apresentado pelo Deputado Ranieri Mazzilli ao relatar, perante a comissão de Orçamento e Fiscalização da Câmara dos Deputados, o Anexo da Receita da proposta orçamentária para o exercício de 1958, contém dados, informações e comentários da maior utilidade para todos quantos se interessam pela economia e finanças do país.

Assinalando, com inteira procedência, a nítida dependência entre a receita pública e a conjuntura econômica, salienta o Deputado Mazzilli que as perspectivas da economia nacional no corrente ano não são muito animadoras. Conforme declara o parecer, "a persistência do processo inflacionário de um lado e deterioração dos níveis da nossa relação de trocas com o exterior, de outro, não nos autorizam antever para o exercício em curso maiores sucessos no terreno econômico".

A principal causa dessa persistência do processo inflacionário reside, sem dúvida, na incapacidade demonstrada tanto pelo Executivo quanto pelo Legislativo em eliminar o vultoso "déficit" das contas públicas. Embora saliente o parecer que o desequilíbrio seria ainda mais vultoso se tivessem sido utilizadas pelo Executivo todas as autorizações orçamentárias e extra orçamentárias de despesas, liberalmente votadas pelo Congresso, o "déficit" deverá superar a casa dos 20 bilhões de cruzeiros no encerramento do exercício.

Os efeitos desse desequilíbrio orçamentário vem perturbando profundamente todo o sistema nacional de crédito, pois, conforme pondera o Deputado Mazzilli, o financiamento do "déficit" do Tesouro tem sido feito através do aproveitamento de recursos destinados pelo Banco do Brasil a outras aplicações ou com a ampliação do meio circulante. Dada a impossibilidade em se utilizar adequadamente o crédito público, em período inflacionário agudo como o atual, de duas maneiras diferentes concorrem as finanças públicas para perturbar a economia nacional: forçando a elevação dos custos de produção e dos preços das utilidades pela ampliação dos meios de pagamento e desviando recursos de setores básicos da economia nacional para atender às despesas governamentais.

Infelizmente, porém, as conclusões do parecer do Relator da Receita mostram não haver no horizonte qualquer sinal de que o ritmo da inflação será contido, pois a execução do orçamento no próximo ano também será iniciada sob o signo do "déficit" orçamentário. A proposta do Executivo para o exercício de 1958, ao dar entrada na Câmara dos Deputados, registrava a previsão de um "déficit" de 9.600 milhões de cruzeiros, resultante de uma despesa calculada em 120.700 milhões e de uma receita estimada em 111.100 milhões.

A promulgação da nova Tarifa das Alfandegas forneceu ao Tesouro Nacional meios suficientes para cobertura desse "déficit" e criou a possibilidade de um equilíbrio da lei de meios. Para a consecução desse resultado teria sido, porém, necessário que a Câmara não agravasse o quadro das despesas previstas, o que, todavia, não se verificou. As emendas dos deputados, aceitas pela Comissão de Orçamento, elevaram as despesas em 8 bilhões de cruzeiros. Assim sendo, apesar do novo ônus imposto aos contribuintes através da elevação dos direitos de importação para o consumo, sairá o projeto de lei orçamentária da Câmara dos Deputados registrando um "déficit" que se aproxima da casa dos 6 bilhões de cruzeiros.

Não há dúvidas que esse desequilibro será ainda agravado pelo Senado Federal, pois a Câmara Alta, desmentindo uma velha tradição de prudência e bom senso, vem se mostrando igual à Câmara dos Deputados na liberalidade e facilidade no manejo e distribuição dos recursos públicos. Não desejando ficar atrás dos deputados na disputa e atração do eleitorado através de favores e dádivas orçamentárias, os senadores, como têm feito nos anos anteriores, vêm elevando substancialmente os totais das despesas.

O próximo exercício financeiro receberá ainda uma onerosa herança do atual, sob a forma de restos a pagar, resíduos passivos e saldos de créditos adicionais, ultimamente abertos a todo o momento, sob qualquer pretexto e sem qualquer cobertura de receita, para o financiamento das despesas correspondentes. Receberá, portanto, o Executivo um orçamento fortemente desequilibrado, agravado ainda de outros compromissos extra orçamentários, tudo a somar um volume enorme de gastos sem cobertura de receita adequada e suficiente para lhes fazer face. O resultado será o prosseguimento em ritmo acelerado do processo inflacionário, agravação do custo de vida, as reivindicações salariais e as altas incessantes dos custos internos de produção com o nosso afastamento, cada vez maior, da competição internacional.

O parecer do relator da Receita na Câmara dos Deputados não esconde de seus pares a gravidade da situação, nem deixa de lhes apontar o caminho certo a seguir, quando afirma: "no caso nacional, o melhor passo que se poderia dar no sentido da contenção do processo inflacionário seria o do equilíbrio orçamentário do setor público". E, acrescenta o parecer, "o remédio existe, o que falta é coragem para aplicá-lo. Somos de opinião que teremos de adotá-lo, mesmo com relutância do doente".

As palavras do Deputado Mazzilli, embora eloquentes, alicerçadas em irrespondível argumentação e ilustradas por farta documentação estatística, cairão no vazio. A anarquia de nosso processo de elaboração orçamentária faz com que a estimativa da receita somente seja apresentada ao apagar das luzes, nas vésperas da terminação do prazo constitucional para a votação do orçamento, quando as tabelas da despesa e os respectivos quantitativos já estão aprovadas e fixados por decisão irrecorrível do plenário. Nenhuma providência será cabível a esta altura, quer através de redução de gastos quer mediante a criação de novas fontes de receita não inflacionárias para a eliminação do "déficit".

Há, porém, a solução heroica, mas rigorosamente constitucional, do veto parcial da lei orçamentária pelo Presidente da República, para dela eliminar os gastos supérfluos e adiáveis, bem como as autorizações de despesas que correspondem apenas a favores e liberalidades à conta do Erário. Nada é mais contrário aos interesses nacionais do que a continuação do processo inflacionário, causa principal dos desequilíbrios econômicos e sociais em que nos debatemos. Em circunstâncias políticas mais difíceis, com problemas sérios de ordem pública a enfrentar, o Presidente Epitácio Pessoa teve coragem de vetar inteiramente a lei orçamentária submetida à sua sanção. As razões desse veto constituem uma página de civismo e merecem ser lidas e meditadas nas atuais circunstâncias, quando a repetição do gesto do grande estadista não estaria longe de ser medida de salvação nacional.

Orçamento - Sábado, 30 de novembro de 1957

De forma ainda mais tumultuada do que se verificou nos anos anteriores, concluiu o Congresso Nacional a votação da lei de orçamento, submetendo-a à sanção do Presidente da República.

Embora ainda não divulgadas as cifras exatas da receita e da despesa sabe-se que o "déficit" apurado aproxima-se da casa dos 10 bilhões de cruzeiros. O "déficit" real é ainda maior, pois o relator da Receita na Câmara dos Deputados demonstrou ter havido evidente otimismo por parte do Executivo ao estimar a arrecadação de certos tributos, não conseguindo, todavia, que os excessos de previsão fossem corrigidos.

É de justiça salientar os esforços feitos pela Comissão de Orçamento da Câmara no sentido de reduzir o montante do "déficit" e manter as despesas em limites razoáveis. Não obteve, porém, a Comissão o imprescindível apoio do plenário, havendo este endossado os vultosos acréscimos de despesa introduzidos pelo Senado. Viu-se assim o órgão especializado da Câmara desprestigiado, o que levou alguns de seus membros ao extremo de renunciar a seus postos na Comissão.

Não se compreende a atitude do Senado Federal ao elevar as dotações orçamentárias a totais absolutamente incompatíveis com as possibilidades da receita pública no próximo exercício. Desmentiu o Palácio Monroe sua tradição de órgão de equilíbrio e ponderação, capaz de rever, com prudência e serenidade, as deliberações da outra Casa.

Sem dispor de receitas tributárias suficientes para a cobertura da despesa fixada ver-se-á o Executivo, em 1958, obrigado a recorrer a novas e vultosas emissões de papel-moeda para atender às necessidades do Tesouro.

As perspectivas são ainda mais graves face à pretendida inclusão, na lei de orçamento, de um dispositivo limitando a faculdade do Presidente da República de estabelecer um programa de economias orçamentárias. Procura-se evitar que o Executivo, a fim de diminuir o desequilíbrio do orçamento, deixe de efetuar certos gastos, notadamente os correspondentes a favores e liberalidades às expensas do Erário através de auxílios, contribuições, subvenções, obras de caráter local, etc.

Não pode o Executivo aceitar uma limitação dessa natureza, de constitucionalidade bastante duvidosa, pois tem todas as características das tão malsinadas caudas orçamentárias da Velha República. As dotações orçamentárias não têm nem podem ter caráter mandatário, constituindo simples autorização de despesas para o Governo e limites à sua ação em matéria financeira. Pretender obrigar a Administração a despender, até o último ceitil, as verbas orçamentárias, mesmo quando correspondam a despesas supérfluas, excessivas ou adiáveis, é doutrina inaceitável sob qualquer aspecto.

A conjuntura atual está a exigir, pelo contrário, o máximo rigor por parte do Governo na execução do próximo orçamento, se não quiser ver eliminadas de vez todas as possibilidades de saneamento financeiro do país e de controle da inflação.

É ainda de se esperar que o tumulto verificado na votação da lei de meios para o próximo exercício, ameaçada, inclusive, de não aprovação no prazo constitucional, em virtude da obstrução ensaiada pelos partidos da oposição, induza o Legislativo a levar a efeito uma reforma completa de nosso processo orçamentário.

A Comissão de Juristas que, sob a presidência do ex-Ministro Nereu Ramos, apresentou sugestões de reforma da Constituição, dedicou particular atenção ao problema orçamentário, elaborando emendas capazes de racionalizar e disciplinar a elaboração da lei de meios. Também o ex-Deputado Israel Pinheiro, quando presidente da Comissão de Orçamento da Câmara dos Deputados, deu a conhecer a seus pares um projeto, elaborado a seu pedido por um grupo de técnicos da Fundação Getúlio Vargas, o qual constitui uma verdadeira lei orgânica do orçamento público em todas as suas fases: preparação, votação, execução e controle.

É imperioso e urgente que se enfrente o problema a fim de se lhe dar uma solução adequada, capaz de pôr termo à desordem orçamentária em que estamos vivendo. A fixação inicial, pelo Congresso, de tetos máximos para a despesa, a limitação da apresentação de emendas ao projeto de lei orçamentária, o estabelecimento de prazos fatais para a votação do orçamento em ambas as casas do Legislativo, são algumas das necessidades mais prementes no campo da administração financeira.

O orçamento é, acima de tudo, o programa administrativo e financeiro do Governo. Entre nós ele está perdendo inteiramente as características que o tornam um precioso instrumento da Administração, para se converter em uma simples relação de despesas burocráticas, favores, liberalidades e iniciativas de âmbito puramente local. Cumpre iniciar imediatamente uma reação visando transformá-lo em um documento capaz de traduzir, no expressivo conceito do Presidente Roosevelt, "aquilo que o Governo exige do povo e o que está disposto a fazer por ele".

289

utilidade duvidosa ou inexpressiva, como tendas de espiritismo, bandas de música municipais, clubes recreativos e semelhantes, para cuja manutenção não se justifica sejam desviados recursos financeiros, insistentemente reclamados em setores de muito maior importância.

O veto parcial do Sr. Presidente da República fundamenta-se, portanto, em razões de ordem constitucional e motivos de interesse nacional de irrecusável procedência. É de se esperar que o Legislativo, reconsiderando a sua atitude, dê ao Governo os meios necessários para o saneamento financeiro do país, através o ajustamento da despesa pública, no próximo exercício, às reais possibilidades da receita.

Orçamento - Quinta-feira, 5 de dezembro de 1957

Merece todo louvor o veto do Presidente de República ao dispositivo da lei orçamentária através do qual se pretendia limitar a prerrogativa do Executivo de não utilizar integralmente as autorizações contidas na mesma lei. Pretendia o Legislativo, através do dispositivo vetado, fazer com que fossem automaticamente pagas as dotações destinadas ao prosseguimento de obras, auxílios e subvenções.

Em primeiro lugar o artigo de lei ao qual foi negada a sanção infringia o princípio, inscrito na Constituição, de que o orçamento deve limitar-se a estimar a receita e fixar a despesa sem enunciar outras normas, com exceção das que autorizam a abertura de créditos suplementares e realização de operações de crédito por antecipação de receita, ou indicam a forma pela qual será coberto o "déficit", ou aplicado o "superávit".

A manutenção do dispositivo vetado significaria o restabelecimento da famosa cauda orçamentária, tão anatematizada na 1ª República. Bem agiu o Executivo ao impedir, no nascedouro, a tentativa de ressurgimento dessa prática viciosa, que já se considerava eliminada de nosso processo legislativo.

Em segundo lugar, ao apor o seu veto ao dispositivo mencionado, defendeu o Executivo sua prerrogativa constitucional de executar o orçamento, dentro dos limites traçados pela lei de meios, mas com a possibilidade de ajustá-lo às necessidades da administração e às condições financeiras do país.

Nenhum constitucionalista moderno deixa de reconhecer ao orçamento o caráter de lei autorizativa. negando efeito imperativo às dotações da despesa nele inscritas. Seria aliás, absurdo obrigar o Governo a despender até o último ceitil as dotações orçamentárias, mesmo que a sua integral aplicação fosse desnecessária ao bom funcionamento da máquina administrativa e à consecução dos fins do Estado, ou que não dispusesse o Tesouro de recursos suficientes para fazer face à totalidade das despesas autorizadas.

No caso presente, o veto presidencial tornou-se ainda mais imperioso pelo fato de haver o Congresso Nacional aprovado o orçamento com "déficit" superior a dez bilhões de cruzeiros, sem indicar ao Executivo de que forma será ele coberto, como taxativamente determina a Constituição. Diante de tal situação resta ao Governo, como único recurso, deixar de utilizar certas autorizações de despesa, elaborando um programa de economias. Pois foi justamente recurso que se pretendeu limitar mediante a inclusão do dispositivo em boa hora vetado pelo Sr. Presidente da República.

Não vale o argumento de que o artigo atingido pelo veto apenas se referia às dotações para o prosseguimento de obras, pagamento de auxílios e subvenções, permitindo fosse elaborado um programa de economias abrangendo outras rubricas orçamentárias. É justamente nas dotações a que se quis dar caráter mandatório que se torna exequível a realização de economias suficientes para a extinção ou redução do "déficit". A parte do orçamento correspondente às despesas de custeio da administração tem caráter rígido. Os gastos com o pessoal, correspondendo ao pagamento do funcionalismo civil e dos militares, cujos quadros e efetivos são fixados em lei, não podem, evidentemente, ser reduzidos por ato do Executivo. As despesas com a aquisição de material e pagamento de serviços para a manutenção e funcionamento doo órgãos da administração não só representam parcela pouco significativa da despesa total, como permitem apenas economias muito limitadas e absolutamente inexpressivas ante o vultoso desequilíbrio apurado.

Um plano real de economias orçamentárias só se torna possível se forem atingidas as dotações para obras, e as destinadas ao pagamento de auxílios e subvenções. A lei orçamentária aprovada contém milhares de dotações que representam a pulverização de recursos da União em pequenas obras, de caráter puramente local, sem qualquer efeito sensível para o desenvolvimento econômico do país, visando apenas à coleta de votos e à simpatia do eleitorado em pequenas comunidades do interior. Em grande número de casos, tais como construção de campos de pouso municipais, pontes, calçamento de ruas, abastecimento de água e semelhantes nem mesmo pode a Administração Federal deslocar funcionários e equipamento para a respectiva execução. Usa-se então a fórmula da entrega da dotação orçamentária ao município interessado, sem que haja meios para acompanhar e verificar a execução dos serviços e a correta aplicação dos recursos.

A fim de concentrar os recursos financeiros e técnicos disponíveis na realização de obras e empreendimentos essenciais ao desenvolvimento do país e à eliminação de pontos de estrangulamento da economia, é o Governo forçado a evitar essa pulverização de recursos e fatores em iniciativas sem significação, ou de utilidade duvidosa. A solução é o congelamento, isto é, a não utilização das dotações orçamentárias, cuja aplicação representaria flagrante desperdício, realmente criminoso nas circunstâncias atuais.

Não pode igualmente as economias orçamentárias deixar de incidir sobre os auxílios e subvenções, representativos de simples liberalidades e generosidades pagas pelo Erário mediante sacrifícios financeiros impostos à coletividade. É inegável que, através das dotações orçamentárias para auxílios e subvenções, é mantido, em todo o país, um grande número de instituições filantrópicas e de benemerência de indiscutível utilidade social. No mesmo capítulo do orçamento estão, todavia, incluídas centenas de instituições, de

Orçamento - Sábado, 7 de dezembro de 1957

As perspectivas financeiras para o próximo exercício embora não sejam róseas são sem dúvida bastante mais promissoras diante das que se ofereciam ao se iniciar o corrente ano.

Embora o orçamento para o ano fiscal de 1956 tenha sido aprovado com "déficit" é este inferior ao consignado na lei orçamentária para o atual exercício. Assim sendo, um criterioso programa de economias, executado com firmeza, poderá manter a despesa pública dentro dos limites da arrecadação. Para a consecução desse objetivo tornar-se-á, porém necessário que seja evitada a todo a custo a abertura de créditos adicionais capazes de elevar os gastos acima dos limites fixados. Nos termos da legislação em vigor esses créditos adicionais somente podem ser abertos após declaração expressa, pelo Ministro da Fazenda, da existência de recursos no Tesouro para fazer face à despesa correspondente.

Usando com rigor sua prerrogativa poderia o titular da pasta das finanças evitar a proliferação de despesas extra orçamentárias, cujo vulto tem sido impressionante, assumindo aspecto de um verdadeiro orçamento paralelo.

Se for conseguido o equilíbrio na execução orçamentária e evitada a abertura de créditos adicionais, a maior preocupação do Governo no setor das finanças públicas será a liquidação da dívida flutuante, cujo montante, realmente assustador, é representado pelos restos a pagar de exercícios anteriores, saldos de créditos especiais cuja vigência se estenderá até o próximo ano e depósitos de diversas origens em poder do Tesouro.

Para a liquidação de resíduos passivos contará o Governo com os recursos provenientes da emissão dos 30 bilhões em Letras do Tesouro que acaba de ser autorizado pelo Congresso. A colocação desses títulos deverá possibilitar a transferência, do setor privado para o Erário, de poder de compra suficiente para a satisfação de seus compromissos sem a necessidade do recurso às emissões de papel-moeda.

É necessário, todavia, que não se perca de vista o prazo relativamente curto (máximo de anos) para o resgate das letras cuja emissão foi autorizada. O sucesso da operação está visceralmente ligado à eliminação do "déficit" e mesmo à obtenção de saldos na execução orçamentária. Os recursos para o resgate das obrigações e pagamento dos respectivos juros deverão provir dos saldos apurados na conta de receita e despesa da

União e não de novas emissões que, se forem feitas para esse fim anularão os objetivos anti-inflacionários da operação de crédito autorizada.

Para a obtenção de saldos positivos na execução orçamentária duas ordens de providências se fazem necessárias: estrito controle da despesa pública e melhoria da arrecadação da receita. Além de um programa de economias orçamentárias que leve à supressão de gastos desnecessários e à eliminação de desperdícios torna-se também imprescindível a programação dos desembolsos do Tesouro. Em todos os países, uma das preocupações fundamentais dos órgãos da administração financeira consiste, justamente, em programar as despesas no decorrer do exercício, sincronizando-as com a arrecadação das receitas. Procura-se dessa forma manter no mesmo ritmo as entradas e saídas de numerário e evitar desequilíbrios de caixa capazes de provocar fortes pressões sobre o Banco Central, no nosso caso o Banco do Brasil, forçando emissões para atender às necessidades do Tesouro.

Outra providência urgente consiste na melhoria da arrecadação da receita, de forma a serem alcançadas as estimativas orçamentárias, consideradas otimistas pelo Relator da Receita na Câmara dos Deputados. Os nossos processos de fiscalização e de arrecadação tributária são obsoletos e contêm graves falhas que propiciam uma larga evasão de rendas. Em lugar do aperfeiçoamento do aparelho arrecadador e da racionalização dos processos de arrecadação e fiscalização tem-se preferido o expediente cômodo, mas injusto e antieconômico, de contínuos agravamentos das alíquotas dos impostos.

A evasão fiscal, além do prejuízo direto ocasionado ao Tesouro, não possibilitando a este obter a arrecadação prevista no orçamento, significa grave injustiça para o contribuinte honesto, estrito cumpridor de seus encargos fiscais. A fim de compensar a perda de receita resultante da evasão fiscal por parte de alguns exige o fisco um encargo suplementar de outros, o que representa um tratamento iníquo e injustificável.

Em dois setores, notadamente, a sonegação de tributos tem assumido ultimamente aspectos visíveis e alarmantes: nos impostos de importação e de renda. A ação audaz de contrabandistas abertos ou disfarçados vem ocasionando vultoso descaminho de direitos e determinando uma concorrência desleal ao importador honesto que, pagando integralmente os tributos sobre as mercadorias importadas do exterior para venda no país, não pode evidentemente competir com os que introduzem ilicitamente e para comércio artigos da mesma natureza no território nacional.

As nossas alfândegas são repartições arcaicas e mal aparelhadas, regulando-se ainda os seus métodos de trabalho por vetusta legislação, aprovada quase toda na época do império ou nos primórdios da República. Enquanto turistas e simples viajantes são submetidos a longas e penosas formalidades, às vezes vexatórias, grande e valioso volume de mercadorias é introduzido no país sem o pagamento de qualquer tributo. Grandes benefícios prestaria o Ministro da Fazenda ao Tesouro e ao comércio honesto se tomasse a iniciativa de uma reforma total na organização das repartições aduaneiras e em seus processos de trabalho.

Quanto ao imposto de renda, os aparentes aumentos espetaculares de arrecadação, resultantes da inflação e dos contínuos agravamentos do tributo, ocultam as grandes somas que deixam de ser captadas em consequência de uma forte evasão, notadamente em certos setores. O departamento governamental a cujo cargo se encontra a administração do tributo manteve-se estacionário, não tendo adotado as modernas técnicas de controle e fiscalização largamente usadas em outros países.

Existem, portanto, possibilidades de recuperação financeira no próximo exercício. Será, porém, imprescindível por parte do Governo, uma firme decisão de eliminar o desequilíbrio das contas públicas e de não usar a emissão de papel-moeda como fonte de receita para fazer face a despesas governamentais. Essa firmeza se torna ainda mais necessária pelo fato de termos pela frente um ano de eleições, trazendo consigo a ameaça da distribuição de favores e liberalidades às expensas do Erário, tendência contra a qual o Governo deverá reagir com coragem e energia.

Orçamento - Sexta-feira, 28 de fevereiro de 1958

Pela Contadoria Geral da República acabam de ser divulgados, em Relatório, dados informativos a respeito da execução orçamentária no último exercício e da situação financeira e patrimonial da União ao se encerrar o ano fiscal de 1957.

Os dados publicados evidenciam a permanência, nas contas do Tesouro, de uma situação de profundo desequilíbrio, que continua a agir como a principal fonte de pressões inflacionárias sobre a economia geral do país.

A lei de meios para o exercido do 1957 foi aprovada com um "déficit" superior a 17 bilhões de cruzeiros, sensivelmente agravado durante a execução do orçamento por dois motivos principais: excesso de otimismo nas estimativas da receita e volume substancial de despesas extra orçamentárias.

Apesar da entrada om vigor, em agosto de 1957, da nova Tarifa das Alfândegas, ocasionando um substancial reforço da renda tributária, a receita total arrecadada no exercício atingiu apenas a 85.800 milhões de cruzeiros, resultado sensivelmente inferior à estimativa de 98.300 milhões. Do outro lado, a despesa total realizada atingiu a 118.700 milhões, ou seja, mais que a autorização global de 118 bilhões consignada na lei de meios.

As despesas efetuadas sem autorização legislativa ou a ela excedentes atingiram a 11.000 milhões de cruzeiros e, deduzidas as despesas de exercícios anteriores regularizadas em 1957, verifica-se que o resultado negativo da execução orçamentária no último exercício foi superior a 43.500 milhões de cruzeiros.

O "déficit" de caixa, diferença real entre receitas realmente arrecadadas e despesas efetivamente pagas durante o exercício foi um pouco menor, atingindo a 41.100 milhões de cruzeiros.

Esse "déficit" de caixa determinou considerável pressão sobre o Banco do Brasil fazendo com que o descoberto do Tesouro naquele estabelecimento de crédito sofresse um acréscimo de 38.600 milhões de cruzeiros. Tal pressão sobre a caixa do Banco do Brasil foi causa da emissão de papel-moeda para a Carteira de Redescontos, no total de 20.900 milhões de cruzeiros em 1957. Deduzido o resgate de 5.100 milhões, verifica-se ter havido aumento líquido de 15.800 milhões no meio circulante, elevado a 96.600 milhões ao se encerrar o exercício de 1957.

Como o assinala o Contador Geral da República em sua exposição torna-se imprescindível aliviar a pressão do Tesouro Nacional sobre a caixa do Banco do Brasil que, por efeito do retorno inevitável, se abastece no redesconto e, por meio deste, no papel-moeda emitido pelo próprio Tesouro. Quando da autorização para a emissão de Letras do Tesouro, consubstanciada na Lei n. 3887, de 13 de dezembro do 1957, o Ministro da Fazenda deverá conseguir recursos no mercado monetário, diminuindo assim uma pressão que já se vai tornando intolerável sobre o nosso principal estabelecimento de crédito.

O remédio eficaz consistirá, todavia, em maior disciplina da despesa pública e, como salienta o Contador Geral, em controle mais efetivo dos suprimentos fornecidos pela Fazenda, com o propósito de evitar o incremento desmesurado dos "déficits" financeiros. O fato de terem sido efetuadas despesas extraordinárias superiores a 23 bilhões de cruzeiros é uma demonstração eloquente de que a lei de meios não está sendo elaborada com o devido cuidado.

O orçamento público vem perdendo entre nós a característica de um verdadeiro plano financeiro para se transformar em simples relação descoordenada de gastos, dos quais a maior parte representa apenas a manutenção da máquina administrativa e distribuição de liberalidades às expensas do Tesouro. Como vem assinalado no Relatório da Contadoria Geral, mais de 30% da receita da União constitui receita vinculada, previamente comprometida para fins específicos, o que retira do orçamento a necessária flexibilidade para sua adaptação aos programas governamentais.

Essa pouca flexibilidade do orçamento e a falta de disciplina em sua elaboração tem levado o Governo a se utilizar de recursos extra orçamentários para a execução do seu programa de metas e financiamentos de investimentos essenciais ao desenvolvimento econômico do país. Apesar disso a despesa orçamentária vem se mantendo em limites excessivos, muito acima das possibilidades da arrecadação tributária, acarretando elevados "déficits" de caixa cobertos por meio de adiantamentos do Banco do Brasil, geradores de forte pressão inflacionária.

A análise das contas da União referentes ao exercício de 1957 demonstra que a receita ordinária arrecadada não foi sequer suficiente para a cobertura das despesas correspondentes à manutenção e ao funcionamento doe serviços públicos. Esse fato constitui sintoma grave, pois corresponde a um processo de descapitalização e de perda de substância.

O resultado da execução orçamentária de 1957 comprova a necessidade de um maior controle e vigilância por parte do Ministro da Fazenda sobre todas as fases do processo orçamentário, desde a elaboração da proposta governamental. Torna-se ainda imprescindível melhor articulação entre o Executivo e o Legislativo durante a tramitação do projeto da lei de meios nas duas casas do Congresso. A experiência vem ensinando que têm sido pouco expressivos os resultados obtidos através dos planos de economia, em virtude da forte pressão dos interessados na liberação de dotações incluídas no mesmo plano. A solução consiste em evitar a inclusão, na lei de meios, de autorizações de despesas supérfluas ou adiáveis, para o que se torna necessária uma atuação vigilante do Ministro da Fazenda junto ao Congresso.

O êxito do programa de metas do Governo poderá ser comprometido se o orçamento federal não for submetido a uma disciplina rigorosa, capaz de conduzir à eliminação progressiva do "déficit" orçamentário e sua cobertura através de empréstimos levantados no mercado de capitais e não de processos inflacionários como até agora se vem adotando.

Orçamento do Distrito Federal - Quarta-feira, 26 de junho de 1957

Estão os contribuintes cariocas na iminência da elevação, no próximo exercício, da alíquota de alguns impostos municipais, notadamente do imposto sobre vendas e consignações.

Como era de esperar, essa perspectiva vem provocando reação em diversos setores da população. Ninguém se conforma de saber que o Governo local, sem haver esgotado todos os recursos para minorar suas angústias financeiras através de uma política de reestruturação de pessoal e redução de gastos, vai recorrer mais uma vez ao expediente simplista da majoração de impostos. E essa reação se agrava quando se observa a deterioração inevitável dos serviços municipais, incapazes nas condições presentes, de atender às necessidades mais elementares de população.

Com os recursos financeiros vultosos de que dispõe, a Prefeitura da Distrito Federal deveria estar normalmente em condições de atender às necessidades da coletividade carioca e de manter serviços públicos compatíveis com a capital de uma grande Nação. A situação especial do Distrito Federal na organização político-administrativa do país faz com que o fisco municipal se beneficie, simultaneamente, dos tributos que a Constituição Federal atribui aos Estados e aos Municípios.

O total da receita da Prefeitura local é superior à arrecadação de qualquer Estado da União, com exceção unicamente do Estado de São Paulo. Outrossim, pelo fato de ser a cidade do Rio de Janeiro a capital da República, a União tem a seu cargo a manutenção de serviços de caráter tipicamente local, como os de segurança pública, bombeiros, trânsito, iluminação pública, justiça local e outros, mantidos, nas demais regiões do país, pelos governos estaduais e municipais. Além disso, em grande número são os estabelecimentos de ensino, hospitais, e instituições assistenciais do Governo da União na Capital da República, vantagem essa não desfrutada por outros Estados do país, o que desafoga a Prefeitura dos encargos correspondentes.

Essa massa de recursos financeiros, que deveria reverter integralmente em benefício da população carioca é, porém, malbaratada de forma revoltante. Não há qualquer exagero nessa afirmativa, facilmente comprovada através de rápida inspeção do Orçamento do Distrito Federal para o corrente exercício.

A receita estimada em 10.480 milhões de cruzeiros deverá atender a despesas fixadas em 12.583 milhões. Não se sabe, visto que a lei de meios nada dispõe a respeito, como será coberto o déficit previsto, superior a 2 bilhões de cruzeiros.

As despesas de pessoal consignadas nesse orçamento atingem a 8.127 milhões de cruzeiros e, no decreto que expediu afim de disciplinar a execução orçamentária, reconheceu o Prefeito, com a franqueza que o caracteriza, que a dotação era insuficiente, exigindo uma suplementação da ordem de um bilhão de cruzeiros. Tendo sido estimada em 9.192 milhões de cruzeiros a receita proveniente de impostos, impõe-se a conclusão de que a totalidade das contribuições fiscais pagas pelos contribuintes cariocas se destina exclusivamente à manutenção de uma vasta burocracia, que transformou a Prefeitura do Distrito Federal em um enorme departamento de assistência social sem capacidade de operação correspondente.

Somente a Câmara da Distrito Federal pretende consumir a vultosa importância de 248 milhões da cruzeiros, mais da metade da despesa total prevista no Orçamento Federal para a manutenção das duas casas do Poder Legislativo da União. Com o pagamento de vencimentos ao pessoal da sua Secretaria vai o legislativo local despender 138 milhões de cruzeiros, muito mais que o total de 88 milhões gastos pala Câmara dos Deputados com os salários de seu funcionalismo. E, apesar do exército de funcionários a seu serviço, pretende ainda a Câmara do Distrito Federal gastar mais de 9 milhões de cruzeiros com o pagamento de serviços extraordinários.

Não é de estranhar que, após tanta liberalidade nas despesas de pessoal, o Orçamento do Distrito Federal só consiga destinar pouco mais de 1 bilhão de cruzeiros, ou seja, menos de 10% da despesa total, para a execução de obras públicas. Essa ínfima dotação foi ainda reduzida em 50% no plano de economias mandado executar pelo Prefeito a fim da compensar a insuficiência da dotação orçamentária para atender às despesas de pessoal. Os resultados dessa política suicida estão patentes aos olhos de toda a população nas ruas irremediavelmente esburacadas e sujas, nos logradouros e parques abandonados e nas obras que se eternizam.

Diante de tal situação, falta à Prefeitura do Distrito Federal autoridade para impor novos e maiores sacrifícios ao contribuinte carioca. O que todos têm direito de exigir do Governo Municipal é a adoção de uma política de rigorosa austeridade, através da compressão dos gastos de pessoal, redução dos quadros, proibição terminante de quaisquer nomeações e admissões e eliminação dos favores e liberalidades às expensas dos cofres municipais. Não é licito esquecer que a Constituição só assegura a irredutibilidade de vencimentos a magistrados, e não a qualquer classe de funcionários.

A ameaça do aumento de impostos é ainda mais grave por visar especialmente o imposto de vendas e consignações. Tributo indireto. que recai sobre as vendas de todas as mercadorias, mesmo daquelas mais essenciais à subsistência das classes menos favorecidas e que incide mais de uma vez sobre o mesmo produto, o imposto sobre vendas e consignações é fortemente regressivo, sendo considerado pelos especialistas como o mais injusto de todos os tributos. A majoração da sua alíquota provocará uma inevitável elevação do custo de vida, e será um estímulo a reivindicações salariais absolutamente indesejáveis na conjuntura inflacionária atual.

O atual Governador da cidade é um político hábil e um administrador experimentado, que em diversos postos de destaque tem dado provas de equilíbrio e descortino. A população desta cidade, tão sacrificada, tem o direito de esperar de seu Prefeito a atitude corajosa que se impõe, no sentido de pôr cobro à desordem administrativa e financeira que ameaça de ruína o governo local. Quanto aos vereadores da Câmara do Distrito Federal, eleitos pela população da cidade para a defesa de seus legítimos interesses, não é admissível que eles tenham outra atitude que não seja a salvaguarda da bolsa do povo e o apoio a uma política de recuperação inadiável, para que a cidade, como unidade administrativa e política, não caia em colapso e caos.

Orçamento do Distrito Federal - Domingo, 1º de dezembro de 1957

Com a sanção do Prefeito do Distrito Federal, foi convertido em lei municipal o substitutivo da Câmara dos Vereadores à discutida Mensagem nº 53 do Governador da cidade.

Muito embora tenham sido objeto de veto moralizador diversos artigos incluídos no substitutivo visando a distribuição de vantagens e favores às expensas do Erário Municipal, foram sancionados os dispositivos que estabelecem novos ônus fiscais sobre o contribuinte carioca a fim de proporcionar recursos financeiros para a execução de um programa de obras.

Desde a apresentação da Mensagem 53 este jornal manifestou sua sincera opinião sobre o assunto. Embora considerando urgente e essencial grande parte das obras projetadas, discordamos da forma pela qual se pretendia financiá-las, mediante pura e simples imposição de novos sacrifícios de natureza fiscal à população do Distrito Federal.

O nosso ponto de vista era e continua a ser o de que se impõe, em primeiro lugar, a adoção, na Prefeitura, de um regime de austeridade administrativa e de rigorosa compressão nas despesas correntes, notadamente nos gastos de pessoal. O produto das economias orçamentárias assim obtidas destinar-se-ia ao custeio de obras municipais e, somente após comprovada sua insuficiência, lançar-se-ia mão do aumento de tributos como medida complementar. De forma alguma podemos aceitar a tese de que a situação de desordem administrativa e financeira da Municipalidade é fato consumado e irremediável, devendo o carioca conformar-se em pagar impostos cujo produto é integralmente aplicado em despesas de pessoal. É inaceitável o ponto de vista de que a proteção legal dos direitos adquiridos vai ao ponto de impedir a demissão de sinecuristas, que nenhum serviço prestam ao Governo Municipal em contraprestação dos vencimentos mensalmente recebidos.

De outro lado, segundo é pacifico na doutrina e na jurisprudência, somente os vencimentos dos magistrados gozam da garantia de irredutibilidade. Sendo notório que certas classes de funcionários municipais auferem proventos desproporcionais aos serviços prestados ou às habilitações exigidas bem como vantagens superiores às asseguradas aos próprios servidores da União, não podemos concordar com a rejeição liminar da proposta de revisão dessas situações.

Um estudo completo e profundo da situação do funcionalismo municipal, levado a efeito por uma comissão de técnicos em administração de pessoal imunes às pressões da política local, não só porá a nu as demasias e abusos existentes como proporá medidas a curto prazo para corrigi-las.

Ainda recentemente, o Prefeito de Nova York, em entrevista à imprensa por ocasião de sua visita ao Rio de Janeiro, declarou que a municipalidade da maior cidade do mundo despende, com o seu pessoal, sessenta por cento do orçamento, percentagem bastante razoável se levarmos em conta serem de sua responsabilidade os encargos de polícia, bombeiros, trânsito, iluminação pública e outros. Será impossível alcançar um resultado semelhante na administração local, cujos encargos são bem mais reduzidos, uma vez que os serviços acima referidos são entre nós mantidos e custeados pela União.

Apesar das críticas da imprensa e das ponderações dos industriais, dos comerciantes a dos operários por intermédio de seus órgãos de classe, venceu o ponto de vista de que somente através de uma elevação da pressão tributária será possível realizar as obras indispensáveis à melhoria das condições de existência do povo do Rio de Janeiro. Embora rejeitada a proposta inicial de aumento da alíquota do imposto de vendas e consignações, adotou-se como solução o restabelecimento dos impostos de indústrias e profissões e de localização, a criação de um imposto sobre transações, a regulamentação da cobrança da taxa de melhoria e a majoração das taxas de veículos e de esgoto.

Os eufemismos e jogos de palavras amplamente usados para justificar a decisão não impedirão o resultado fatal dos novos ônus impostos sobre o contribuinte municipal: a agravação do custo da vida. Não é necessário ser técnico em economia e finanças para verificar que novos encargos monetários sobre a indústria, o comércio e as profissões liberais determinam a elevação dos custos respectivos e consequente aumento dos preços das mercadorias e serviços vendidos ao público.

Outro ponto a salientar é o restabelecimento dos impostos sobre indústrias e profissões, suprimidos durante a administração Alim Pedro como compensação à violenta elevação da alíquota do imposto sobre vendas e consignações, justificada na ocasião sob o fundamento de que o respectivo produto seria aplicado no financiamento de obras urgentes e imprescindíveis. Tem, portanto, o contribuinte carioca fortes razões para temer a repetição do mesmo fato: progressiva aplicação das receitas ora criadas em despesas correntes da administração e, decorrido algum tempo, novo apelo à população a fim de fornecer outros meios para o prosseguimento e conclusão dos empreendimentos programados, cuja essencialidade não se discute.

Assumiu, porém, o Governo do Distrito Federal um compromisso solene com a população, que tem o direito de exigir o seu integral cumprimento. O produto da nova tributação que, a partir de janeiro de 1958, vai incidir sobre a população, agravando suas condições de vida já difícil, somente poderá ser usado no financiamento das obras e empreendimentos relacionados para justificar sua imposição. Não se poderá aceitar a utilização de qualquer parcela desse produto no pagamento de vencimentos e vantagens a funcionários e no atendimento de despesas correntes da administração. As críticas feitas à criação de um novo serviço municipal para executar as obras programadas somente serão invalidadas se no mesmo não forem admitidos novos servidores e sim aproveitados servidores já existentes em outras repartições da Prefeitura.

Finalmente, a concessão dos recursos especiais solicitados pelo Prefeito para a execução do programa de obras não deverá relegar ao olvido o objetivo urgente e inadiável da reforma administrativa dos serviços municipais. O contribuinte carioca, sem dúvida o mais sacrificado e onerado em todo o país, tem o direito de esperar do Governo local serviços melhores e mais econômicos, bem como uma administração norteada por uma conduta austera e rigorosa no uso e aplicação dos vultosos recursos financeiros de que dispõe.

Orçamento do Distrito Federal - Sábado, 21 de dezembro de 1957

O Orçamento da Prefeitura para o próximo exercício é mais uma demonstração da necessidade de uma urgente reforma nos métodos da administração municipal. Com a inclusão dos novos encargos tributários decorrentes da Lei 899 a receita do Distrito Federal está estimada em mais de 15 bilhões de cruzeiros. A receita tributária está prevista em 14 bilhões, ou seja, em média, cinco mil cruzeiros anuais por habitante, prova da alta pressão fiscal a que está sujeito o contribuinte carioca, sem levar em conta o sacrifício pecuniário dele exigido pelo Fisco federal.

A principal fonte da receita municipal é o imposto sobre vendas e consignações, cuja arrecadação está estimada em 7.700 milhões de cruzeiros. Tributo de efeitos regressivos e incidência cumulativa, cobrado sobre todas as operações de compra e venda, mesmo dos produtos mais essenciais, o imposto sobre vendas e consignações onera fortemente as classes menos favorecidas. Esses aspectos do imposto sobre vendas e consignações justificam sua generalizada condenação como forma antissocial e pouco equitativa de tributação.

Modalidades muito mais justas de tributação, como os impostos de transmissão de propriedade "causa mortis" e "inter vivos", territorial e predial, contribuem com importâncias bem menos significativas para o Erário Municipal. Já é tempo de o Governo Municipal planejar uma reforma fiscal capaz de minorar os efeitos regressivos do sistema tributário local e tornar mais suave o sacrifício exigido das classes de rendas mais baixas.

Apesar da vultosa arrecadação prevista e do pesado ônus imposto ao contribuinte, o orçamento municipal para 1958 é fortemente desequilibrado, atingindo a mais de 4.500 milhões de cruzeiros o "déficit" previsto. Não possuindo a Prefeitura faculdade emissora nem lhe sendo possível apelar, nas atuais circunstâncias, para o crédito público, só resta ao Prefeito a solução de elaborar e pôr em prática um rigoroso programa de economias. Do contrário ver-se-á a Municipalidade diante de contingências idênticas àquela perante a qual se encontra no momento, obrigada a apelar para um empréstimo do Banco do Brasil para pagar o funcionalismo.

Aspecto ainda mais grave é que um "déficit" dessa envergadura, se não for corajosamente eliminado, poderá ocasionar a absorção, em despesas correntes, das receitas que, embora incluídas no orçamento municipal, se destinam expressamente ao financiamento do Plano de Realizações, e de maneira alguma deverão ter outra destinação.

Uma rápida análise das dotações da despesa para o próximo exercido demonstra a possibilidade de profundas economias sem que serviços essenciais à população sejam sacrificados.

O exemplo deverá partir do Legislativo Municipal, que, mediante a adoção de uma política de austeridade, poderá compensar em parte os graves erros cometidos e credenciar- se a maior apreço por parte da população. Não há justificação para uma dotação de 250 milhões de cruzeiros para o funcionamento da Câmara do Distrito Federal, ou seja, mais da metade do despendido com as duas casas do Congresso Nacional. O absurdo dessa cifra salta aos olhos se tivermos em vista que a Assembleia Legislativa do Estado do Rio Grande do Sul, com atribuições muito mais amplas, despende pouco mais de 50 milhões de cruzeiros anuais.

Outro capítulo da lei orçamentária municipal onde se torna imperiosa uma compressão drástica, após minuciosa seleção, é o relativo a subvenções, cujo total excede a 242 milhões de cruzeiros. A leitura da interminável relação de entidades subvencionadas demonstra ausência de critério ou preocupação com o bem público na distribuição dos favores às expensas dos cofres municipais. A destinação de recursos arrecadados compulsoriamente dos contribuintes para manter o Congresso dos Furrecas, o Rancho Tomara que Chova, a Tenda Espirita Ogum Beira-Mar, a Tenda Espirita Caboclo Rompe Mato, o Terreiro de Oxum e Abaluaê, a Cabana Sultão da Mata Virgem, a Cabana Rei da Guiné, a Cana de Oxalá e centenas de outras entidades da mesma natureza, não pode ser reputada legítima aplicação de dinheiros públicos. Se entre as entidades acima citadas, algumas podem ser consideradas associações para fins de religião ou culto, é proibido o seu subvencionamento por dispositivo constitucional expresso. Se a finalidade delas é a exploração, pelos mais condenáveis processos, da ignorância e da superstição, sua manutenção pelos cofres públicos torna-se criminosa.

Os gastos com o pessoal absorvem o maior quinhão do orçamento municipal e, somente na Secretaria de Administração, elevam-se a mais de 8 bilhões de cruzeiros. As variadas formas e denominações das gratificações e vantagens pagas ao pessoal são, por si só, uma demonstração da possibilidade de se reduzir, mesmo sem ir ao extremo da dispensa de servidores, os gastos com o funcionalismo. Ao que parece, todavia, a orientação adotada é no sentido da extensão de tais vantagens, pois somente assim se explicará a inclusão de dotação nova para permitir a participação de funcionários na arrecadação da receita, prática condenável agora adotada.

Malbaratados dessa forma os recursos municipais, torna-se fatal a parcimônia das dotações para o funcionamento adequado dos serviços que realmente prestam benefícios à população: escolas, hospitais, parques de recreação, instituições de assistência social, etc. Para o capitulo de obras públicas sobram parcelas pouco significativas, estas mesmas previamente comprometidas e destinadas, não de acordo com um planejamento adequado, mas para atender a clientelas políticas e favorecer campanhas eleitorais.

Para que o Prefeito possa cumprir os solenes compromissos, voluntariamente assumidos com a população, de realizar o programa de obras para o qual obteve recursos especiais, não pode executar o orçamento para o exercício de 1958 tal como foi aprovado. Realizar as despesas nele discriminadas será, não só comprometer os recursos obtidos para a execução de obras especificadas, como participar do malbaratamento de dinheiros públicos obtidos à custa do maior sacrifício fiscal jamais imposto a uma população em tempo de paz, e assumir no descalabro financeiro do Distrito Federal as mesmas responsabilidades que ele tem imputado, ainda que sem nomeá-las, às administrações anteriores.

Impõe-se rigoroso programa de economias, capaz de limitar as despesas municipais dentro dos recursos correntes e eliminar os esbanjamentos e desperdícios assinalados.

Pesquisa científica - Quarta-feira, 16 de outubro de 1957

O lançamento do satélite artificial, ressalvados os efeitos publicitários fartamente explorados pela propaganda comunista, evidenciou os indiscutíveis progressos da pesquisa científica na União Soviética. Essa verificação foi surpreendente apenas para o grande público, pois os meios científicos de todos os países já se encontravam informados das realizações dos técnicos e cientistas soviéticos em diversos ramos do conhecimento. Aliás, essas realizações, embora sejam credoras da admiração universal pelo esforço e tenacidade que representam, somente nos espíritos apaixonados terão ultrapassado os resultados conseguidos pela experiência e o conhecimento acumulados por sucessivas gerações de pesquisadores em países como a Inglaterra, a França, Alemanha e pela abundância de recursos técnicos e materiais nos Estados Unidos da América.

O progresso cientifico e técnico alcançado pela Rússia é, todavia, uma lição eloquente para países como o Brasil, ansiosos por acelerar o seu desenvolvimento econômico e elevar o padrão de vida de seu povo. No primeiro quartel deste século, o antigo Império Moscovita, mau grado a abundância de recursos naturais em sua vastidão territorial, não ousava confrontar-se com as nações civilizadas no campo da técnica, da ciência e dos empreendimentos materiais. A ampla utilização da técnica e da experiência de outros países, muito mais do que o regime ali implantado, permitiu o racional aproveitamento de recursos naturais, incomparáveis pela variedade e abundância.

Não queremos aqui avaliar o custo social e moral dos sucessos alcançados pela Rússia sob a dominação vermelha. A carnificina da guerra civil, a coletivização compulsória da agricultura, o trabalho forçado, a perseguição religiosa, a supressão das liberdades civis, a dominação impiedosa dos países vizinhos, os expurgos periódicos, etc., são integrantes do espantoso sacrifício a que foi submetido o povo russo nestes últimos 30 anos sob a promessa da edificação do paraíso socialista.

O povo brasileiro, acompanhado por todos os povos da civilização ocidental que consideram a dignidade da criatura humana o bem precioso a preservar, não aceitaria nem aceitará o progresso material a preço tão elevado.

Seria, porém, cegueira ou ignorância não querer encontrar na Rússia o apoio à pesquisa e o estímulo ao trabalho técnico e científico.

Observadores imparciais, após visitar a Rússia, insistem em salientar esse aspecto, o qual se vem traduzindo na formação de um grupo selecionado e numeroso de cientistas, pesquisadores e técnicos.

Entre nós, infelizmente, muito pouco se tem feito nesse setor e a pobreza dos recursos oficiais destinados ao ensino técnico e à pesquisa cientifica contrasta dolorosamente com o desperdício verificado em outros setores. Já se afirmou a possibilidade de medir o progresso de um país pelos recursos postos à disposição de seus Institutos de Tecnologia. Se a afirmação é exata, o nosso atraso é muito grande, pois o Instituto Nacional Tecnologia vegeta à mingua de dotações orçamentárias e de técnicos e só ainda não pereceu graças ao esforço e à dedicação de um punhado de tecnologistas.

As nossas Universidades, por sua vez, apresentam as maiores deficiências, notadamente no tocante à instalação das Faculdades, seu equipamento técnico e pessoal docente. No que se refere à instalação será suficiente atentar para o desinteresse dos altos círculos governamentais pelo prosseguimento das obras da Cidade Universitária que, no ritmo atual de execução, aguardará dezenas de anos para a respectiva conclusão. Quanto ao equipamento de nossos estabelecimentos de ensino superior, notadamente daqueles destinados ao ensino técnico, é o mais precário possível.

Mas, não resta dúvida que a lacuna principal reside no pessoal docente e no corpo de pesquisadores sobre os quais repousa em toda parte o progresso técnico e científico. Parece inacreditável que nas Universidades, estabelecimentos de ensino e institutos de pesquisas e experimentação do Governo Federal ainda não foi instituído o regime de tempo integral. Um professor catedrático e um técnico ou pesquisador a serviço da União nada mais pode aspirar acima de um vencimento de 25.000 cruzeiros mensais no fim da carreira. Em consequência, são eles uns permanentes atormentados por problemas financeiros, obrigados a dispersar tempo e energias no exercício de atividades, frequentemente de importância secundária, a fim de obter meios para suplementar o minguado salário mensal.

Outra falha visceral é a falta de incentivos aos jovens estudantes do curso secundário capazes de os atrair para o estudo técnico ou para atividades de pesquisa científica. Não possuímos sistema organizado de bolsas de estudos que permita procurar nos colégios os elementos mais bem-dotados a fim de fornecer-lhes os meios necessários para que, no futuro, venham a integrar os quadros de cientistas e pesquisadores tão indispensáveis ao progresso. Meios adequados e permanentes à sua disposição, a fim de promover cursos de aperfeiçoamento no exterior para os que se distinguem nos estudos universitários e para trazer sistematicamente ao nosso país professores e cientistas estrangeiros.

O Conselho Nacional de Pesquisas, cuja criação preencheu sensível lacuna em nosso meio científico, vem realizando um esforço silencioso e digno de nota no sentido da melhoria do nível da pesquisa técnica e científica em nosso país. É imprescindível, todavia, que o Governo prestigie decididamente o Conselho e lhe conceda maiores recursos pois suas dotações bastante limitadas ainda têm sido parcialmente reduzidas pelos programas de economias orçamentárias.

A formação de técnicos, cientistas e pesquisadores em número adequado é condição essencial para o desenvolvimento econômico de qualquer país e para a própria segurança nacional. De nada valerá consignar recursos orçamentários e levantar empréstimos para financiar esse desenvolvimento se, paralelamente, não for constituído o "brain trust" capaz de orientá-lo e dirigi-lo científica e tecnicamente. O Brasil quer progredir e desenvolver-se dentro dos quadros da liberdade, da democracia, do respeito à dignidade humana e sob a égide da iniciativa privada. A pesquisa técnica e cientifica, amparada e incentivada pelo Estado e pela empresa privada, deverá ser um dos pilares desse desenvolvimento.

Pesquisa científica - Quinta-feira, 12 de dezembro de 1957

É da maior oportunidade o projeto de lei, elaborado pelo Conselho Nacional de Pesquisas e enviado pelo Poder Executivo ao Congresso Nacional, instituindo o regime de dedicação exclusiva, destinado ao desenvolvimento e à prática da pesquisa científica.

Estabelece o projeto a introdução do regime de dedicação exclusiva para os cargos ou funções exercidos nos estabelecimentos de pesquisa científica e tecnológica e nas cátedras do ensino superior em que a regulamentação da lei julgar necessário. O servidor público sujeito ao regime de dedicação exclusiva perceberá uma gratificação adicional especial, podendo atingir até 150% do respectivo vencimento ou salário, devendo, porém, dedicar-se integralmente aos trabalhos do seu cargo ou função, sendo-lhe vedado o exercício de outra atividade de caráter profissional.

Este jornal, que vem realizando uma campanha intensa em favor do desenvolvimento das pesquisas científicas e tecnológicas no país, aplaude sem reservas a iniciativa do Conselho Nacional de Pesquisas e apela para os membros do Congresso Nacional no sentido de ser a mesma prontamente convertida em lei.

Como se assinalou na justificação do projeto, o trabalho do cientista e do pesquisador, exigindo uma ação devotada, contínua e entusiástica, bem como uma atitude mental concentrada no objetivo a ser atingido, somente pode ser realizado por quem possua real vocação. Em todos os países, apenas alguns espíritos de escol, desprovidos da ambição da riqueza e dos bens materiais, após a formação de nível superior dedicam-se à vida anônima dos laboratórios, universidades e estações experimentais, onde não se torna possível a consecução dos altos proventos frequentemente obtidos no exercício das chamadas profissões liberais.

O cientista e o pesquisador, por maior que venha a ser a sua dedicação à ciência e o seu devotamento à pesquisa, não podem, porém, se afastar da sua condição de pessoa humana, sujeita como tal a necessidades materiais, cuja satisfação é imperiosa. Torna-se assim dever da coletividade, cujo progresso e bem-estar estão condicionados ao trabalho silencioso dos homens de ciência, assegurar, a estes últimos, padrões condignos de existência e recursos adequados para o prosseguimento de seu labor profícuo.

Entre nós, o trabalho do cientista e do pesquisador não obtivera, até agora, o merecido amparo. País ainda pobre, ensaiando os primeiros passos no caminho do progresso industrial, não conta ainda com empresas e organizações poderosas, no setor privado, capazes de manter a seu serviço, para os ensaios, pesquisas e experiências de seu interesse, técnicos e homens de ciência. Recai portanto sobre o Estado, como uma das responsabilidades indissolúveis da promoção do desenvolvimento econômico, o amparo e o incentivo de tais atividades bem como a remuneração daqueles em condições de exercê-las.

Uma tentativa de padronização do tratamento dos servidores públicos, de bons propósitos em sua motivação mas altamente prejudicial em seus efeitos, vinha pretendendo equiparar técnicos que prestam serviços limitados ao Estado, complementando com outras atividades profissionais os proventos auferidos do Tesouro, ao cientista, pesquisador ou professor desejoso de concentrar todo o seu esforço e dedicação no campo da investigação cientifica e tecnológica ou do magistério.

Como resultado dessa política, a pesquisa cientifica e tecnológica encontra-se entre nós inteiramente desestimulada, contando a seu serviço apenas com um grupo devotado, capaz ainda de resistir ao sacrificado padrão de vida imposto por minguados vencimentos mensais, impiedosamente reduzidos em seu poder aquisitivo pela queda incessante de valor da moeda.

A maioria das vocações para os trabalhos de investigação científica, cheia de entusiasmo ao deixar os bancos universitários, estiola-se ao contato da realidade incontornável e cede perante a escolha entre as promessas de amplas vitórias na atividade profissional livre e uma vida de sacrifícios penosos na cátedra ou no laboratório. O pesquisador ou o catedrático cedo se convence da impossibilidade de consagrar plenamente o seu tempo e a sua atenção à cátedra ou ao laboratório, salvo conformando-se com as privações impostas por um orçamento doméstico cronicamente deficitário.

O Estado de São Paulo foi entre nós pioneiro do regime do tempo integral para o professor, técnico ou cientista a serviço do governo. Há algum tempo convenceu-se a administração do grande Estado de que somente assegurando o amparo moral e material aos que se dedicam ao magistério e à pesquisa cientifica será possível a obtenção de maior rendimento em atividades essenciais ao desenvolvimento econômico e ao progresso geral.

Cabe ao Conselho Nacional de Pesquisas o mérito de procurar estender o regime a um campo muito mais amplo, abrangendo os institutos, laboratórios e universidades mantidos pela União em todo o território nacional. A colaboração das universidades e demais instituições interessadas permitiu a elaboração do projeto que, após obter o imediato apoio do Sr. Presidente da República, foi encaminhado ao exame e discussão do Congresso Nacional, que por certo não lhe recusará aprovação.

Imigração de holandeses - Sexta-feira, 13 de dezembro de 1957

Anuncia-se que o Governo Brasileiro vai facilitar a entrada, no país, de famílias holandesas que acabam de ser expulsas da Indonésia, por motivo de natureza exclusivamente política.

Trata-se de imigração de primeira qualidade, pois os holandeses e seus descendentes radicados na Indonésia, constituem material humano excelente, de comprovada dedicação ao trabalho. Além disso, estão habituados a um clima tropical, semelhante ao de muitas regiões do nosso país, bem como afeitos a trabalhos agrícolas em condições parecidas às que irão encontrar no Brasil.

À decisão governamental não devem se contrapor as dificuldades burocráticas que tão grandes empecilhos têm ocasionado à entrada de correntes imigratórias selecionadas em nosso país. O Brasil perdeu, neste após guerra, excelentes oportunidades de receber bons e numerosos imigrantes e de suplementar assim a escassez de mão-de-obra qualificada, tão flagrante em certos setores de atividade.

Ao terminar o grande conflito armado, milhões de deslocados amontoavam-se nos campos de refugiados espalhados pela Europa. No meio deles multiplicavam-se os técnicos, operários especializados, artífices e agricultores. Países que dispunham de bons serviços de imigração e de colocação da mão-de-obra, como o Canadá, Austrália e Nova Zelândia, enviaram prontamente à Europa suas comissões de seleção. Nos campos de refugiados, recrutaram essas comissões os elementos mais categorizados, os quais foram reconstituir suas existências e contribuir para o progresso econômico das nações em que foram acolhidos.

O Brasil, todavia, dada a lentidão com que agiu na ocasião e em virtude de deficiências lamentáveis de seus serviços de imigração apenas conseguiu obter alguns poucos imigrantes, na sua maioria já recusados por outras comissões selecionadoras. Ainda mais, os poucos deslocados aqui introduzidos defrontaram sérias dificuldades de encaminhamento e colocação, havendo, muitos deles, regressado aos países de origem, tão logo se iniciou a fase de reconstrução e de reerguimento das nações devastadas pela guerra.

À grande celeuma levantada na época responderam as autoridades responsáveis com a alegação de que a multiplicidade e a falta de adequada coordenação dos serviços oficiais de imigração e colonização impediam qualquer ação eficiente. Foi ainda fartamente alegada a inadequação das normas regulamentares e de contabilidade a que se deviam sujeitar os referidos serviços face aos encargos e as responsabilidades a eles cometidos.

Pesquisa científica – Segunda e terça-feira, 23 e 24 de dezembro de 1957

Ao que tudo indica, já está produzindo bons resultados o movimento iniciado em diversos setores da vida nacional no sentido da ampliação e intensificação da pesquisa científica e tecnológica em nosso país.

A campanha realizada pelo "Jornal do Commercio" no sentido da criação de um Fundo para o Desenvolvimento da Ciência e da Tecnologia encontrou franco e decidido apoio nos meios científicos e entre as classes produtoras, estas últimas demonstrando compreensão da necessidade de serem apoiados na ciência e na tecnologia os investimentos de capital que a iniciativa privada está realizando como sua participação no processo do desenvolvimento econômico do país.

O Senhor Presidente da República, apoiando uma oportuna iniciativa do Conselho Nacional de Pesquisas, encaminhou ao Congresso Nacional um projeto de lei visando à instituição do regime de dedicação exclusiva para professores, técnicos e pesquisadores, a fim de lhes permitir, mediante garantia de remuneração adequada, integral aplicação em atividades de magistério e de investigação científica e tecnológica.

Vem agora o Conselho Universitário da Universidade do Brasil de adotar uma Resolução da maior importância, ao criar o Conselho de Pesquisas da Universidade, com atribuições e finalidades diversas, todas elas relacionadas com o amparo e o incentivo da pesquisa científica e tecnológica nas suas diversas cátedras e instituições. Na mesma Resolução é criado o Fundo de Pesquisas da Universidade do Brasil, a fim de atender ao financiamento dos programas de pesquisas que venham a ser aprovados, o qual disporá, além de outros recursos eventuais, de uma dotação não inferior a 1% do orçamento geral da Universidade.

Entre as aplicações previstas para o Fundo de Pesquisas inclui-se a concessão de auxílios às instituições e cátedras da Universidade, a serem aplicados na aquisição de material e pagamento do pessoal de serviços técnicos auxiliares essenciais à execução dos projetos de pesquisa. Os recursos do Fundo serão ainda utilizados na concessão de bolsas de pesquisa e de iniciação científica a diplomados que desejarem realizar trabalhos científicos ou tecnológicos, em regime de dedicação exclusiva. Aos pesquisadores em regime de dedicação exclusiva será proporcionada remuneração especial, proposta pelo Conselho de Pesquisas da Universidade e aprovada pelos Conselhos Universitários e de Curadores.

Reconhece e proclama dessa forma a Universidade do Brasil uma de suas principais finalidades, a de promover, amparar e realizar a pesquisa científica nos diversos ramos do conhecimento. Não constituem, com efeito, as universidades um simples aglomerado de escolas e faculdades, frequentadas por candidatos a um diploma capaz de habilitá-los ao exercício de determinadas profissões, mas, acima de tudo, centros de investigação e discussão científica e de aprimoramento da cultura nacional. Nelas devem reunir-se as figuras exponenciais da cultura e da inteligência do país, em ambiente adequado e propício ao trabalho intelectual, aos ensaios do laboratórios e ao livre debate doa problemas científicos.

Ainda recentemente, em excelente entrevista ao "Correio da Manhã", o economista Roberto de Oliveira Campos incluía entre os pontos críticos de estrangulamento da economia nacional a insuficiência do nosso esforço de educação geral e treinamento técnico-científico. Salientou então o Superintendente do Banco Nacional de Desenvolvimento Econômico que enquanto a União Soviética está despendendo entre cinco a seis por cento da sua renda nacional com a educação, que os Estados Unidos a ela devotam quatro por cento e países educacionalmente maduros da Europa Ocidental nela aplicam três por cento de sua renda nacional, o Brasil, em sua fase de iniciação tecnológica e industrial, devota ao esforço educacional menos de dois por cento de sua renda nacional.

Na eliminação desse ponto de estrangulamento, função primordial está reservada às universidades, destacadamente à Universidade do Brasil, pela sua posição de cúpula em nosso sistema de ensino superior. Somente dotando-a de instalações e equipamento adequados, pessoal docente e discente em regime de dedicação exclusiva, poderá ser a Universidade a base do progresso científico e tecnológico do país e o viveiro de formação do pessoal de nível superior tão urgentemente reclamado nos mais diversos setores da vida nacional.

No tocante à instalação e equipamento torna-se urgente a intensificação das obras da Cidade Universitária, cujas minguadas dotações orçamentárias atuais devem ser substancialmente reforçadas, sob pena de se eternizar a sua construção. A reunião, em um mesmo local, das Escolas, Faculdades e Institutos dará à Universidade a coesão e a unidade que até agora lhe tem faltado. De outro lado serão criadas, para professores, alunos e pesquisadores, condições de vida e um ambiente de trabalho adequado, bem diferentes da precariedade e deficiência da quase totalidade das instalações atuais.

Imitemos nesse particular o exemplo do México, que ostenta hoje, com justo orgulho e como a mais preciosa joia de sua bela Capital, a Cidade Universitária, recentemente construída, completa pelas suas edificações, instalações e equipamentos e altamente acreditada pelo nível do ensino ali ministrado. A sua construção em curto espaço de tempo, erigida em ponto principal do programa de um candidato eleito para a presidência da Nação, embora tenha implicado em vultoso dispêndio para um orçamento bastante inferior ao nosso, foi considerada unanimemente pela população um investimento acertado e altamente reprodutivo.

Pouco valerão, todavia, os imponentes edifícios e o moderno equipamento de uma Universidade se a população universitária, tanto o corpo docente quanto o discente, não estiver à sua altura e se não lhe forem propiciadas satisfatórias condições de trabalho. Professores e pesquisadores em regime de tempo integral e bolsas de estudo para permitir aos melhores alunos o regime de dedicação exclusiva ao estudo são condições fundamentais para que o progresso científico nela encontre condições propícias para sua expansão.

A iniciativa da Universidade do Brasil merece aplausos e deve ser seguida pelas demais universidades do país. O nosso desenvolvimento econômico está visceralmente ligado à cobertura técnica e científica que somente as Universidades lhe poderão proporcionar.

Plano de classificação de cargos - Domingo, 16 de fevereiro de 1958

Entre os projetos merecedores de cuidadosa atenção do Congresso Nacional, na próxima sessão legislativa, inclui-se o plano de classificação dos servidores civis da União. O Sr. Presidente da República já transmitiu ao relator do Projeto, na Câmara dos Deputados, o interesse do Governo na sua aprovação, desde que dela não resulte aumento das despesas com o pessoal.

O ponto de vista do Chefe da Nação é indiscutivelmente acertado e deve ser adotado como diretriz, no exame da matéria. Será tecnicamente errado e inconveniente sob o ponto de vista do interesse nacional usar o Plano de Classificação como pretexto para conceder aumento generalizado de vencimentos aos servidores da União.

O objetivo visado pelo Plano de Classificação é o de racionalizar os quadros do serviço público e pôr um termo à desordem atual. Esse objetivo, cuja execução se iniciara em 1956, com a chamada Lei do Reajustamento, ficou inteiramente prejudicado por leis de favor emitidas em caráter unilateral.

A adoção de um plano nacional de classificação de cargos imprimirá no Serviço Público um sentido de profissionalização, eliminando o caráter assistencial e de favoritismo político, que, entre nós, compromete tão profundamente a função pública.

As nações mais adiantadas já conseguiram fazer da função pública o que realmente deve ser: carreira profissional na qual ingressam, mediante seleção, indivíduos qualificados para prestar ao Estado os serviços necessários ao funcionamento da máquina administrativa. Nessas nações há muito deixou o serviço público de constituir um meio de retribuição de dedicações partidárias ou de assistência e amparo a grupos necessitados da população.

A ampliação das funções do governo passou a exigir o recrutamento para o serviço público de técnicos especialistas de toda natureza. Torna-se assim indispensável a enumeração, através de um plano de classificação, das diversas profissões e diferentes tipos de trabalho necessários à Administração. O plano permite ainda o agrupamento de profissões em classes e carreiras o que é elemento de fundamental importância para o estabelecimento de sistemas de seleção, acesso e promoção.

Um plano de classificação, apesar de facilitar a elaboração de um sistema nacional de remuneração, não se confunde com ele.

Embora essa remuneração deva ter em vista os diferentes tipos de trabalho existentes no serviço público, em sua fixação devem ser tomados em consideração outros fatores: econômicos, financeiros, políticos e sociais.

Um plano de classificação de cargos é um trabalho de caráter eminentemente técnico cuja elaboração exige análise cuidadosa da enorme variedade de profissões e da multiplicidade de tipos de trabalho existentes na Administração Pública. O projeto preparado pelo DASP pode conter defeitos, mas é um trabalho sério e honesto. Cumpre ao Congresso manter esse caráter técnico do plano e impedir que influências políticas ou pressões de grupos possam utilizá-lo e comprometê-lo.

O problema da remuneração do servidor público é assunto a ser deixado para exame posterior que tenha por base o plano de classificação, mas seja completado por outros estudos e por investigações mais completas. A ocasião, aliás, não é oportuna para a solução do problema, pois a proximidade de eleições gerais torna os congressistas pouco resistentes às expressões do numeroso corpo colegial representado pelo funcionalismo público.

Ainda mais, a concessão de um aumento dos vencimentos e salários dos servidores públicos virá anular qualquer esforço de recuperação e multiplicar as pressões inflacionárias cuja intensidade já se conseguiu diminuir.

A aprovação do plano de classificação de cargos é medida necessária e urgente, imprescindível para dar ao nosso serviço público uma estrutura adequada ao momento atual, que exige uma Administração devidamente aparelhada para comandar a campanha de desenvolvimento econômico em que toda a Nação está empenhada. Todavia, se a aprovação do plano for apenas um pretexto para concessão de aumentos indiscriminados de vencimentos e atribuição de maiores vantagens a certos grupos politicamente poderosos do funcionalismo, é preferível deixar para outra e melhor oportunidade a sua aprovação.

Não será demais se relembrar que, em circunstâncias menos difíceis, dois titulares da pasta da Fazenda, os ex-ministros Horácio Lafer e Eugênio Gudin, tiveram seus esforços no sentido de saneamento financeiro inteiramente frustrados por aumentos de vencimentos concedidos aos servidores públicos. Um novo aumento, neste momento, pode vir a anular qualquer esforço anti-inflacionário e comprometer o êxito do programa de metas do governo.

Plano de eletrificação - Sexta-feira, 21 de fevereiro de 1958

Dada a circunstância de ser a escassez de energia um dos pontos críticos de estrangulamento da economia brasileira e sério embaraço à melhoria do padrão de vida das nossas populações, a meta de energia elétrica é das que mais se destacam no programa do atual Governo.

Um balanço efetuado em 1956 demonstrou que, naquela ocasião, havia no país uma potência instalada da ordem de 3.000.000 kW, a qual contribuía com uma geração total de cerca de 13 bilhões de quilowatts-hora. Mesmo se fosse adicionada a esse total uma potência, estimada em cerca de 1.000.000 kW, resultante de pequenas instalações autoprodutoras, industriais e termelétricas, o índice "per capita" de consumo de eletricidade no Brasil mostrava-se baixíssimo em comparação com o de outros países.

A meta de energia do atual Governo visa elevar a potência instalada para 5.000.000 kW em 1960 e 8.000.000 kW em 1965, com uma produção, respectivamente, de 23 bilhões e 36 bilhões de quilowatts-hora. Esse programa compreende a instalação de 2 bilhões de quilowatts adicionais até 1960, bem como o planejamento e início de obras a serem inauguradas a partir de 1961, capazes de contribuir com mais 3 bilhões de quilowatts.

O programa traçado já se encontra em plena execução, abrangendo obras a cargo de entidades governamentais, privadas ou de economia mista.

Na região nordestina, a capacidade geradora da Usina de Paulo Afonso está sendo acrescida de 120.000 kW, o que elevará sua potência para 300.000 kW. O programa em execução pela Companhia Hidrelétrica do São Francisco abrange a construção de novas linhas de transmissão e subtransmissão e estações abaixadoras com o que visa ampliar o fornecimento aos sistemas distribuidores de Recife, Maceió e Salvador, bem como fortalecer o abastecimento aos Estados da Bahia, Paraíba e Pernambuco e levar energia ao sul do Ceará. Os fundos necessários à execução desse programa já estão assegurados, sendo o suprimento em cruzeiros oriundo do fundo federal de eletrificação, de um empréstimo concedido pelo Banco Nacional do Desenvolvimento Econômico, dotações orçamentárias e inversão de reservas. Quanto à parte em moeda estrangeira foi ela obtida através de um empréstimo do Banco de Exportação e Importação, de Washington.

No Estado de Minas Gerais a maior parte do programa de eletrificação está a cargo da CEMIG, sociedade de economia mista cuja zona de operação e influência abrange mais de 400 municípios. Está previsto no plano de metas um acréscimo de 127.000 kW na capacidade geradora do sistema CEMIG, além de um amplo programa de linhas de transmissão, subestações e rede de distribuição. Recursos financeiros obtidos através da taxa estadual de eletrificação e de financiamentos concedidos pelo BNDE e pelo EXIMBANK asseguram a execução desse programa, atualmente em pleno desenvolvimento.

O Governo do Estado de São Paulo, através do seu Departamento de Águas e Energia Elétrica e duas grandes empresas de economia mista: USELPA e CHERP, promove a construção de um conjunto de usinas que deverão assegurar um suprimento de energia da ordem de 434.000 kW, a ser vendida em grosso às empresas distribuidoras. O produto da taxa estadual de eletrificação bem como financiamentos obtidos do BNDE, do EXIMBANK e de fornecedores de equipamentos asseguram o custeio total dos empreendimentos programados.

O plano estadual de eletrificação do Rio Grande do Sul, compreendendo um conjunto de usinas termelétricas e hidrelétricas, está sendo executado há vários anos e compreende várias usinas, recentemente concluídas e outras, com a capacidade total da 114.000 kW, em construção.

Dois grandes projetos de iniciativa do atual Governo destacam-se no programa de ampliação da capacidade geradora do país: a Usina de Furnas e a Barragem de Três Marias. O projeto de Furnas, para cuja execução foram mobilizados recursos financeiros e técnicos da União, dos Estados de São Paulo e Minas Gerais e de empresas privadas, prevê uma instalação final de 1.100.000 kW em 1964.

Quanto à Barragem de Três Marias trata-se de um empreendimento de finalidades múltiplas, incluindo facilidades à navegação, proteção contra enchentes, irrigação e energia. Essa barragem, iniciada no ano passado, possibilitará a instalação de uma usina com 480.000 kW de capacidade, estando a responsabilidade da execução do projeto dividida entre a Comissão do Vale do São Francisco e a CEMIG.

Relevante é a participação da iniciativa privada para que a meta de energia seja alcançada. O chamado "Grupo Light", tendo concluído em 1956 a primeira etapa da Usina de Cubatão (260.000 kW), iniciou um programa de expansão de sua capacidade geradora que deverá contribuir com um suplemento de 470.000 kW até 1960. Participou também esse Grupo no suprimento de capital para a construção da Usina de Furnas.

Quanto ao programa de expansão do "Grupo Empresas Elétricas Brasileiras", compreende ele um conjunto de usinas em diferentes Estados, em um total de 500.000 kW, além de amplo programa de linhas de transmissão e de redes de distribuição. A principal obra sob a responsabilidade desse grupo de empresas privadas é a Usina de Peixoto, da Companhia Paulista de Força e Luz, com a potência final de 400.000 kW, cuja primeira etapa de 80.000 kW foi concluída em 1956.

Além dos projetos já mencionados, diversos outros de menor monta, mas de grande importância regional, estão em curso em vários Estados, sob a responsabilidade de entidades governamentais, privadas ou mistas. Apenas para exemplificar poderão ser mencionadas a Usina do Funil (Bahia), a usina de Cachoeira Dourada (Goiás), a Termelétrica de Figueiras (Paraná), a Termelétrica de Xarqueadas (Rio Grande do Sul). Em fase de estudos encontram-se, por outro lado, vários projetos novos, cujos programas deverão ser formulados dentro em breve, de forma concreta, em termos de prazo de execução e orçamento.

Em conclusão, para a execução da meta de energia elétrica, está prevista a aplicação, no período de 1957 a 1961, de um total de 74.400 milhões de cruzeiros, aos quais se deverão adicionar 11.200 milhões de cruzeiros para a aquisição de moeda estrangeira, no total de 428 milhões de dólares, para a compra de materiais e equipamentos no exterior. Trata-se, não há dúvida, de um investimento considerável, o qual é, porém, imperiosamente exigido como base essencial para o nosso desenvolvimento econômico, que estaria irremediavelmente comprometido se a capacidade geradora do país não acompanhasse a demanda crescente do mercado potencial de energia.

Em outro editorial teremos ocasião de analisar as fontes de recursos financeiros com que se conta para o custeio desse amplo e corajoso programa.

Plano de eletrificação - Domingo, 23 de fevereiro de 1958

Na realização da meta de energia elétrica, analisada em nosso último editorial, e de outras metas do plano governamental, o problema fundamental é de ordem financeira. A exequibilidade de qualquer empreendimento deve estar condicionada à obtenção de recursos suficientes para sua execução no prazo e nas condições estabelecidas. Na atual conjuntura econômica é ainda indispensável que no processo de captação desses recursos não resultem pressões inflacionárias capazes de agravar a procura global de bens e serviços escassos.

Na execução da meta de energia elétrica, de acordo com o orçamento elaborado pelo Conselho de Desenvolvimento, devem ser aplicados no período 1957-1961 35.600 milhões de cruzeiros, inclusive 11.200 milhões para aquisição da moeda estrangeira destinada à compra de materiais e equipamentos no exterior ou serviço de juros e amortização de empréstimos contraídos para esse fim. Nesse orçamento está incluída uma previsão para fazer face aos aumentos dos preços de construção, correspondentes a uma taxa inflacionária de 13,5% ao ano.

Para custear essas despesas prevê o Conselho do Desenvolvimento a existência, no quinquênio mencionado, de disponibilidades estimadas em 58.582 milhões de cruzeiros, consistentes em recursos federais, estaduais e privados.

Os recursos federais, estimados em cerca de 20 milhões de cruzeiros, deverão provir do Fundo Federal de Eletrificação (quase 13 bilhões) e de dotações orçamentárias para investimentos no campo da energia elétrica (aproximadamente 7 bilhões). O Fundo Federal de Eletrificação, tendo como fonte tributos específicos, significa simples transferência de poder de compra do setor privado para o setor público, não dando, portanto, origem a pressões inflacionárias. Quanto à parcela correspondente a dotações orçamentárias não excede a mesma ao que já é usualmente consignado na lei de meios para investimentos no setor da energia elétrica. Torna-se apenas necessária uma disciplina maior na elaboração orçamentária, subordinando a distribuição dessas dotações às diretrizes do programa governamental.

Quanto aos recursos estaduais, estimados em 26 bilhões, são eles provenientes, em sua quase totalidade, de receitas tributárias, consistentes na cota dos Estados no imposto único sobre energia elétrica e em taxas estaduais específicas, expressamente destinadas para empreendimentos no campo da energia elétrica. Na medida em que representarem simples transferências de rendimento do setor privado para o setor público, não poderão essas operações ser inquinadas de inflacionárias. O processo de obtenção desses recursos pode equivaler, pelo contrário, a uma compressão do consumo para formação de poupança aplicável no financiamento de investimentos. É ainda prevista uma parcela de 480 milhões de cruzeiros correspondente a dotações habitualmente incluídas nos orçamentos estaduais para aplicação em obras e empreendimentos no campo da energia elétrica.

Os recursos de origem privada, estimados em cerca de 13 bilhões de cruzeiros, deverão resultar de reinvestimentos a serem efetuados por empresas concessionárias e investimentos de autoprodutores industriais. A estimativa é prudente, feita com base em projetos já elaborados ou em execução pelas empresas interessadas. Existe, aliás, a possibilidade de um maior afluxo de capitais novos para empreendimentos no setor da energia elétrica, se for aprovado, em tempo hábil, projeto de lei em curso no Congresso Nacional, capaz de criar clima mais propício e maiores atrativos a investimentos privados nesse setor de atividade.

Do confronto entre as disponibilidades previstas para execução da meta de energia no período 1957/61 e o custo provável dos empreendimentos nele incluídos, resulta a expectativa de um "déficit" da ordem de 27.100 de cruzeiros.

Para cobertura desse "déficit" as soluções possíveis residem em maior participação do BNDE, aumento dos atuais tributos afetados a empreendimentos no campo de energia e maior participação de capitais privados nesse ramo de atividade.

Não sabemos que soma, sem prejuízo de outros setores vitais da economia nacional, incluídos em sua área, poderá o Banco Nacional de Desenvolvimento Econômico destinar, no quinquênio, para o setor de energia, através de financiamentos a longo prazo.

A nova legislação sobre energia elétrica, em discussão no Congresso Nacional se vier a ser aprovada, corrigindo disposições legais que atualmente afugentam os capitais privados, poderá provocar um afluxo de novos capitais para esse ramo da indústria, hoje pouco atraente por sua baixa rentabilidade. Calcula-se que, uma vez assegurada a estabilidade econômico-financeira das empresas privadas de energia elétrica e remuneração adequada do respectivo capital, será possível mobilizar, no quinquênio, capitais adicionais da ordem de 14 bilhões de cruzeiros. Será assim possível diminuir a enorme pressão atual sobre os fundos públicos resultante do grande encargo imposto ao Estado em matéria de investimentos no setor da energia elétrica, dado o afastamento da iniciativa privada desse campo.

Se for mantido o "status quo" no tocante ao estatuto legal das empresas de eletricidade, a execução da meta de energia exigirá maior contribuição fiscal para esse fim, através de uma elevação das alíquotas do imposto único sobre energia elétrica, capaz de proporcionar os recursos adicionais requeridos.

A análise dos recursos destinados à execução da meta de energia vem provar que o êxito desta e o seu entrosamento numa política de equilíbrio econômico estão exigindo uma colaboração perfeita entre o Poder Executivo e o Legislativo, para que este adote as medidas necessárias ao incentivo da iniciativa privada e à formação dos recursos fiscais complementares, indispensáveis ao plano.

Plano de Estabilização Monetária - Sábado, 25 de outubro de 1958

O Plano de Estabilização Monetária divulgado quinta-feira última pelo Sr. Presidente da República consubstancia medidas destinadas a restaurar as finanças públicas e a concorrer para que o desenvolvimento do país se processe em relativo equilíbrio econômico e social. É, sem a menor dúvida, um autêntico Plano de Governo, cabendo lamentar, a propósito, que o Sr. Juscelino Kubitschek não tenha cogitado de coisa semelhante logo ao assumir a Presidência. Nunca é tarde, entretanto, para as boas medidas, e a análise do Plano elaborado pelo competente Ministro da Fazenda mostrará que já possuímos em nosso serviço público o "know-how" requerido pelo desenvolvimento do país.

O Plano tem a principal característica de ser, como o definiu o Ministro da Fazenda, um plano "dinâmico". Com isso quis o Sr. Lucas Lopes afirmar que não é rígido e procurará adaptar-se à atualidade econômica, sem perder, no entanto, o seu caráter normativo. Caracteriza a concepção desse trabalho o espírito objetivo e preciso do grupo de economistas que vem assessorando o Sr. Lucas Lopes e ao qual o Brasil já deve as realizações e estudos do Conselho de Desenvolvimento Econômico. Essa objetividade não se atemoriza diante da necessidade de dar o devido nome às coisas, e se manifesta, expressivamente, por exemplo, quando repele o falacioso eufemismo da expressão "dólar de custo" para caracterizá-la como o subsídio direto que efetivamente é. Não temer o significado verdadeiro das palavras é, nessa matéria, um grande passo para dar aos males os remédios adequados. O Plano apresenta o diagnóstico e sugere a terapêutica com lógica e clareza insuscetíveis de reparos. Haverá quem discorde da medicação recomendada, não temos a menor dúvida, mas não se encontrará traço de espirito timorato na concepção de todo o trabalho.

Os partidos políticos representados no Congresso devem, por isso, receber o Plano com ânimo predisposto à crítica honesta. A opinião pública espera dos líderes da oposição um esforço no sentido de eliminar ou atenuar as manifestações de facciosismo no debate, que deve ser construtivo, das diversas medidas sugeridas.

O problema das modificações nas incidências tributárias, tornado agudo pela inevitável concessão de aumento ao pessoal civil e militar da União, agitará as classes interessadas e inclui-se entre os que merecem a melhor atenção dos legisladores. Não se poderá fugir, porém, ao acréscimo das tributações. A relação de causa e efeito que assim se estabelece, inevitavelmente, entre maiores impostos em decorrência de maiores salários para o funcionalismo, acabará talvez por generalizar entre nós a mentalidade salutar do "tax-payer", consciente do custo da máquina do Estado, o que, por sua vez — quem sabe? talvez concorra para o aperfeiçoamento gradativo do serviço público. Os partidos políticos terão aí um largo campo de atuação parlamentar e certamente obterão as devidas recompensas eleitorais se souberem interpretar os verdadeiros interesses da coletividade.

O Plano não inclui expressamente a reforma cambial entre as medidas necessárias à estabilização propugnada. Não vemos, porém, como o Governo possa prescindir dessa providência, se reconhece como primordial causa do desequilíbrio monetário a queda das exportações. A própria receita dos ágios não bastará para a compra dos excedentes da safra de café se as vendas desse produto ao exterior não se processarem em volume e ritmo condignos, o que, indiscutivelmente, só a reforma tornará possível. Acreditamos, porém, que a omissão de referência expressa à reforma seja voluntária, por motivos óbvios. A páginas 20 do Plano encontramos, contudo, a recomendação em favor da "reaproximação dos valores interno e externo da moeda" a fim de tornar a atividade exportadora "tão remuneradora" quanto as demais voltadas para os mercados internos. Esta recomendação e a que fala na "adoção de medidas de caráter monetário e fiscal que atuem no sentido de impossibilitar a expansão imoderada na procura de bens e serviços", se corporificadas em instruções da Sumoc ou em leis, constituirão a reforma aludida.

A proposta de estabelecer-se um orçamento de crédito para os diversos setores do Banco do Brasil, bem como a de correção do desequilíbrio financeiro no setor público, serão as que maior energia e pertinácia exigirão do Governo. Sem a primeira, continuará aberta a porta pela qual as entidades públicas, federais, estaduais e municipais, escapam aos efeitos da desídia administrativa. A segunda é a condição "sine qua" do êxito de todo o Plano, pois, como é expressamente reconhecido na mensagem presidencial, "sem o controle específico das finanças públicas" a contenção da expansão monetária seria totalmente inviável, uma vez que tais desequilíbrios "têm sido uma das causas principais do crescimento das emissões de papel-moeda".

O Plano de Estabilização Monetária é, como vemos, uma tentativa séria de repor em boa ordem a vida econômica e financeira do Brasil. Tem o mérito de traçar o quadro exato da realidade econômica e de ilustrá-lo com documentação expressiva. O Congresso deve à mensagem do Executivo a colaboração reclamada e a discussão no prazo preciso das medidas legislativas necessárias à aplicação do Plano. Não é possível conciliar o desenvolvimento econômico e a harmonia social, com o regime de inflação continua.

Plano de Estabilização Monetária - Domingo, 26 de outubro de 1958

Evoluirá em duas fases distintas o Plano de Estabilização Monetária que vimos comentando nestas Várias. A primeira, denominada "de transição e reajustamento" visará a corrigir distorções criadas pela inflação na distribuição da renda, na orientação dos investimentos e nos preços do setor externo da economia; e fazer com que os reajustamentos salariais possam traduzir-se em aumento do salário real.

A segunda fase, de estabilização, a ter início em 1960, seria quando se procuraria "limitar a expansão dos meios de pagamento ao necessário ao incremento do produto real", ou seja, ao aumento da produção em linguagem menos rebarbativa.

Nesse movimento binário, os economistas do Ministério da Fazenda esperam prevenir o colapso que poderia ocorrer, causado pela crise social e pelo desequilíbrio do balanço de pagamentos, resultantes, por sua vez, da inflação incessante. Daí o Plano contemplar logo na introdução o aumento do salário mínimo e a melhoria de vencimentos do pessoal da União.

A tônica nessa nota de interesse social é uma das provas de que o trabalho não é mais um desses documentos teóricos, desidratados de qualquer sentido humano, tão característicos de certa técnica econômica universitária, "de laboratório". A impossibilidade de recusar satisfação às reivindicações setoriais decorre do conhecimento de que a inflação, "agindo como uma tributação privada do empresário sobre o consumidor", acaba por constituir-se em uma espoliação das classes assalariadas. A estabilização que se procura obter não será alcançada mantendo-se a tensão social que pode provocar a ruptura da estabilidade política. O problema da estabilização monetária deve, portanto, compreender o aumento dos salários.

Uma das dificuldades políticas que acarretará a discussão do Plano no Congresso, será, provavelmente, a da contenção dessas reivindicações nos limites da recomposição do poder de compra do salário-mínimo atualmente em vigor. Na base dos dados até agora conhecidos, informa o Plano, "isto corresponde a afirmar que o novo salário-mínimo deveria situar-se em torno de 5.400 cruzeiros em princípios de 1959."

Atendida a parte social e postas em prática as medidas administrativas para conter as despesas do Governo, cujos gastos de consumo, vale dizer, improdutivos, elevaram-se de 55% em 1948 a 80% em 1956, o problema substantivo a exigir solução é o do balanço de pagamentos e, consequentemente, do acréscimo do saldo do movimento de mercadorias. A colocação dos autores do Plano, diante dessa grave questão, está cm forma silogística. A conclusão, porém, parece-nos incompleta.

Efetivamente, analisando os problemas do desequilíbrio do balanço de pagamentos, agravado em consequência da queda continua do "quantum" de nossas exportações e tornado agudo pelo retorno da fase de superprodução do café, armaram os redatores do documento, talvez sem sentirem, uma espécie de silogismo, cuja premissa maior, premissa menor e conclusão seriam as seguintes.

Premissa maior: — "A fim de atender a posição de país devedor no movimento financeiro corrente, bem como as amortizações crescentes de empréstimos contraídos anteriormente, indispensável se torna, para equilibrar o balanço de pagamentos, elevar substancialmente o saldo do movimento de mercadorias."

Premissa menor: — "Pouco se pode esperar da redução das importações pagas à vista, uma vez que já se situam muito próximas do nível mínimo necessário para manter a economia brasileira funcionando cm regime de pleno emprego, e não será aumentado o valor dos compromissos totais já assumidos sob a forma de importação com pagamento diferido (suppliers-credit)."

Conclusão: — "Logo, caberá à exportação a função primordial de propiciar os maiores recursos em moedas estrangeiras para atender à parcela que, atualmente, representa o déficit nas transações com o resto do mundo."

Não há o que objetar a formulação tão clara e realmente incontestável, com a qual compusemos o silogismo. A conclusão é, porém, muito sumária. Dizer-se, apenas, que "dever-se-á tornar o setor da exportação tão ou mais atrativo que qualquer outro" e acrescentar-se, mais adiante, que se procurará fomentar "ao máximo as exportações de café" não é bastante.

A brevidade da formulação terapêutica para a crise de comércio exterior deve-se provavelmente a que, nessa matéria, ou se fala em reforma cambial ou não se diz nada. Não há como tornar "mais atrativo" o setor das exportações, subvencionando importações e desestimulando por todos os artifícios monetários e fiscais imagináveis a produção de bens exportáveis ou retendo no país os estoques dos produtos existentes em quantidade bastante para permitir a reconquista dos mercados perdidos. Só a reforma cambial tornará mais atrativa a atividade exportadora, por devolver aos produtores uma parte das divisas que lhe são confiscadas e com a qual poderão fazer face ao acréscimo dos custos internos.

Quanto ao caso especifico do café, não há meio de "fomentar ao máximo" as exportações se não vigorar, pelo menos, o regime denominado de "pauta-mínima", pelo qual nem todas as cambiais são vendidas às taxas oficiais arbitrariamente fixadas. Não sendo possível nem aconselhável, no momento, abolir o confisco cambial, em vista do vulto dos compromissos financeiros assumidos no exterior e devido ao grande volume dos estoques existentes, esta seria a forma pela qual o país poderia pretender a retomada dos mercados conquistados pela concorrência. O passo a dar, aqui, já não seria aliás tão grande, pois a exportação se processa atualmente na vigência de uma cripto-pauta-mínima ou pauta-mínima "qui n'ose pas dire son nom". Apenas, dada a precariedade da forma de que se reveste — a fixação arbitrária das bases mínimas do registro das vendas — esse processo jamais logrará contribuir para restabelecer nos mercados mundiais o clima de confiança sem o qual a exportação continuará a fazer-se aos sobressaltos.

Não adotados os meios que a reforma cambial proporciona para fomentar as exportações, será impossível estabelecer a estrutura dos preços relativos entre os bens importados e os produzidos no país. A prova é que os autores do Plano, tão explícitos e minuciosos em outras matérias, atém-se a generalidades quando abordam a questão do aumento das exportações. Mantida a disparidade entre as diversas taxas do cruzeiro, jamais o Plano de Estabilização poderá existir.

Confiemos, porém, em que tal não acontecerá.

Política econômica e financeira - Quarta-feira, 20 de novembro de 1957

Uma das causas das dificuldades que há longos anos atormentam o país reside na falta de harmonia, e mesmo de coerência, entre a política econômica e a política financeira. As decisões nesses dois setores são tomadas separadamente, de modo que eles funcionam como compartimentos estanques, ou independentes. Essa situação já não ocorre em país algum, pois há muito se evidenciou a necessidade da política financeira subordinar-se à política econômica e seguir fielmente sua orientação.

Na Inglaterra a subordinação do programa financeiro às diretrizes da política econômica há muito se patenteia, com a apresentação ao Parlamento, antes do orçamento fiscal, do "White Paper" e do "Economic Survey". Nesses documentos a conjuntura é analisada e as linhas da política econômica, que o Governo pretende seguir, são expostas e justificadas.

Na Suécia, Holanda, Noruega e outros países é obrigatório o encaminhamento anual ao Parlamento de um orçamento econômico, em que é previsto o comportamento e a evolução da economia nacional no próximo ano, e do qual o orçamento financeiro do Governo faz parte integrante.

Não se alegue ser essa diretriz adotada unicamente em países onde um extenso e profundo intervencionismo estatal torna toda a economia, inclusive as decisões do setor privado, dependente das deliberações do Governo. Nos Estados Unidos, onde a iniciativa privada tem ainda um largo campo de expansão e alto grau de independência, é o Presidente obrigado a enviar anualmente ao Congresso um "Economic Report", onde a orientação governamental em matéria econômica é exposta e justificada e com a qual a política financeira terá de manter-se coerente.

Não se compreende que os governos modernos possam agir de outra forma. O volume das despesas públicas e a forte pressão tributária em todos os países fazem com que o Tesouro Público absorva parcelas substanciais e crescentes da renda nacional, subtraídas ao comando e à aplicação dos particulares. Sendo ponto pacifico que o equilíbrio econômico depende do volume da despesa total com consumo e investimentos, e verificado ser a despesa governamental uma parcela substancial desse total, não se compreende possa ser ignorada a atividade financeira do Governo como fator decisivo desse equilíbrio.

No Brasil, todavia, tudo ainda se passa como na época em que a despesa pública, pelo seu volume reduzido, e a tributação, por sua pequena expressão, pouco influíam no comportamento e na evolução dos negócios.

O orçamento público, entre nós, é ainda considerado um simples quadro de despesas burocráticas e uma relação de favores e liberalidades às expensas do Erário. Sua elaboração não é precedida de estudos e de análises da conjuntura, nem é ele usado como instrumento de correção ou de disciplina das atividades econômicas. Basta ter em vista que o Ministro da Fazenda, responsável pelas mais importantes decisões em matéria econômica, não tem participação na elaboração orçamentária.

Da mesma forma, a tributação em qualquer de seus níveis — federal, estadual e municipal — é encarada apenas como um instrumento para a captação de receitas para o Tesouro. As reformas tributárias e a preparação dos projetos de leis fiscais são entregues a funcionários fazendários, a que são inteiramente estranhas quaisquer preocupações a respeito dos efeitos econômicos dos impostos e sua repercussão sobre a economia do país.

O resultado é a desordem financeira, além da perturbação causada no mundo dos negócios pela atividade fiscal e orçamentária do Governo.

Como o orçamento público não tem entre nós a necessária flexibilidade e sua elaboração é deixada a critério da burocracia e da política partidária, todas as vezes em que o Governo pretende realizar um programa de maior envergadura e mais longa duração o faz fora e à revelia do orçamento. Daí a proliferação dos fundos especiais e dos organismos dotados de autonomia financeira, através dos quais são arrecadadas e manipuladas somas vultosas, iguais ou superiores às do orçamento ordinário. O orçamento torna-se assim um documento pouco expressivo, pois não é, de forma alguma, no Brasil (ao contrário do que acontece em outros países), o quadro total das operações financeiras do Governo.

O mais grave, todavia, é que a política orçamentária e fiscal não corresponde à política econômica anunciada e comumente está com ela em inteiro desacordo. No momento atual, por exemplo, o objetivo fundamental do Governo, pública e reiteradamente anunciado, é o desenvolvimento equilibrado da economia nacional, ou seja, acelerar o progresso da economia brasileira sem que isto implique em aumento das pressões inflacionárias.

A política financeira deveria enquadrar-se rigorosamente dentro desse objetivo e ser utilizada para sua mais fácil consecução. O orçamento e a tributação deveriam ser manejados de forma a eliminar as pressões inflacionárias, elevar o volume da poupança global e hierarquizar os investimentos, dando prioridade àqueles mais essenciais ao progresso geral do país.

Verifica-se, todavia, que a política orçamentária e fiscal não tem sido orientada dentro dessa diretriz e, frequentemente, tem seguido rumos inteiramente diversos.

Não tendo as despesas orçamentárias, apesar de seu incessante aumento, um efeito benéfico para a economia nacional, a tributação destinada a financiá-las passa a assumir o caráter de transferência improdutiva e prejudicial de renda. Parcelas ponderáveis do produto nacional que, em mãos dos particulares, seriam utilizadas em investimentos reprodutivos e úteis ao progresso nacional, são compulsoriamente absorvidas pelo setor público e aplicadas no custeio de despesas de consumo ou de simples transferência.

A política fiscal e orçamentária é, quando bem orientada, um instrumento governamental mais poderoso do que a própria intervenção direta. Uma política de desenvolvimento econômico, para que possa realmente alcançar os seus objetivos, terá de pôr a seu serviço todos os instrumentos financeiros. Uma adequada utilização desses instrumentos será capaz de permitir uma ampla mobilização de recursos não inflacionários para o financiamento de empreendimentos de base, essenciais ao progresso econômico.

Política econômica e Financeira - Quinta-feira, 21 de novembro de 1957

O perfeito ajustamento da política financeira à política econômica, isto é, das pretensões fiscais do Governo e do plano de despesas públicas à orientação que ele pretende imprimir à economia do país é o sinal de que uma administração pública chegou ao nível da maturidade, assim como o desajustamento é a prova inequívoca da imaturidade.

A prosperidade e o bem-estar do país, a estabilidade da moeda, o encaminhamento das poupanças públicas e privadas para inversões reprodutivas, a melhoria da produtividade e a consequente ampliação do mercado interno, são problemas cuja solução pertence à política econômica. A fixação e a arrecadação de impostos e taxas, a tomada de empréstimos públicos, o planejamento das despesas governamentais, não só com o custeio da máquina administrativa, mas também com as inversões em empreendimentos do Estado, são questões que pertencem à política fiscal ou financeira.

Se a importância dos tributos fosse pequena, se as despesas governamentais pouco representassem em relação à massa de serviços e bens produzidos no país, a influência da administração financeira sobre a economia seria certamente limitada. Sucede, porém, em todos os países, e muito especialmente entre nós, que o Governo retira das mãos dos particulares, sob a forma de impostos, uma imensa parcela da riqueza produzida, e aplica esses recursos no mercado interno pagando salários, comprando mercadorias ou fazendo dotações, sob formas diversas, a empreendimentos públicos ou privados que deseja favorecer.

A presença desse gigantesco sócio na cena econômica não pode deixar de ser avassaladora. Se ele entra a comprar e a pagar e a subvencionar, os preços sobem. Se ele se retrai, empregando menos o dinheiro que retirou das mãos de particulares, os preços caem, e tal seja a extensão a que leve essa política, pode surgir a depressão e o desemprego.

O maior fator da política econômica, a arma por excelência da intervenção do Estado nos negócios, passa a ser, desse modo, a política financeira, ou fiscal. Se o Governo desloca os impostos de um campo para outro, se os aumenta ou diminui, a repercussão desses atos na economia é de efeitos decisivos, e pode fomentar, conforme sua intensidade, a prosperidade ou a depressão. O mesmo pode ser dito das despesas.

Como o "Jornal do Commercio" acentuava em seu editorial de ontem, o Brasil ainda não venceu por completo a etapa, por assim dizer primária, da desconexão entre a economia e as finanças. O mesmo Governo que comprime o crédito privado, com uma pertinácia digna de louvor, de que estamos colhendo frutos na redução indubitável da taxa de aumento do custo de vida, admite o "déficit" público, o desequilíbrio orçamentário, e pensa no lançamento ou na majoração de impostos como meio idôneo para sustentar o trem de vida, manifestamente exagerado, da administração pública.

É digno de todo reparo o fato de se acharem os poderes públicos empenhados neste instante, quer os da União, quer os do Distrito Federal, em planos de majoração de tributos: o primeiro, mediante uma revisão do imposto de renda, inspirada no propósito da obter maior receita e colocando esse propósito acima de quaisquer repercussões desfavoráveis na economia do país, o segundo visando aumentar os tributos que incidem sobre o exausto contribuinte carioca.

Uma verdade básica, em que os poderes públicos devem ter os olhos fitos, é que a capacidade tributária de um povo não é dotada de elasticidade infinita. Ela se assemelha muito à capacidade nervosa de um indivíduo, que não é fácil medir ou delimitar, mas que tem seu ponto final de resistência, e quando este chega a ser atingido verificam- se reações desmesuradas.

Como não se sabe o instante em que a resistência nervosa do indivíduo vai ceder, também não se sabe o dia em que a fronteira da capacidade tributária da nação vai ser ultrapassada. Mas a história nos ensina que os maiores movimentos políticos do mundo, os atos mais decisivos de rebeldia, inclusive, para citar exemplos que nos são familiares, a independência dos Estados Unidos e a inconfidência mineira, foram provocados, ou antes, deflagrados por violações da capacidade tributária da população.

É o Brasil um país que sustenta um trem de vida administrativa superior ao que permite a capacidade tributária da população. O famoso crescimento do funcionalismo e das despesas de pessoal, que tem proporcionado ao ilustre Prefeito do Distrito Federal páginas tão vibrantes de sinceridade e de análise da situação da entidade sob seu comando, nada mais é do que o resultado de se ir aumentando continuamente o número das pessoas pagas com o resultado do trabalho produtivo daquela parte da população que cria riquezas, e contribui com elas para o Erário. Assim como um particular, pessoa física ou jurídica, tem que proporcionar os seus gastos com bens e empregados à sua capacidade de ganhar e produzir, assim uma pessoa de direito público tem que proporcionar o custo da sua administração e das instituições com que se governa, à capacidade tributária da nação.

Se transgride os limites dessa capacidade, se para não reduzir gastos públicos começa a querer majorar impostos e taxas ilimitadamente, o governo, na consciência dos governados, começa a se transformar em usurpação. E, como acima dizíamos, não se conhece fato que tenha maior poder de engendrar reações do que esse. Daí se tem partido para a desobediência, para a quebra de unidade política e para a revolução.

Que o Brasil está nas vizinhanças da "linha d'água" de sua capacidade de contribuir, parece certo, embora não haja para isso meios exatos de aferição. Um indicio significativo é o fato de haver o imposto de renda arrecadado no corrente ano excedido em pouco mais de 20% o que se arrecadou em 1956. Se considerarmos que 22% foi a taxa da inflação verificada em 1950, podemos afirmar que não houve aumento de arrecadação, em números reais.

Outro importante indicio é a complacência dos contribuintes com a própria fraude, cada dia vista com menos rigor moral, o que mostra que a exação, na consciência do comércio e dos particulares, se está tornando abusiva.

O Governo tem de encarar com prudência a elevação de impostos que pretende, pois se todas as majorações fossem admissíveis não haveria "déficit" orçamentário senão por distração do legislador. A verdade é outra. Para a tributação há uma fronteira, tanto mais perigosa quanto invisível, e os governos que a ignoram expiam severamente sua transgressão.

Política ferroviária - Sábado, 24 de agosto de 1957

Ao examinar-se o Produto Nacional bruto do país, distribuído pelos diversos setores da atividade econômica, observa-se que a parcela referente aos transportes evoluiu em ritmo aproximado ao da produção industrial e superior ao produto da atividade agropecuária. Em verdade, porém, essa aparência lisonjeira é ilusória: o que ocorreu efetivamente foi o crescimento desigual dos diversos tipos de transporte. Enquanto a rede ferroviária e a navegação de cabotagem permaneciam estacionárias, desenvolviam-se os meios inadequados à movimentação de grandes cargas: o rodoviário e o aeroviário. Produziu-se, assim, um lamentável desequilíbrio na distribuição das mercadorias transportadas.

Por outro lado, agravou a situação o fato de a atividade agrícola afastar-se cada vez mais dos centros de consumo, o que constitui uma diminuição efetiva da capacidade de transporte, uma vez que não houve crescimento correspondente da rede ferroviária.

Nos últimos decênios, a economia brasileira tem passado por acentuadas transformações. A industrialização concorreu para fomentar a agricultura destinada ao consumo dos grandes centros urbanos, em ritmo mais acelerado que o da produção exportável. Essa mudança na estrutura da economia foi uma das que mais concorreram para agravar o problema do transporte ferroviário, transformando-o num dos principais pontos de estrangulamento do processo de desenvolvimento econômico.

A circunstância da rede ferroviária não ter acompanhado a marcha da produção para o interior deveu-se, sem dúvida, ao fato dela ter sido criada para o escoamento dos produtos exportáveis. Os capitais privados estrangeiros que foram aplicados em estradas de ferro no fim do século XIX visavam facilitar o abastecimento dos grandes mercados metropolitanos.

A ingerência crescente do Estado na economia das empresas ferroviárias agravando-se com a crise política e social de entre as duas grandes guerras, acabou por impedir que as estradas de ferro acompanhassem o ritmo do desenvolvimento econômico e transformou-as em organismos inteiramente dependentes das dotações orçamentárias.

A inflação, por sua vez, anulou qualquer possibilidade de racionalização dos serviços, aumentando os salários sem permitir o paralelo reajustamento das tarifas, não só devido às naturais dificuldades de tais modificações — que pressupõe alterações contratuais e estudos preliminares complexos — como também por causas da ilusão dos governos de que tal política beneficiaria o consumidor urbano.

A realidade demonstrou o erro da demagógica política das tarifas insuficientes. Viu-se que ou se remunera os serviços de forma a cobrir o seu custo real, ou a ruína do equipamento acaba por torná-los inúteis. Gera-se, desta forma, também, novo fator de pressão inflacionária: quando os serviços sobrevivem, sofrem procura superior às necessidades do sistema econômico, em consequência da demanda artificialmente estimulada. A sobrecarga resultante inutiliza a sua produtividade real, anulando os benefícios que poderiam prestar ao consumidor.

Estas são, indubitavelmente, as causas principais que concorreram para deter a evolução dos transportes ferroviários nacionais; no entanto, de um ano para cá, já se notam os sintomas de uma mentalidade mais realista no exame do problema. A elevação das tarifas posta em prática em 1956 constitui o reconhecimento de que a situação anterior não poderia mais ser mantida. A aprovação, em março deste ano. da Lei n. 3.115, criadora da Rede Ferroviária Federal S. A., empresa "holding" que reunirá aa diferentes estradas de ferro da União, representa um passo decisivo para o aprimoramento e maior eficiência do transporte ferroviário do país.

Além do patrimônio das diversas estradas de ferro do Estado, ora sob diferentes regimes administrativos, contará a Rede Ferroviária Federal com a receita proveniente de 10% da arrecadação do imposto sobre combustíveis líquidos e lubrificantes para a constituição de seu capital. Acredita-se que. no quinquênio 1957/61. o montante daí advindo somará 7,5 bilhões de cruzeiros. Também as dotações orçamentárias referentes a investimentos no setor ferroviário, no montante de dois bilhões de cruzeiros anuais, passam a constituir fundos da nova entidade, o que significa por-lhes à disposição, no decorrer do primeiro quinquênio, cerca de dez bilhões de cruzeiros. Some-se a tais recursos a parte referente aos financiamentos concedidos pelo Banco Nacional de Desenvolvimento Econômico, os quais, até agora, ascendem a 1,5 bilhões de cruzeiros, aproximadamente, para ter-se logo ideia do quanto a nova entidade poderá concorrer para a solução do problema do transporte pesado no país. Não esqueçamos ainda, que juntamente com a União, o Banco do Brasil, outras sociedades de economia mista, Estados e municípios, também se incluirão entre os acionistas da nova empresa, que reserva às pessoas jurídicas o direito de subscrever até 20% de seu capital social.

Vê-se, portanto, que a Rede Ferroviária Federal poderá efetivamente contribuir para repor em termos de eficiência industrial as estradas de ferro do Estado. Para esta promissora possibilidade, muito ajudou o veto aposto pelo Presidente da República e aprovado pelo Congresso, ao artigo da lei que impedia a redistribuição do pessoal das empresas, de acordo com as necessidades do serviço, ameaçando torná-la desde logo em mais um organismo de finalidades abusivamente assistenciais.

Resta agora que a nova política ferroviária encontre executores à altura dos problemas que comporta. Ao Governo cabe selecioná-los considerando sobretudo essa necessidade, realmente imperiosa, para o progresso econômico do País.

Preços e salários - Quinta-feira, 30 de maio de 1957

Os problemas econômicos com que se mede o governo do Sr. Juscelino Kubitschek são em parte problemas de emergência, e em parte problemas de estrutura. Os primeiros reclamam soluções imediatas, para que não se criem estados de tensão social ou dificuldades financeiras, capazes de impedir o bom encaminhamento dos segundos. Estes requerem planejamento adequado, envolvendo medidas às vezes muito diversas, mas ligadas por uma coerência interna, que é requisito do seu sucesso.

O Governo deve distinguir a sua ação atenuadora das dificuldades de emergência da sua ação corretiva dos defeitos de estrutura, e sobretudo deve impedir que elas se contradigam, isto é, que as medidas de emergência adotadas tornem mais difícil ou menos eficazes a adoção das medidas de estrutura.

Quando, por exemplo, uma atividade econômica se torna deficitária, a ponto de não poder pagar as despesas de seu próprio custeio, a medida de emergência para que os interessados logo apelam, sobretudo se houver o risco do desemprego para muitos trabalhadores, é a subvenção da empresa com recursos provenientes do Tesouro. É fácil compreender que esse expediente nada mais é que uma encampação de prejuízos e se for aplicado muitas vezes acabará por formar no país um gigantesco círculo vicioso: retira-se das empresas particulares e dos indivíduos, sob a forma de impostos, uma parte do que produzem, para com isso pagar-se o prejuízo das empresas do governo e mesmo os das empresas particulares subvencionadas. Com o tempo, aumenta cada vez mais o número destas, até que toda a ação do governo passa a resumir-se em tirar os lucros de quem produz economicamente para estipendiar quem produz anti-economicamente.

Essa destruição da economia do país pela adoção de medidas de emergência incompatíveis com o seu saneamento a longo prazo, é hoje um fenômeno que se produz sob as mais variadas formas, e os homens de governo, por uma ou por outra razão, não se têm mostrado capazes de identificá-lo.

O que torna especialmente delicada a situação que o Governo é chamado a enfrentar é a impossibilidade, a que estamos chegando, de resolver os problemas agudos do momento com soluções de emergência, suscetíveis de aplicação imediata. Já abusamos tanto dessas soluções, que elas se tornaram inaplicáveis, ou pelo menos inaplicáveis sem o risco de comprometerem, no futuro, a correção das situações existentes.

É o caso da alta de preços e do seu consectário imediato — o aumento de salários. Sempre que o custo de vida sobe há no país uma queda do salário real, isto é, uma diminuição do poder aquisitivo dos salários em vigor. Como o trabalhador vive de salário, cria-se o problema e a solução de emergência, para que apelam os sindicatos, é o aumento nominal dos salários. Como é sabido, este aumento, que abrange os funcionários civis e militares, os empregados das autarquias e os das empresas particulares, agrava o déficit público e aumenta o custo da produção. Governo e particulares se vêm na contingência de apelar para um financiamento, que exige da autoridade monetária o aumento dos meios de pagamento. Ora, o aumento dos meios de pagamento, sem o correspondente acréscimo do volume de serviços e mercadorias, acarreta inexoravelmente o aumento dos preços, e com ele o do custo de vida, reiniciando a operação.

Tem o governo pensado algumas vezes, diante disso, em bloquear os preços, ou pelo menos os de alguns produtos, de que se compõe principalmente o sustento do trabalhador. A solução é, em primeiro lugar, de aplicação dificílima e de perigosos efeitos morais, pelo fomento do mercado negro sob todas as suas modalidades: em segundo lugar, é economicamente desastrosa, porque cria desestímulos à produção dos gêneros cuja abundância deve ser promovida por todos os meios, não tardando em transformar-se numa fonte de inquietação e num fator de encarecimento.

O problema do custo de vida é, portanto, daqueles que não se resolvem com medidas adotadas e executadas num só dia, mas com planos econômicos, que envolvem, na verdade, todos os aspectos da economia pública, desde os contratos monetários até a melhoria da produtividade, com farta aplicação de medidas administrativas nos setores de transporte, armazenagem e distribuição.

Um governo popular é aquele que tem a confiança do povo, e por isso pode obter deste cooperação e paciência. Só os impopulares, os periclitantes ou os demagogos precisam conquistar todos os dias os favores do povo, precisamente porque não lhe granjearam a confiança.

Mas também é certo que um governo só pode exigir do consumidor paciência, quando exige dos produtores austeridade. Se há uma classe produtora beneficiada pela inflação, que em vez de investir os seus ganhos os desbarata em consumos supérfluos, não há como obter dos trabalhadores, no estado presente da consciência social, que suportem sozinhos os ônus da recuperação.

O Governo tem diante de si esses problemas, e é indispensável que se volte para eles com o propósito de encontrar as soluções adequadas, fazendo uma política de implacável perseguição dos consumos supérfluos e de favorecimento criterioso das inversões, sobretudo daquelas que se justificarem em benefício imediato do povo, aumentando a abundância e fazendo baixar os preços.

Preços e salários - Sábado, 19 de outubro de 1957

A greve dos operários industriais paulistas já provocou a proposta da concessão de aumento imediato de 20% sobre os salários, cabendo à Justiça do Trabalho decidir sobre a outorga de acréscimo de cinco por cento. Nesse sentido foi a sugestão do representante dos industriais, recebida sem hostilidade pelos líderes operários que conferenciaram ontem com o Sr. Presidente da República.

No momento em que escrevemos, ignoramos qual foi a receptividade da proposta patronal entre os integrantes da Comissão do Pacto Intersindical que dirige o movimento grevista. Os sindicatos de metalúrgicos, dos operários de material elétrico e da indústria de papel e papelão recusaram ontem proposta semelhante, na audiência de conciliação realizada no Tribunal Regional do Trabalho, em São Paulo, o que não é de molde a fazer crer na imediata solução do conflito.

Ao mesmo tempo que esses fatos ocorriam, realizava-se no gabinete do Sr. Ministro da Fazenda uma conferência entre o Sr. José Maria Alkmin e o Presidente da Associação Comercial do Rio de Janeiro, que se fazia acompanhar de outros líderes do comércio local. Desta vez, eram as queixas dos comerciantes, contra as alegadas restrições de crédito, que se comunicavam ao Governo, justamente com aa legítimas apreensões das classes produtoras pelo estado econômico e financeiro do país.

Está o Governo, como vemos, sob a enérgica pressão reivindicatória dos integrantes das atividades produtoras urbanas, como esteve, há pouco tempo, sob a das classes rurais, ante as quais, de resto, capitulou em toda linha, atendendo com exagero ao que lhe foi exigido.

A corrida entre preços e salários acelera-se, assim, vertiginosamente e de uma classe, um setor da economia propaga-se a outro com uma tal rapidez que mantém o Governo ocupado em acompanhá-la cada vez mais absorvedoramente.

Confirma-se em todos os pormenores o quadro clínico dos estados agudos de inflação. O mal estar decorrente da condução errônea dos negócios econômico-financeiros do país já não se limita a este ou àquele setor da produção nacional: amplia-se de forma a atingir grupos sociais cada vez mais numerosos, e pelo próprio fato de ampliar-se, sem pausa ou interrupção, vai repondo na luta por novas reivindicações as classes que se deram como atendidas em fases anteriores do movimento. Hoje são os operários que reclamam aumento de salários, de forma cada vez mais enérgica, premidos pela alta continua do custo da vida: amanhã serão os industriais, a exigir melhores preços e maiores facilidades de crédito, sob as tenazes da tributação crescente e das reivindicações salariais atendidas; depois voltarão à cena os funcionários públicos, civis e militares, e logo recomeçará o ciclo, sob o incentivo da alta inatingível das utilidades.

Nesse caminho, ninguém poderá prever onde chegaremos, se não se adotarem medidas capazes de interromper o ciclo vicioso. As emissões de papel-moeda realizadas em setembro último comprovam o agravamento da tendência expansionista dos meios de pagamento. Cerca de 2 bilhões e 800 milhões de cruzeiros foram emitidos durante os 30 dias do mês que passou, elevando o total das emissões nos noves primeiros meses deste ano a 8 bilhões e 800 milhões de cruzeiros, um acréscimo de 1 bilhão e 900 milhões sobre idêntico período do ano anterior. Isto demonstra que a pressão inflacionária está sendo mais forte do que as medidas adotadas para a conter e pode explodir ameaçadoramente. O vulto do "déficit" que está registrando a execução do orçamento: o programa de compras oficiais, para valorização artificial de preços de safras inteiras de produtos exportáveis; as crescentes necessidades de consumo de produtos, matérias primas e artigos importados criaram um conjunto de problemas que surpreendeu despreparadas as autoridades financeiras. Os esforços apenas protelatórios, para a contenção dos meios de pagamento, anulam-se diante do "déficit" cambial do primeiro semestre, superior a 180 milhões de dólares. A importação está liberta do regime de licença prévia pela reforma tarifária, mas a exportação não pode proporcionar os meios para equilibrar o balanço comercial e de pagamentos devido ao sistema cambial vigente, que exclui até o café da possibilidade de concorrer no mercado internacional com as safras crescentes dos demais produtores.

A permanecer o ritmo de emissões de anos anteriores, deverá o Governo emitir ainda, até fim de dezembro, cerca de 8 bilhões de cruzeiros a mais. As emissões globais, de 1957, atingiriam então a cifra de 13 bilhões de cruzeiros, aproximadamente. As perspectivas são, porém, ainda mais desanimadoras. O financiamento e a compra de café e o resgate das Letras do Tesouro exigirão emissões adicionais cujo volume é difícil prever atualmente. Diante desse quadro, das novas reivindicações salariais e altas de preço que comporta, é forçoso reconhecer a necessidade da adoção de medidas radicais, para enfrentar a crise. Os paliativos só têm concorrido para tornar mais difícil a solução dos problemas econômicos e financeiros do país.

Várias Notícias

Previdência social - Sexta-feira, 2 e sábado, 3 de maio de 1958

O Governo esforçou-se para dar ao país, a 1º de maio, a lei de aposentadoria integral do trabalhador. O esforço de coordenação das forças políticas coube principalmente ao Sr. João Goulart, que desse modo procura substituir por uma conquista social a imediata aprovação da perigosa lei sobre o direito de greve, merecedora de exame mais atento do Congresso.

A aposentadoria integral é uma reivindicação justa e indiscutível da classe trabalhadora, e se é certo que o seu advento pode criar problemas financeiros de grande envergadura para o nosso já precário sistema assistencial, nem por isso deve deixar de ser recebido com júbilo pelo que representa no terreno do progresso social.

De fato, a organização da sociedade tem com um de seus objetivos essenciais assegurar a cada indivíduo acesso a um mínimo de segurança econômica. No sistema capitalista essa segurança tem sido o privilégio do proprietário. Quem consegue formar um patrimônio, pode, na proporção dos rendimentos deste, considerar-se ao abrigo do risco mais comum da existência, que é o da redução ou mesmo da cassação da capacidade de trabalho pela velhice ou pela enfermidade. Quem, pelo contrário, não consegue ultrapassar a condição de assalariado, está na contingência de terminar seus dias exposto ao perigo certo da queda do padrão de vida, quando não da miséria.

Ora, a condição de assalariado tornou-se, na sociedade contemporânea, a condição comum a todas as classes, sendo limitado o número daqueles que logram a independência através da propriedade. Dar estabilidade e segurança a quem participa do esforço produtor através do trabalho não pode deixar de ser um imperativo da organização social.

É certo que o ônus representado pelos encargos da aposentadoria integral vai pesar, entretanto, sobre um sistema arruinado que é o da Previdência Social. A nova lei cria, portanto, a necessidade imperiosa de uma revisão na economia assistencial, de um novo estudo atuarial dos encargos e provavelmente de uma mudança de estrutura, que permita o funcionamento e a solvabilidade do sistema. Concedendo a aposentadoria, o Governo, ao mesmo tempo, torna crítico este segundo problema, e contraiu a obrigação indeclinável de resolvê-lo.

Como bem acentuou em seu discurso, na sessão de encerramento do 3º Congresso Sindical do Rio Grande do Sul, o Vice-Presidente da República, é inegável que todo aumento do encargo assistencial onera, em última análise, a produção, mas o encarecimento da produção é a contrapartida inevitável do progresso social, que percorre um longo caminho, desde o regime de escravidão, em que o custo do trabalho se apresenta reduzido a simples manutenção da vida do trabalhador, até os salários altos das sociedades plenamente desenvolvidas, como a norte-americana, ou os encargos sociais extensíssimos de sociedades como a dos países escandinavos. A correção dessa sobrecarga tem de ser encontrada na melhor organização das empresas, na racionalização do trabalho, no aumento de produtividade obtida graças ao melhor emprego dos fatores de produção.

É provável, aliás, que medidas como a da aposentadoria, que solidarizam o trabalhador com o nível geral de riqueza da sociedade, contribuam para atenuar o antagonismo que se tem observado, na estrutura social presente, entre as reivindicações do trabalhador e os interesses do desenvolvimento.

No terreno social os efeitos da aposentadoria podem vir a ser sentidos, a curto prazo, de modo benéfico. A medida contribui para diminuir a tensão no seio da empresa, permitindo a eliminação normal daqueles cuja capacidade de trabalho já decaiu pela influência da idade ou da doença, e que hoje resistem à aposentadoria pela violenta diminuição de receita que ela lhes acarreta. Em vez de se apegarem às empresas, prevalecendo-se da estabilidade, os trabalhadores que tenham atingido o limite de tempo de serviço e de idade tenderão a procurar as vantagens da aposentadoria integral, permitindo que se renovem os quadros com vantagem para a produtividade.

É evidente, entretanto, que medidas como a da aposentadoria não podem ficar isoladas. A criação de uma estrutura social em que as classes trabalhadoras se integrem e participem de maneira consciente e solidária dos interesses gerais da nação é uma obra complexa, que não pode apresentar lacunas, sob pena de produzir efeitos desfavoráveis, nocivos em última análise ao próprio trabalhador. As responsabilidades do Governo crescem com as medidas parciais que ele adota. Embora cada uma dessas represente um passo adiante do caminho da reestruturação, é inegável que a conciliação da assistência social e da produtividade se vai tornando um problema cada vez mais agudo e o ponto crucial da política do desenvolvimento.

Nesse esforço pela estruturação de uma ordem social justa, capaz de assegurar a proteção completa do trabalhador, é indispensável que se unam Governo e povo, classes trabalhadoras e entidades patronais. Estas não podem ficar alheias ao grande esforço de reconciliação social que se está processando, e que é indispensável à manutenção não só das liberdades políticas inerentes ao regime democrático, como ao próprio sistema de livre empresa, que de outro modo não poderá resistir às pressões sociais do nosso tempo.

Produtividade - Sexta-feira, 14 de junho de 1957

O ponto fraco da economia de um país subdesenvolvido, como o Brasil, é a baixa produtividade, isto é, o pequeno rendimento obtido, em comparação com economias plenamente desenvolvidas, do trabalho e do capital.

Com a mesma quantidade de trabalho e com o mesmo investimento em bens de capital (máquinas, edifícios, reservas naturais) um país como os Estado Unidos obtém maior produção do que o Brasil. Isso significa que uma unidade produzida nos custa mais mão de obra e mais capital do que nos países desenvolvidos concorrentes ao mesmo mercado.

O progresso econômico num país como o nosso consiste precipuamente em alcançar, com a mesma quantidade de capital e mão de obra, maior e melhor produção. Todas as vezes que se chega a esse resultado, há uma "elevação de produtividade", e um aumento efetivo de riqueza, sem que se tenham dilatado os meios de pagamento. O fruto desse processo é o barateamento das mercadorias e serviços, sem redução da margem de lucros do produtor, que de fato produziu mais, mas não elevou para isso o seu custo de produção.

Esse é o esquema final a que se reduz, quando eliminamos os aspectos secundários variáveis, todo processo de desenvolvimento econômico. Não há desenvolvimento, mas retardamento ou involução, quando se eleva o custo dos fatores de produção sem aumento compensatório da produtividade.

Tais noções são indispensáveis para que possamos distinguir a simples proliferação de iniciativas num país, do verdadeiro desenvolvimento econômico. Muitas vezes as iniciativas se sucedem criando oportunidades de emprego e aumentando a procura de materiais de construção e equipamentos, mas essa prosperidade é aparente, pois as empresas vão trabalhar sob condições de produtividade tão inferiores, que a sua atividade irá acarretar prejuízos para a coletividade, e assim tornar-se um fator de empobrecimento geral.

É verdade que esses prejuízos não se formam necessariamente nas próprias empresas. Medidas protecionistas de muitas espécies podem criar condições lucrativas para a empresa, cujos clientes ou fornecedores irão sofrer indiretamente as consequências daquelas medidas, capitalizando o prejuízo.

Essas considerações são indispensáveis para explicar o primado que se deve atribuir, num programa de desenvolvimento econômico intensivo, à expansão da iniciativa privada. A melhor técnica até hoje conhecida para evitar que se fomentem empreendimentos antieconômicos. com resultados positivos ilusórios e empobrecimento efetivo para o país, é fazer com que as empresas dependam de lucro para subsistir e devam procurar esse lucro no regime de concorrência, em condições tanto quanto possível naturais. Temendo o prejuízo, receando a competição, o produtor se esforça para comprimir os seus custos, racionaliza o trabalho para aproveitar ao máximo a mão de obra, e calcula os seus investimentos com realismo.

Completamente diversa é a tendência da iniciativa pública, principalmente onde ela opera sob a influência de ideias e objetivos políticos capazes de justificar todos os sacrifícios. O primeiro ponto desfavorável ao êxito da empresa estatal é a sua ilimitada possibilidade de transferir para o público os seus prejuízos, pedindo subvenções, ou mesmo simples encampação dos déficits havidos. O segundo ponto, que é um desdobramento do primeiro, é a tendência da empresa estatal para se basear em preços internos ditados por ela própria e impostos por atos do poder público, o que leva a fazer cobrir os prejuízos não pela coletividade toda. através do Tesouro, mas pelos fregueses das suas mercadorias ou serviços. O terceiro ponto é a indefectível mudança do critério na remuneração da mão de obra, que deixa de ser o cálculo econômico para ser a providência assistencial. Já não se quer saber se uma empresa estatal, como o Lóide ou a Santos-Jundiaí pode pagar certos salários tendo em vista sua rentabilidade. O que se quer é saber quanto tais e tais empregados devem ganhar para manter determinado padrão de vida.

Este raciocínio é humanitário, mas a sua aplicação conduz ao rompimento do equilíbrio entre a rentabilidade das empresas e o custo do trabalho que elas utilizam A empresa muda automaticamente de função. Deixa de existir para produzir, e passa a ser uma agência de distribuição de assistência social através do salário.

Num regime verdadeiramente socialista esta grave incoerência desaparece, porque o trabalho deixa de ser um dos elementos da empresa, cuja remuneração deve sair dos resultados obtidos, e passa a ser uma atividade social que o Estado remunera, não de acordo com o que cada um produz, mas com aquilo de que necessita. Esse socialismo até aqui é, porém, utópico, não se tendo chegado, nem mesmo na União Soviética, a fazer experiência autêntica de sua aplicação.

O que sucede no Brasil, e em outros países subdesenvolvidos, é que não há socialismo. e sim capitalismo, mas o funcionamento natural deste sistema é falseado pela intrusão de métodos incompatíveis com ele. postos em jogo pela empresa estatal.

A empresa estatal surge como um aparelho de destruição do desenvolvimento econômico, sob a aparência de promovê-lo. É certo que existem algumas capazes de operar, por esforço e capacidade de seus dirigentes, o milagre da eficiência, isto é, do cálculo econômico entre rentabilidade e custo real dos fatores de produção. Mas essas exceções provam apenas a qualidade de alguns grandes administradores, com que conta o nosso Serviço Público, sem abalarem o juízo sobre os defeitos de estrutura, que condenam a capacidade operacional das empresas públicas, salvo em setores necessariamente monopolísticos, como por exemplo, o do banco central.

Não se deve, aliás, concluir daí que as empresas públicas se devam transformar em empresas privadas, mediante alienação. Longe disto. O que se deve é dar às empresas públicas, tanto quanto possível, as características estruturais e os métodos de trabalho próprios da empresa privada, como fez o Congresso, em lei recente, com as ferrovias, unindo-as num organismo tipicamente comercial: a Rede Ferroviária Federal S.A. Outro exemplo é a Companhia Urbanizadora da Nova Capital. Sem falar na Companhia Siderúrgica Nacional, que tem tido a ventura de algumas administrações de grande capacidade, como a do general Edmundo Macedo Soares e Silva, mas que apesar disso se contaminou um pouco dos males da iniciativa estatal.

Reformar a empresa pública, nos seus métodos e estrutura, e programar sua reabilitação econômica, tirando-lhe a função assistencial, já era uma preocupação de Getúlio Vargas, de que o plano da Rede Ferroviária foi um primeiro capítulo, e deve continuar a ser objetivo primordial do nosso governo. Esse objetivo não teria sentido, nem exequibilidade, se não se entrosasse com outro, que por assim dizer o justifica: o prestígio, a liberação da empresa privada que é o aparelho ideal para o processamento do desenvolvimento econômico, em condições de concorrência de mercado.

A hostilidade que a incompreensão e o impatriotismo vem fomentando contra a empresa privada é o fungo que ameaça devorar as nossas potencialidades econômicas, comprometendo talvez para sempre o nosso desenvolvimento.

Programa de eletrificação - Domingo, 22 de setembro de 1957

O rendimento relativamente pequeno do Legislativo nacional, aparentemente mais absorvido pelo duelo do personalismo político e na busca de causas extrínsecas e ocultas para os nossos males, esquecendo que vários deles decorrem precisamente da irresponsabilidade com que se legislam despesas sem legislar receitas, pode vir a constituir um desserviço sob o ponto de vista da nossa consolidação democrática.

Em passado recente, houve um ato legislativo sério que muito contribuiu para restaurar a confiança no Congresso como corpo decisório e desmentir o pessimismo daqueles que acreditavam não ser possível obter-se legislação de certa complexidade técnica e destinada a gerir interesses econômicos em conflito senão através do processo da delegação de poderes ao Executivo, ou através do método italiano de legislar por meio de comissões especializadas, confinando-se o plenário à votação em bloco.

No caso das Tarifas, foi obviamente meritório o trabalho do Legislativo e, no que toca à simplificação do mecanismo cambial, muito mais avançado e realista do que a posição do Executivo, excessivamente tímido em livrar o país do labirinto cambial em que nos debatemos.

Lavrado esse tento, recaiu o Legislativo em paralisante debate em torno da legislação eleitoral, provocando o retardamento de decisões econômicas que o país não pode dar-se ao luxo de adiar. A primeira e mais fundamental é a relativa ao Orçamento. Avizinhava-se a possibilidade de um acordo construtivo entre a Maioria e a Oposição, que nos permitiria ter para 1958 um Orçamento equilibrado, e não apenas nivelado pelo expediente simplista de exagerar as previsões da Receita, na esperança de que a inflação subsequente as sancione. A importância de comprovarmos a nossa capacidade de disciplinar gastos públicos não pode ser exagerada. Sob o ponto de vista internacional, tanto as agências financeiras estrangeiras como os capitais privados interpretam o excessivo dispêndio público como a principal causa da desordem financeira. Também do ponto de vista interno é importante corrigir o desequilíbrio do setor público, pois que, até agora, o esforço principal de combate à inflação tem sido feito contra a expansão da economia privada, para alimentar os gastos crescentes do erário. Admitido que, numa situação inflacionária, é indispensável conter o excesso de procura monetária de ambos os setores, a linha de maior produtividade está em diminuir as despesas de custeio do Governo, em beneficio, de um lado, dos próprios investimentos públicos e, do outro, do setor privado da economia, mais diretamente responsável pelo esforço produtivo nacional. Expandir a um tempo as despesas públicas e as privadas seria criminoso para com a nação, conquanto útil para os indivíduos que descuraram o aumento da produtividade, fiados na infinita resignação do consumidor.

Mas a aprovação de um Orçamento realista e equilibrado é apenas um dever rotineiro do Congresso. Outras tarefas importantes lhe foram confiadas e, era relação a algumas delas, é exasperante a incapacidade decisória que vem exibindo o Legislativo, dilacerado por conflitos personalistas quase sempre secundários. Lembremos, por exemplo, que o Projeto da Reforma Bancária, destinado a eliminar o paradoxo de ser o Brasil o único país de importância econômica sem um Banco Central que assegure independência e continuidade na formulação da política monetária, está completando o seu primeiro decênio de inércia nos gabinetes legislativos. Outro projeto de fundamental importância, que é o relativo à modificação da legislação de energia elétrica, após um ano inteiro, não conseguiu transpor a primeira das comissões, isto é, a Comissão de Constituição e Justiça, sem que se perceba bem a razão da hesitação, pois que o problema é muito mais econômico do que constitucional ou jurídico. Os dados da questão são simples e severos. A execução do programa de eletrificação do país, envolvendo a instalação de 2 milhões de Kw adicionais até 1961, e o início de obras para mais 3 milhões de Kw para ser completadas em 1965, está inteiramente na dependência de uma revisão da nossa legislação sobre o regime econômico e financeiro das empresas de eletricidade. Os recursos necessários, simplesmente para cobertura da meta de energia elétrica, no período 1957/1961, atingem a um total de Cr$ 74,4 bilhões, em moeda local, e de Cr$ 11,2 bilhões, em moeda estrangeira. Os recursos previsíveis não excedem de 59 bilhões de cruzeiros, dos quais cerca de 20 bilhões provenientes do Fundo Federal de Eletrificação e outras receitas federais, 26 bilhões de taxas estaduais e outros tributos, e cerca de 13 bilhões de recursos privados. Para a cobertura do "déficit" de cerca de 27 bilhões de cruzeiros, poderá o Banco Nacional do Desenvolvimento Econômico mobilizar soma equivalente a cerca de 10 bilhões de cruzeiros, mas restaria uma brecha de aproximadamente 17 bilhões para cuja cobertura só haveria duas soluções: ou quadruplicar-se o imposto único de eletricidade, ou modificar os dispositivos que reduzem a tal ponto a rentabilidade das empresas de energia elétrica que delas afugentam os capitais privados nacionais e estrangeiros. A primeira dessas soluções, além de criar para o Estado novas responsabilidades gerenciais e técnicas, para as quais não está preparado, tem a fundamental desvantagem de lançar indiscriminadamente sobre a comunidade dos contribuintes a totalidade do encargo de financiar a expansão elétrica. A segunda solução permitiria canalizar capitais privados para preencher a brecha e lançaria sobre o usuário do serviço, através da tarifa, a responsabilidade de financiar apenas uma parte da expansão projetada. Sendo ele o beneficiário do desenvolvimento da energia elétrica, é natural que sobre ele e não sobre o contribuinte em geral, recaia ao menos uma parte do encargo financeiro.

A solução proposta pelo Poder Executivo, ao enviar ao Congresso o projeto de revisão da nossa legislação de eletricidade, parece correta e realista. É concebível que o Congresso deseje modificá-la. É inconcebível, porém, que um projeto de tal importância, após um ano de exame, continue paralisado na Comissão de Constituição e Justiça, enquanto se versam, apaixonadamente, questões partidárias de nulo significado para o desenvolvimento nacional. Sobre os nossos legisladores pesa, assim, a responsabilidade de propiciar recursos para a execução do programa de eletricidade, ou de tomar a iniciativa de sua redução, com inadmissível mutilação das perspectivas de desenvolvimento do país. Se não se deseja tornar possível um investimento privado em energia elétrica, não restará outra alternativa senão sobrecarregar ainda mais o exaurido contribuinte brasileiro, para financiar investimentos públicos, na dúbia esperança de que a sua passividade como eleitor neutralize a impaciência que já vem começando a revelar como contribuinte.

Racionalização da arrecadação - Sexta-feira, 19 de julho de 1957

Parecer proferido na Comissão de Constituição e Justiça da Câmara dos Deputados considerou inconstitucional um projeto de lei que objetivava a fusão dos serviços de arrecadação da União, dos Estados e Municípios. Ao que parece, a proposição não mereceu maior atenção muito embora procurasse solucionar, pelo menos em parte, problema de grande interesse para a massa geral dos contribuintes.

Em país algum do mundo é tão difícil como no Brasil quitar-se alguém de seus encargos fiscais. É letra morta entre nós a máxima da comodidade, incluída por Adam Smith entre os seus quatro famosos princípios da tributação. Conforme salienta o pai da economia política, há mais de um século, o imposto deve ser cobrado na forma mais cômoda para o contribuinte, não se devendo agravar o sacrifício pecuniário dele exigido por meio de formalidades desnecessárias e irritantes.

As dificuldades com que se defronta o contribuinte brasileiro ao procurar satisfazer suas obrigações fiscais têm início com a pouquíssima divulgação e a extraordinária complexidade da legislação fiscal. Nas próprias estações arrecadadoras não é fácil obter exemplares das leis e regulamentos fiscais e a variedade e difícil entendimento dos textos obriga o não iniciado a pagar o que lhe exige sem saber se pagou apenas o devido ou mais do que este. A confusão é tão generalizada neste particular que se inventou a figura esdrúxula, não encontrada em qualquer outro país, do "despachante", intermediário mais ou menos obrigatório entre o fisco e o contribuinte.

Outrossim, a participação de funcionários nas multas, instituição que atesta o primitivismo de nossa administração fazendária, cria uma barreira intransponível entre os agentes do fisco e os contribuintes. Os primeiros, evidentemente, não têm interesse algum em esclarecer os contribuintes e evitar que os mesmos cometam omissões ou equívocos e os segundos encaram com desconfiança qualquer orientação ou conselho recebido, atrás do qual poderá estar oculta uma armadilha.

A dificuldade, porém, não reside apenas em saber exatamente o quanto se deve pagar, mas também onde e como efetuar o pagamento. O sistema federativo de governo é causa da existência de três sistemas fiscais: da União, dos Estados e Municípios e, em torno de cada um deles, gravita toda uma série de satélites representada por autarquias e entidades parafiscais, dotadas do poder de exigir tributos e contribuições. O resultado é ver-se o contribuinte a braços, simultaneamente, com um punhado de repartições fiscais, cada uma delas com a sua própria legislação, formalidades e prazos específicos.

Quem viaja pelo nosso interior depara frequentemente com pequenas cidades, afastadas da civilização, inteiramente desprovidas de qualquer assistência governamental, inclusive no tocante aos serviços públicos mais essenciais. Nenhuma dessas pequenas comunidades deixa, porém de dispor de pelo menos três estações arrecadadores, representadas pelas três coletorias: federal, estadual e municipal, cada uma delas contando com pelo menos dois funcionários, o coletor e seu escrivão. A consequência é o alto custo da arrecadação dos impostos, contrariando outro conhecido princípio de Adam Smith, o da economia, segundo o qual os gastos com a percepção dos impostos devem ser reduzidos ao mínimo.

Em certos municípios, principalmente naqueles onde o total arrecadado pelos três fiscos não excede alguns poucos milhões de cruzeiros, a fusão dos respectivos serviços de arrecadação determinaria não só apreciável redução nas despesas da arrecadação como grande comodidade para os contribuintes. Em um mesmo local poderiam eles satisfazer, simultaneamente, suas obrigações fiscais, e uma simples operação de contabilidade permitiria a distribuição da arrecadação pelas três unidades governamentais de acordo com a competência tributária de cada um. Não podemos atinar com a alegada inconstitucionalidade de uma tal solução, quando o § 3º do artigo 18 da Constituição autoriza a União a atribuir aos Estados e vice-versa, mediante acordo, a execução de leis, serviços e atos da sua competência.

Medidas semelhantes e mesmo de maior envergadura foram adotadas em países de sistema federativo como o nosso. A Argentina, de longa data, antes do regime peronista, unificou inteiramente a legislação, fiscalização e arrecadação dos impostos internos, cujo produto é distribuído pelos governos central e provincial de acordo com os índices estabelecidos em lei. Na Rússia Soviética o sistema de arrecadação de impostos é também unificado e o produto arrecadado distribuído pela União, pelas repúblicas federadas e governos locais, de acordo com a competência tributária de cada um.

Muito contribuiria, igualmente, para a simplificação e barateamento de nossa administração fazendária, a realização de acordo entre a União e os Estados, estabelecendo a unificação dos respectivos serviços de fiscalização de tributos. Dessa forma seria eliminada a complicação atual, que obriga o comerciante e o industrial a se haverem, simultaneamente, com uma dúzia ou mais de fiscais, cada um deles representante credenciado da União, dos Estados, do Município e de toda a variedade de autarquias e entidades parafiscais que proliferam no país.

Finalmente, um clima de entendimento entre o fisco e o contribuinte somente se estabelecerá entre nós quando se eliminar de vez o odioso sistema de participação dos funcionários fiscais nas multas. Em nenhuma nação adiantada vigora mais tal sistema, somente compatível com as organizações administrativas atrasadas e corrompidas, nas quais se torna necessário assegurar o zelo e a honestidade do agente fiscal dando-lhe uma parte da pena pecuniária imposta ao contribuinte faltoso.

A participação do agente fiscal nas multas impossibilita que o mesmo exerça sua principal função, qual seja a de esclarecer e orientar o contribuinte, função esta que cresce de importância em um país de legislação abundantíssima, confusa e pouco acessível. Tira ainda ao mesmo funcionário a isenção que lhe é indispensável para poder distinguir entre a omissão involuntária, frequentemente por desconhecimento da lei, e a sonegação dolosa com evidente intuito de fraude.

O desenvolvimento econômico do país tem de ser acompanhado pela racionalização de nossa administração pública e pela elevação de seus padrões de eficiência. Entre os setores da administração o que necessita talvez de mais urgente reforma, visando à simplificação e modernização de sua estrutura e métodos de trabalho, é o da administração fazendária e fiscal, por ser justamente aquele de maior contato com as empresas e organizações sobre aa quais repousa a principal responsabilidade de nosso progresso econômico.

Rede Ferroviária Federal - Quarta-feira, 27 de março de 1957

O aparelhamento do país para as tarefas do desenvolvimento econômico depende de reformas administrativas capazes de tornar mais eficiente o serviço público, sobretudo nos setores de maior repercussão na atividade privada.

Ao examinar o problema do transporte ferroviário, a Comissão Mista Brasil-Estados Unidos verificou que o reequipamento material das nossas ferrovias era inseparável de sua reestruturação administrativa. De outro modo, os financiamentos obtidos iriam dispersar seus efeitos e onerar o país, sem que as empresas lograssem normalizar seus níveis de funcionamento e rentabilidade.

Daí nasceu o estudo e afinal o Projeto de criação de uma entidade que permitisse operar as ferrovias do Estado segundo os princípios mais salutares da economia de livre empresa, e eximi-las da influência prejudicial das mutações políticas sobre as administrações. Foi esse Projeto, que depois de enfrentar as vicissitudes de uma tramitação parlamentar difícil e a incompreensão dos partidos, afinal converteu-se na Lei n. 3.115, de 16 de março corrente.

Embora a primitiva ideia tenha sofrido algumas derrogações, a Lei pode ser considerada um dos passos mais efetivos no caminho da modernização administrativa do país. Ao sistema improdutivo das autarquias e repartições substitui-se a estrutura simples e flexível de uma companhia comercial, cujas ações são inicialmente subscritas pela União, mas podem ser vendidas, ainda que em parte reduzida, a entes públicos e a particulares.

Onde é de lamentar a deformação do projeto primitivo, é no tocante ao sistema de administração colegial, que deixou praticamente de existir, uma vez que o Conselho deixa de escolher o Superintendente da Rede e de ter a faculdade de demiti-lo, para passar a ficar sob sua autoridade.

Digno de nota é o fato de a Rede ter assegurado o reajustamento das tarifas sempre que crescem as despesas do seu custeio, ficando a União obrigada a votar recursos explícitos para subvencionar os serviços, quando o reajustamento lhe parecer inoportuno. Essas e outras medidas iniciam entre nós o combate indispensável ao sistema de subvenção oculta dos serviços públicos contido na prática antieconômica de não rever tarifas e de encampar os prejuízos verdadeiramente calamitosos das autarquias.

Vai a Rede Ferroviária entrar em experiência. É o momento de lhe assegurar o Governo um Superintendente de elite, escolhido entre os grandes ferroviários de que dispomos, e de lhe proporcionar autoridade e liberdade para o êxito da implantação.

Rede Ferroviária Federal- Domingo, 5 de maio de 1957

O Diretório Nacional da UDN resolveu elevar à consideração do Congresso a moção dos empregados ferroviários contra o veto do sr. Presidente da república aos artigos 14 e 17 do projeto de lei que institui a Rede Ferroviária Federal.

A matéria é de suprema importância para a economia brasileira, pois a criação da Rede vai ser a última esperança de que o sistema nacional de estradas de ferro possa ter uma organização racional e ser operada segundo critérios econômicos, como verdadeira empresa industrial.

Como era de esperar, entretanto, o projeto recebeu, na sua tramitação parlamentar, uma emenda relativa ao pessoal, que desnatura por completo a nova entidade, e abre a porta ao calamitoso sistema de transformação dos empregados em funcionários públicos, com vantagens que desequilibram a economia da empresa e destroem qualquer possibilidade de um trabalho produtivo e disciplinado. Graças a essas emendas todos os servidores de ferrovias, inclusive extranumerários e diaristas, teriam opção para se transformarem em funcionários, escapando ao regime das leis trabalhistas, e indo engrossar a massa de funcionários-pensionistas, que hoje contribui para os desastrosos resultados da maior parte das autarquias federais.

Foram esses dispositivos que o sr. Presidente da República vetou com muito discernimento, e se não conseguiu restituir ao projeto o conjunto de suas qualidades iniciais, pelo menos preservou o essencial para que não se possa entrever a recuperação administrativa das ferrovias.

O que estas representam hoje, na administração federal, o público e talvez muitos dos próprios legisladores desconhecem. Basta dizer que na Leopoldina as despesas representam quatro vezes a receita; na Central do Brasil, três vezes; e na Sampaio Corrêa, dez vezes. É certo que para esses resultados contribui, em alguns dos casos citados, a escassez de mercadorias a transportar na região, mas em outros, como o da Central e o da Leopoldina, o mal se reduz ao caráter antieconômico da operação pela transformação do trabalhador em funcionário.

É, portanto, com decepção que se vê a pretensão descabida de um grupo de ferroviários contra o veto patriótico do sr. Presidente da República ser considerada "justa e bem fundada" por um partido, onde há homens com experiência de administração para medirem a extensão do mal que estão promovendo, como os srs. Juracy Magalhães e Odilon Braga, e políticos que se têm demonstrado imunes à demagogia pseudo-trabalhista, como os srs. Milton Campos e João Agripino.

Não pode deixar de desapontar o país ver a UDN declinar, em problemas de governo, do papel de defensora do interesse público, que ela se arroga nas questões pessoais. É difícil compreender como se conciliam o justificado rigor com que o partido olha casos como o da "importação de whisky a meio dólar", e a tranquila indiferença com que apoia e veicula uma pretensão contrária aos interesses nacionais, e calamitosa para um setor vital da nossa economia, apenas pelo desejo de desmoralizar o Executivo, mediante nova rejeição de um veto, e de captar as simpatias de um eleitorado, cujas escolhas, na época dos pleitos, não tomam o caráter de retribuição a esses gestos de sacrifício.

Note-se que o veto presidencial não despojou sequer um funcionário dos direitos que haja adquirido na organização atual. Apenas impediu que se desfigurasse a futura rede, transmitindo-lhe no nascedouro os males quase irreparáveis sob que perecem a Central, a Leopoldina, o Loide, a Costeira, e tantas outras autarquias federais.

Não pode a UDN professar simultaneamente a maior intransigência em face de qualquer escândalo pessoal, e a maior indiferença em face de qualquer atentado impessoal contra o progresso e o bem-estar da nação.

A bancada udenista pode ainda evitar que se produzam os efeitos da decisão do diretório, formando ao lado dos demais partidos, não para apoiar o sr. Juscelino Kubitschek, mas para defender a Rede, vale dizer, as ferrovias brasileiras, nesta última oportunidade que se abre para a sua recuperação.

Rede Ferroviária Federal – Segunda e terça-feira, 19 e 20 de maio de 1958

O presente estágio da industrialização brasileira, processada no regime de livre empresa, mas com um importante contingente de intervenção do Estado, oferece aspectos contraditórios.

O fim da industrialização, como de todo desenvolvimento, é o enriquecimento do país, isto é, o fortalecimento de sua economia, a expansão do mercado interno, a melhoria da produtividade e — como resultado total — a elevação do padrão de vida do povo. É frequente, porém, assistir-se à distorção consciente daquela finalidade, e a inscrição, sob o rótulo prestigioso do desenvolvimento e da industrialização, de simples reivindicações de empresas, ou mesmo de setores industriais, ávidos de lucratividade ou de segurança, em detrimento do enriquecimento da nação.

A indústria nacional tem sido, e continuará certamente a ser, a maior força empenhada na batalha do desenvolvimento. Mas isso não impede que, muitas vezes, uma fábrica, ou grupo de fábricas, tome posição contra o desenvolvimento, tentando sobrepor seus interesses particulares aos do país, em vez de procurar a linha de conciliação e de integração. Tal atitude visa sempre a manutenção de uma tecnologia obsoleta, de um regime de subvenção ou de um monopólio. Indústrias antiquadas, ineficientes ou de custo de produção exagerado, procuram impedir que se instalem outras mais modernas, ou que se importem por preços vantajosos os mesmos artigos que produzem. Indústrias que adquirem o monopólio do mercado evitam a todo custo iniciativas que as obriguem a passar do monopólio à competição. E finalmente indústrias que se montaram à base da encomenda governamental lutam para que o governo não modifique ou aperfeiçoe seus serviços num rumo capaz de reduzir ou tornar supérfluas tais encomendas.

Nenhum desses fenômenos deve ser visto com exagerado pessimismo. Todos eles são próprios de uma fase de transição, em qualquer país que se industrialize, e marcam as contradições inevitáveis entre o protecionismo e a livre concorrência, entre o amparo estatal para que se implante um parque industrial, e a necessidade de impedir que este parque se converta numa organização fechada, vivendo no monopólio e no privilégio.

Se é verdade que a transição para a economia de livre concorrência é sempre inçada de choques e percalços, não deixam de ser lamentáveis os excessos a que a falta de ética leva, às vezes, os industriais, em defesa do monopólio, da obsolescência ou das subvenções oficiais.

Desses excessos o mais condenável é a tentativa de mobilizar a opinião pública contra os concorrentes em perspectiva, ou contra os administradores públicos que se insurgem contra as modalidades de proteção injustificadas em defesa dos serviços que lhe estão confiados. A opinião pública precisa ser alertada contra as formações de "caixinhas" para sustentar companhas publicitárias ou mobilizar advogados administrativos, não raro com o propósito de afastar um administrador ou revogar uma lei, que se opõe às conveniências do monopólio. Expedientes dessa ordem desacreditam as indústrias que os empregam, e minam a solidariedade que deve existir entre o povo e o verdadeiro industrial.

Tais considerações são de toda oportunidade no momento em que vemos um grupo de fábricas brasileiras lançar-se numa ofensiva contra uma das entidades de que mais espera o desenvolvimento econômico: a Rede Ferroviária Federal. O "Jornal do Commercio" acompanhou, em editoriais sucessivos, a votação do projeto que instituiu a Rede e em seguida a sua regulamentação e organização, aplaudindo o espirito de eficiência e elevado pragmatismo a que obedeceu o provimento dos postos diretivos da entidade a cuja presidência ascendeu um dos maiores engenheiros do país. A maneira por que se vem conduzindo a Rede continua a fazer dela um ponto alto da administração federal, e é com pesar que se vê apertar-se em torno dela o círculo potente dos interesses particulares contrariados.

Esses interesses estão localizados em grande parte, infelizmente, numa indústria a que o país deve serviços indiscutíveis, a de vagões, desejosa de obter da Rede um programa substancial de encomendas, que lhe assegure boa rentabilidade. Ora, o sentido de uma boa administração ferroviária não reside na ampliação sistemática do seu parque de vagões, mas primordialmente no aproveitamento intenso e racional da frota existente. Com a melhoria da via permanente, promovida nos últimos anos com a assistência do Banco Nacional de Desenvolvimento Econômico, e as encomendas de locomotivas Diesel, a Rede Ferroviária conseguiu melhorar o índice de aproveitamento dos vagões e atender às necessidades de expansão do tráfego, sem programar novas compras, salvo para reposição do material obsoleto.

Observa-se, assim, no Brasil, o que se passa em todos os países onde se aprimora a administração ferroviária. Nos Estados Unidos o número de vagões é hoje inferior, em cerca de um terço, ao existente por ocasião da I Guerra Mundial, apesar de ter o tráfego aumentado muitas vezes.

Se a indústria de vagões pretender da Rede um programa de encomendas ditado pela necessidade de sustentá-la, estará oferecendo um dos exemplos mais típicos daquela contradição, que apontamos acima, entre o interesse do desenvolvimento nacional e o de determinado grupo de fábricas nacionais. Sua maneira de fugir à contradição, e de integrar-se no sentido geral do desenvolvimento econômico, consiste em diversificar a sua produção, estabelecendo linhas paralelas para servir, por exemplo, à indústria de automóveis, e mesmo em desenvolver a exportação, usando para isso as condições cambiais flexíveis, que vigoram para as manufaturas.

Seria também interessante que as fábricas nacionais procurassem acompanhar as exigências do progresso tecnológico, de que a Rede se constituiu defensora, e sobretudo se esforçassem, no tocante à fabricação de vagões para passageiros, por se adaptarem às soluções tecnicamente mais adiantadas, preferidas pela Rede.

O que não é admissível é que uma indústria, a que o país muito deve, e que conta com personalidades de capacidade e poder de iniciativa em seus postos de comando, degenere em adversária do progresso ferroviário, e chegue a macular-se com métodos de ação política e publicitária, explicáveis a luz dos antecedentes históricos da evolução industrial em todos os países, mas sempre condenáveis nos que consentem em se tornar seus protagonistas.

Reforma do Imposto de Renda – Quinta e sexta-feira, 26 e 27 de dezembro de 1957

Em entrevista à imprensa o Diretor da Divisão do Imposto de Renda divulgou alguns pontos fundamentais da reforma do tributo, constantes de projeto atualmente em estudo e discussão na Câmara dos Deputados.

A matéria é de relevância, pois o imposto sobre a renda é um dos mais complexos e delicados instrumentos de política fiscal. Incidindo diretamente sobre os rendimentos distribuídos aos fatores de produção, seus efeitos econômicos e sociais são extensos e profundos. Dois pontos fundamentais não podem ser esquecidos em qualquer sistema de tributação direta da renda. Quando incide sobre rendimentos abaixo de certo nível o efeito do imposto é comprimir o consumo e reduzir o poder aquisitivo das classes e grupos atingidos. Quando recai sobre as rendas mais altas afeta o imposto a capacidade de poupança, diminuindo, em consequência, as disponibilidades destinadas a financiar investimentos.

Através das declarações feitas pelo Diretor do Imposto de Renda verifica-se ter havido, no substitutivo apresentado ao projeto inicial do Executivo, a louvável preocupação de minorar o ônus tributário sobre as classes inferiores de rendas, notadamente as derivadas do trabalho. A orientação é acertada, principalmente se tivermos em vista que a continua queda do poder de compra da moeda, em consequência da inflação, tem determinado um agravamento invisível, mas nem por isso menos intenso, das alíquotas proporcionais e progressivas do imposto.

Outro aspecto que não pode deixar de ser considerado é não ser o imposto de renda o único ônus fiscal suportado pelo contribuinte, mas apenas uma peça do sistema tributário nacional. Esse sistema é fortemente regressivo em seu conjunto, apoiando-se em impostos como o de consumo e de vendas e consignações, de forte incidência sobre os consumos e aa despesas das classes de menores rendas e de baixo poder de compra. Constitui iniquidade fiscal agravar ainda mais esse ônus com uma forte tributação direta dessas rendas inferiores, já comprimidas por outras modalidades de tributação. O imposto de renda deve ter, entre nós, um aspecto corretivo da regressividade do sistema fiscal em seu conjunto, graças à imposição mais intensa dos rendimentos mais elevados e sensivelmente poupados pelos outros tipos de tributação.

É ainda importante, no tocante à tributação dos rendimentos do trabalho, modificar a forma atual de arrecadação, a fim de estender a qualquer vencimento ou salário, seja qual for o respectivo montante, o sistema de retenção do imposto na fonte pagadora. É com efeito, muito mais suave, para aqueles que têm no trabalho a única fonte de renda, sofrer mensalmente o desconto correspondente ao duodécimo do imposto devido, do que se verem diante da contingência do respectivo pagamento em quatro pesadas quotas no ano seguinte à percepção da renda e, quase sempre, depois desta já ter sido despendida. O sistema de retenção na fonte apresenta, ainda, sensíveis vantagens para o fisco, simplificando a arrecadação e reduzindo o respectivo custo.

Não se pode objetar, em princípio, ao propósito das autoridades fazendárias de incluir, no projeto em discussão, medidas tendentes a evitar a evasão e sonegação do tributo. Todo imposto cujo sistema de controle e arrecadação permite um índice elevado de sonegação torna-se uma causa de injustiça fiscal. No tocante ao imposto de renda torna-se, porém necessária uma grande cautela a fim de evitar um sistema inquisitorial de fiscalização, causa de vexames para o contribuinte e de reações da sua parte.

Nessas condições é de se aceitar com reservas a proposição do Diretor do Imposto de Renda de instituir o processo criminal e cominar severas penas de prisão para os contribuintes faltosos. É bem verdade que penas semelhantes são previstas na legislação do imposto de renda de outros países. Trata-se, todavia, de nações que possuem um aperfeiçoado sistema fiscal, a cujo serviço se encontra uma administração eficiente e de altos padrões éticos. As notórias deficiências de nossa administração fazendária e as falhas do aparelho arrecadador e fiscalizador poderão conduzir a graves injustiças se for adotado o sistema proposto.

Outro ponto suscetível de reparos consiste na pretendida modificação do dispositivo legal que assegura o mais completo sigilo no tocante às informações prestadas à repartição do imposto de renda e aos dados por ela colhidos sobre a fortuna e rendimentos dos contribuintes. Qualquer exceção a essa regra, que constitui uma garantia de boas relações entre os contribuintes e o fisco, poderá dar lugar a abusos bem como a inconfidências altamente prejudiciais.

Em nenhuma forma fiscal, notadamente quando o seu objeto é a tributação dos rendimentos, podem ser esquecidos os aspectos econômicos e sociais envolvidos. Ninguém mais encara o imposto em nossos dias apenas como meio de obtenção de receita para o Tesouro, mas como poderoso instrumento de controle econômico e de consecução de certos objetivos sociais e políticos.

Nos países altamente desenvolvidos e onde se verifica grande concentração de fortunas e de rendimentos em certos grupos da população, o imposto é utilizado a fim de promover uma redistribuição da renda social e tornar menos agudas as desigualdades econômicas e sociais. Em um país como o nosso, em fase de iniciação industrial, essa finalidade redistributiva do imposto cede lugar a outros objetivos mais imediatos. O nosso problema básico é o de aumentar o volume de poupança global e incentivar e favorecer a sua aplicação em investimentos essenciais ao progresso do país. Um uso imoderado e excessivo da tributação direta e progressiva dos rendimentos poderá ter como efeito o desestímulo à poupança e aos investimentos e uma progressiva estatização da economia, absolutamente indesejável nas circunstâncias atuais.

Na conjuntura atual do país a tributação indireta terá ainda de constituir, por algum tempo, a base principal do sistema fiscal. O que se torna necessário é corrigir os defeitos mais flagrantes da tributação das despesas, fazendo com que ela recaia, de preferência, sobre os consumos de luxo ou supérfluos, privativos de certas classes de maiores rendas, poupando de imposição os consumos essenciais aos grupos menos afortunados da população.

Ao imposto de renda reservar-se-á o caráter de tributo complementar, corretivo dos efeitos regressivos de outras formas de tributação, adaptando-o a fim de torná-lo um elemento estimulador da poupança privada e de sua aplicação em investimentos essenciais ao progresso econômico do país. Nada mais perigoso do que tentar transplantar para um país subdesenvolvido como o Brasil, sem qualquer adaptação, as técnicas e os instrumentos fiscais utilizados em nações que já atingiram grau muito mais elevado de desenvolvimento econômico, onde o problema fundamental não é, como entre nós, o aumento do produto nacional, mas sua melhor e mais equitativa distribuição.

Salários nominais e reais - Domingo, 28 de abril de 1957

Com a aproximação do Primeiro de Maio e a reunião da 1ª Convenção Operária os problemas das classes trabalhadoras voltam a ocupar posição saliente nos debates públicos. O Vice-Presidente, Sr. João Goulart, regressou ao Rio, e falou aos marítimos em reunião havida anteontem. O Presidente da República, segundo se anuncia, fará no tradicional discurso do Dia do Trabalho importantes declarações.

Que pretende dizer o Senhor Juscelino Kubitschek aos operários, em momento tão crítico para o êxito de seu governo?

O débito do Presidente e do Vice-Presidente da República para com os trabalhadores é considerável, pois foi no seio das classes populares que ambos encontraram, desde o primeiro instante, ressonância e apoio para as suas candidaturas. Numa hora em que os Chefes militares olhavam com extrema suspicácia o Sr. João Goulart, a ponto de o Sr. General Teixeira Lott lançar pelo rádio, no dia da eleição, a perigosa notícia de um telegrama, que em outras circunstâncias poderia ter influenciado decisivamente o eleitorado, foram os trabalhadores que deram lastro às duas candidaturas, vendo nelas a expressão de uma continuidade, que desejavam guardar, com os ideais por eles personificados no nome do Sr. Getúlio Vargas.

Também deve dizer-se que nenhum governo, em nosso país, pode hoje negligenciar o apoio e a compreensão das classes populares. Vivemos um momento de crise de prestígio para as elites dirigentes, que perderam gradualmente toda ascendência sobre as massas, e se é verdade que ainda se mantêm, sobretudo nas zonas rurais, o sistema francamente declinante das clientelas, nas cidades os pronunciamentos eleitorais vêm tomando o caráter desconcertante de uma rebelião contra os partidos.

Em tais condições, o Governo precisa da confiança direta do povo, se pretende realizar qualquer tarefa construtiva, e essa confiança não se conquista nem se mantém quando oi povo se convence de que o Governo está alheio aos seus problemas e voltado para questões puramente políticas, cujo interesse se esgota na esfera dos agrupamentos partidários.

Em que consiste, porém, o dever do Governo para com as classes trabalhadoras que o apoiam?

É esse um ponto que necessita ser amplamente esclarecido, pois da confusão em torno dele é que se origina a degradação de toda política verdadeiramente popular em demagogia. A necessidade principal do povo, cuja satisfação deve constituir o alvo primeiro de uma política de inspiração popular, é a melhoria do nível de vida. Os brasileiros têm sofrido com a alta incessante dos preços, que é, não apenas o resultado, mas a própria essência da inflação, um processo de empobrecimento, que não atinge certas classes, mas que mantém a população numa atmosfera de insegurança e de alarme, pela impressão generalizada de que nenhum nível de remuneração pode ser considerado suficiente para a subsistência do indivíduo e de sua família no dia de amanhã.

Diante da elevação contínua dos preços, a aspiração que irrompe espontaneamente da consciência dos trabalhadores é de majoração dos salários nominais, e em duas oportunidades, com o intervalo de poucos anos, o Governo satisfez com largueza essas reivindicações. Que efeito alcançaram essas medidas? A experiência já demonstra à saciedade que as majorações maciças de salários, sem aumento de produtividade que os equilibre, conduzem simplesmente a uma nova e irresistível alta de preços, não só porque o maior poder de compra posto nas mãos dos trabalhadores serve-lhes para disputar, a preços mais altos, a mesma quantidade de mercadorias, como também as empresas facilmente obtêm do sistema bancário uma expansão de crédito para atenderem à elevação dos seus custos de produção.

Esse mecanismo inevitável já não constitui segredo para os trabalhadores. O grau de esclarecimento das classes populares é cada dia mais elevado, e embora as reivindicações salariais continuem encontrando terreno propício por força da elevação do custo de vida, já existe um fundo de compreensão com que o Governo pode contar para o lançamento de uma política de salários de maior alcance.

A essência dessa política é a substituição do aumento de salários nominais pelo aumento de salários reais. Aumenta o salário nominal quando o trabalhador recebe mais dinheiro pelos seus serviços: aumenta o salário real quando o trabalhador consegue adquirir, com o dinheiro que recebe, mais alimentos, melhor habitação, mais vestuário e mais educação para os seus filhos. O que uma política de salários esclarecida deve visar não é o aumento ilusório dos salários nominais, que conduz, como foi visto, a novas altas de preços, mas o aumento do salário real, que efetivamente assegura ao trabalhador um nível de vida mais elevado.

O Presidente da República não pode prometer aos trabalhadores a majoração dos salários reais através das mesmas medidas que asseguram a majoração dos salários nominais. Esta é ilusória, e se concede mediante simples decreto. Aquela é autêntica, e depende da execução coordenada de diversas medidas de governo, todas elas tendentes, em última análise, ao aumento da produtividade e ao controle da inflação.

Se o Sr. Juscelino Kubitschek praticar, através do Ministério do Trabalho, uma política de majoração dos salários nominais, não poderá realizar com eficiência, através do Ministério da Fazenda, uma política de combate à inflação. A obra de governo tem que ser uma nos seus objetivos e métodos, sob pena de completa frustração de resultados.

Outro ponto sobre que o Presidente da República precisa esclarecer os trabalhadores é a necessidade de uma vinculação crescente do regime de trabalho à melhoria das condições de produtividade. O país não pode agravar continuamente seus custos internos, produzir a preços cada vez mais elevados, e assim excluir-se da concorrência internacional, por serem mais favoráveis as condições de produção em outros países. Também não pode, para atender a reivindicações salariais, forçar as empresas a um regime deficitário corrigido aparentemente com subvenções oficiais. Estas subvenções saem do Tesouro, vale dizer, dos impostos e taxas cobrados pela União, e assim vão agravando o custo geral da produção brasileira, ainda que desapareça, por mero artifício, o déficit específico da empresa.

Se o Presidente quer desenvolver o país, e melhorar de fato as condições de vida dos brasileiros, é indispensável que o plano econômico geral, de desenvolvimento e estabilidade, não seja frustrado por uma política salarial inadequada. Também é certo que nenhum governo tem autoridade para pedir um sacrifício temporário ao trabalhador se não pode provar que está tomando, em outros setores, as medidas adequadas para conter a alta de preços e afinal para baixá-los. O sacrifício de uns não se concilia com o desperdício de outros.

São essas, entre outras, as reflexões da Nação enquanto aguarda a palavra do Presidente no Dia do Trabalho.

Salários nominais e reais – Segunda e terça-feira, 29 e 30 de abril de 1957

O desenvolvimento econômico e social não poderá ser alcançado se não forem aceitos certos princípios pela classe dirigente, notadamente pelos políticos, em matéria de salários e direitos do trabalhador.

É esse um dos pontos em que o Governo e os partidos parecem menos definidos. De um lado, ouvem-se chefes de empresa e técnicos em economia, que consideram antieconômica toda ou quase toda a legislação social, e gostariam de ver o trabalhador retroceder, no século em que vivemos, a uma insegurança jurídica absoluta, sem férias, sem estabilidade, sem indenização por despedida injusta ou por falta de aviso prévio. De outro lado, ouvem-se líderes de movimentos populares desejando transformar o trabalhador num verdadeiro pensionista do Estado, reduzindo o tempo e a eficiência do trabalho sem consideração pela produtividade das empresas, e elevando salários sem atenção aos custos internos, que vão subindo, e tornando gravosos os produtos do país.

Entre as duas posições, igualmente observadas, o Governo – e como ele os partidos – oscila, sem escolher rumo. Quando o encarecimento da vida consome o poder aquisitivo dos salários, a ponto de obrigar os trabalhadores a restringirem alimentos, vestuário, habitação, transporte e escola para os filhos, surgem as reivindicações de aumento de salário. E quando essas reivindicações triunfam, os empregadores correm para os bancos, a exibir as novas folhas de pagamento, em busca de maiores créditos para as empresas, cujos custos majorados logo impõem, ou pelo menos justificam, uma alta dos preços.

O Governo atual e os anteriores nada têm sabido fazer para deter essa reação em cadeia. Ao se formarem as reivindicações operárias, tratam imediatamente de apoiá-las, com receio da impopularidade. Majorados os salários, fecham os olhos à alta de preços subsequente para não terem de enfrentar as dificuldades financeiras, que surgiriam em muitas empresas, e logo se generalizariam, atingindo o sistema bancário.

É interessante observar que os dois movimentos sucessivos – o de alta de salários provocado pela carestia, e o de alta de preços provocado pelos salários novos – sempre ultrapassam, pela intervenção de fatores em parte psicológicos, o ponto necessário. Assim, os aumentos de salários têm ido bem além do aumento comprovado do custo de vida; e os aumentos de preços, por seu lado, têm ultrapassado as necessidades de cobertura da elevação de custos. Daí resulta maior aceleração no processo inflacionário, e o paradoxo de se tornarem os negócios mais rendosos depois de cada majoração salarial.

A vítima indubitável desse processo incontido é a economia nacional, e, portanto, em última análise, o povo, que vai sendo iludido pelos salários em cifras que lhe pagam, desiludido pelas mercadorias minguantes em que se convertem esses salários.

A técnica da impulsão periódica desses movimentos em cadeia é invariável: o Governo não consegue dominar a inflação, principalmente por não ser capaz de comprimir suas próprias despesas, e assim assiste impotente à alta dos preços; não tarda que os vencimentos do funcionalismo, e os salários em geral, se tornem insuficientes para assegurar o mesmo nível de subsistência. A primeira reivindicação que surge é a dos militares, cujos problemas de remuneração assumem sempre aspecto de maior relevo político, e constrangem inevitavelmente os parlamentares. Segue-se o pedido de equiparação dos servidores civis da União e das autarquias. E afinal a reivindicação dos empregados privados, pela porta da mesma equiparação em certos casos, e pela das greves, dissídios coletivos ou movimentos sindicais, na generalidade.

Pensará o Governo que é possível promover o desenvolvimento econômico e assegurar ao povo um nível mais elevado de bem-estar, sem penetrar nessa cadeia de efeitos e causas, para interrompê-la e restabelecer a estabilidade?

O Sr. Juscelino Kubitschek trouxe para o governo planos e programas de obras públicas, compreendendo represas, usinas, ferrovias, portos comerciais e pavimentação de estradas. Mas esses planos não fazem sozinhos o desenvolvimento econômico, e correm o risco de se tornarem incompatíveis com ele, se não forem assimilados ao sistema de uma política financeira, monetária e trabalhista, coerente e exequível. Essa política não foi ainda esboçada em seu quadro geral, e não há, na verdade, grande esperança de que o seja, pelo notório nível de despreparo do Governo, especialmente da equipe ministerial.

No tocante à política de salários, e à política de trabalho em geral, a omissão é flagrante, e as consequências decorrentes dela são perigosas. O PTB tornou-se, por tradição e inclinação partidária, o primeiro motor das reivindicações operárias, não esperando, muitas vezes, que elas se apresentem, para lhes assumir desde logo a paternidade. E o Presidente da República vê-se na contingência explicável de preservar junto aos trabalhadores a margem de confiança e simpatia de que necessita para governar.

Por outro lado, a UDN segue, em matéria de trabalho, uma linha política indecisa, pois não deseja incompatibilizar-se com os trabalhadores contrariando-lhes as pretensões, e também não se sente à vontade para apoiá-los ou mesmo lidera-los, em virtude de suas raízes patronais.

Dessas perplexidades não pode sair, entretanto, um critério condutor. Se o Sr. Juscelino Kubitschek tem o desejo, que apregoa, de engajar o seu governo na batalha do desenvolvimento, o problema dos salários e da legislação social tem de vir para o primeiro plano, em vez de ser adiado sempre para um momento de crise, onde os motivos de força maior já se tornaram irresistíveis.

A política trabalhista do Governo envolve, além do Ministério do Trabalho, o da Fazenda e os três ministérios militares, pois não é o salário do operário que está em causa, mas o nível geral de remuneração de serviços públicos ou privados, civis ou militares, em suas relações com o preço da vida, com os custos internos, com a formação de lucros e com o combate à inflação.

Só será fecunda e construtiva uma política salarial que envolva, com a maior amplitude, esses elementos, e de que fiquem fiadores, perante a Nação, o Presidente da República e os Ministros ocupantes dos ministérios citados. Essa política não pode esquecer que a melhoria do padrão de vida e a elevação dos salários reais resultam do desenvolvimento econômico, do aumento da produtividade, e não de medidas legislativas isoladas.

Em outro editorial o "Jornal do Commercio" voltará à análise dessa política, por cuja definição o país espera, e que poderá ser ainda, se formulada a tempo e executada com coerência e coragem, o melhor anteparo social ao desenvolvimento do país.

Salários nominais e reais – Quinta e sexta-feira, 2 e 3 de maio de 1957

O discurso do sr. Presidente da República no dia Primeiro de Maio decepcionou a quantos esperavam ver definida, através dele, a linha de conduta do Governo nas questões que atualmente interessam às classes trabalhadoras.

É possível que fosse preferível não agitar questões, que ainda não assumiram a forma de reivindicações inadiáveis, mas não é admissível encobri-las sob afirmações de certo modo temerárias.

O problema crucial, que pesa sobre os ombros do Governo, é assegurar às classes trabalhadoras o nível de salários compatível com as suas necessidades de subsistência, sem comprometer a eficácia das medidas com que deve combater a inflação. As classes trabalhadoras – nelas compreendendo todas as que vivem de salários, inclusive os funcionários civis e militares – pode deixar de reivindicar melhoria do padrão de vida, mas não podem suportar a sua redução. Se tiverem de sofrer uma compressão de salários, mesmo sob a forma de queda do poder aquisitivo do que recebem, é provável que o Governo se veja a braços com uma inconformação crescente, que se traduzirá em agitação social.

Por outro lado, não pode o Governo conceder um aumento considerável de salários sem correr p risco de perder o controle da inflação. Se o aumento for concedido a funcionários civis e militares, o "déficit" orçamentário assumirá proporções que podem chegar a ser catastróficas, e o Governo se verá arrastado à voragem das emissões. Se o aumento for concedido aos operários, crescerá o custo da produção, e as empresas irão reclamar expansão do crédito bancário de que necessitam, acabando por majorar o preço de seus produtos.

 Ora, é inegável que os salários sofreram no correr do ano de 1956, um desgaste substancial, que ainda não se tornou insuportável, mas que parece haver chegado ao limite, a partir do qual irromperão as reivindicações salariais.

Como vai o Governo fazer frente a esse problema, assegurando aos trabalhadores o nível mínimo de subsistência, sem prejuízo da continuidade de sua política monetária e financeira?

Esse era o problema que se achava colocado perante o Presidente da República, e para o qual não podia haver outra resposta senão a enumeração das medidas de governo com que a alta de preços deve ser contida nos próximos meses, ou pelo menos reduzida a uma taxa de crescimento suportável, que permita manter inalterados os níveis de salários.

Ora, em vez de indicar essas medidas, e de solicitar para elas o apoio e a compreensão dos trabalhadores, preferiu o Presidente da República eclipsar o problema sob a afirmação categórica, e precipitada, de que foi detida a alta dos preços no país.

Em que se baseia o Chefe de Estado para fazer declaração tão transcendente? Segundo o próprio discurso, o país estaria devendo essa instantânea parada de um processo crônico de ascensão, à abundância das safras do ano, que haveriam alterado favoravelmente as relações de oferta e procura.

É certo que tivemos a felicidade de um ano agrícola propício. Mas o país não ignora que a alta de preços é o resultado, de um lado, da maior ou menor escassez das mercadorias, e de outro lado, do maior ou menor incremento dos meios de pagamento.

Se é certo que o ano agrícola foi favorável, o ano monetário foi desfavorável, e o que se inicia vai sendo mais desfavorável ainda, com o crescimento do saldo devedor do Tesouro no Banco do Brasil espelhando a dramática realidade orçamentária em que nos achamos.

É interessante saber onde foram encontrados os dados numéricos que justificaram a convicção do Presidente da República de haver cessado o encarecimento da vida. Os números índices publicados pela "Conjuntura Econômica" mostram que, de fato, não houve variação nos meses de janeiro, fevereiro e março. Mas essa indicação nada significa, uma vez que os três meses citados acusam, todos os anos, essa estabilidade, e que o salto de dezembro de 1956 para janeiro de 1957 foi de 359 para 370, se tomarmos como base o ano de 1948, ou de 133 para 143, se tomarmos como base Janeiro de 1955.

Quando se iniciou o atual Governo os preços estavam 11% acima do que eram em janeiro de 55. Em dezembro de 56 estavam 33% acima, e no mês seguinte 45%. Sabendo-se que os fatores inflacionários continuam operando, é lícito concluir de uma parada no trimestre, parada que se repete todos os anos, que o problema do encarecimento desapareceu?

Essa afirmação imprópria de um discurso a que o Presidente da República empresta sua autoridade, não foi útil ao Governo, por mais de um motivo. Principalmente por haver dispensado o Presidente de abordar, com a gravidade que se esperava, o problema principal do momento que vivemos, que é o da defesa dos salários reais mediante o combate ao processo inflacionário.

381

Salários nominais e reais - Sábado, 17 de agosto de 1957

Entre os exemplos típicos de descoordenação governamental, verificados nas últimas semanas, nenhum tem a gravidade do relativo às reivindicações salariais.

Enquanto o Ministro da Fazenda afirma — em discursos, entrevistas e declarações — que a inflação está contida e com ela o surto do encarecimento da vida, o Vice-Presidente da República, o Ministro do Trabalho e a própria justiça especializada proclamam o contrário, apoiando ou satisfazendo os pedidos de maior salário formulados por metalúrgicos, bancários, e outros trabalhadores, pelo fundamento precisamente da elevação do custo de vida.

A essa diferente maneira de apreciar a realidade, correspondem políticas de efeitos antagônicos. No setor influenciado pelo Vice-Presidente, e onde prevalece o aspecto social sobre o aspecto econômico do problema, o que se promove é a melhoria de rendimentos do trabalhador, com sua consequência duplamente inflacionária: maior capacidade de consumo, e, portanto, de procura de mercadorias e serviços; e aumento dos custos de produção, e, portanto, dos preços. No setor influenciado pelo Ministro da Fazenda o que se faz é cercear o crédito às empresas privadas, embora por outro lado se esteja promovendo o aumento de suas folhas de pagamento, e diminuindo, por uma protelação intencional de despesas, a oferta de emprego.

Essa contradição insolúvel deixa atônita a opinião pública, e ao mesmo tempo que prejudica o Governo, gera uma inquietadora pergunta sobre o rumo a preferir.

A resposta a essa pergunta não pode ser senão paradoxal: o maior dos deveres do Governo é combater a inflação e conter o encarecimento da vida, mas quem está com as responsabilidades efetivas do processo dessa política é o Sr. José Maria Alkmim, e não o Sr. João Goulart. É fácil compreender porque.

A inflação produz, como é sabido, uma alta continuada dos preços, que vitima certas classes sociais e favorece outras classes, ou grupos, a que chega, em primeira mão, o fluxo dos recursos monetários. É por isso a inflação um mecanismo de expropriação compulsória e de injustiça, em que uns se enriquecem à custa do empobrecimento que impõem a outros.

Ora, os mais atingidos pelo sacrifício inflacionário são os que vivem de rendas fixas, e logo após os que vivem de salários. Sendo estes a expressão das necessidades básicas no caso do salário mínimo, ou do padrão de vida conquistado pelo trabalhador, no caso dos salários mais elevados, o encarecimento contínuo produz, para os que se acham no primeiro caso, a queda no pauperismo, e para os que se acham no segundo, a baixa do nível de vida, isto é, a proletarização.

O que agrava esse quadro é que, ao mesmo tempo, a inflação, como as águas em movimento de uma inundação, está carreando para outras mãos, de forma desmesurada, o que retira das classes prejudicadas.

Pois bem, a luta contra a inflação tem isso de cruel, mas de inevitável: que ela não chega a seus fins se não for possível conter o movimento de alta de salários, com o qual os trabalhadores procuram esquivar-se ao empobrecimento progressivo. Mas é claro, salta aos olhos, que nenhum governo poderá obter do trabalhador esse sacrifício, e justificar o seu apelo a um compasso de espera, se não estiver tomando paralelamente as medidas capazes de neutralizar os benefícios monetários que a inflação prodigaliza a seus favorecidos, e de deter, em todas as frentes por onde ela se dilata, o processo inflacionário em curso.

É a inflação uma doença que só admite terapêutica integral. Onde o governo deixar aberta uma fresta, por aí a vaga irrompe, anulando os benefícios da contensão exercida em outras frentes.

O que não é possível é supor que se possa reduzir a política anti-inflacionária ao indispensável, mas tímido paliativo da contensão de crédito, e exigir das massas trabalhadoras o sacrifício do seu nível de vida e de subsistência, em holocausto a uma política que o Governo não pratica, embora o seu Ministro da Fazenda proclame já haver ele triunfado.

Não é, pois, ao Sr. João Goulart que deve ser debitado o efeito indubitavelmente negativo das recentes majorações salariais. Se o Governo estivesse empenhado numa política de contensão da inflação, completa e coerente, debelando de fato a alta de preços, e o Vice-Presidente da República fomentasse as reivindicações de alta, sua linha de conduta seria imperdoável. Mas é difícil conceber como poderia o PTB pregar entre os trabalhadores o "aperto dos cintos", se esse sacrifício não está enquadrado numa política coerente e efetiva de estabilização.

Também não quer isso dizer que seja razoável estimular reivindicações exageradas e mesmo deseducar as massas, numa hora em que elas, pelo nível de compreensão mais elevado dos fatos econômicos a que estão atingindo, já conhecem plenamente os reflexos dos salários sobre os preços, e a cadeia ininterrupta de efeitos e causas, que torna ilusórios os aumentos da remuneração nominal.

A UDN e o PTB, que hoje travam um duelo quotidiano nos sindicatos, disputando a confiança e os favores do operariado, devem medir a extensão de suas responsabilidades, que não são menores que as do Governo em matéria desta transcendência, da qual pode originar-se um surto de desordem social com imediatas consequências políticas.

Se o Governo não toma as medidas urgentes que o assunto reclama, que os partidos mais conscientes das necessidades do trabalhador as formulem, e combatam por elas, para que não se ministre impiedosamente às classes populares um remédio insincero, reclamado pela angústia de um sintoma, mas que agrava a doença, em vez de curá-la.

Salários nominais e reais - Domingo, 18 de agosto de 1957

Cabe ao PTB o dever urgente e indeclinável de apresentar ao país um programa político-econômico de defesa dos salários reais. Até aqui sua força partidária foi posta a serviço apenas de reivindicações de aumento dos salários nominais. Nem os chefes do PTB, entretanto, nem os trabalhadores, cujo nível de conhecimentos aumenta todos os dias, ignoram que a subida de salários nominais é um remédio ilusório, cujo uso mitiga instantaneamente as dificuldades financeiras do empregado, para lhe criar, com o subsequente aumento dos preços, novas e maiores dificuldades.

A luta dos trabalhadores por aumento de salários numa economia devorada pela inflação progressiva, é o meio de defesa inevitável, de que eles lançam mão para impedir que se consagre uma redução efetiva de salários, traduzida na estagnação destes em face do encarecimento da vida. Mas ninguém mais ignora, mesmo entre operários de pequena instrução, que esses aumentos de salários são para o trabalhador o mesmo que é, para um náufrago, matar a sede com água do mar.

De que valem os vinte ou os trinta por cento de majoração de ordenados, que resultam das greves e conflitos sindicais, se essa majoração incide no custo da produção e conduz, ao fim de algum tempo, a um novo encarecimento da vida?

Enquanto o PTB se puder considerar partido fora do poder, terá sentido a política de simples apoio às reivindicações salariais, que são, em princípio, justas e inevitáveis se o Governo não coibir, nem está coibindo, a elevação geral dos preços. No dia, porém, em que o PTB quiser pensar sobre o assunto como partido que pode pleitear o governo, e ser chamado a exercê-lo, então será preciso confessar que esta política é orientada pela mera preocupação de preservar a liderança das classes trabalhadoras, hoje expostas à concorrência demagógica da UDN, e que não é com uma terapêutica sintomática, de efeitos passageiros e enganosos, que o partido poderá enfrentar o mais sério dos problemas de governo, aquele em que se entrelaçam, de forma crítica, o aspecto social e o aspecto econômico, reclamando soluções aparentemente contrárias. Será, então, necessário e inadiável substituir a política das reivindicações de aumento do salário nominal por uma política de melhoria efetiva do salário real.

O que é salário real, e como obter sua melhoria efetiva?

Se os índices do custo de vida aumentam, de um ano para outro, de 20% e o salário não se altera, houve na verdade uma queda de salário, não de salário nominal, mas real. Se, pelo contrário, os índices do custo de vida declinam, sem que se altere o salário, houve melhoria de salário real. Salário real é o poder aquisitivo do que recebe o trabalhador, e na verdade é esse poder aquisitivo o que ele mede e o que deseja, com suas reivindicações, restaurar.

Ora, aumentos de salário nominal, numa inflação em pleno curso, não restauram o salário real, pelo contrário o deterioram. E os homens públicos que tornam a responsabilidade de pleitear soluções para os problemas do trabalhador, têm dever moral e interesse político em propor soluções verazes e adequadas. A solução adequada, no caso a única que um partido popular digno desse nome pode oferecer, é a estabilização da moeda, ou seja, o controle e afinal a contenção do processo inflacionário, que vai implacavelmente anulando os efeitos das concessões monetárias obtidas com tão penosas lutas pelo trabalhador.

A verificação desta verdade deve produzir no espírito dos líderes partidários uma revolução copernicana. Em lugar de girarem em torno do Ministério do Trabalho e das instituições de Previdência, os interesses do Partido passam a girar em torno do Ministério da Fazenda e dos órgãos responsáveis pela orientação geral da economia.

O Ministério do Trabalho foi o órgão amortecedor de choques entre patrões e empregados, e passou a ser depois um coordenador da política assistencial e salarial do governo, mas salarial no sentido estritamente nominal. Nem o salário nominal, nem a previdência social, são, porém, instrumentos idôneos para resolver o problema do trabalhador, que é o da elevação efetiva do seu nível de vida, mediante melhor distribuição da riqueza.

Assim como os partidos populares, a classe industrial brasileira, notadamente o seu núcleo mais consistente e poderoso, que é o paulista, precisa ir ao encontro desse problema e estender legalmente sua mão ao trabalhador. São os industriais a melhor parte da burguesia brasileira, do ponto de vista político, não só porque os seus interesses de classe coincidem, na maioria dos casos, com os do país, como porque eles estão mais perto dos trabalhadores e devem ser mais capazes de com eles se entenderem.

A oposição entre industrial e trabalhador, nos quadros de uma sociedade em desenvolvimento, só existe e é fomentada, ou pela propaganda comunista, ou pelo egoísmo e a incompreensão dos próprios industriais Se estes abrirem em tempo os olhos para o problema, poderemos encontrar um caminho autêntico de conciliação, e através dele chegar a uma ordem social baseada nas forças verdadeiramente responsáveis pela manutenção da sociedade.

Salários públicos e privados - Segunda-feira, 13, e terça-feira, 14 de maio de 1957

O reajustamento de salários reclamado pelos marítimos sob ameaça de greve geral constitui, para o Governo e para o futuro da nação, acontecimento de excepcional gravidade.

Não estamos diante de uma simples reivindicação de maior salário, mas de uma pretensão que põe a nu os mais sérios defeitos da nossa estrutura econômica, e abre um precedente perigoso, pelo qual podem vir a ser tentadas outras pretensões.

Em princípio, a mais legitima das aspirações sociais é a de melhoria da remuneração para o trabalhador. Toda a organização econômica tem por finalidade a elevação do bem-estar social, e esta depende de que haja maior produção e melhor distribuição.

O que torna, entretanto, desaconselhável, em certos casos, a majoração de salários, é o risco de que ela produza efeitos contrários à finalidade com que é instituída, isto é, que acarrete, ou uma elevação dos preços, capaz de anulá-la, ou uma queda de produtividade, que se traduz em empobrecimento geral.

Estes efeitos não são vistos com facilidade pelos trabalhadores interessados em obter maior salário. Além disso, os chefes de empresas têm tendência a tachar de inconvenientes mesmo as elevações justificadas, o que cria, entre empregadores e empregados um estado de tensão, suscetível de agravar-se nas épocas de grande instabilidade monetária.

Entre os dois grupos de interesse deve estar o Governo, com capacidade de resistir às pretensões, às vezes arriscadas ou errôneas dos trabalhadores, e às recusas, às vezes egoístas e insensatas das empresas. O que não se admite é que o Governo faça o jogo das empresas esquecendo seus deveres para com o trabalhador, ou resolva cortejar os trabalhadores cedendo mesmo naquilo que acaba por prejudicá-los.

O caso dos marítimos é dos mais típicos. O que eles pedem é a equiparação geral dos salários da classe aos que hoje são pagos ao pessoal das duas autarquias federais: Loide e Costeira.

Essa pretensão merece ser analisada nas suas causas e nos seus efeitos.

Os efeitos serão devastadores. As companhias particulares de navegação, tendo de pagar aos seus empregados os salários de funcionários, que percebem os empregados federais, ficariam fora de qualquer possibilidade de uma operação industrial lucrativa, ou mesmo equilibrada, e teriam de fazer frente a um "déficit" que está sendo estimado em oitocentos milhões de cruzeiros anuais.

Para remediar esse inconveniente, os setores mais economistas da Administração Federal propõem a majoração das tarifas: os setores mais trabalhistas propõem a subvenção federal.

Qualquer dessas soluções é desastrosa. O aumento da tarifa virá tornar proibitivos os preços do transporte marítimo nacional, que já são mais elevados que os estrangeiros e os excluem da competição marítima internacional. Nenhum país oferece à sua marinha mercante condições tão mortíferas de funcionamento, e com isso mais encarece a vida do país, isolando-se os mercados regionais e depauperando-se o Norte, que é a região mais dependente do tráfico marítimo.

A subvenção federal, por sua vez, não trará menores inconvenientes. Ilude o público, fazendo-lhe crer que os fretes e as passagens não aumentaram, mas na verdade lança sobre os cofres públicos o prejuízo da navegação, pagando-o com impostos, e à falta destes, com emissões. O efeito destruidor é menos visível, porém mais profundo. Numa hora em que se procura um meio de deter a dilatação irresistível do "déficit" público, o que se propõe, para atender aos marítimos, é que se lance mais de um bilhão de cruzeiros nesse trágico sorvedouro.

Acrescente-se que a soma de oitocentos milhões de cruzeiros, equivalente a cerca de dezesseis milhões de dólares (ao câmbio de custo), bastaria para dotar a marinha mercante brasileira de quase vinte navios de 5.000 toneladas dw, por ano, aos preços da última compra de navios da frota de reserva americana. Esses navios ocupariam de forma mais racional o excesso existente de equipagens, barateariam fretes, acelerariam o comércio, e promoveriam, através do trabalho, o bem-estar dos trabalhadores, de uma forma eficiente e durável, em tudo oposta à ilusória solução de caráter assistencial, que o Governo vai oferecer aos marítimos, arruinando, de forma talvez definitiva, a cabotagem nacional.

Vejamos, agora, as causas. Por que querem os marítimos o reajustamento? Porque a navegação mercante é operada, entre nós, por empresas privadas, que procuram a rentabilidade, e por empresas públicas, que não temem o déficit nem a falência. Para os empregados destas empresas criou o Governo, sem sentir a desigualdade perigosa que gerava, um regime de exceção, e é a esse regime que os marítimos aspiram, pela regra fatal do precedente e da equiparação.

A iniciativa estatal cumpre, assim, o seu ciclo destruidor, que consiste, primeiro, em criar para os seus servidores vantagens antieconômicas, de caráter assistencial; segundo, em gerar nos trabalhadores particulares a insatisfação que aspira a tratamento igual; terceiro, em forçar a empresa privada a conceder a equiparação, tornando-a deficitária; quarto, em conceder à empresa privada uma subvenção, tornando-a, desse modo, empresa pública.

A gravidade do caso dos marítimos ainda não pode ser, aliás, apreciada em toda a sua extensão. A Câmara a o Senado, num pronunciamento patriótico, mantiveram há dias o veto parcial do Sr. Presidente da República à lei da Rede Ferroviária Federal, impedindo que os empregados desta ainda não considerados funcionários e os novos empregados passassem da esfera das leis do Trabalho para a das leis do funcionalismo público. Já se anuncia, porém, que os ferroviários espreitam os resultados da ameaça da greve dos marítimos, e atrás deles os bancários, que veem pela frente os padrões da remuneração do Banco do Brasil, como o alvo de suas possíveis pretensões.

Em que política econômica e social está engajado o Sr. Juscelino Kubitschek?

Certamente não lhe será fácil deter o trem das reivindicações catastróficas, quando este já vai desgovernado, declive abaixo, sem que nenhum guarda-freios lhe possa deitar mão. Ter de enfrentar os problemas quando já são insolúveis, é a recompensa de quem escolhe um ministério de segunda ordem para com ele governar.

Ficaremos, porém, à mercê de uma reação em cadeia que neste instante se inicia, sem que ninguém saia a campo com coragem para ajudar verdadeiramente o trabalhador, mostrando-lhe a verdade, protegendo seus interesses, que são os da nação, em que ele se integra?

Não serão os capitalistas os atingidos com a ruina da nossa economia, se esta amanhã tiver de sobrevir por se tornarem deficitárias e antieconômicas as nossas principais atividades. O capital tem refúgios inacessíveis. O que sofre na própria carne o efeito da destruição econômica é esse povo, que não está encontrando líderes que o esclareçam e Governo que verdadeiramente o defenda.

Salários públicos e privados - Quarta-feira, 15 de maio de 1957

À uma hora da madrugada de ontem, quando a greve dos marítimos parecia debelada, o Governo rendeu-se espetacularmente às suas pretensões, concedendo a equiparação dos salários das empresas privadas aos do Loide e da Costeira, e cobrindo o prejuízo resultante com subvenção federal.

Força é reconhecer que o Governo já não podia, depois de atingido o nível de pressão das últimas semanas, deixar de ceder aos marítimos, principalmente quando se pensa que esse reajustamento fora inscrito no inventário demagógico da campanha presidencial e que o Governo não chegou a tomar qualquer medida para modificar inicialmente o rumo das reivindicações. Neste, como em outros problemas, a administração federal deixou-se ir à deriva, substituindo a capacidade de dirigir os fatos pela de se deixar conduzir por eles.

Está provado que as grandes questões econômicas e sociais não podem ser resolvidas em momentos extremos, depois de se acumularem todas as pressões de interesses, e de já não restar a possibilidade de um segundo caminho consentâneo com o interesse real das próprias classes contempladas com as vantagens.

Governar é agir em tempo. Mas para agir em tempo são necessárias duas coisas: primeiro, o conhecimento dos problemas e de suas soluções; segundo, o senso de responsabilidade, que faz tomar em mão os assuntos, antes que eles se tenham tornado críticos e incontroláveis.

A presente administração federal não parece, infelizmente, qualificada para proceder desse modo. Têm-lhe faltado ambos os elementos apontados, principalmente o primeiro, que depende do nível de competência da equipe ministerial – sem dúvida a parte mais débil da atual administração.

O que resulta da resolução de ontem à noite já foi antecipado pelo editorial do "Jornal do Commercio". Algumas cifras auxiliarão, entretanto, o público a medir a extensão real dos resultados.

No quadro lamentável da administração pública brasileira, as empresas de navegação ocupam, no consenso geral, uma posição de triste prioridade. Em nenhum outro setor a operação industrial se tornou tão antieconômica, seus efeitos tão negativos em relação à fazenda pública e às atividades privadas. Basta dizer que o Loide Brasileiro expandiu de tal modo os seus quadros de pessoal, para atender às pressões das clientelas partidárias, que o número de tripulantes de sua frota, para cada 1.000 toneladas brutas, hoje se exprime da cifra de 11,5. Esse número cai para 3,5 na frota da Noruega, 7,7 na da Inglaterra, 8,1 na da Bélgica, 8,3 na da Dinamarca e 8,9 na da França.

Todo esse pessoal veio a ser contemplado pelo princípio do favorecimento pessoal e da demagogia pseudotrabalhista, com salários e vantagens cuja média é hoje estimada em Cr$ 18.000,00 para o Loide e Cr$ 16.000 para a Costeira. Quando se considera que Cr$ 17.000 representam o fim de várias carreiras técnicas (de engenheiro, economista, oficial administrativo ou advogado), percebe-se a desordem salarial que veio a prosperar nessas empresas, transformadas em depósito de pessoal excedente, estipendiado pelos cofres públicos, sem qualquer preocupação de rentabilidade ou possibilidade de recuperação.

Pois foi a essas vantagens que os empregados das empresas privadas de navegação aspiraram, por lhes parecer que a elas tinham direito, uma vez que executavam o mesmo serviço cumprido por empregados das autarquias.

O reflexo econômico da medida é também fácil de medir em cifras. Segundo fontes oficiais, o frete médio por tonelada transportada na cabotagem brasileira, é de Cr$ 536,00. Os fretes eram até agora a única receita de que as empresas privadas dispunham, e com ela conseguiam realizar sua operação industrial, em condições não apenas equilibradas, mas lucrativas. Enquanto isso o Loide e a Costeira chegaram a produzir tais déficits, encampados pela União, que o custo da tonelada transportada, somando-se o frete ao déficit, atingiu a Cr$ 2.300,00, ou seja, quatro vezes o frete.

Para esse resultado não contribuiu apenas, é verdade, a diferença salarial. A ela devemos acrescentar a ineficiência do próprio serviço, decorrente da manutenção em tráfego de navios obsoletos, sujeitos a constantes reparos, a ponto de se verificar que os navios do Loide utilizados na cabotagem gastaram, em 1956, cerca de 30% do tempo nos portos, 37% do tempo em obras e reparos, 3% parados por vários motivos e os 30% restantes navegando.

Esse nível ínfimo de eficiência conduziu ao resultado inevitável de o Governo se ver forçado, numa proporção crescente, a facultar a navios estrangeiros o serviço de cabotagem, que devia ser privativo dos nacionais.

Em 1955, 30.000 toneladas foram transportadas ao longo da costa nacional por navios estrangeiros, cifra que no primeiro semestre de 1056 atingiu a 340.000.

De hoje em diante a frota particular que operava com êxito a cabotagem brasileira, recolhe-se ao triste rol das companhias subvencionadas, que já não se sabe se são públicas ou privadas, uma vez que o déficit, tornado obrigatório, passa a ser coberto por uma subvenção do Tesouro.

Que providência pretende o Governo tomar para que o princípio da equiparação aos salários de autarquias não leva ao déficit e à subvenção as outras atividades privadas do país?

Se os bancários pretenderem obter a mesma equiparação concedida aos marítimos, os bancos particulares terão necessidade de obter também uma subvenção para cobrirem a diferença. Se os empregados da indústria metalúrgica aspirarem às condições criadas por Volta Redonda, o mesmo irá suceder. Se os ferroviários tomarem como ponto de comparação a Santos-Jundiaí, já não haverá estrada de ferro no Brasil que não vá engrossar o déficit da União.

O Presidente da República não pode deixar de considerar o episódio da última madrugada a mais grave advertência que já recebeu sobre as deficiências de seu governo. Um desastre pode ser, entretanto, transformado num acontecimento providencial. Basta que se compreenda plenamente o seu significado, que se proceda, à sua luz, a uma autocrítica implacável, e que se tomem resoluções efetivas para conduzir em sentido diverso os negócios públicos, de modo que a administração não tenha de fazer face a perigos quando estes já se tornaram inevitáveis.

Salários públicos e privados - Sábado, 25 de maio de 1957-

O último noticiário da imprensa dá a entender que se inicia um movimento no sentido de conceder-se novo aumento de vencimentos do funcionalismo público civil, através do plano de classificação de cargos atualmente em exame no Congresso Nacional. O recente reajustamento das gratificações e vantagens dos militares significou, na realidade, um aumento dos proventos dessa classe de servidores públicos e veio dar novo alento às reivindicações do funcionalismo civil.

Trata-se de problema da maior importância, capaz de provocar fundas repercussões na vida econômica do país, que exige exame efetuado com a maior prudência, tendo em mira os interesses nacionais.

O último aumento de vencimentos dos servidores civis e militares, concedido em ocasião de eleições gerais, quando a outorga de favores e vantagens às expensas do Erário torna-se mais fácil, ocasionou para o Tesouro Nacional aumento de despesa superior a 30 bilhões de cruzeiros. Esse acréscimo foi a causa do enorme "déficit" na execução orçamentária do exercício de 1956, bem como pela emissão de mais de 15 bilhões de cruzeiros de papel moeda, que veio agravar sensivelmente a inflação e determinar forte alta do custo de vida.

O aumento dos gastos com o pessoal civil e militar é ainda responsável pelo desequilíbrio da lei orçamentária no corrente exercício, cujo "déficit" declarado, de 17 bilhões de cruzeiros, deverá exceder a 20 bilhões ao se encerrar o ano fiscal.

A concessão aos servidores civis e militares de um novo aumento de vencimentos, mesmo para vigorar a partir de 1958, virá impedir o equilíbrio orçamentário que se impõe como condição essencial para o saneamento financeiro.

Desta forma, uma nova elevação dos vencimentos dos servidores públicos contribuirá sob múltiplos aspectos para aumentar a pressão inflacionária e elevar ainda mais o custo de vida. A cobertura do aumento de vencimentos através de uma agravação dos impostos significará ônus adicional ao custo de produção e, consequentemente, alta dos preços das mercadorias e serviços. Se, para essa cobertura, forem utilizados expedientes inflacionários — emissão de papel-moeda ou adiantamentos feitos ao Tesouro pelo Banco do Brasil — o aumento dos meios de pagamento determinará a alta generalizada dos preços.

Finalmente, a necessidade diante da qual se encontrarão os demais empregadores de aumentar a remuneração de seus empregados, afim de acompanhar os salários pagos pelo Governo, será causa de inflação dos custos de produção e da alta dos preços. Continuaremos assim, "ad infinitum", a percorrer o ciclo vicioso do aumento de salários determinando aumento dos preços e este ocasionando novos aumentos de salários.

Outro efeito desastroso de um aumento de vencimentos dos servidores civis e militares reside na repercussão que acarreta sobre as finanças dos Estados e Municípios. São estes últimos obrigados, como os demais empregadores, a acompanhar os aumentos salariais obtidos pelos servidores da União, sob pena de se verem privados de pessoal qualificado para execução dos encargos que lhes competem. Não tendo, como a União, a faculdade de criar meios de pagamento através da emissão de papel-moeda, resta aos Estados e Municípios, em tais emergências, o aumento de seus tributos ou o recurso aos empréstimos do Banco do Brasil por ordem do Tesouro e à conta deste, método de emissão disfarçada do qual tanto se tem usado e abusado entre nós.

Já é tempo de solucionar de uma forma objetiva e honesta o problema dos servidores públicos. Não é possível encarar a remuneração ao serviço público como simples problema assistencial ou pretexto para demagogia eleitoral.

O plano de classificação de cargos ora em discussão no Congresso Nacional não visa nem pode visar à concessão de aumentos generalizados de vencimentos. O seu objetivo só pode ser, em uma época de especialização profissional como a atual, o de definir clara e precisamente as atribuições das diversas carreiras e classes no serviço público, afim de facilitar os processos de seleção, acesso, lotação, etc. É evidente que a adoção de um plano de classificação de cargos terá efeitos na fixação da remuneração dos servidores públicos, não para aumentá-la indiscriminadamente, mas para permitir uma adaptação do vencimento à natureza do trabalho e às qualificações profissionais exigidas do funcionário. Um plano de remuneração pode ser uma decorrência, mas não se confunde com os planos de classificação de cargos.

Ninguém pode alimentar má vontade contra a numerosa classe dos servidores públicos civis e militares, onde se encontram milhares de cidadãos patriotas, conscienciosos e honestos no cumprimento dos seus deveres. Toda a Nação que trabalha e assegura com o produto do seu esforço o funcionamento dos serviços públicos aguarda, confiante, que o

Governo adote política firme e decidida no tocante ao tratamento e remuneração do seu pessoal. Reconhecido o excesso do número de servidores públicos, para as necessidades atuais — como o tem admitido o próprio Sr. Presidente da República — cumpre manter os quadros no mínimo indispensável, abolindo rigorosamente as admissões de favor. Uma vez reduzido o número de servidores e reorganizados os quadros administrativos, a União poderá cogitar de estabelecer para os seus empregados um sistema de remuneração adequado e justo, no qual haja correspondência entre o vencimento recebido, a qualificarão profissional do servidor e a sua eficiência e produtividade no trabalho.

A consciência política já compreendeu plenamente o significado desses aumentos. Os últimos pronunciamentos dos líderes oposicionistas comprovam que a contenção dos salários nominais não se constituirá em óbice à pacificação do país.

Siderurgia - Sexta-feira, 14 de fevereiro de 1958

Ao nos referirmos, em editorial anterior, ao projeto da USIMINAS, salientamos representar essa iniciativa um passo decisivo para ser alcançada a meta da Siderurgia, um dos pontos de maior importância no programa de desenvolvimento econômico que o atual Governo propõe-se a executar.

A insuficiência do consumo, no Brasil, de produtos siderúrgicos, importados do exterior ou internamente produzidos, é manifesta. Estatísticas recentes mostram que o consumo "per capita" desses produtos em nosso país representa apenas 5% do mesmo consumo nos Estados Unidos e 13% do consumo na União Soviética. Na própria América do Sul estamos em posição inferior, nesse particular, frente à Venezuela, à Argentina e ao Chile.

Para não prejudicar o desenvolvimento econômico do país nem provocar maior desequilíbrio do balanço de pagamentos, torna-se imperiosa a ampliação da produção interna e a sua melhoria qualitativa. Empenha-se o Governo em elevar a produção nacional de lingotes de aço, que em 1956 alcançou o total de 1.362.500 toneladas, a 2.300.000 toneladas em 1960, criando ainda as condições necessárias para que essa produção possa alcançar 3.450.000 toneladas em 1965. Se forem atingidas essas metas, em 1960 o "déficit" previsto diante da provável demanda de produtos siderúrgicos naquele ano deverá ser inferior a 100.000 toneladas, prevendo-se o equilíbrio entre a oferta e a procura em 1965.

Para a consecução desse objetivo estão em execução obras de ampliação em usinas já existentes e ultimam-se novos projetos, entre os quais merecem destaque, pela sua importância, da COSIPA, em São Paulo, o da USIMINAS, em Minas Gerais, e o da Cia. Ferro e Aço de Vitória, no Espirito Santo.

A Companhia Siderúrgica Nacional, com a execução da segunda etapa de seu plano de expansão, para o qual está sendo adquirido o equipamento necessário, deverá elevar a produção da Usina de Volta Redonda para cerca de 1.100.000 toneladas de lingotes de aço em 1960. O plano de expansão da Companhia Belgo-Mineira permitirá elevar sua produção para 556.000 toneladas de lingotes em 1961 e o programa da ACESITA, em execução, visa atingir o nível de 120.000 toneladas anuais. Outras empresas de menor porte já deram início a programas de expansão de que resultará apreciável aumento do volume da oferta de produtos siderúrgicos no mercado nacional.

Entre os projetos novos, o da USIMINAS, já analisado em editorial anterior, visa a produção de 240.000 toneladas anuais, a ser iniciada no segundo semestre de 1961, elevada para 504.000 toneladas no primeiro semestre de 1964. O projeto da Companhia Siderúrgica Paulista (COSIPA) poderá contribuir com 385.000 toneladas em 1962 e o da Companhia Ferro e Aço de Vitória com 120.000 toneladas em 1961.

A execução dos empreendimentos necessários para elevar a produção siderúrgica nacional aos níveis programados exigirá investimentos em moeda nacional orçados em 16.614 milhões de cruzeiros, até 1960, e investimentos em moeda estrangeira equivalentes a 10.367 milhões de cruzeiros. Dadas as condições da indústria siderúrgica, pouco atraente para os capitais privados, em virtude da lentidão com que são repostos os vultosos recursos nela aplicados, o maior esforço financeiro caberá ao Estado, não só através da subscrição de parte do capital necessário como, principalmente, pela concessão de financiamentos pelas organizações oficiais de crédito. Quanto aos recursos em moeda estrangeira sua origem residirá em financiamentos obtidos de organizações financeiras internacionais, como o Banco de Exportação e Importação de Washington, o Banco de Exportação e Importação do Japão, o Banco Internacional de Reconstrução e Desenvolvimento, e em créditos concedidos pelos próprios fabricantes estrangeiros de equipamentos e instalações.

A execução da meta da Siderurgia exigirá, sem dúvida, um grande esforço financeiro, notadamente por parte do Poder Público. Trata-se, todavia, de um esforço que não excede a capacidade normal de investimentos do setor público no período de tempo em que se deverá exercer. O Banco Nacional do Desenvolvimento Econômico, principal responsável por esse esforço, sob a forma de participação societária e concessão dos financiamentos em moeda nacional, tem, na arrecadação crescente dos adicionais do imposto de renda, um instrumento seguro e não inflacionário capaz de permitir a captação da poupança privada para aplicação em investimentos tão essenciais ao desenvolvimento econômico do país.

De outro lado, uma disciplina maior dos orçamentos públicos permitirá uma eliminação ou pelo menos uma redução na multiplicidade de itens de despesas, de caráter exclusivamente regional e local, que, não obedecendo a qualquer programação ou escala de prioridade, significam uma pulverização de recursos e um desperdício de fatores.

Tributos municipais do DF - Sexta-feira, 27 de setembro de 1957

Em comentário anterior já havíamos nos referido ao projetado aumento de tributos municipais para o próximo exercício. O que era então simples projeto agora se concretiza, através de mensagem do Prefeito do Distrito Federal à Câmara dos Vereadores, solicitando a criação de adicionais a diversos impostos municipais, a fim de se utilizar o respectivo produto no financiamento de um programa de obras e empreendimentos.

Em declarações públicas e com a franqueza que lhe é peculiar o Chefe do Executivo Municipal defendeu calorosamente sua iniciativa, considerando-a essencial e indispensável para a melhoria das condições de vida da população da Capital da República.

Nenhum habitante desta cidade opõe-se à execução das obras programadas pelo Prefeito Negrão de Lima ou discute o caráter imprescindível de todas ou da maioria delas. Admite-se mesmo que a cidade poderá entrar em situação de colapso se não forem executadas, com urgência, certas obras e serviços municipais.

Confrange o coração ver o estado de abandono a que chegou esta cidade, dotada de encantos e de recursos naturais que a colocam em situação ímpar ante as grandes cidades do mundo. Uma política de empreguismo desenfreado e de distribuição de favores às expensas do erário foi a pouco e pouco comprometendo os recursos municipais, aliás bem abundantes, mas hoje insuficientes para atender às simples despesas de custeio. Uma enorme máquina burocrática, emperrada e ineficiente, absorve a totalidade da arrecadação municipal, nada deixando para a execução de obras e empreendimentos essenciais ao conforto e ao bem-estar da população.

Desta forma, parece demasiado simplista a solução de aumentar tributos para obter recursos destinados ao financiamento de um programa de obras. Equivale tal solução ao reconhecimento implícito da impossibilidade de corrigir os vícios que corroem a administração municipal e comprometem irremediavelmente sua estabilidade financeira. Continuará esta a aplicar a quase totalidade de seus recursos orçamentários na manutenção e custeio de sua engrenagem burocrática e, para que a população carioca possa receber serviços essenciais, de que tanto necessita, terá de pagar novos impostos e contribuições.

Trata-se, evidentemente, de uma solução que não pode ser aceita sem crítica. O que o contribuinte carioca deseja do Governo Municipal é, em primeiro lugar, uma reforma integral da administração, visando, antes de mais nada, a redução dos quadros de empregados municipais, a fim de limitá-los ao estritamente indispensável. Não pode ser acolhida, sem maior exame, a afirmativa de que seria impraticável tal redução, diante de garantias asseguradas por lei. Centenas ou talvez milhares de empregados municipais são ainda interinos ou extranumerários e não dispõem de estabilidade assecuratória da respectiva permanência nos cargos e funções ocupados. Quanto aos demais, é urgente a votação de um diploma legal, estabelecendo expressa proibição do preenchimento dos respectivos cargos, quando se vagarem, e prevendo a extinção automática dos mesmos até que o número de servidores da Prefeitura seja limitado às necessidades reais do serviço.

Em segundo lugar, não há princípio constitucional impeditivo de uma revisão do atual sistema de remuneração dos servidores municipais, aos quais, conforme é público e notório, são asseguradas gratificações e vantagens superiores às desfrutadas pelo funcionalismo federal.

Finalmente, o que é da maior importância, cumpre exigir do funcionalismo municipal uma produção satisfatória, equivalente às vultosas somas exigidas do contribuinte carioca para o respectivo pagamento. Não se compreende, aliás, diante da numerosa massa atual de servidores municipais, que seja realmente imprescindível, para execução do projetado programa de obras, inaugurar-se nova repartição municipal, ao lado das secretarias, departamentos e serviços já existentes.

Não pretendemos negar que, diante da situação calamitosa da Prefeitura do Distrito Federal, tornar-se-á talvez imprescindível certa majoração de impostos, para o financiamento de obras urgentes e inadiáveis. Essa majoração, todavia, somente poderá ser aceita pela população após demonstração concreta das economias feitas no orçamento municipal, através de redução de cargos, eliminação de vantagens e combate aos desperdícios da administração.

Ainda mais, é necessário que a administração municipal procure dividir com a iniciativa privada parte dos seus encargos, evitando chamar a si a responsabilidade total pela execução de empreendimentos para os quais não se encontra capacitada, técnica, financeira e administrativamente. Infelizmente, porém, o estatismo tem procurado aniquilar, precisamente, os concessionários de serviços públicos, por meio de uma política tarifária inteiramente inadequada à conjuntura inflacionária em que há anos nos debatemos. Como não é possível pretender que empresas privadas operem indefinidamente sob regime de "déficit", o resultado é que, entre nós, os serviços públicos sob regime de concessão vão se deteriorando gradativamente até à final encampação pelo Poder Público, que os irá operar com ineficiência, cobrindo os "déficits" de sua exploração através do orçamento.

Fosse outra a mentalidade dominante e tivessem os capitais particulares a garantia de justa e adequada remuneração na exploração de serviços públicos, recursos substanciais do setor privado, levantados no país ou oriundos do exterior, seriam aplicados em dotar uma cidade como o Rio de Janeiro de serviços de transporte coletivo, comunicações, higiene e outros compatíveis com a condição de capital de um grande país e uma das metrópoles mais adiantadas do mundo. Enquanto, porém, o empreendimento privado for encarado com suspeita ou hostilidade, o resultado será a inexistência de certos serviços públicos essenciais ou a sua operação em condições precárias, altamente onerosas.

Todos esses argumentos mostram a necessidade de submeter a rigorosa crítica o aumento de tributos pleiteado pelo Governo do Distrito Federal, para a execução de seu programa de obras. Providência preliminar, indispensável, será o saneamento do Tesouro Municipal, para reduzir substancialmente, a curto prazo, as atuais despesas administrativas e, a longo prazo, permitir a existência de disponibilidades permanentes no orçamento, destinadas ao financiamento de obras públicas imprescindíveis. Ao mesmo tempo deverá o Governo do Distrito Federal esforçar- se por obter que o capital e a iniciativa privada colaborem na obra de tornar o Rio de Janeiro não só a cidade mais linda do mundo, como, também, uma metrópole dotada de todos os confortos e recursos fornecidos pela técnica e pela civilização.

Trigo - Sábado, 9 de novembro de 1957

Quatro proposições parecem essenciais ao bom entendimento do problema do trigo. Em primeiro lugar, menos por motivos estritamente econômicos do que de segurança de abastecimento, convém ao Brasil diminuir a sua dependência em relação ao trigo importado, capacitando-se para produzir internamente parcela substancial do seu consumo. Daí, entretanto, passar-se ao extremo da busca da autossuficiência, seria erro grave. O trigo é a moeda com que a Argentina e o Uruguai nos pagam várias de nossas exportações: as bananas, as madeiras, o pinho, o mate e as manufaturas leves. Alguns desses produtos agrícolas não encontram mercados alternativos e, no tocante às manufaturas, carecemos cada vez mais de mercados externos para habilitar nossa indústria a alcançar dimensões econômicas de produção. Seria realmente irônico que, precisamente quando a ideia do mercado comum e da especialização regional triunfa no mundo, em vista das enormes economias tecnológicas possibilitadas pelo aumento de escala de produção, renunciássemos à perspectiva de ampliarmos o mercado para as nossas manufaturas no Prata, em busca de autossuficiência em trigo, conseguida a altos custos.

Parece, assim, que a segunda proposição da política brasileira de trigo deveria ser a de expandir a produção apenas na medida suficiente para satisfazer aos incrementos anuais de consumo, sem ambicionar exterminar as quotas tradicionais de importação do Prata.

A terceira proposição estaria em que qualquer esforço de ampliação da produção tritícola fosse precedido de melhoramentos na rede de transporte e armazenagem, sem o que maior produção significará apenas maior desperdício.

Finalmente, o quarto ponto, seria o de uma política pela qual os incentivos de preço dados à produção tritícola não venham sancionar custos de produção manifestamente antieconômicos, com sacrifício das demais atividades agropecuárias que, apesar de mais eficientes, são abandonadas pelos lavradores em busca da subvenção proporcionada à triticultura.

A atual política, ou falta de política, do trigo, praticada com espantosa inépcia pelo Ministério da Agricultura, viola, contudo, todos esses princípios. Guiado, menos por considerações econômicas, do que por pressões eleitorais e políticas, o Ministério ora prega a autossuficiência, ora endossa os acordos de importação. Incapaz de resistir à pressão de grupos, consentiu na elevação dos preços pagos pelo trigo nacional a níveis que representam, de um lado, fortíssima subvenção ao produtor, levando-o ao abandono de outras culturas tradicionais, e, de outro, podem concorrer para a redução do consumo, minando assim a base da própria expansão tritícola.

Como é sabido, na safra de 1956/1957, o nosso produtor de trigo recebeu dos moinhos o equivalente a Cr$ 250,00, e do Banco do Brasil Cr$ 230,00 por saca de 50 quilos, tudo perfazendo um total de Cr$ 480,00 por saca. Comparativamente ao trigo importado, o produto local, após as várias subvenções de que se beneficia, tem um custo real equivalente a Cr$ 110,00 por dólar.

Conseguir trigo de produção nacional nestas condições custa, como estamos vendo, muito mais caro do que a sua obtenção em troca de nossas exportações tradicionais. Basta lembrar que o exportador de café, de mate, de madeira ou de bananas para a Argentina recebe bonificações variáveis que vão de Cr$ 48,36 a Cr$ 67,00 por dólar e, provavelmente, poderia ampliar seu esforço de exportação com uma remuneração muito inferior à exigida pelo produtor de trigo. Mas, esse sacrifício seria perfeitamente compreensível, se houvesse, por parte dos triticultores reconhecimento da necessidade de reduzir os seus custos de produção, ao invés de buscarem resolver todos os problemas à custa de novas subvenções, e o Governo tivesse a prudência rudimentar de ajustar o incentivo à produção de trigo no ritmo de execução dos programas de melhoramento dos transportes e ensilagem.

Qual, entretanto, a reação dos triticultores gaúchos? Limitam-se, de um lado, a reclamar novos aumentos de preço e, de outro, a protestar contra os acordos de importação, na esperança de que, desfeitos estes, se crie um clima de escassez propício a manipulações altistas.

Analisada a fundo, essa atitude é contraditória. Os favores que o Governo vem outorgando aos triticultores — tornando atraente, inclusive, o contrabando de trigo do Uruguai — são financiados pelos lucros de câmbio que o Banco do Brasil aufere ao revender o trigo estrangeiro a preços superiores aos custos de importação. Eliminada ou reduzida a importação, diminuirão correlatamente os recursos para financiar o trigo nacional, deixando ao Governo a alternativa de emitir dinheiro para pagar trigo.   1

Não é fácil entender, ademais, porque a hostilidade dos triticultores se manifesta, de preferência, contra as importações de trigo norte-americano. Estas importações, ao contrário das provindas do Prata, servem uma útil função, pois que os cruzeiros recebidos pela venda do trigo são re-emprestados ao governo brasileiro pelo prazo de quarenta anos, e utilizados, entre outros fins, para criar facilidades de armazenagem e transportes essenciais à expansão da produção tritícola no Brasil. Com os fundos do primeiro acordo de importação de trigo, o Banco do Desenvolvimento está financiando a construção de uma rede de silos no Rio Grande do Sul. O segundo acordo possibilitará um auxílio de mais de 2 bilhões de cruzeiros para acelerar a construção da ligação férrea Passo Fundo- Caí, chamada a "estrada do trigo", tal a sua importância para a zona produtora de Passo Fundo e Erechim. A eliminação das importações de trigo norte-americano não é necessária para preservar o incentivo à nossa triticultura e poderia, ao contrário, prejudicá-la duplamente: de um lado, acarretando a diminuição dos recursos com que o Banco do Brasil subvenciona a nossa produção, e, de outro, retardando a construção das facilidades de transporte e armazenamento vitais ao barateamento dos nossos custos de produção.

As objeções que vêm sendo formuladas à execução do acordo norte-americano, vasado, em moldes semelhantes aos concluídos por dezenas de outros países, inclusive aqueles da Cortina de Ferro, são improcedentes. Diz-se, em primeiro lugar, que a importação de trigo norte-americano resultou em congestionamento do porto de Santos e em vultosas indenizações por sobrestada de navios. Essa circunstância é verdadeira, porém reflete apenas a incapacidade do Ministério da Agricultura de programar embarques, e nada tem a ver com o acordo em si. Este faculta ao governo brasileiro ajustar as suas compras e embarques ao ritmo mais conveniente à situação de abastecimento do país. Como, além disso, nenhum importador pode comprar ao exterior, sem comprovar ter adquirido a sua quota de trigo nacional, fica automaticamente garantido o escoamento da safra sulina. A decisão recente do Governo de não permitir importação de trigo durante o próximo ano, enquanto estiver em curso a safra nacional, é desnecessária para assegurar o escoamento da produção nacional e terá uma dupla consequência onerosa, semelhante à que já se verificou em começos de 1957. De um lado, a marinha mercante nacional será obrigada a se concentrar no Rio Grande do Sul para buscar trigo sem qualquer possibilidade de carga de retorno, agravando os seus "déficits" de operação. De outro lado, qualquer atraso no escoamento colocará os moinhos do centro e norte do país em regime de subemprego, resultando daí a escassez de farelo e outros subprodutos.

O objetivo real da campanha de alguns círculos da triticultura gaúcha contra a importação de trigo norte-americano aparenta ser o de pleitear do governo preços de subvenção cada vez mais altos para o trigo nacional. Mas, a continuar esse processo, e uma vez que tendem a diminuir os lucros de cambio gerados pelo trigo importado, o Governo se verá em breve obrigado a imprimir papel moeda para financiar o trigo nacional. A perseverarmos nesse caminho estaremos buscando soluções apenas tipográficas para os males econômicos do país.

Usiminas - Quarta-feira, 12 de fevereiro de 1958

A construção, em Minas Gerais, na região do Vale do Rio Doce, de uma usina siderúrgica, com capacidade global de 500.000 toneladas/ano de lingotes, a cargo de uma sociedade de economia mista: "Usinas Siderúrgicas de Minas Gerais S. A. — USIMINAS", representa um passo decisivo para a consecução da meta de Siderurgia no plano de desenvolvimento do atual Governo.

Aa negociações para a realização desse empreendimento tiveram seu início em 1956, quando a Federação das Entidades Econômicas do Japão enviou ao Brasil o engenheiro metalúrgico Massao Yukawa, que, após proveitoso contato com os nossos meios governamentais e financeiros, regressou ao seu país a fim de esboçar o projeto de construção da usina. Ao mesmo tempo, um grupo de capitalistas e de industriais mineiros tomou a seu cargo a constituição de uma sociedade anônima, de caráter pioneiro, para servir de base à empresa que se incumbiria da execução do projeto.

Após a ida ao Japão de missão técnica brasileira para ali observar as condições da indústria siderúrgica e de fabricação do maquinário especializado, duas novas missões japonesas vieram ao Brasil a fim de estabelecer as bases técnicas e financeiras para a construção da usina projetada. Das conversações resultou a assinatura, em meados de 1957, de um convênio brasileiro-japonês, no qual se fixaram os pontos fundamentais para a realização do empreendimento.

A aprovação, pelo Sr. Presidente da República, de minucioso relatório preparado por um Grupo Especial de Trabalho do Conselho do Desenvolvimento, no qual foram analisados os aspectos técnicos, econômicos e financeiros da iniciativa, solenizou o apoio do Governo Federal ao empreendimento. Ao mesmo tempo, a Assembleia Legislativa do Estado de Minas Gerais aprovava uma lei autorizando o Governo do Estado a participar do aumento do capital da empresa pioneira, constituída para promover a construção de uma usina siderúrgica no território mineiro, e criando recursos financeiros para fazer face ao encargo.

Foi assim possível estruturar uma grande empresa, com o capital de 4 bilhões de cruzeiros, a ser integralizado em duas fases, sendo 3.200 milhões imediatamente e o restante por ocasião do início da produção da usina. Quarenta por cento das ações foram tomadas por uma companhia financeira do Japão, constituída por grandes empresas siderúrgicas e de fabricação de equipamentos. Os sessenta por cento restantes foram subscritos pelo Governo do Estado de Minas Gerais, pelo Banco Nacional do Desenvolvimento Econômico em nome da União, pela Companhia Vale do Rio Doce, pela Companhia de Aços Especiais de Itabira, pela Companhia Siderúrgica Nacional e por bancos e capitalistas mineiros.

Estão estimados em 12.300 milhões de cruzeiros os recursos financeiros necessários à completa execução do projeto. Para complementação dos recursos levantados através da subscrição do capital há os necessários financiamentos em cruzeiros e em moeda estrangeira. Os primeiros serão concedidos pelo Banco Nacional do Desenvolvimento Econômico e os empréstimos externos para aquisição dos maquinismos e equipamentos para a usina serão fornecidos em sua maior parte pelo Banco de Exportação e Importação do Japão, obtendo-se de outras entidades financeiras estrangeiras uma pequena parcela para compra dos equipamentos não fabricados naquele país.

Acha-se, portanto, apoiado em sólidas bases financeiras, o empreendimento projetado que, de outro lado, tem sua exequibilidade técnica garantida, dada a capacidade e a longa experiência dos especialistas Japoneses que, com a colaboração de técnicos nacionais de nomeada, assumiram a responsabilidade do projetamento e construção da usina. Esta deverá ser construída em um período de 6 anos, mas no fim de 3 1/2 anos após o início das obras entrará em operação parcial, produzindo gusa, lingotes de aço, chapas grossas e subprodutos da coqueria.

Merece todos aplausos a iniciativa que ora se concretiza, através da USIMINAS, com a qual se procura enfrentar o problema da expansão da capacidade de produção nacional de produtos siderúrgicos, urgentemente reclamada pelo desenvolvimento econômico do país e necessidade de economia de divisas. O apoio do Governo Federal, do Governo de Minas Gerais, de grandes organizações financeiras e industriais, e de nomes representativos da indústria e dos meios financeiros do país, constituem prova eloquente da capacidade já atingida pelo Brasil para enfrentar problemas básicos e fundamentais do seu desenvolvimento.

De outro lado, a substancial cooperação de empresas e de homens de negócio do Japão no empreendimento, mostra a confiança que por toda parte se deposita no futuro do Brasil e nas seguras oportunidades oferecidas por nosso país ao capital e à técnica estrangeira desejosos de participar, sincera e lealmente, em nossos processos de desenvolvimento.